I0181385

EL QUIJOTE DE AVELLANEDA

**Segundo tomo del
Ingenioso Hidalgo Don Quijote de la Mancha,
que contiene su tercera salida
y es la quinta de sus aventuras**

COMPUESTO POR EL LICENCIADO
ALONSO FERNÁNDEZ DE AVELLANEDA
Natural de la Villa de Tordesillas

Edición, prólogo y notas del celébre crítico literario
JUAN BAUTISTA BERGUA

Colección La Crítica Literaria
www.LaCriticaLiteraria.com

ÍNDICE

SÉPTIMA PARTE DEL INGENIOSO HIDALGO DON QUIJOTE DE LA MANCHA

PRÓLOGO

¿QUIÉN FUE EL AUTOR DEL FALSO "QUIJOTE"?

Mediaba el año 1614, y daba de mano Miguel de Cervantes a la segunda parte de su libro inmortal, cuya primera tan prodigiosa acogida había tenido en España y en los muchos países sujetos a la sazón a nuestra influencia, cuando, envidiosamente atraído por el grato olor de la fama y esperanza de pingües ganancias, salió en Tarragona, de las prensas de Felipe Roberto, un libro que andando el tiempo había de ser desazón y tormento de eruditos y cervantizantes, cuya portada rezaba atrevidamente lo siguiente: "Segundo tomo del Ingenioso hidalgo Don Quixote de la Mancha, que contiene su tercera salida; y es la quinta parte de sus aventuras.—Compuesto por el Licenciado Alonso Fernández de Avellaneda, natural de la villa de Tordesillas."

¿Qué era el osado segundón espurio, y quién era su aún más atrevido autor?

El segundón, a la vista, estaba: una desmedrada, aunque no del todo infeliz, continuación de aquella otra primera parte del "Quijote", gloria y regocijo de las Letras castellanas. En cuanto al cobarduelo que, no atreviéndose a estampar su nombre frente a su obra, se ocultó (y oculto sigue) tras el campanilludo seudónimo de "Licenciado Alonso Fernández de Avellaneda", ésta es la fecha que no ha habido medio de averiguar de quién se trata, pese a los muchos y muy tenaces que buscaron y rebuscaron, deseosos de sacarle a la vergüenza pública, con tanto ahínco como se busca el oro en las entrañas de la tierra.

Mas, por ser cosa curiosa y porque es justo pagar en algún modo los esfuerzos de cuantos trabajaron por hacer luz en este hasta hoy indescifrable problema, voy a indicar brevísimamente las hipótesis que se han lanzado acerca de quién pudiera ser el Licenciado en cuestión.

Ya en el siglo XVIII empezó este enigma a dar que hacer a los eruditos. Mayans, en su "Vida de Cervantes" (Londres, 1738), se atrevió a conjeturar, aunque no pasó de aquí, que el autor del falso "Quijote" "debió de ser una persona muy poderosa e influyente, y por eso no se atrevió Cervantes a nombrarle".

Años más tarde, el P. Pedro Murillo Velarde apuntaba en su "Geografía histórica" que debió ser eclesiástico.

Ríos, en su "Vida de Miguel de Cervantes" (Madrid, 1780), le creyó no solamente eclesiástico, sino autor de comedias.

Don Juan Antonio Pellicer opina en su "Vida de Miguel de Cervantes" (Madrid, 1797), que era aragonés, cosa que "se descubre y hace manifiesto por ciertas voces y modismos de Aragón", y que tal vez pudiera ser uno de los poetas que concurrieron a dos certámenes celebrados en Zaragoza el 26 de marzo de 1613, con motivo de dos enigmas ofrecidos por la Universidad de la mencionada ciudad. Es más: apunta, asimismo, que bien pudo ser el que firmó su trabajo con el seudónimo de "Sancho Panza".

Para don Martín Fernández de Navarrete, en su interesante "Vida de Miguel de Cervantes Saavedra" (Madrid, 1816), es dominico, aragonés, autor de comedias y protegido del poderoso confesor de Felipe III, Fray Luis de Aliaga.

Don Diego Clemencín remachó en su "Don Quijote" (Madrid, 1834) el supuesto de que Avellaneda era aragonés.

Con don Cayetano Rossell se entró ya en las hipótesis que atribuyen al tordesillesco autor el nombre de un personaje real más o menos conocido. Para el señor Rossell (Introducción al volumen "Novelistas posteriores a Cervantes", núm. 18 de la Colección de Autores Españoles, Madrid, 1851), fue el citado Fray Luis de Aliaga.

En "Le Don Quixotte de Fernandez Avellaneda", publicado en 1853 por Germond de Lavigne, se le carga el mochuelo (el grosero y desvergonzado mochuelo, que ambos adjetivos se le pueden aplicar sin recelo al falso "Quijote"), nada menos que al pulcro y elegante Bartolomé Leonardo de Argensola.

Don Aureliano Fernández Guerra rompió (en su "Noticia sobre un precioso códice de la Biblioteca Colombina", publicado en 1883 en la Biblioteca de libros raros y curiosos), otra lanza en favor del confesor de Felipe III.

Para don Adolfo de Castro fue: primero, Fray Alonso Fernández, dominico que floreció a principios del siglo XVII ("Don Quijote", Madrid, 1850; notas de "Buscapi"); luego, Fray Luis de Aliaga ("El Conde Duque de Olivares y el Rey Felipe IV"; Cádiz, 1864), y, finalmente, el dramaturgo Juan Ruiz de Alarcón ("Varias obras inéditas de Cervantes"; Madrid, 1874).

Para don Nicolás Díaz de Benjumea ("El Mensaje de Merlín"; Londres, 1875), Avellaneda no pudo ser otro que Fray Andrés Pérez.

No podía el "Monstruo de la naturaleza" quedarse en esta ocasión sin que le sacasen a colación, y así lo hizo en su "Vida de Cervantes" (Cádiz, 1876), don Ramón León Máinez, atribuyéndole también la tan traída y llevada paternidad.

El autor inglés Raudon Brown, tan fecundo en disparates cervantísticos, se permitió asegurar ("The Atheneum"; Londres, 12 y 19 de abril 1873) que Avellaneda y el polígrafo alemán Gaspar Schöppe habían sido una y la misma persona.

Fray Luis de Granada vino en 1896 a sumarse a la ya nada menguada lista, traído por don César Moreno García (número de la "Revista Contemporánea", abril del citado año).

En febrero de 1897, la autorizadísima pluma del inmenso don Marcelino Menéndez y Pelayo firmaba un admirable artículo aparecido en "El Imparcial", donde, luego de reducir a la nada todas las hipótesis anteriores, se pronunció por un tal Alfonso Lamberto, oscuro poeta aragonés concurrente al mencionado certamen abierto por la Universidad de Zaragoza en 1613.

Poco tiempo después, en 1898, la enamorada de Tirso de Molina, doña Blanca de los Ríos Lampérez, pretendía demostrar en "La España Moderna" que su patrocinado Fray Gabriel Téllez era el autor del libro que nos ocupa.

De este modo llegamos al siglo XX, sin que se hubiese hecho luz sobre el intrincado misterio. Y el primero a la sazón (y con poca fortuna, por cierto) en conjeturar sobre el asunto, fue el señor Paul Groussac, quien en su pesadísimo "Une énigme littéraire" (París, 1903), atribuyó la paternidad del falso "Quijote" a Juan José Martí, es decir, al mismo que bajo el nombre de Mateo Luján de Sayavedra había publicado una continuación al "Guzmán de Alfarache". Conjetura que deshizo de un plumazo don Marcelino.

En fin, aún quedan tres conjeturas (al menos yo no conozco más) y una semiconjetura. Aquéllas, las de don Adolfo Bonilla y San Martín, para quien el misterioso autor fue don Pedro Liñán de Rieza (nota a su trad. de la Historia de la Literatura Española", de Fitzmaurice-Kelly, editada por "La España Moderna", sin año); la de don Luis Ricardo Fors, que en su "Criptografía Quijotesca" (La Plata, 1901), se decide, como don Nicolás Díaz de Benjumea, por Fray Andrés Pérez, y la de don Aurelio Baig Baños ("Quién fue el Licenciado Alonso Fernández de Avellaneda", Madrid, 1915), que vuelve, como ya había sospechado don Adolfo de Castro, por el dominico historiador Fray Alonso Fernández. La semiconjetura queda a favor de don Francisco Rodríguez Marín, para quien, entre todas las opiniones apuntadas, cree la más probable la de don Marcelino; es decir, que piensa también en Alfonso Lamberto; añadiendo (notas a su edición crítica del "Quijote", t. 5.°, página 13, lín. 8): "y si él no fue, algún estudiante famélico, ya que de su propio dicho se colige que en lo que preferentemente pensaba era en la ganancia que le quitó de su "Segunda parte."[1].

En suma, que ésta es la fecha en que aún no sabemos quién era el envidioso y ambicioso cobarduelo que se ocultó tras el traído y llevado Licenciado de Tordesillas, y que lo único que se puede aventurar con visos de certeza, a juzgar por el propio libro y por lo que dice Cervantes, es: Que éste[2] ni ningún autor de aquel tiempo tuvo noticia segura de quién pudiese ser, al menos no ha llegado a nosotros testimonio fidedigno en tal sentido; que el tal debió sentirse alcanzado por alguno de los trallazos que con guante de seda da el glorioso manco en su primera parte del "Quijote"; que era gran admirador y hasta tal vez amigo de Lope de Vega; que conocía muy bien Alcalá y Zaragoza, y que si no era religioso (cosa muy probable), sí muy versado en Teología.

Fuera de esto, todo lo dicho y opinado hasta ahora hay que ponerlo en tela de juicio.

* * *

Y leído lo anterior, viene naturalmente a los labios esta pregunta: ¿Qué clase de libro es éste cuya paternidad ha dado lugar a tan variadísimos comentarios? ¿Se trata de un libro genial que va muy a los alcances del verdadero "Quijote" o simplemente ha interesado por aquello de saber quién fue el atrevido que intentó roerle los zancajos al sin par alcalaíno?

Aun en este punto están dispares las opiniones. Desde luego, nadie ha pretendido que pueda medirse ni compararse con el "Quijote" grande, pero mientras unos, como Fernández de Navarrete[3] y Mayans[4], sienten hacia

---

[1] Me dicen que muy recientemente el señor Cotarelo, hijo, ha dado a la estampa un folleto tratando de probar, ¡y ya es probar!, que el autor del falso "Quijote" es Guillén de Castro.

[2] En contra de la opinión de don José Nieto ("Cervantes y el autor del falso Quijote", Zaragoza, 1904), Cervantes, si tal vez sospechó, nunca debió tener la certeza de quién fuese su oculto enemigo; prueba de ello son las siguientes frases: "si la buena suerte te trujere a conocer el autor", "si acaso llegas a conocerle", "pues no osa parecer a campo abierto y al cielo claro, encubriendo su nombre, fingiendo su patria, como si hubiese hecho alguna traición de lesa majestad. Si por ventura le conocieres."

[3] Hablando en su "Vida de Cervantes" de esta cuestión, dice: "El paralelo de semejantes procedimientos entre Cervantes y Avellaneda descubre palpablemente la nobleza y decoro del uno y la mezquindad y grosería del otro, así como la comparación de ambas novelas revela o manifiesta el ingenio, la erudición y

él invencible repugnancia, otros, como don Juan Givanel Más, piensan que "El Quijote de Avellaneda pierde mucho si se le compara con el de Cervantes, pero analizado aisladamente, es deber del crítico confesar que resplandece en la espúrea obra un lenguaje castizo y admirable naturalidad."

Don Marcelino Menéndez y Pelayo, que hasta ahora ha medido y pesado como nadie en cuestiones de erudición y crítica literaria, decía, hallando en la fábula del Licenciado Avellaneda condiciones tan estimables, que la colocan en buen lugar entre las novelas de segundo orden del siglo XVII; "el decir es terso y fácil, el chiste grosero, pero abundantísimo y espontáneo; la fuerza cómica brutal, pero innegable; el diálogo, aunque atestado de necedades que levantan el estómago en cada página, es propio y adecuado a los figurones rabelesianos que el novelista pone en escena; lo que decididamente rebaja tal libro a una categoría inferior, no sólo respecto a la obra de genio que Avellaneda toscamente profanaba, sino respecto de otras muchas de aquel tiempo que no pasan de ingeniosas y amenas, es el bajo y miserable concepto que su autor muestra de la vida; la vulgaridad de su pensamiento, la ausencia de todo ideal y de toda elevación estética, el feo y hediondo naturalismo en que con delectación se revuelca, la atención predominante que concede a los aspectos más torpes, a las funciones más ínfimas y repugnantes del organismo animal. No es un escritor puramente pornográfico, porque no lo toleraban ni su tiempo ni el temple de la raza, pero es escritor escatológico y de los peor olientes que pueden encontrarse".

Conque ánimo, lector, tápate las narices y adelante, que, como ves, en definitiva, valía la pena de reeditar este libro, puesto que vale la pena, siquiera sea por ver a Cervantes cada vez más y más grande, de leerle.

JUAN BAUTISTA BERGUA

---

gracia del primero, en contraste con la pedantería, insipidez y torpeza del segundo."

[4] Para Mayans, la narración de Avellaneda "es indigna de cualquier lector que se tenga por honesto...; su doctrina es pedantesca y su estilo lleno de impropiedades, solecismos y barbarismos". ("Vida de Cervantes".)

EL QUIJOTE DE AVELLENEDA

DEDICATORIA

AL ALCALDE, REGIDORES E HIDALGOS DE LA NOBLE VILLA DEL ARGAMESILLA DE LA MANCHA, PATRIA FELIZ DEL HIDALGO CABALLERO DON QUIJOTE, LUSTRE DE LOS PROFESORES DE LA CABALLERÍA ANDANTESCA

Antigua es la costumbre de dirigirse los libros de las excelencias y hazañas de algún hombre famoso a las patrias ilustres que como madres los criaron y sacaron a luz, y aun competir mil ciudades sobre cuál lo había de ser de un buen ingenio y grave personaje; y como lo sea tanto el hidalgo caballero don Quijote de la Mancha, tan conocido en el mundo por sus inauditas proezas, justo es, para que lo sea también esa venturosa villa que vuesas mercedes rigen, patria suya y de su fidelísimo escudero Sancho Panza, dirigirles esta *Segunda parte,* que relata las victorias del uno y buenos servicios del otro, no menos envidiados que verdaderos. Reciban, pues, vuesas mercedes, bajo de su manchega protección, el libro y el celo de quien, contra mil detracciones, le ha trabajado, pues lo merece por él y por el peligro que su autor se ha puesto, poniéndole en la plaza del vulgo, que es decir en los cuernos de un toro indómito, etc.

PRÓLOGO [5]

Como casi es comedia toda la Historia de Don Quijote de la Mancha, *no puede ni debe ir sin prólogo; y así sale al principio desta* Segunda Parte *de sus hazañas este, menos cacareado y agresor de sus lectores que el que a su* Primera Parte *puso Miguel de Cervantes Saavedra, y más humilde que el que segundó en sus novelas, más satíricas que ejemplares, si bien no poco ingeniosas. No le parecerán a él lo son las razones desta historia, que se prosigue con la autoridad que él la comenzó, y con la copia de fieles relaciones que a su mano llegaron; y digo mano, pues confiesa de sí que tiene sola una; y hablando tanto de todos, hemos de decir dél que, como soldado tan viejo en años cuanto mozo en bríos, tiene más lengua que momos; pero quéjese de mi trabajo por la ganancia que le quito de su* Segunda Parte; *pues no podrá, por lo menos, dejar de confesar tenemos ambos un fin, que es desterrar la perniciosa lección de los vanos libros de caballerías, tan ordinaria en gente rústica y ociosa; si bien en los medios diferenciamos, pues él tomó por tales el ofender a mí, y particularmente a quien tan justamente celebran las naciones más extranjeras, y la nuestra debe tanto, por haber entretenido honestísima y fecundamente tantos años los teatros de España con estupendas e innumerables comedias, con el rigor del arte que pide el mundo, y con la seguridad y limpieza que de un ministro del Santo Oficio se debe esperar.*

No sólo he tomado por medio entremesar la presente comedia con las simplicidades de Sancho Panza, huyendo de ofender a nadie ni de hacer ostentación de sinónimos voluntarios, si bien supiera hacer lo segundo, y mal lo primero; sólo digo que nadie se espante de que salga de diferente autor esta Segunda Parte, *pues no es nuevo el proseguir una historia diferentes sujetos. ¿Cuántos han hablado de los amores de Angélica y de*

---

[5] La portada de la primera edición dice exactamente: "segundo tomo del ingenioso hidalgo don quixote de la mancha, *que contiene su tercera salida: y es la quinta parte de sus auenturas. Compuesto por el Licenciado Alonso Fernández de Auellaneda, natural de la Villa de Tordesillas.* Al alcalde, regidores y hidalgos de la noble villa del Argamesilla, patria feliz del hidalgo Cauallero don Quixote de la Mancha. Con Licencia, En Tarragona, en casa de Felipe Roberto, Año 1614."
La aprobación está dada por el doctor Rafael Ortoneda, a 18 de abril de 1614; la licencia lo está con fecha de 4 de julio del mismo año, por el doctor Francisco de Torme y Liori, vicario general del arzobispado de Tarragona.

sus sucesos? Las Arcadias, diferentes las han escrito; la Diana *no es toda de una mano. Y pues Miguel de Cervantes es ya de viejo como el castillo de San Cervantes, y por los años tan mal contentadizo, que todo y todos le enfadan, y por ello está tan falto de amigos; que cuando quisiera adornar sus libros con sonetos campanudos, había de ahijarlos, como él dice, al Preste Juan de las Indias o al emperador de Trapisonda, por no hallar título quizá en España que no se ofendiera de que tomara su nombre en la boca, con permitir tantos vayan los suyos en los principios de los libros del autor de quien murmura, y ¡plegue a Dios aún deje, ahora que se ha acogido a la Iglesia y sagrado! Conténtese con su* Galatea *y comedias en prosa; que eso son las más de sus novelas: no nos canse. Santo Tomás, en la* Secundae secundae, quaestione 36, *enseña que la envidia es tristeza del bien y aumento ajeno, doctrina que la tomó de San Juan Damasceno: a este vicio da por hijos San Gregorio, en el lib. 31, cap. 31 de la Exposición moral que hizo a la historia del santo Job, al odio, susurración y detracción del prójimo, gozo de sus pesares, y pesar de sus buenas dichas; y bien se llama este pecado envidia* a non videndo, quia invidus non potest videre bona aliorum: *efectos todos tan infernales como su causa, tan contrarios a los de la caridad cristiana, de quien dijo San Pablo (1, Corint., 13),* Charitas patiens est, benigna est, non aemulatur, non agit perperam, non inflatur, non est ambitiosa, congaudet veritati, *etc. Pero disculpa los yerros de su* Primera Parte, *en esta materia, el haberse escrito entre los de una cárcel; y así no pudo dejar de salir tiznada dellos, ni salir menos que quejosa, murmuradora, impaciente y colérica, cual lo están los encarcelados. En algo diferencia esta parte de la primera suya; porque tengo opuesto humor también al suyo; y en materia de opiniones en cosas de historia, y tan auténtica como ésta, cada cual puede echar por donde le pareciere; y más dando para ello tan dilatado campo la cáfila de los papeles que para componerla he leído, que son tantos como los que he dejado de leer.*

No me murmure nadie de que se permitan impresiones de semejantes libros, pues éste no enseña a ser deshonesto, sino a no ser loco; y permitiéndose tantas Celestinas, que ya andan madre e hija por las plazas, bien se puede permitir por los campos un Don Quijote y un Sancho Panza a quienes jamás se les conoció vicio; antes bien, buenos deseos de desagraviar huérfanas y deshacer tuertos, etc.

DE PERO FERNÁNDEZ

SONETO

Magüer que las más altas fechorías
Homes requieren doctos e sesudos,
E yo soy el menguado entre los rudos,
De buen talante escribo a más porfías.

Puesto que había una sin fin de días
Que la fama escondía en libros mudos
Los fechos más sin tino y cabezudos
Que se han visto de Illescas hasta Olías;

Ya vos endono, nobres leyenderos,
Las segundas sandeces sin medida
Del manchego fidalgo don Quijote,

Para que escarmentéis en sus aceros;
Que el que correr quisiere tan al trote,
Non puede haber mejor solaz de vida.

QUINTA PARTE
DEL INGENIOSO HIDALGO
DON QUIJOTE DE LA MANCHA
Y DE SU ANDANTESCA CABALLERÍA

CAPÍTULO PRIMERO

DE CÓMO DON QUIJOTE DE LA MANCHA VOLVIÓ A SUS DESVANECIMIENTOS DE CABALLERO ANDANTE, Y DE LA VENIDA A SU LUGAR DEL ARGAMESILLA[6] CIERTOS CABALLEROS GRANADINOS

El sabio Alisolán, historiador no menos moderno que verdadero, dice que, siendo expelidos los moros agarenos de Aragón, de cuya nación él descendía, entre ciertos anales de historias halló escrita en arábigo la tercera salida que hizo del lugar del Argamesilla el invicto hidalgo don Quijote de la Mancha, para ir a unas justas que se hacían en la insigne ciudad de Zaragoza, y dice desta manera: Después de haber sido llevado don Quijote por el Cura y el Barbero y la hermosa Dorotea a su lugar en una jaula, con Sancho Panza, su escudero, fue metido en un aposento con una muy gruesa y pesada cadena al pie; adonde, no con pequeño regalo de pistos y cosas conservativas y sustanciales, le volvieron poco a poco a su natural juicio; y para que no volviese a los antiguos desvanecimientos de sus fabulosos libros de caballerías, pasados algunos días de su encerramiento, empezó con mucha instancia a rogar a Magdalena, su sobrina, que le buscase algún buen libro en que poder entretener aquellos setecientos años que él pensaba estar en aquel duro encantamiento; la cual, por consejo del cura Pedro Pérez y de maese Nicolás, barbero, le dio un *Flos Sanctorum,* de Villegas, y los Evangelios y Epístolas de todo el año en vulgar, y la *Guía de pecadores,* de fray Luis de Granada; con la cual lición, olvidándose de las quimeras de los caballeros andantes, fue reducido dentro de seis meses a su antiguo juicio, y suelto de la prisión en que estaba. Comenzó tras esto a ir a misa con su rosario en las manos, con las *Horas de nuestra Señora,* oyendo también con mucha atención los sermones; de tal manera, que ya todos los vecinos del lugar pensaban que

---

[6] Parece que falta la preposición *de.* Esta falta de preposiciones se notará más de una vez a lo largo de la narración. Precisamente por ello dijo Cervantes (*Quijote,* parte II, cap. 59) que el lenguaje de su imitador era aragonés. Faltas de verbos y preposiciones se notarán también con alguna frecuencia, y aun de más palabras que tornan a veces incompleto u oscuro el sentido de lo que se va leyendo; no las hemos subsanado por preferir dar la obra tal cual apareció en su primera edición del año 1614.

totalmente estaba sano de su accidente, y daban muchas gracias a Dios, sin osarle decir ninguno (por consejo del cura) cosa de las que por él habían pasado. Ya no le llamaban *don Quijote*, sino *el señor Martín Quijada*, que era su propio nombre; aunque en ausencia suya tenían algunos ratos de pasatiempo con lo que dél se decía, y de que se acordaban todos, como lo del rescatar o libertar los galeotes, lo de la penitencia que hizo en Sierra Morena, y todo lo demás que en las primeras partes de su historia se refiere. Sucedió, pues, en este tiempo, que, dándole a su sobrina el mes de agosto una calentura de las que los físicos llaman efímeras, que son de veinte y cuatro horas, el accidente fue tal, que dentro dese tiempo la sobrina Magdalena murió, quedando el buen hidalgo solo y desconsolado; pero el cura le dio una harto devota vieja y buena cristiana, para que lo tuviese en casa, le guisase la comida, le hiciese la cama y acudiese a lo demás del servicio de su persona, y para que, finalmente, les diese aviso a él o al barbero de todo lo que don Quijote hiciese o dijese dentro o fuera de casa, para ver si volvía a la necia porfía de su caballería andantesca. Sucedió, pues, en este tiempo que un día de fiesta, después de comer, que hacía un calor excesivo, vino a visitarle Sancho Panza, y hallándole en su aposento leyendo el *Flos Sanctorum*, le dijo: "¿Qué hace, señor Quijada? ¿Cómo va?" "¡Oh Sancho!—dijo don Quijote—seas bienvenido; siéntate aquí un poco; que a fe que tenía harto deseo de hablar contigo." "¿Qué libro es ése—dijo Sancho—en que lee su merced? ¿Es de algunas caballerías como aquellas en que nosotros anduvimos tan neciamente el otro año? Lea un poco, por su vida, a ver si hay algún escudero que medrase mejor que yo; que por vida de mi sayo, que me costó la burla de la caballería más de veinte y seis reales; mi buen *Rucio*, que me hurtó Ginesillo, el buena voya, y yo me quedé tras todo eso sin ser rey ni Roque, si ya estas carnestoliendas no me hacen los muchachos rey de los gallos; en fin, todo mi trabajo ha sido hasta agora en vano." "No leo—dijo don Quijote—en libro de caballerías, que no tengo alguno; pero leo en este *Flos Sanctorum*, que es muy bueno." "¿Y quién fue ese *Flos Sanctorum"?*—replicó Sancho—. ¿Fue rey o algún gigante de aquellos que se tornaron molinos ahora un año?" "Todavía, Sancho—dijo don Quijote—, eres necio y rudo. Este libro trata de las vidas de los santos, como de San Lorenzo, que fue asado; de San Bartolomé, que fue desollado; de Santa Catalina, que fue pasada por la rueda de las navajas, y asimismo de todos los demás santos y mártires de todo el año. Siéntate, y leerte he la vida del santo que hoy, a 20 de agosto, celebra la Iglesia, que es San Bernardo." "Por Dios—dijo Sancho—, que yo no soy amigo de saber vidas ajenas, y más de mala gana, me dejaría quitar el pellejo ni asar en parrillas. Pero dígame: ¿a San Bartolomé quitáronle el pellejo, y a San Lorenzo pusiéronle a asar después de muerto o acabando de vivir?" "¡Oiga qué necedad!—dijo don Quijote—: vivo desollaron al uno, y vivo asaron al otro." "¡Oh, hi de puta—dijo Sancho—, y cómo les escocería! Pardiobre, no valía yo un higo para *Flos Sanctorum*: rezar de rodillas media docena de credos, vaya enhorabuena; y aun ayunar, como comiese tres veces al día razonablemente, bien lo podría llevar." "Todos los trabajos—dijo don Quijote—que padecieron los santos que te he dicho, y los demás de quien trata este libro, los sufrían ellos valerosamente por amor de Dios, y así ganaron el reino de los cielos." "A fe—dijo Sancho— que pasamos nosotros, ahora un año, hartos desafortunios para ganar el reino Micomicón, y nos quedamos hechos micos; pero creo que vuestra merced querrá ahora que nos volvamos santos andantes para ganar el paraíso terrenal. Mas dejado esto aparte, lea, y veamos la vida que dice, de San Bernardo." Leyola el buen hidalgo, y a cada hoja le decía algunas cosas de buena consideración, mezclando sentencias de filósofos, por donde se descubría ser hombre de buen entendimiento y de juicio claro, si no le hubiera perdido por haberse dado sin moderación a leer libros de caballerías, que fueron la causa de todo su desvanecimiento. Acabando don Quijote de leer la vida de San Bernardo, dijo: "¿Qué te parece, Sancho? ¿Has leído santo que más aficionado fuese a nuestra Señora que éste? ¿Más devoto en la oración, más tierno en las lágrimas y más humilde en obras y palabras?" "A fe— dijo Sancho—que era santo de chapa; yo le quiero tomar por devoto de aquí adelante, por si me viere en algún trabajo (como aquel de los batanes de marras o manta de la venta), y me ayude, ya que vuesa merced no pudo saltar las bardas del corral. Pero ¿sabe, señor Quijada, que me acuerdo que el domingo pasado llevó el hijo de Pedro Alonso, el que anda a la escuela, un libro debajo de un árbol, junto al molino, y nos estuvo leyendo más de dos horas en él? El libro es lindo a las mil maravillas, y mucho mayor que ese *Flos Sanctorum,* tras que tiene al principio un hombre armado en su caballo, con una espada más ancha que esta mano, desenvainada, y da en una peña un golpe tal, que la parte por medio, de un terrible porrazo, y por la cortadura sale una serpiente, y él le corta la cabeza. ¡Éste sí, cuerpo non de Dios, que es buen libro!" "¿Cómo se llama?—dijo don Quijote—; que si yo no me engaño, el muchacho de Pedro Alonso creo que me le hurtó ahora un año, y se ha de llamar *Don Florisbián de Candaria,* un caballero valerosísimo, de quien trata, y de otros valerosos, como son Almiral de Zuazia, Palmerín del Pomo, Blastrodas de la Torre y el gigante Maleorte de Bradanca, con las dos famosas encantadoras Zuldasa y Dalfadea." "A fe que tiene razón— dijo Sancho—que esas dos llevaron a un caballero al castillo de no sé cómo se llama." "De Acefaros"—dijo don Quijote—."Sí, a la fe, y que si puedo, se le tengo de hurtar—dijo Sancho—, y traerle acá el domingo para que leamos; que aunque no sé leer, me alegro mucho en oír aquellos terribles porrazos y cuchilladas que parten hombre y caballo." "Pues, Sancho—dijo don Quijote—, hazme placer de traérmele; pero ha de ser de manera que no lo sepa el cura ni otra persona." "Yo se lo prometo—dijo Sancho—, y aun esta noche, si puedo, tengo de procurar traérsele debajo de la halda de mi sayo; y con esto, quede con Dios; que mi mujer me estará aguardando para cenar." Fuese Sancho, y quedó el buen hidalgo levantada la mollera con el nuevo refresco que Sancho le trajo a la memoria, de las desvanecidas caballerías. Cerró el libro, y comenzó a pasearse por el aposento, haciendo en su imaginación terribles quimeras, trayendo a la fantasía todo aquello en que solía antes desvanecerse. En esto tocaron a vísperas, y él, tomando su capa y rosario, se fue a oírlas con el alcalde, que vivía junto a su casa; las cuales acabadas, se fueron los alcaldes, el cura, don Quijote y toda la demás gente de cuenta del lugar a la plaza, y puestos en corrillo, comenzaron a tratar de lo que más les agradaba. En este punto vieron entrar por la calle principal en la plaza cuatro hombres principales a caballo, con sus criados y pajes, y doce lacayos que traían doce caballos del diestro ricamente enjaezados; lo cual, visto por los que en la plaza estaban, aguardaron un poco a ver qué sería aquello, y entonces dijo el cura, hablando con don Quijote: "Por mi santiguada, señor Quijada, que si esta gente viniera por aquí hoy hace seis meses, que a vuesa merced le pareciera una de las más extrañas y peligrosas aventuras, que en sus libros de caballerías había jamás oído ni visto; y que imaginara vuesa merced que estos caballeros llevarían alguna princesa de alta guisa forzada; y que aquellos que ahora se apean eran cuatro descomunales gigantes, señores del castillo de Bramiforan, el encantador." "Ya todo eso, señor licenciado—dijo don Quijote—, es agua pasada, con la cual, como dicen, no puede moler molino; mas lleguémonos hacia ellos a saber quién son; que si yo no me engaño, deben de ir a la corte a negocios de importancia, pues su traje muestra ser gente principal." Llegáronse todos a ellos, y hecha la debida cortesía, el cura, como más avisado, les dijo desta manera: "Por cierto, señores caballeros, que nos pesa en extremo que tanta nobleza haya venido a dar cabo en un lugar tan pequeño como éste, y tan desapercibido de todo regalo y buen acogimiento, como vuesas mercedes merecen; porque en él no hay mesón ni posada capaz de tanta gente y caballos como aquí vienen; mas con todo, estos señores y yo, si de algún provecho, fuéremos, y vuesas mercedes determinaren de quedar aquí esta noche, procuraremos que se les dé el mejor recado que ser pudiere." El uno de ellos, que parecía ser el más principal, le rindió las gracias, diciendo en nombre de todos: "En extremo, señores, agradecemos esa buena voluntad que sin conocernos se nos muestra, y quedaremos obligados con muy justa razón a agradecer y tener en memoria tan buen deseo. Nosotros somos caballeros granadinos, y vamos a la insigne ciudad de Zaragoza a unas justas que allí se hacen; que teniendo noticia que es su mantenedor un valiente caballero, nos habemos dispuesto a tomar este trabajo, para ganar en ellas alguna honra, la cual sin él es imposible alcanzarse. Pensábamos pasar dos leguas más adelante; pero los caballos y gente vienen algo fatigada, y así nos pareció quedar aquí esta noche, aunque hayamos de dormir sobre los poyos de la iglesia, si el señor cura diere licencia para ello." Uno de los alcaldes, que sabía más de segar y de uncir las muías y bueyes de su labranza que de razones cortesanas, le dijo: "No se les dé nada a sus mercedes; que aquí les haremos merced de alojarles esta noche; que setecientas veces al año tenemos capitanías de otros mayores fanfarrones que ellos, y no son tan agradecidos y bien hablados como vuesas mercedes son; y a fe que nos cuesta al Concejo más de noventa maravedís por año." El cura, por atajarle que no pasase adelante con sus necedades, les dijo: "Vuesas mercedes, mis señores, han de tener paciencia; que yo les tengo de alojar por mi mano, y ha de ser desta manera: que los dos señores alcaldes se lleven a sus casas estos dos señores caballeros con todos sus criados y caballos, y yo a vuesa merced, y el señor Quijada a esotro señor; y cada uno, conforme sus fuerzas alcanzaren, procure de regalar a su huésped; porque, como dicen, el huésped, quienquiera que sea, merece ser honrado; y siéndolo estos señores, tanta mayor obligación tenemos de servirles, siquiera porque no se diga que llegando a un lugar de gente tan política, aunque pequeño, se fueron a dormir, como este señor dijo lo harían, a los poyos de la iglesia." Don Quijote dijo a aquel que por su suerte le cupo, que parecía ser el más principal: "Por cierto, señor caballero, que yo he sido muy dichoso en que vuesa merced se quiera servir de mi casa, que, aunque es pobre de lo que es necesario para acudir al perfecto servicio de un tan gran caballero, será a lo menos muy rica de voluntad, la cual podrá vuesa merced recibir sin más ceremonias." "Por cierto, señor hidalgo—respondió el caballero—, que yo me tengo por bien afortunado en recibir merced de quien tan buenas palabras tiene, con las cuales es cierto conformarán las obras." Tras esto, despidiéndose los unos de los otros, cada uno con su huésped, se resolvieron, al partir, en que tomasen un poco la mañana, por causa de los excesivos calores que en aquel tiempo hacían. Don Quijote se fue a su casa con el caballero que le cupo en suerte, y poniendo los caballos en un pequeño establo, mandó a su vieja ama que aderezase algunas aves y palominos, de que él tenía en casa no pequeña abundancia, para cenar toda aquella gente que consigo traía; y mandó juntamente a un muchacho llamase a Sancho Panza para que ayudase en lo que fuese menester en casa; el cual vino al punto de muy buena gana. Entretanto que la cena se aparejaba, comenzaron a pasearse el caballero y don Quijote por el patio, que estaba fresco; y entre otras razones le preguntó don Quijote la causa que le había movido a venir de tantas leguas a aquellas justas, y cómo se llamaba; a lo cual respondió el caballero que se llamaba don Álvaro Tarfe, y que descendía del antiguo linaje de los moros Tarfes de Granada, deudos cercanos de sus reyes, y valerosos por sus personas, como se lee en las historias de los reyes de aquel reino, de los Abencerrajes, Cegríes, Gomeles y Mazas, que fueron cristianos después que el católico rey Fernando ganó la insigne ciudad de Granada; y ahora esta jornada por mandado de un serafín en hábito de mujer, el cual es reina de mi voluntad, objeto de mis deseos, centro de mis suspiros, archivo de mis pensamientos, paraíso de mis memorias, y finalmente, consumada gloria de la vida que poseo. Ésta, como digo, me mandó que partiese para estas justas, y entrase en ellas en su nombre, y le trujese alguna de las ricas joyas y preseas que en premio se les ha de dar a los venturosos aventureros vencedores; y voy cierto y no poco seguro de que no dejaré de llevársela; porque yendo ella conmigo, como va dentro de mi corazón, será el vencimiento infalible, la victoria cierta, el premio seguro, y mis trabajos alcanzarán la gloria que por tan largos días he con tan inflamado afecto deseado." "Por cierto, señor don Álvaro Tarfe—dijo don Quijote—, que aquella señora tiene grandísima obligación a corresponder a los justos ruegos de vuesa merced por muchas razones. La primera, por el trabajo que toma vuesa merced en hacer tan largo camino en tiempo tan terrible. La segunda, por el ir por sólo su mandado, pues con él, aunque las cosas sucedan al contrario de su deseo, habrá cumplido con la obligación de fiel amante, habiendo hecho de su parte todo lo posible. Mas suplico a vuesa merced me dé cuenta desa hermosa señora y de su edad y nombre, y del de sus nobles padres." "Menester era— respondió don Álvaro—un muy grande calepino para declarar una de las tres cosas que vuesa merced me ha preguntado; y pasando por alto las dos postreras, por el respeto que debo a su calidad, sólo digo de sus años que son diez y seis, y su hermosura tanta, que a dicho de todos los que la miran aun con ojos menos apasionados que los míos, afirman della no haber visto, no solamente en Granada, pero ni en toda la Andalucía, más hermosa criatura; porque, fuera de las virtudes del ánimo, es sin duda blanca como el sol, las mejillas de rosas recién cortadas, los dientes de marfil, los labios de coral, el cuello de alabastro, las manos de leche, y, finalmente, tiene todas las gracias perfectísimas de que puede juzgar la vista; si bien es verdad que es algo pequeña de cuerpo." "Paréceme, señor don Álvaro—replicó don Quijote—, que no deja esa de ser alguna pequeña falta; porque una de las condiciones que ponen los curiosos para hacer a una dama hermosa es la buena disposición del cuerpo; aunque es verdad que esta falta muchas damas la remedian con un palmo de chapín valenciano; pero quitado éste, que no en todas partes ni a todas horas se puede traer, parecen las damas, quedando en zapatillas, algo feas, porque las basquiñas y ropas de seda y brocados, que están cortadas a la medida de la disposición que tienen sobre los chapines, les vienen largas de tal modo que arrastran dos palmos por el suelo; y así no dejará esto de ser alguna pequeña imperfección en la dama de vuesa merced." "Antes, señor hidalgo—dijo don Álvaro—, ésa la hallo yo por una muy grande perfección. Verdad es que Aristóteles, en el cuarto de sus *Éticas,* entre las cosas que ha de tener una mujer hermosa cual él allí la describe, dice que ha de ser de una deposición que tire a lo grande; mas otros ha habido de contrario parecer, porque la naturaleza, como dicen los filósofos, mayores milagros hace en las cosas pequeñas que en las grandes; y cuando ella en alguna parte hubiese errado en la formación de un cuerpo pequeño, será más dificultoso de conocer el yerro que si fuese hecho en cuerpo grande. No hay piedra preciosa que no sea pequeña, y los ojos de nuestros cuerpos son las partes más pequeñas que hay en él, y son las más bellas y más hermosas: así que mi serafín es un milagro de la naturaleza, la cual ha querido darnos a conocer por ella cómo en poco espacio puede recoger con su maravilloso artificio el innumerable número de gracias que puede producir; porque la hermosura, como dice Cicerón, no consiste en otra cosa que en una conveniente disposición de los miembros, que conmueve los ojos de los otros a mirar aquel cuerpo cuyas partes entre sí mismas con una cierta ociosidad[7] se corresponden." "Paréceme, señor don Álvaro —dijo don Quijote—, que vuesa merced ha satisfecho con muy sutiles razones a la objeción que contra la pequeñez del cuerpo de su reina propuse; y porque me parece que ya la cena, por ser poca estará aparejada, suplico a vuesa merced nos entremos a cenar; que después sobre cena tengo un negocio de importancia que tratar con vuesa merced, como con persona que tan bien sabe hablar en todas materias."

---

[7] Debe ser error de imprenta de la primera edición, que seguimos. Sin duda quiso poner "graciosidad".

CAPÍTULO II

DE LAS RAZONES QUE PASARON ENTRE DON ÁLVARO TARFE Y DON QUIJOTE SOBRE CENA, Y CÓMO LE DESCUBRE LOS AMORES QUE TIENE CON DULCINEA DEL TOBOSO, COMUNICÁNDOLE DOS CARTAS RIDÍCULAS; POR TODO LO CUAL EL CABALLERO CAE EN LA CUENTA DE LO QUE ES DON QUIJOTE

Después de haber dado don Quijote razonablemente de cenar a su noble huésped, por postre de la cena, levantados ya los manteles, oyó de sus cuerdos labios las siguientes razones: "Por cierto, señor Quijada, que estoy en extremo maravillado de que, en el tiempo que nos ha durado la cena, he visto a vuesa merced algo diferente del que le vi cuando entré en su casa; pues en la mayor parte della le he visto tan absorto y elevado en no sé qué imaginación, que apenas me ha respondido jamás a propósito, sino tan *ad Ephesios,* como dicen, que he venido a sospechar que algún grave cuidado le aflige y aprieta el ánimo; porque le he visto quedarse a ratos con el bocado en la boca, mirando sin pestañear a los manteles, con tal suspensión que, preguntándole si era casado, me respondió: *"Rocinante,* señor, el mejor caballo es que se ha criado en Córdoba"; y por esto digo que alguna pasión o interno cuidado atormenta a vuesa merced; porque no es posible nazca de otra causa tal efecto; y tal puede ser que, como otras muchas veces he visto en otros, pueda quitarle la vida, o a lo menos, si es vehemente, apurarle el juicio; y así, suplico a vuesa merced se sirva comunicarme su sentimiento; porque si fuese tal la causa del que yo con mi persona pueda remediarla, lo haré con las veras que la razón y mis obligaciones piden, pues así como con las lágrimas, que son sangre del corazón, él mesmo desfoga y descansa, y queda aliviado de las melancolías que le oprimen, vaporeando por el venero de los ojos; así, ni más ni menos el dolor y aflicción, siendo comunicado, se alivian algún tanto, porque suele el que lo oye, como desapasionado, dar el consejo que es más sano y seguro al remedio de la persona afligida." Don Quijote, entonces, le respondió: "Agradezco, señor don Álvaro, esa buena voluntad, y el deseo que muestra tener vuesa merced de hacérmela; pero es fuerza que los que profesamos el orden de caballería, y nos hemos visto en tanta multitud de peligros, ya con fieros y descomunales jayanes, ya con malandrines sabios o magos, desencantando princesas, matando grifos y serpientes, rinocerontes y endriagos, llevados de alguna imaginación destas, como son negocios de honra, quedemos suspensos y elevados y puestos en un honroso éxtasi, como el en que vuesa merced dice haberme visto, aunque yo no he echado de verlo: verdad es que ninguna cosa destas por ahora me ha suspendido la imaginación; que ya todas han pasado por mí." Maravillose mucho don Álvaro Tarfe de oírle decir que había desencantado, princesas y muerto gigantes, y comenzó a tenerle por hombre que le faltaba algún poco de juicio; y así, para enterarse dello, le dijo: "¿Pues no se podrá saber qué causa por ahora aflige a vuesa merced?" "Son negocios— dijo don Quijote—que aunque a los caballeros andantes no todas las veces es lícito decirlos, por ser vuesa merced quien es y tan noble y discreto, y estar herido con la propia saeta con que el hijo de Venus me tiene herido a mí, le quiero descubrir mi dolor, no para que me dé remedio para él, que sólo me le puede dar aquella bella ingrata y dulcísima Dulcinea, robadora de mi voluntad, sino para que vuesa merced entienda que yo camino y he caminado por el camino real de la caballería andantesca, imitando en obras y en amores a aquellos valerosos y primitivos caballeros andantes que fueron luz y espejo de todos aquellos que después dellos han por sus buenas prendas merecido profesar el sacro orden de caballería que yo profeso, como fueron el invicto Amadís de Gaula, don Belianis de Grecia y su hijo Esplandian, Palmerín de Oliva, Tablante de Ricamonte, el caballero del Febo y su hermano Rosicler, con otros valentísimos príncipes aún de nuestros tiempos, a todos los cuales, ya que les he imitado en obras y hazañas, los sigo también en los amores; así que, vuesa merced sabrá que yo estoy enamorado." Don Álvaro, como era hombre de sutil entendimiento, luego cayó en todo lo que su huésped podía ser, pues decía haber imitado a aquellos caballeros fabulosos de los libros de caballería; y así, maravillado de su loca enfermedad, para enterarse cumplidamente della, le dijo: "Admírome no poco, señor Quijada, que un hombre como vuestra merced, flaco y seco de cara, y que a mi parecer pasa ya de los cuarenta y cinco, ande enamorado; porque el amor no se alcanza sino con muchos trabajos, malas noches, peores días, mil disgustos, celos, zozobras, pendencias y peligros; que todos estos y otros semejantes son los caminos por donde se camina al amor; y si vuesa merced ha de pasar por ellos, no me parece tiene sujeto para sufrir dos noches malas al sereno, aguas y nieves, como yo sé por experiencia que pasan los enamorados. Mas, dígame vuesa merced, con todo: esa mujer que ama, ¿es de aquí del lugar o forastera?, que gustaría en extremo, si fuese posible, verla antes que me fuese; porque un hombre de tan buen gusto como vuesa merced es, no es creíble sino que ha de haber puesto los ojos en no menos que en una Diana efesina, Policena troyana, Dido cartaginense, Lucrecia romana o Doralice granadina." "A todas ésas— respondió don Quijote—excede en hermosura y gracia; y sólo imita en fiereza y crueldad a la inhumana Medea; pero ya querrá Dios que con el tiempo, que todas las cosas muda, trueque su corazón diamantino, y con las nuevas que de mí y mis invencibles fazañas terná, se molifique y sujete a mis no menos importunos que justos ruegos. Así que, señor, ella se llama Princesa Dulcinea del Toboso (como yo don Quijote de la Mancha), si nunca vuesa merced la ha oído nombrar; que sí habrá, siendo tan célebre por sus milagros y celestiales prendas." Quiso reírse de muy buena gana don Álvaro cuando oyó decir la princesa Dulcinea del Toboso; pero disimuló, porque su huésped no lo echase de ver y se enojase, y así le dijo: "Por cierto, señor hidalgo, o por mejor decir, señor caballero, que yo no he oído en todos los días de mi vida nombrar tal princesa, ni creo la hay en toda la Mancha, si no es que ella se llame por sobrenombre Princesa, como otras se llaman Marquesas." "No todos saben todas las cosas— replicó don Quijote—; pero yo haré antes de mucho tiempo que su nombre sea conocido, no solamente en España, pero en los reinos y provincias más distantes del mundo. Ésta es, pues, señor, la que me eleva los pensamientos; ésta me enajena de mí mismo; por ésta he estado desterrado muchos días de mi casa y patria, haciendo en su servicio heroicas hazañas, enviándole gigantes y bravos jayanes y caballeros rendidos a sus pies; y con todo eso ella se muestra a mis ruegos una leona de África, y una tigre de Hircania, respondiéndome a los papeles que le envío, llenos de amor y dulzura, con el mayor desabrimiento y despego que jamás princesa a caballero andante escribió. Yo le escribo más largas arengas que las que Catilina hizo al senado de Roma; más heroicas poesías que las de Homero o Virgilio; con más ternezas que el Petrarca escribió a su querida Laura, y con más agradables episodios que Lucano ni Ariosto pudieron escribir en su tiempo, ni en el nuestro ha hecho Lope de Vega a su Filis, Celia, Lucinda, ni a las demás que tan divinamente ha celebrado, hecho en aventuras un Amadís, en gravedad un Cévola, en sufrimiento un Perineo de Persia, en nobleza un Eneas, en astucia un Ulises, en constancia un Belisario, y en derramar sangre humana un bravo Cid Campeador; y porque vuesa merced, señor don Álvaro, vea ser verdad todo lo que digo, quiero sacar dos cartas que tengo allí en aquel escritorio: una que con mi escudero Sancho Panza la escribí en los días pasados, y otra que ella me envió en respuesta suya." Levantose para sacarlas, y don Álvaro se quedó haciendo cruces de ver la locura del huésped, y acabó de caer en la cuenta de que él estaba desvanecido con los vanos libros de caballerías, teniéndolos por muy auténticos y verdaderos. Al ruido que don Quijote hizo abriendo el escritorio, entró Sancho Panza, harto bien llena la barriga de los relieves que habían sobrado de la cena; y como don Quijote se asentó con las dos cartas en la mano, él se puso repantigado tras las espaldas de su silla para gustar un poco de la conversación. "Ve aquí—

dijo don Quijote—vuesa merced a Sancho Panza, mi escudero, que no me dejará mentir a lo que toca al inhumano rigor de aquella mi señora." "Sí a fe—dijo Sancho Panza—, que Aldonza Lorenzo, alias Nogales (como así se llamaba la infanta Dulcinea del Toboso por propio nombre, como consta de las primeras partes desta grave historia), es una grandísima... Téngaselo por dicho; porque ¡cuerpo de un ciruelo!, ¿ha de andar mi señor hendo tantas caballerías de día y de noche, y hendo cruel penitencia en Sierra Morena, dándose de calabazadas, y sin comer por una...? Mas quiero callar; allá se lo haya, con su pan se lo coma; que quien yerra y se enmienda, a Dios se encomienda; que una ánima sola ni canta ni llora; y cuando la perdiz canta, señal es de agua; y a falta de pan, buenas son tortas." Pasara adelante Sancho con sus refranes si don Quijote no le mandara, *imperativo modo,* que callara; mas con todo, replicó diciendo: "¿Quiere saber, señor don Tarfe, lo que hizo la muy zurrada cuando la llevé esa carta que ahora mi señor quiere leer? Estábase en la caballeriza la muy puerca, porque llovía, hinchendo un serón de basura con una pala, y cuando yo le dije que le traía una carta de mi señor (¡infernal torzón le dé Dios por ello), tomó una gran palada del estiércol que estaba más hondo y más remojado, y arrojómelo de voleo, sin decir agua va, en estas pecadoras barbas. Yo, como por mis pecados las tengo más espesas que escobilla de barbero, estuve después más de tres días sin poder acabar de agotar la porquería que en ellas me dejó, perfectamente." Diose, oyendo esto, una palmada en la frente don Álvaro, diciendo: "Por cierto, señor Sancho, que semejante porte que ése no le merecía la mucha discreción vuestra." "No se espante vuesa merced—replicó Sancho—, que a fe que nos ha sucedido a mí y a mi señor, andando por amor della en las aventuras o desventuras del año pasado, darnos pasadas de cuatro veces muy gentiles garrotazos." "Yo os prometo—dijo colérico don Quijote—, que si me levanto, don bellaco desvergonzado, y coja una estaca de aquel carro, que os muela las costillas y haga que se os acuerde *per omnia saecula saeculorum."* "Amén—respondió Sancho." Levantárase don Quijote a castigarle la desvergüenza, si don Álvaro no le tuviera el brazo y le hiciera volver a sentar en su silla, haciendo con el dedo señas a Sancho para que callase, con que lo hizo por entonces; y don Quijote, abriendo la carta, dijo: "Ve aquí vuesa merced la carta que este mozo llevó los días pasados a mi señora, y juntamente la respuesta della, para que de ambas colija vuesa merced si tengo razón de quejarme de su inaudita ingratitud."

Sobrescrito de la carta: *"A la infanta Dulcinea del Toboso:*

"Si el amor afincado, ¡oh bella ingrata!, que asaz bulle por los poros de mis venas diera lugar a que me ensañara contra vuestra fermosura, cedo tomara venganza de la sandez con que mis cuitas os dan enojoso reproche. Cuidedes, dulce enemiga mía, que non atiendo con todas mis fuerzas en al que en desfacer tuertos de gente menesterosa: magüer que muchas veces ando envuelto en sangre de jayanes, cedo el pensamiento sin polilla está además ledo, y tiene remembranza que está preso por una de las más altas hembras que entre las reinas de alta guisa fallar se puede. Empero lo que agora vos demando es, que si alguna desmesuranza he tenido, me perdonedes; que los yerros por amare, dignos son de perdonare. Esto pide de finojos ante vuestro imperial acatamiento. Vuestro hasta el fin de la vida, *El caballero de la Triste Figura, don Quijote de la Mancha."*

"Por Dios—dijo don Álvaro riéndose—, que es la más donosa carta que en su tiempo pudo escribir el rey don Sancho de León a la noble doña Jimena Gómez, al tiempo que, por estar ausente della el Cid, la consolaba; pero siendo vuesa merced tan cortesano, me espanto que escribiese esa carta ahora tan a lo del tiempo antiguo; porque ya no se usan esos vocablos en Castilla, si no es cuando se hacen comedias de los reyes y condes de aquellos siglos dorados." "Escríbola de esta suerte—dijo don Quijote— porque, ya que imito a los antiguos en la fortaleza, como son al conde Fernán González, Peranzules, Bernardo y al Cid, los quiero también imitar en las palabras." "¿Pues para qué—replicó don Álvaro—puso vuesa merced en la firma *El caballero de la Triste Figura?"* Sancho Panza, que había estado escuchando la carta, dijo: "Yo se lo aconsejé, y a fe en toda ella no va cosa más verdadera que esa." "Púseme *El de la Triste Figura—* añadió don Quijote—, no por lo que este necio dice, sino porque la ausencia de mi señora Dulcinea me causaba tanta tristeza, que no me podía alegrar: de la suerte que Amadís se llamó Beltenebros, otro el caballero de los Fuegos, otro de las Imágenes o de la Ardiente espada." Don Álvaro le replicó: "Y el llamarse vuesa merced don Quijote, ¿a imitación de quién fue?" "A imitación de ninguno—dijo don Quijote—, sino como me llamo Quijada, saqué deste nombre el de don Quijote el día que me dieron el orden de caballería. Pero oiga vuesa merced, le suplico, la respuesta que aquella enemiga de mi libertad me escribe."

Sobrescrito: *"A Martin Quijada, el mentecapto:*

"El portador desta había de ser un hermano mío, para darle la respuesta en las costillas con un gentil garrote. ¿No sabe lo que le digo, señor Quijada? Que por el siglo de mi madre, que si otra vez me escribe de emperatriz o reina, poniéndome nombres burlescos, como es: *A la infanta manchega Dulcinea del Toboso* y otros semejantes que me suele escribir, que tengo de hacer que se le acuerde. Mi nombre propio es Aldonza Lorenzo o Nogales, por mar y por tierra."

"Vea vuesa merced si habrá en el mundo caballero andante, por más discreto y sufrido que sea, que pueda sin morir tolerar semejantes razones." "¡Oh, hi de puta!—dijo Sancho Panza—, conmigo las había de haber la relamida: a fe que la había de her peer por ingeño; que aunque es moza forzuda, yo fío que si la agarro, no se me escape de entre las uñas; mi señor don Quijote es muy demasiado de blando. Si él la enviase media docena de coces dentro de una carta, para que se la depositasen en la barriga, a fe que no fuera tan repostona. Sepa vuesa merced que estas mozas (yo las conozco mejor que un huevo vale una blanca), si las hablan bien, dan al hombre el pescozón y pasagonzalo que le hacen saltar las lágrimas de los ojos; sobre mí, que conmigo no se burlan, porque luego les arrojo una coz más redonda que de mula de fraile hierónimo; y más si me pongo los zapatos nuevos: ¡mal año para la mula del Preste Juan que mejor las endilgue!" Levantose riendo don Álvaro, y dijo: "Por Dios que si el rey de España supiese que este entretenimiento había en este lugar, que aunque le costase un millón, procurara tenerlo consigo en su casa. Señor don Quijote, ello hemos de madrugar por lo menos una hora antes del día, por huir del sol; y así, con licencia de vuesa merced querría tratar de acostarme." Don Quijote dijo que su merced la tenía; y así, comenzó a desnudarse para hacerle la cama que en el mesmo aposento estaba, y mandó a Sancho Panza que le descalzase las botas. Llegaron en esto a quererlo hacer dos pajes del mesmo don Álvaro, que habían estado oyendo la conversación desde la puerta; pero no consintió Sancho Panza que otro que él hiciese tal oficio, de que gustó en extremo don Álvaro, el cual le dijo mientras don Quijote salió afuera por unas peras en conserva para darle: "Tirá, hermano Sancho, bien, y tened paciencia." "Sí tendrán— respondió Sancho—, que no son bestias; y aunque no soy don, mi padre lo era." "¿Cómo es eso?—dijo don Álvaro— ¡Vuestro padre tenía don!" "Sí, señor—dijo Sancho—; pero teníale a la postre." "¿Cómo a la postre?— replicó don Álvaro. ¿Llamábase Francisco Don, Juan Don o Diego Don?" "No, señor—dijo Sancho—; sino Pedro el Remendón." Rieron mucho del dicho los pajes y don Álvaro, que prosiguió preguntándole si era aún su padre vivo, y él respondió: "No, señor; que ha más de diez años que murió de una de las más malas enfermedades que se puede imaginar. "¿De qué enfermedad murió?"—replicó don Álvaro. "De sabañones" respondió Sancho. "¡Santo Dios!—dijo don Álvaro con grandísima risa—. ¡De sabañones! El primer hombre que en los días de mi vida oí decir que muriese desa enfermedad fue vuestro padre, y así, no lo creo." "¿No puede cada uno—dijo Sancho—morir la muerte que le da gusto? Pues si mi padre quiso morir de sabañones, ¿qué se le da a vuesa merced?" En medio de la risa de don Álvaro y sus pajes, entró don Quijote y su ama, la vieja, con un plato de peras en conserva y una garrafa de buen vino blanco, y dijo: "Vuesa merced, mi señor don Álvaro, podrá comer un par destas peras, y tras ellas tomar una vez de vino, que le dará mil vidas." "Yo beso a vuesa merced las manos—respondió don Álvaro—, señor don Quijote, por la merced que me hace; pero no podré servirle, porque no acostumbro comer cosa alguna sobre cena; que me daña, y tengo larga experiencia en mí de la verdad del aforismo de Avicena o Galeno, que dice que lo crudo sobre lo indigesto engendra enfermedad." "Pues por vida de la que me parió—dijo Sancho—, que aunque ese Azucena o Galena, que su merced dice, me dijese más latines que tiene todo el a b c, así dejase yo de comer, habiéndolo a mano, como de escupir. ¡Mira qué cuerpo de San Belorge! El no comer para los castraleones, que se sustentan del aire." "Pues por vida de la que adoro—dijo don Álvaro tomando una pera con la punta del cuchillo—, que os habéis de comer ésta, con licencia del señor don Quijote." "¡Ah, no! Por su vida, señor don Tarfe—respondió Sancho—; que estas cosas dulces, siendo pocas, me hacen mal; aunque es verdad que cuando son en cantidad me hacen grandísimo provecho." Con todo, la comió, y tras esto se puso don Álvaro en la cama, y a los pajes les hicieron otra junto a ella, do se acostasen, como lo hicieron. En esto, dijo don Quijote a Sancho: "Vamos, Sancho amigo, al aposento de arriba; que allí podremos dormir lo poco que de la noche queda; que no hay para qué irte ahora a tu casa; que ya tu mujer estará acostada; y también que tengo un poco que comunicar contigo esta noche sobre un negocio de importancia." "Pardiez, señor—dijo Sancho—, que estoy yo esta noche para dar buenos consejos, porque estoy redondo como una chueca; sólo será la falta que me dormiré luego, porque ya los bostezos menudean mucho." Subiéronse arriba tras esto ambos a acostar, y puestos en una misma cama, dijo don Quijote: "Hijo Sancho, bien sabes o has leído que la ociosidad es madre y principio de todos los vicios, y que el hombre ocioso esta dispuesto para pensar cualquier mal, y pensándolo, ponerlo por obra, y que el diablo, de ordinario, acomete y vence fácilmente a los ociosos, porque hace como el cazador, que no tira a las aves mientras que las ve andar volando, porque entonces sería la caza incierta y dificultosa, sino que aguarda a que se asienten en algún puesto, y viéndolas ociosas, las tira y las mata. Digo esto, amigo Sancho, porque veo que ha algunos meses que estamos ociosos y no cumplimos, yo con el orden de caballería que recibí, y tú con la lealtad de escudero fiel que me prometiste. Querría, pues (para que no se diga que yo he recibido en vano el talento que Dios me dio, y sea reprehendido como aquel del Evangelio, que ató el que su amo le fió en el pañizuelo y no quiso granjear con él), que volviésemos lo más presto que se pudiese a nuestro militar ejercicio, porque en ello haremos dos cosas: la una, servicio muy grande a Dios, y la otra, provecho al mundo, desterrando dél los descomunales jayanes y soberbios gigantes que hacen tuertos de sus fueros y agravios a caballeros menesterosos y a doncellas afligidas; y juntamente ganaremos honra y fama para nosotros y nuestros sucesores, conservando y aumentando la de nuestros antepasados; tras que adquiriremos mil reinos y provincias en un quita allá esas pajas, con que seremos ricos y enriqueceremos nuestra patria." "Señor—dijo Sancho—, no tiene que meterme en el caletre esos guerreamientos, pues ya ve lo mucho que me costaron ese otro año, con la pérdida de mi *Rucio,* que buen siglo haya; tras que jamás me cumplió lo que mil veces me tenía prometido, de que nos veríamos dentro de un año, yo adelantado, o rey por lo menos; mi mujer almiranta y mis hijos infantes; ninguna de las cuales cosas veo cumplidas por mí (¿oye vuesa merced, o duérmese?), y mi mujer, tan Mari-Gutiérrez se es hoy como agora un año; así que, yo no quiero perro con cencerro. Y fuera deso, si nuestro cura, el licenciado Pero Pérez, sabe que queremos volver a nuestras caballerías, le tiene de meter a vuesa merced con una cadena por unos seis o siete meses en *domus Jetro,* que dicen, como la otra vez; y así, digo que no quiero ir con vuesa merced, y déjeme dormir por vida suya; que ya se me van pegando los ojos." "Mira, Sancho—dijo don Quijote—, que yo no quiero que vayas como la otra vez; antes quiero comprarte un asno en que vayas como un patriarca, mucho mejor que el otro que te hurtó Ginesillo; y, en fin, iremos ambos con mejor orden, y llevaremos dineros y provisiones, y una maleta con nuestra ropa; que ya he echado de ver que es muy necesario, porque no nos suceda lo que en aquellos malditos castillos encantados nos sucedió." "Aun desa manera—respondió Sancho—y pagándome cada mes mi trabajo, yo iré de muy buena gana." Oyendo su resolución, alegre don Quijote, prosiguió diciendo: "Pues Dulcinea se me ha mostrado tan inhumana y cruel, y lo que peor es, desagradecida a mis servicios, sorda a mis ruegos, incrédula a mis palabras, y, finalmente, contraria a mis deseos, quiero probar, a imitación del caballero del Febo, que dejó a Claridana, y otros muchos que buscaron nuevo amor, y ver si en otra hallo mejor fe y mayor correspondencia a mis fervorosos intentos, y ver juntamente... (¿Duermes, Sancho?) ¡Ah Sancho!" En esto Sancho recordó diciendo: "Digo, señor, que tiene razón; que esos jayanazos son grandísimos bellacos, y es muy bien que les hagamos tuertos." "¡Por Dios—dijo don Quijote—que estás muy bien en el cuento! Estoime yo quebrando la cabeza diciéndote lo que a ti y a mí más, después de Dios, nos importa, y tú duermes como un lirón. Lo que digo, Sancho, es, ¿entiendes?..." "¡Oh! Reniego de la puta que me parió—dijo Sancho—: Déjeme dormir con Barrabás; que yo creo bien y verdaderamente cuanto me dijere y piensa decir todos los días de su vida." "Harto trabajo tiene un hombre—dijo don Quijote—que trata cosas de peso con salvajes como éste: quiérole dejar dormir, que yo, mientras que no diere fin y cabo a estas honradas justas, ganando en ellas el primero, segundo y tercero día las joyas de más importancia que hubiere, no quiero dormir, sino velar, trazando con la imaginación lo que después tengo de poner por efecto, como hace el sabio arquitecto, que antes que comience la obra tiene confusamente en su imaginativa todos los aposentos, patios, chapiteles y ventanas de la casa, para después sacallos perfectamente a luz." En fin, al buen hidalgo se le pasó lo que de la noche quedaba haciendo grandísimas quimeras en su desvanecida fantasía, ya hablando con los caballeros, ya con los jueces de las justas, pidiéndoles el premio; ya, finalmente, saludando con grandísima mesura a una dama hermosísima y ricamente aderezada, a quien presentaba desde el caballo con la punta de la lanza una rica joya. Con estos y otros semejantes desvanecimientos se quedó al cabo dormido.

CAPÍTULO III

DE CÓMO EL CURA Y DON QUIJOTE SE DESPIDIERON DE AQUELLOS CABALLEROS, Y DE LO QUE A ÉL LE SUCEDIÓ CON SANCHO PANZA DESPUÉS DE ELLOS IDOS

Una hora antes que amaneciese llegaron a la puerta de don Quijote el Cura y los alcaldes a llamar, que venían a despertar al señor don Álvaro; a cuyas voces don Quijote llamó a Sancho Panza para que les fuese a abrir, el cual despertó con harto dolor de su corazón. Entrados que fueron al aposento de don Álvaro, el Cura se asentó junto a su cama, y le comenzó a preguntar cómo le había ido con su huésped; a lo cual respondió contándoles brevemente lo que con él y con Sancho Panza le había pasado aquella noche; y dijo que si no fuera el plazo de las justas tan corto, se quedara allí cuatro o seis días a gustar de la buena conversación de su huésped; pero propuso de estarse allí más despacio a la vuelta. El Cura le contó todo lo que don Quijote era, y lo que con él le había acontecido el año pasado, de lo cual quedó muy maravillado; y mudando plática, fingieron hablaban de otro, porque vieron entrar a don Quijote, con cuyos buenos días y apacible visión se levantó don Álvaro, y mandó aprestar los caballos y demás recado para irse. Entretanto los alcaldes y el Cura volvieron a dar de almorzar a sus huéspedes, quedando concertados que todos volverían a casa de don Quijote para partirse desde allí juntos. Idos ellos y vestido don Álvaro, dijo aparte a don Quijote: "Señor mío, vuesa merced me la ha de hacer de unas armas grabadas de Milán, que traigo aquí en un baúl grande, se me guarden con cuidado en su casa hasta la vuelta; que me parece que en Zaragoza no serán menester, pues no faltarán en ella amigos que me provean de otras que sean menos sutiles, pues éstas lo son tanto, que sólo pueden servir para la vista, y es notable el embarazo que me causa el llevarlas." Hízolas sacar luego allí todas en diciendo esto, y eran peto, espaldar, gola, brazaletes, escarcelas y morrión; y don Quijote, cuando las vio, se le alegró la pajarilla infinitamente, y propuso luego en su entendimiento lo que había de hacer dellas, y así le dijo: "Por cierto, mi señor don Álvaro, que esto es lo menos en que yo pienso servir a vuesa merced, pues espero en Dios vendrá tiempo en que vuesa merced se holgará más de verme a su lado, que no en el Argamesilla." Y prosiguió preguntándole, mientras se volvían a poner en el baúl las armas, qué divisa pensaba sacar en las justas, qué libreas, qué letras o qué motes; a todo lo cual, por complacerle, le respondió don Álvaro, no entendiendo que le pasaba por la imaginación el ir a Zaragoza ni hacer lo que hizo, que adelante se dirá. En esto entró Sancho muy colorado, sudándole la cara y diciendo: "Bien puede, mi señor don Tarfe, sentarse a la mesa; que ya está el almuerzo a punto." A lo cual respondió don Álvaro: "¿Tenéis buen apetito de almorzar, Sancho amigo?" "Ése—dijo él—, señor mío, *gloria tibi, Domine,* nunca me falta, y es de manera que (en salud sea mentado, y vaya el diablo para ruin), no me acuerdo en todos los días de mi vida haberme levantado harto de la mesa, si no fue ahora un año que, siendo mi tío Diego Alonso mayordomo del Rosario, me hizo a mí repartidor del pan y queso de la caridad que da la confadría, y entonces allí hube de aflojar dos agujeros al cinto." "Dios os conserve—dijo don Álvaro—esa disposición; que sólo della y de vuestra buena condición os tengo envidia." Almorzó don Álvaro, y luego llegaron los tres caballeros con su gente y con el Cura, porque ya amanecía; y viéndolos don Álvaro, se puso al momento las espuelas y subió a caballo; tras lo cual sacó don Quijote del establo a *Rocinante* ensillado y enfrenado para acompañarles, y dijo, teniéndole por el freno, a don Álvaro: "Ve aquí vuesa merced, señor don Álvaro, uno de los mejores caballos que a duras penas se podrían hallar en todo el mundo. No hay Bucéfalo, Alfana, Seyano, Babieca ni Pegaso que se le iguale." "Por cierto—dijo don Álvaro, mirándole y sonriéndose—, que ello puede ser como vuesa merced dice; pero no lo muestra en el talle, porque es demasiado de alto y sobrado de largo, fuera de estar muy delgado; pero debe ser la causa del estar tan flaco el ser de su naturaleza algo astrólogo o filósofo, o la larga experiencia que tendrá de las cosas del mundo; que no deben haber pasado pocas por él, según los muchos años que descubre tener encubiertos bajo la silla; pero, comoquiera que sea, él es digno de alabanza, por lo que muestra ser discreto y pacífico." En esto salieron todos a caballo, y el Cura y don Quijote les acompañaron casi un cuarto de legua del lugar. Iba el Cura tratando con don Álvaro de las cosas de don Quijote, el cual se maravillaba en extremo de su extraña locura. Despidiéronse, forzados de los ruegos de los caballeros, y vueltos al Argamesilla, el Cura se fue a su casa, y llegando a la suya don Quijote, lo primero que hizo en apeándose, fue enviar luego a llamar con su ama a Sancho Panza, con orden de que le dijese trajese consigo, cuando viniese, aquello que le había dicho le traería, que era *Florisbian de Candaria,* libro no menos necio que impertinente. Vino luego volando Sancho; y cerrando el aposento por adentro y quedando en él solos, sacó el libro debajo de las faldas del sayo, y diósele; el cual le tomó en las manos con mucha alegría, diciendo: "Ves aquí, Sancho, uno de los mejores y más verdaderos libros del mundo, donde hay caballeros de tan grande fama y valor, que ¡mal año para el Cid o Bernardo del Carpio, que les lleguen al zapato!" Al punto le puso sobre un escritorio, y volvió de nuevo a repetir a Sancho muy por extenso todo lo que la noche pasada le había dicho, y no había podido entender por estar tan dormido, concluyendo la plática con decir quería partir para Zaragoza a las justas, y que pensaba olvidar a la ingrata infanta Dulcinea del Toboso y buscar otra dama que mejor correspondiese a sus servicios; y que de allí pensaba después ir a la corte del rey de España para darse a conocer por sus fazañas. "Y trabaré amistad—añadía el buen don Quijote—con los grandes, duques, marqueses y condes que al servicio de su real persona asisten; do veré si alguna de aquellas fermosas damas que están con la reina, enamorada de mi tallazo, en competencia de otras, muestra algunas señales de verdadero amor, ya con apariencias exteriores de la persona y vestido, ya con papeles o recados enviados al cuarto que sin duda el rey me dará en su real palacio, para que desta manera, siendo envidiado de muchos caballeros de los del tusón, procuren todos por varios caminos descomponerme con el rey; a los cuales, en sabiéndolo, desafío y reto, matando la mayor parte dellos: conque vista mi gran valentía por el rey nuestro señor, es fuerza que su majestad católica me alabe por uno de los mejores caballeros de Europa." Todo esto decía él con tanto brío, levantando las cejas, con voz sonora y puesta la mano sobre la guarnición de la espada, que no se había aún quitado desde que había salido a acompañar a don Álvaro, que parecía que ya pasaba por él todo lo que iba diciendo. "Quiero, pues, Sancho mío—proseguía luego—, que veas ahora unas armas que el sabio Alquife, mi grande amigo, esta noche me ha traído, estando yo trazando la dicha idea de Zaragoza, porque quiere que con ellas entre en las aplazadas justas, y lleve el mejor precio que dieren los jueces, con inaudita fama y gloria de mi nombre y de los andantes caballeros antepasados, a quien imito y aun excedo. Y abriendo un arca grande, adonde las había metido, las sacó. Cuando Sancho vio las armas nuevas y tan buenas, llenas de trofeos y grabaduras milanesas, acicaladas y limpias, pensó sin duda que eran de plata, y dijo pasmado: "Por vida del fundador de la torre de Babilonia, que si ellas fueran mías, que las había de hacer todas de reales de a ocho, destos que corren ahora, más redondos que hostias; porque solamente la plata, fuera de las imágenes que tienen, vale al menorete, a quererlas echar en la calle, más de noventa mil millones. ¡Oh hi de puta, traidoras, y cómo relucen!—y tomando el morrión en las manos dijo—: Pues el sombrero de plata ¡es bobo! Por las barbas de Pilatos que si tuviera cuatro dedos más de falda, se le podría poner el mismo rey, y aun juro que el día de la procesión del Rosario se le habemos de poner en la cabeza al señor Cura, pues saldrá con él y con la capa de brocado por esas calles hecho un reloj. Mas dígame, señor: estas armas ¿quién las hizo? ¿Hízolas ese sabio Esquife o naciéronse así del vientre de su madre?" "¡Oh gran necio!—dijo don Quijote—. Éstas se hicieron y forjaron junto al río Leteo, media legua de la barca de Acaronte, por las manos de Vulcano, herrero del infierno," "¡Oh pestilencia en el herrero!—dijo Sancho—. ¡El diablo podía ir a su fragua a sacar la punta de la reja del arado! Yo apostaré que, como no me conoce, me echase una grande escudilla de aquella pez y trementina que tiene ardiendo, sobre estas virginales barbas, tal, que fuera harto peor de quitar y aun de sanar que la basura que me echó en ellas Aldonza Lorenzo los otros días." Tomó en esto las armas don Quijote, diciendo: "Quiero, amigo Sancho, que veas cómo me están: ayúdamelas a poner." Y diciendo y haciendo, se puso la gola, peto y espaldar, y dijo Sancho: "Pardiez, que aquestas planchas parecen un capote, y si no fueran tan pesadas, eran lindísimas para segar, y más con estos guantes." Lo cual dijo tomando las manoplas en la mano. Armose don Quijote de todas piezas, y luego habló con voz entonada a Sancho desta manera: "¿Qué te parece, Sancho? ¿Estanme bien? ¿No te admiras de mi gallardía y brava postura?" Esto decía paseándose por el aposento, haciendo piernas y continentes, pisando de carcaño, y levantando más la voz y haciéndola más gruesa, grave y reposada, tras lo cual le vino luego, súbitamente, un accidente tal en la fantasía que, metiendo con mucha presteza mano a la espada, se fue acercando con notable cólera a Sancho, diciendo: "Espera, dragón maldito, sierpe de Libia, basilisco infernal: verás por experiencia el valor de don Quijote, segundo San Jorge en fortaleza; verás, digo, si de un golpe solo puedo partir, no solamente a ti, sino a los diez más fieros gigantes que la nación gigántea jamás produjo." Sancho, que le vio venir para sí tan desaforado, comenzó a correr por el aposento, y metiéndose detrás de la cama, andaba al derredor della huyendo de la furia de su amo, el cual decía, dando muchas cuchilladas a tuertas y derechas por el aposento, cortando muchas veces las cortinas, mantas y almohadas de la cama: "Espera, jayán soberbio, que ya ha llegado la hora en que quiere la Majestad divina que pagues las malas obras que has hecho en el mundo." Andaba en esto tras del pobre Sancho al derredor de la cama diciéndole mil palabras injuriosas, y juntamente con cada una arrojándole una estocada o cuchillada larga; que si la cama no fuera tan ancha como era, lo pasara el pobre de Sancho harto mal; el cual le dijo: "Señor don Quijote, por todas cuantas llagas tuvieron Job, el señor San Lázaro, el señor San Francisco, y lo que más es, Nuestro Señor Jesucristo, y por aquellas benditas saetas que sus padres tiraron al señor San Sebastián, que tenga compasión, piedad, lástima y misericordia, de mi ánima pecadora." Embravecíase más con esto don Quijote, diciendo: "¡Oh soberbio! ¿Agora piensas con tus blandas palabras y ruegos aplacar la justa ira que contigo tengo? Vuelve, vuelve las princesas y caballeros que contra ley y razón en este tu castillo tienes; vuelve los grandes tesoros que tienes usurpados, las doncellas que tienes encantadas y la maga encantadora, causadora de todos estos males." "Señor, ¡pecador de mí!—decía Sancho Panza—, que yo no soy princesa ni caballero, ni esa señora maga que dice, sino el negro de Sancho Panza, su vecino y antiguo escudero, marido de la buena Mari-Gutiérrez, que ya vuesa merced tiene medio viuda. ¡Desventurada de la madre que me parió y de quien me metió aquí!" "Sácame aquí luego—añadía con más cólera don Quijote—sana y salva y sin lisión ni detrimento alguno la emperatriz que digo; que después quedará tu vil y superba persona a mi merced, dándote primero por vencido." "Sí haré con todos los diablos—dijo Sancho—: ábrame la puerta y meta la espada en la vaina, primero, que yo le traeré luego, no solamente todas las princesas que hay en el mundo, sino al mesmo Anás y Caifás, cada y cuando su merced los quiera." Envainó don Quijote con mucha pausa y gravedad, quedando molido y sudado de dar cuchilladas en la pobre cama, cuyas mantas y almohadas dejó hechas una criba; y lo mesmo hiciera del pobre Sancho si pudiera alcanzarle; el cual salió de detrás de la cama descolorido, ronco y lleno de lágrimas, de miedo, y hincándose de rodillas delante de don Quijote, le dijo: "Yo me doy por vencido, señor caballero andante: su merced mande perdonarme, que yo seré bueno todo lo restante de mi vida." Don Quijote le respondió con un verso latino que él sabía y repetía muchas veces, diciendo: *"Parcere prostratis docuit nobis ira leonis*—y tras él le dijo—: Soberbio jayán, aunque tu arrogancia no merecía clemencia alguna, a imitación de aquellos caballeros y príncipes antiguos, a quien imito y pienso imitar, te perdono, con presupuesto que dél todo dejes las malas obras pasadas y seas de aquí adelante amparo de pobres y menesterosos, desfaciendo los tuertos y agravios que en el mundo, con tanta sinrazón, se hacen." "Yo lo juro y prometo—dijo Sancho—de her todo eso que me dice; pero, dígame: en lo de deshacer esos tuertos, ¿ha de entrar también el licenciado Pedro García, beneficiado del Toboso, que es tuerto de un ojo? Porque no me quisiera meter en cosas de nuestra santa madre la Iglesia." Levantó entonces don Quijote a Sancho, diciendo: "¿Qué te parece, amigo Sancho? Quien hace esto en un aposento cerrado con un hombre solo como tú, mejor lo hiciera en una campaña con un ejército de hombres, por bravos que fuesen." "Lo que me parece—dijo Sancho—, que si estas experiencias quiere her muchas veces conmigo, que me echaré con la carga." Don Quijote le respondió: "¿No ves, Sancho, que todo era fingido, no más de por darte a entender mi grande esfuerzo en el combatir, destreza en el derribar y maña en el acometer?" "¡Mal haya el puto de mi linaje!—replicó Sancho—. Pues ¿por qué me arrojaba aquellas descomunales cuchilladas, que si no fuera porque cuando tiró una me encomendé al glorioso San Antón, me llevara medias narices, pues el aire de la espada me pasó zorriando por las orejas? Esos ensayamientos quisiera que vuesa merced hubiera hecho cuando aquellos pastores de marras, de aquellos dos ejércitos de ovejas, le tiraron con las hondas aquellas lágrimas de Moisén, con que le derribaron la mitad de las muelas, y no conmigo; pero por ser la primera vez, pase, y mire lo que hace de aquí adelante, y perdone, que me voy a comer." "Eso no, Sancho—dijo don Quijote—: Desármame y quédate a comer conmigo, para que después de comer tratemos de nuestra partida." Aceptó fácilmente el convite Sancho, y después de comer le mandó que de casa de un zapatero le trujese dos o tres badanas grandes para hacer una fina adarga, la cual él hizo con ciertos papelones y engrudo, tan grande como una rueda de hilar cáñamo. Vendió también dos tierras y una harto buena viña, y lo hizo todo dineros para la jornada que pensaba hacer. Hizo también un buen lanzón con un hierro ancho como la mano, y compró un jumento a Sancho Panza, en el cual llevara una maleta pequeña con algunas camisas suyas y de Sancho, y el dinero, que sería más de trescientos ducados: de suerte que Sancho con su jumento y don Quijote con *Rocinante,* según dice la nueva y fiel historia, hicieron su tercera y más famosa salida del Argamesilla, por el fin de agosto del año que Dios sabe, sin que el Cura ni el Barbero ni otra persona alguna los echase menos hasta el día siguiente de su salida.

CAPÍTULO IV

CÓMO DON QUIJOTE DE LA MANCHA Y SANCHO PANZA, SU ESCUDERO, SALIERON TERCERA VEZ DE ARGAMESILLA, DE NOCHE; Y DE LO QUE EN EL CAMINO DESTA TERCERA Y FAMOSA SALIDA LES SUCEDIÓ

Tres horas antes que el rojo Apolo esparciese sus rayos sobre la tierra, salieron de su lugar el buen hidalgo don Quijote y Sancho Panza: el uno, sobre su caballo *Rocinante,* armado de todas piezas y el morrión puesto en la cabeza con gentil talante y postura, y Sancho, con su jumento enalbardado, con unas muy buenas alforjas encima y una maleta pequeña, en que llevaban la ropa blanca. Salidos del lugar, dijo don Quijote a Sancho: "Ya ves, Sancho mío, cómo en nuestra salida todo se nos muestra favorable, pues, como ves, la luna resplandece y está clara, no hemos topado en lo que hasta aquí habemos andado, cosa de que podamos tomar mal agüero, tras que nadie nos ha sentido al salir: en fin, hasta ahora todo nos viene a pedir de boca." "Es verdad—dijo Sancho—; pero temo que en echándonos menos en el lugar, han de salir en nuestra busca el Cura y el Barbero con otra gente, y topándonos, a pesar nuestro nos han de volver a nuestras casas, agarrados por los cabezones o metidos en una jaula, como el año pasado; y si tal fuese, par diez que sería peor la caída que la recaída." "¡Oh barbero cobarde!—dijo don Quijote—: juro por el orden de caballería que recibí, que sólo por eso que has dicho, y porque entiendas que no puede caber temor alguno en mi corazón, estoy por volver al lugar y desafiar a singular batalla, no solamente al Cura, sino a cuantos curas, vicarios, sacristanes, canónigos, arcedianos, deanes, chantres, racioneros y beneficiados tiene toda la Iglesia romana, griega y latina, y a todos cuantos barberos, médicos, cirujanos y albéitares militan debajo de la bandera de Esculapio, Galeno, Hipócrates y Avicena. ¿Es posible, Sancho, que en tan poca opinión estoy acerca de ti, y que nunca has echado de ver el valor de mi persona, las invencibles fuerzas de mi brazo, la inaudita ligereza de mis pies y el vigor intrínseco de mi ánimo? Osaríate apostar (y esto es sin duda) que si me abriesen por medio y sacasen el corazón, que le hallarían como aquel de Alejandro Magno, de quien se dice que le tenía lleno de vello, señal evidentísima de su gran virtud y fortaleza; por tanto, Sancho, de aquí adelante no pienses asombrarme, aunque me pongas delante más tigres que produce la Hircania, más leones que sustenta la África, más sierpes que habitan la Libia, y más ejércitos que tuvo César,

Aníbal o Jérjes; y quedemos en esto por ahora; que la verdad de todo verás en aquellas famosas justas de Zaragoza, donde ahora vamos. Allí verás por vista de ojos lo que te digo; pero es menester, Sancho, para esto, en esta adarga que llevo (mejor que aquella de Fez que pedía el bravo moro granadino cuando a voces mandaba que le ensillasen el potro rucio del alcalde de los Vélez), poner alguna letra o divisa que denote la pasión que lleva en el corazón el caballero que la trae en su brazo; y así quiero que en el primer lugar que llegáremos, un pintor me pinte en ella dos hermosísimas doncellas que estén enamoradas de mi brío, y el dios Cupido encima, que me esté asestando una flecha, la cual yo reciba en el adarga, riendo dél y teniéndolas en poco a ellas, con una letra que diga al derredor de la adarga: *El Caballero Desamorado,* poniendo encima esta, curiosa aunque ajena, de suerte que esté entre mí, entre Cupido y las damas:

> Sus flechas saca Cupido
> De las venas del Pirú,
> A los hombres dando el *Cu,*
> Y a las damas dando el *pido.*

"¿Y qué habernos de her—dijo Sancho—nosotros con esa Cu? ¿Es alguna joya de las que habernos de traer de las justas?" "No—replicó don Quijote—; que aquel Cu es un plumaje de dos relevadas plumas, que suelen ponerse algunos sobre la cabeza, a veces de oro, a veces de plata, y a veces de la madera[8] que hace diáfano encerado a las linternas, llegando unos con dichas plumas hasta el signo Aries, otros al de Capricornio, y otros se fortifican en el castillo de San Cervantes." "Par diez—dijo Sancho—, que ya que yo me hubiese de poner esas plumas, me las había de poner de oro o de plata." "No te convienen a ti—dijo don Quijote— esos dijes; que tienes la mujer buena cristiana y fea." "No importa eso— dijo Sancho—; que de noche todos los gatos son pardos, y a falta de colcha no es mala manta." "Dejemos eso—replicó don Quijote—; porque delante de nosotros tenemos ya uno de los mejores castillos que a duras penas se podrán hallar en todos los países altos y bajos, y estados de Milán y Lombardía." Esto dijo por una venta que un cuarto de legua lejos se divisaba. Respondió Sancho: "En buena fe que me huelgo, porque aquello que vuesa merced llama castillo es una venta, para la cual, pues ya el sol se va poniendo, será bueno que enderecemos el camino para pasar en ella

---

[8] El asta o cuerno que antes empleaban en las linternas, por su transparencia.

la noche muy a nuestro placer; que mañana proseguiremos nuestro viaje." Porfiaba don Quijote en que era castillo, y Sancho en que era venta. Acertaron en esto a pasar dos caminantes a pie, los cuales, maravillados de ver la figura de don Quijote, armado de todas piezas, y con morrión, haciendo el calor que hacía, que no era poco, se detuvieron mirándole, a los cuales se llegó don Quijote diciendo: "Valerosos caballeros, a quien algún soberbio jayán, contra todo orden de caballería, haciendo batalla con vosotros, ha quitado los caballos y alguna fermosa doncella que en vuestra compañía traíades, hija de algún príncipe o señor destos reinos, la cual había de ser casada con un hijo de un conde, que aunque mozo, es valeroso caballero por su persona: fablad, y decidme punto por punto vuestra cuita; que aquí está en vuestra presencia el Caballero Desamorado, si nunca le oístes nombrar (que sí habréis, pues tan conocido es por sus fazañas), el cual os jura por las ingratitudes de la infanta Dulcinea del Toboso, causa total de mi desamor, de vos facer tan bien vengados y tan a vuestro sabor, que digáis que en buen día la fortuna os ha ofrecido en este camino quien vos desfaga el tuerto que se os ha fecho." Los dos caminantes no supieron qué le responder, sino, mirándose el uno al otro, le dijeron: "Señor caballero, nosotros con ningún soberbio jayán hemos peleado, ni tenemos caballos ni doncellas que se nos hayan quitado; pero si su merced habla de una batalla que habemos tenido allí debajo de aquellos árboles con cierto número de gentes que nos daba harto fastidio en el cuello del jubón y pliegues de los calzones, ya hemos habido cumplida vitoria de semejante gente; y si no es que alguno se nos haya escapado por entre los bosques de los remiendos, todos los demás han sido muertos por el conde de Uñate." Antes que respondiese don Quijote, salió Sancho diciendo: "Dígannos, señores caminantes: aquella casa que allí se ve, ¿es venta o castillo?" Replicó don Quijote: Majadero, insensato, ¿no ves desde aquí los altos chapiteles, la famosa puente levadiza, y los dos muy fieros grifos que defienden su entrada a aquellos que contra la voluntad del castellano pretenden entrar dentro? Los caminantes dijeron: "Si vuesa merced es servido, señor caballero armado, aquélla es la venta que llaman del Ahorcado desde que junto a ella ahorcaron ahora un año al ventero, porque mató a un huésped y le robó lo que tenía." "Ahora, pues, andad en hora mala—dijo don Quijote—; que ello será lo que yo digo, a pesar de todo el mundo." Los caminantes se fueron muy maravillados de la locura del caballero; y don Quijote, ya que llegaban a tiro de arcabuz de la venta, dijo a Sancho: "Conviene mucho, Sancho, para que en todo cumplamos con el orden de caballería, y vamos por el camino que la verdadera milicia enseña, que tú vayas delante, y te llegues a aquel castillo como si fueses verdadera espía, y adviertas en él con mucho cuidado la anchura, altura y profundidad del foso, la disposición de las puertas y puentes levadizas, los torreones, plataformas, entradas encubiertas, diques, contradiques, trincheras, rastrillos, garitas, plazas y cuerpos de guardia que hay en él; la artillería que tienen los de dentro; qué bastimentos y para cuántos años; qué municiones; si tienen agua en las cisternas; y, finalmente, cuántos y qué tales son los que tan gran fortaleza defienden."

"¡Cuerpo de quien me parió!—dijo Sancho—: esto es lo que me agota la paciencia en estas aventuras o desventuras que andamos buscando por nuestros pecados. Tenemos la venta aquí al ojo, donde podemos entrar sin embarazo ninguno y cenar con nuestros dineros muy a nuestro placer, sin tener batalla ni pendencia con nadie; y quiere vuesa merced que yo vaya a reconocer puentes y fosos y extrañas cubiertas, o cómo diablos llama esa letanía que ha nombrado, adonde salga el ventero, viéndome andar alrededor de la casa midiendo las paredes, con algún garrote, y me muela las costillas, pensando que le voy a hurtar por los trascorrales las gallinas o otra cosa. Vamos, por vida suya; que yo salgo por fiador a todo aquello que nos puede suceder, si no es que nosotros mismos nos tomemos las pendencias con las manos." "Bien parece, Sancho—dijo don Quijote—, que no sabes lo que a la buena espía toca de hacer: pues porque lo sepas, entiende que lo primero ha de ser fiel; que si es espía doble, dando aviso a una parte y a otra de lo que pasa, es muy perjudicial al ejército y digna de cualquier castigo. Lo segundo, ha de ser diligente, avisando con presteza de todo lo que ha oído y visto en los contrarios, pues por venir tarde el aviso se suele a veces perder todo un campo. Lo tercero, ha de ser secreta, de tal manera, que a persona nacida, aunque sea grande amigo o camarada, no ha de decir el secreto que trae en su pecho, sino es al propio general en persona. Por tanto, Sancho, ve al momento y haz lo que te digo, sin réplica alguna; que bien sabes y has leído que una de las cosas por donde los españoles son la nación más temida y estimada en el mundo, fuera de su valor y fortaleza, es por la prompta obediencia que tienen a sus superiores en la milicia: ésta los hace victoriosos casi en todas las ocasiones; ésta desmaya al enemigo; ésta da ánimo a los cobardes y temerosos; y, finalmente, por ésta los reyes de España han alcanzado el venir a ser señores de todo el orbe; porque, siendo obedientes los inferiores a los superiores, con buen orden y concierto se hacen firmes y estables, y dificultosamente son rompidos y desbaratados, como vemos lo son con facilidad muchas naciones, por faltarles esta obediencia, que es la llave de todo suceso próspero en la guerra y en la paz." "Ahora bien—dijo Sancho—, no quiero más replicar, pues nunca acabaríamos. Vuesa merced se venga tras mí poco a poco; que yo voy con mi jumento a her lo que me manda; y si no hay nada de lo que vuesa merced me dice, podremos quedar allí; porque a fe que me zorrian ya las tripas de pura hambre." "Dios te dé ventura en lides—dijo don Quijote—, para que en esta empresa que ahora vas salgas con mucha honra, y alcances por los maeses de campo o generales de algún ejército alguna ventaja honrosa para todos los días de tu vida, y mi bendición y la de Dios te alcance; y mira que no te olvides de lo que te he dicho, de hacer la buena espía." Comenzó Sancho a arrear su asno de tal manera, que llegó brevemente a la venta; y como vio que no había fosos, puentes ni chapiteles, como su amo decía, rióse mucho entre sí, diciendo: "Sin duda que todos los torreones y fosos que mi amo decía que había en esta venta, los debe él tener metidos en la cabeza; porque yo no veo aquí sino sólo una casa con un corralazo, y es sin duda venta como yo dije." Acercose a la puerta della y preguntó al ventero si había posada. Díjole que sí, con que bajó luego de su asno, y dio al ventero la maleta para que le diese cuenta della cuando se la pidiese, tras lo cual le preguntó si había qué cenar; y respondiéndole el ventero que había una muy buena olla de vaca, carnero y tocino, con muy lindas berzas, y un conejo asado, dio dos saltos de contento en oír nombrar aquella devota olla el buen Sancho. Pidió al punto cebada y paja para su jumento, y llevole con esta provisión a la caballeriza, y mientras estaba ocupado en ella en dársela, llegó don Quijote cerca de la venta sobre su rocín, con la figura ya dicha. El ventero y otros cuatro o cinco que estaban con él a la puerta, se maravillaron infinito de ver semejante estantigua, y esperaron a ver lo que haría o diría. Llegó él, sin hablar palabra, a dos picas de la puerta, y mirando de medio lado y coa grave continente a la gente que en ella estaba, pasó sin hablar palabra, y dio una vuelta alrededor de toda la venta, mirándola por arriba y por abajo, y a veces midiendo con el lanzón la tierra desde la pared por de fuera; y habiendo dado la vuelta, se puso otra vez delante la puerta, y con una voz arrogante, puesto de pies sobre los estribos, comenzó a decir: "Castellano desta fortaleza, y vosotros, caballeros, que para defenderla con todos los soldados que dentro están, atalayáis, puestos en perpetua centinela días y noches, invierno y verano, con intolerables fríos y fastidiosos calores, los enemigos que os vienen a dar asaltos y hacer salir en campaña a probar ventura, dadme luego aquí sin réplica alguna un escudero mío que, como falsos, y alevosos, contra todo orden de caballería habéis prendido, sin hacer batalla primero con él; que yo sé por experiencia que él es tal por su persona, que a hacerlo, no tenía para empezar en diez de vosotros; y pues estoy certificado de que le prendisteis como alevosos, con la fuerza del encantamiento de la vieja maga que dentro tenéis,, o por traición, demasiado comedimiento os hago en pedíroslo con el término que os le pido. Volvédmele, digo otra vez, al punto, si queréis quedar con las vidas y excusar de que no os pase a todos con los filos de mi espada, y deshaga este castillo sin dejar en él piedra sobre piedra. Ea, entregádmelo luego— decía levantando la voz con más cólera—aquí sano, salvo y sin lesión alguna, juntamente con todos los caballeros, doncellas y escuderos que en vuestras escuras mazmorras con crueldad inhumana tenéis presos; y si no, salid todos juntos, no desarmados como ahora os veo, sino con vuestros preciados caballos, puestas vuestras corazas fuertes y vuestras blandeadoras lanzas de recio fresno; que a todos os espero aquí." Y con esto tiraba a cada paso a *Rocinante* de las riendas hacia atrás, porque se fatigaba mucho por entrar en la venta; que también tenía picado el molino como Sancho Panza. El ventero y los demás, maravillados de las razones de don Quijote, y viendo que, la lanza baja, les desafiaba a batalla, llamándoles gallinas y cobardes, haciendo piernas en su caballo, llegáronse a él, y díjole el ventero: "Señor caballero, aquí no hay castillo ni fortaleza; y si alguna hay es la del vino, que es tan bravo y fuerte, que basta no solamente para derribar, sino para hacer decir mucho más de lo que vuesa merced nos ha dicho, y así decimos y respondemos todos en mí, y yo por todos, que aquí no ha venido escudero alguno de vuesa merced: si quiere posada, entre; que le daremos buena cena y mejor cama, y aun, si fuere menester, no le faltará una moza gallega que le quite los zapatos; que aunque tiene las tetas grandes, es ya cerrada de años; y como vuesa merced no cierre la bolsa, no haya miedo que cierre los brazos ni deje de recebirle en ellos." "Por el orden de caballería que profeso, replicó don Quijote—, que si, como digo, no me dais el escudero y aquesa princesa gallega que decís, que habéis de morir la más abatida muerte que venteros andantes hayan muerto en el mundo." Al ruido salió Sancho diciendo: "Señor don Quijote, bien puede entrar; que al punto que yo llegué se dieron todos por vencidos: baje, baje; que todos son amigos, y habemos echado pelillos a la mar, y nos están aguardando con una muy gentil olla de vaca, tocino, carnero, nabos y berzas, que está diciendo cómeme, cómeme." Como don Quijote vio a Sancho tan alegre, le dijo: "Dime por Dios, Sancho amigo, si esta gente te ha hecho algún tuerto o desaguisado; que aquí estoy, como ves, a punto de pelear." "Señor—dijo Sancho—, ninguno desta casa me ha hecho tuerto; que, como vuesa merced ve, los dos ojos me tengo sanos y buenos, que saqué del vientre de mi madre; ni tampoco me han hecho desaguisado; antes tienen guisada una olla y un conejo tal, que el mismo Juan de Espera en Dios la puede comer." "Pues toma, Sancho—dijo don Quijote—, esta adarga, y tenme del estribo mientras me apeo; que me parece esta gente de buena condición, aunque pagana." "¡Y cómo si es pagana!—respondió Sancho—, pues en pagando tres reales y medio, seremos señores disolutos de aquella grasísima olla." Bajó en esto del caballo, y Sancho le llevó a la caballeriza con su jumento. El ventero dijo a don Quijote que se desarmase; que en parte segura estaba, donde, pagando la cena y cama, no habría pendencia alguna; pero él no lo quiso hacer, diciendo que entre gente pagana no era menester fiarse de todos. Llegó en esto Sancho, y pudo acabar con él a puros ruegos se quitase el morrión; tras lo cual le puso delante una mesa pequeña con sus manteles, y dijo al ventero que trújese luego la olla y el conejo asado, lo cual fue traído en un punto; de todo lo cual cenó harto poco don Quijote, pues lo más de la cena se le fue en hacer discursos y visajes; pero Sancho sacó de vergüenza a su amo, pues a dos carrillos se comió todo lo que quedaba de la olla y conejo, con la ayuda de un gentil azumbre de lo de Yepes, de suerte que se puso hecho una trompa. Alzada la mesa, llevó el ventero a don Quijote y a Sancho a un razonable aposento para acostarse; y después que Sancho le hubo desarmado, se fue a echar el segundo pienso a *Rocinante* y a su jumento, y a llevarles a la agua. Mientras, pues, que Sancho andaba en estos bestiales ejercicios, llegó una moza gallega, que por ser muy cortés era fácil en el prometer y mucho más en el cumplir, y dijo a don Quijote: "Buenas noches tenga vuesa merced, señor caballero: ¿manda algo en su servicio?, que aunque negras, no tiznamos: ¿gusta vuesa merced le quite las botas, o le limpie los zapatos, o que me quede aquí esta noche por si algo se le ofreciere?, que por el siglo de mi madre, que me parece haberle visto aquí otra vez, y aunque en su cara y figura me parece a otro que yo quise harto; pero agua pasada no muele molino: dejome y dejele libre como el cuclillo: no soy yo mujer de todos, como otras disolutas. Doncella, pero recogida; mujer de bien, y criada de un ventero honrado, engañome un traidor de un capitán que me sacó de mi casa, dándome palabra de casamiento: fuese a Italia, y dejome perdida, como vuesa merced ve: llevome todas mis ropas y joyas que de casa de mi padre había sacado." Comenzó la moza a llorar tras esto, y decir: "¡Ay de mí! ¡Ay de mí, huérfana y sola, y sin remedio alguno sino del cielo! ¡Ay de mí! ¡Y si Dios deparase quien a aquel bellaco diese de puñaladas, vengándome de tantos agravios como me ha hecho!" Don Quijote, que oyó llorar aquella moza, como era compasivo de suyo, le dijo: "Cierto, fermosa doncella, que vuestras dolorosas cuitas de tal manera han ferido mi corazón, que, con ser para las lides de acero, vos me le habedes tornado de cera; y así, por el orden de caballería que juro y prometo, como verdadero caballero andante cuyo oficio es desfacer semejantes entuertos, de no comer pan en manteles, nin con la Reina folgare, nin peinarme barba o cabello, nin cortarme las uñas de los pies ni de las manos, y aun de non entrar en poblado, pasadas las justas donde agora voy a Zaragoza, fasta faceros bien vengada de aquese desleal caballero o capitán tan a vuestro sabor, que digáis que Dios vos ha topado con un verdadero desfacedor de agravios. Dadme, doncella mía, esa mano; que yo vos la doy de caballero de cumplir cuanto digo; y mañana en ese día subid sobre vuestro preciado palafrén, puesto vuestro velo delante de vuestros ojos, sola o con vuestro enano, que yo vos seguiré, y aun podría ser; en las justas reales donde agora voy defender con los filos de mi espada contra todo el mundo vuestra fermosura, y después faceros reina de algún extraño reino o isla, adonde seáis casada con algún príncipe poderoso; por tanto, idos agora a acostar, y reposad en vuestro blando lecho, y fiad de mi palabra, que no puede faltar." La disoluta mozuela, que se vio despedir de aquella manera, contra la esperanza que ella tenía de dormir con don Quijote y que le daría tres o cuatro reales, se puso muy triste con tan resoluta respuesta tras tan prolija arenga, y así le dijo: "Yo, por agora, señor, no puedo salir de mi casa por cierto inconveniente: lo que a vuesa merced suplico, si alguna me piensa hacer, es se sirva de prestarme hasta mañana dos reales, que los he mucho menester; porque fregando ayer quebré dos platos de Talavera, y si no los pago, me dará mi amo dos docenas de palos muy bien dados." "Quien a vos os tocare—dijo don Quijote—, me tocará a mí en las niñas de los ojos, y yo solo seré bastante para desafiar a singular batalla, no solamente a ese vuestro amo que decís, sino a cuantos amos hoy gobiernan castillos y fortalezas. Andad y acostadvos sin temor; que aquí está mi brazo, que faltarvos non puede." "Así lo tengo yo creído—dijo la moza—, y mire si me hace merced de esos dos reales agora, que aquí estoy para lo que vuesa merced mandare." Don Quijote no entendía la música de la gallega, y así le dijo: "Señora infanta, no digo yo los dos reales que me pedís, sino docientos ducados os quiero dar luego a la hora." La moza, que sabía que quien mucho abraza poco aprieta, y que más vale pájaro en mano que buitre volando, se llegó a él para abrazarle, por ver si por allí le podía sacar los dos reales que le había pedido; pero don Quijote se levantó diciendo: "Muy pocos caballeros andantes he visto ni leído que, puestos en semejantes trances cual este en que yo me veo, hayan caído en deshonestidad alguna; y así, ni yo tampoco, imitándolos a éstos, pienso caer en ella." Comenzó tras esto a llamar a Sancho, diciendo: "Sancho, Sancho, sube y tráeme esa maleta." Subió Sancho (que había estado hasta entonces ocupado en una grande plática con el ventero y los huéspedes, alabándoles la singular fortaleza de su señor, echando de la gloriosa, como estaba tan relleno con la olla podrida que había cenado), subiendo juntamente la maleta, y díjole don Quijote: "Sancho, abre esa maleta, y dale a esta señora infanta a buena cuenta docientos ducados desos que ahí traemos; que en haciéndola vengada de cierto agravio que contra su voluntad le han fecho, ella te dará, no solamente eso, pero muchas y muy ricas joyas que un descortés caballero a pesar suyo la ha robado." Sancho, que oyó el mandato, le respondió colérico: "¡Cómo docientos ducados! Por los huesos de mis padres, y aún de mis agüelos, los puedo yo dar como dar una testarada en el cielo. Mírese la muy zurrada, hija de otra: ¿no es ella la que denantes me dijo en la caballeriza que si quería dormir con ella que como le diese ocho cuartos estaba allí para herme toda merced? Pues a fe que si la agarro por los cabellos, que ha de saltar de un brinco las escaleras." Como la pobre gallega vio tan enojado a Sancho, le dijo: "Hermano, vuestro señor ha mandado que me deis dos reales; que ni pido ni quiero los docientos ducados; que bien veo que este señor lo dice por hacer burla de mí." Estaba en esto don Quijote maravillado de ver lo que Sancho decía, y así le dijo: "Haz, Sancho, luego lo que te digo: dale luego los docientos ducados, y si más te pidiera, dale más; que mañana iremos con ella hasta su tierra, donde seremos cumplidamente pagados." "Ahora sus—dijo Sancho—, baje acá abajo, señora: ¡así señora seáis de la mala perra que os parió!" Y agarrando de la maleta, bajó la moza delante dél, y diole cuatro cuartos, diciendo: "Por las armas del gigante Golías, que si decís a mi amo que no os he dado los docientos ducados, que os tengo de hacer más tajadas que hay puntos en la albarda de mi asno." "Señor—dijo la gallega—, deme esos cuatro cuartos[9]; que con ellos quedo contentísima." Sancho se los dio diciendo: "Y bien pagada queda la muy zurrada de lo que no ha trabajado." Y el ventero en esto llamó a Sancho para que se acostase en una cama que de dos jalmas le había hecho, y Sancho lo hizo, echando su maleta por cabecera, con que durmió aquella noche muy de repapo.

---

[9] Ya se los había dado; más arriba se lee: *Diole cuatro cuartos.*

CAPÍTULO V

DE LA REPENTINA PENDENCIA QUE A NUESTRO DON QUIJOTE SE LE OFRECIÓ CON EL HUÉSPED AL SALIR DE LA VENTA

Llegada la mañana, Sancho echó de comer a *Rocinante* y a su jumento, e hizo poner a asar un razonable pedazo de carnero, si no es que fuese de su madre (que de la virtud del ventero todo se podía presumir), y tras esto se fue a despertar a don Quijote, el cual en toda la noche no había podido pegar los ojos, sino al amanecer un poco, desvelado con las trazas de sus negras justas, que le sacaban de juicio, y más aquella noche, que había imaginado defender la hermosura de la gallega contra todos los caballeros extranjeros y naturales, y llevarla al reino o provincia de donde imaginaba que era reina o señora. Despertó don Quijote despavorido a las voces que dio Sancho, diciendo: "Date por vencido, ¡oh valiente caballero!, y confiesa la hermosura de la princesa gallega, la cual es tan grande, que ni Policena, Porcia, Albana ni Dido fueran dignas, si vivieran, de descalzarle su muy justo y pequeño zapato". "Señor—dijo Sancho—, la gallega está muy contenta y bien pagada; que ya yo le he dado los doscientos ducados que vuesa merced me mandó; y dice que besa a vuesa merced las manos, y que la mande; que allí está pintipintada para helle toda merced." "Pues dile, Sancho—dijo don Quijote—, que apareje su preciado palafrén mientras yo me visto y armo, para que partamos." Bajó Sancho, y lo que primero hizo fue ir a ver si estaba aderezado el almuerzo. Ensilló a *Rocinante* y enarboló a su jumento, poniendo a punto el adarga y lanzón de don Quijote, el cual bajó muy despacio con sus armas en la mano, y dijo a Sancho que le armase, porque quería partir luego. Sancho le dijo que almorzase; que después se podría armar; lo cual él no quiso hacer en ninguna manera, ni quiso tampoco sentarse a la mesa, porque dijo que no podía comer en manteles hasta acabar cierta aventura que había prometido; y así comió en pie cuatro bocados de pan y un poco de carnero asado, y luego subió en su caballo con gentil continente, y dijo al ventero y a los demás huéspedes que allí estaban: "Castellano y caballeros, mirad si de presente se os ofrece alguna cosa en que yo os sea de provecho; que aquí estoy pronto y aparejado para serviros." El ventero respondió: "Señor caballero, aquí no habemos menester cosa alguna, salvo que vuesa merced o este labrador que consigo trae me paguen la cena, cama, paja y cebada, y váyanse tras esto muy en hora buena." "Amigo—dijo don Quijote—, yo no he visto en libro alguno que haya leído, que cuando algún castellano o señor de fortaleza merece por su buena dicha hospedar en su casa a algún caballero andante, le pida dinero por la posada; pero pues vos, dejando el honroso nombre de castellano, os hacéis ventero, yo soy contento que os paguen: mirad cuánto es lo que os debemos." Dijo el ventero que se le debían catorce reales y cuatro cuartos. "De vos hiciera yo esos por la desvergüenza de la cuenta—replicó con Quijote—, si me estuviera bien; pero no quiero emplear tan mal mi valor." Y, volviéndose a Sancho, le mandó se los pagase. A la que volvió la cabeza para decírselo, vio junto al ventero a la moza gallega, que estaba con la escoba en la mano para barrer el patio, y díjola con mucha cortesía: "Soberana señora, yo estoy dispuesto para cumplir todo aquello que la noche pasada vos he prometido, y seréis sin duda alguna muy presto colocada en vuestro precioso reino; que no es justo que una infanta como vos ande así desa suerte, y tan mal vestida como estáis, y barriendo las ventas de gente tan infame como ésta es: por tanto, subid luego en vuestro vistoso palafrén; y si acaso, por la vuelta que ha dado la enemiga fortuna, no le tenéis, subid en este jumento de Sancho Panza, mi fiel escudero: venios conmigo a la ciudad de Zaragoza; que allí, después de las justas, defenderé contra todo el mundo vuestra extremada fermosura, poniendo una rica tienda en medio de la plaza, y junto a ella un cartel, junto al cartel un pequeño aunque bien rico tablado con un precioso sitial, adonde vos estéis vestida de riquísimas vestiduras, mientras yo peleare contra muchos caballeros, que por ganar las voluntades de sus amantes damas vendrán allí con infinitas cifras y motes, que declararán bien la pasión que traerán en sus fogosos corazones y el deseo de vencerme; aunque les será dificultosa empresa (por no decir imposible) emprender ganar la prez y honra que yo les ganaré con facilidad, amparado de vuestra beldad; y así digo, señora, que, dejando todas las cosas, os vengáis luego conmigo." El ventero y los demás huéspedes, que semejantes razones oyeron a don Quijote, le tuvieron totalmente por loco, y se rieron de oír llamar a su gallega princesa e infanta: con todo, el ventero se volvió a su moza colérico, diciéndola: "Yo os voto a tal, doña puta desvergonzada, que os tengo de hacer que se os acuerde el concierto que con este loco habéis hecho; que ya yo os entiendo. ¿Así me agradecéis el haberos sacado de la putería de Alcalá y haberos traído aquí a mi casa, donde estáis honrada,, y haberos comprado esa sayuela, que me costó diez y seis reales, y los zapatos tres y medio, tras que estaba de hoy para mañana para compraros una camisa, viendo no tenéis andrajo della? Pero no me la haga yo en bacín de barbero si no me lo pagáredes todo junto; y después os tengo de enviar como vos merecéis, con un espigón (como dicen) en el rabo, a ver si hallaréis que nadie os haga el bien que yo en esta venta os he hecho: andad ahora en hora mala, bellaca, a fregar los platos; que después nos veremos." Y diciendo esto, alzó la mano y diola una bofetada, con tres o cuatro coces en las costillas, de suerte que la hizo ir tropezando y medio cayendo. ¡Oh santo Dios, y quién pudiera en esta hora notar la inflamada ira y encendida cólera que en el corazón de nuestro caballero entró! No hay áspid pisado con mayor rabia que la con que él puso mano, a su espada, levantándose bien sobre los estribos, de los cuales, con voz soberbia y arrogante dijo: "¡Oh sandio y vil caballero; así has ferido en el rostro a una de las más fermosas fembras que a duras penas en todo el mundo se podrá fallar! Pero no querrá el cielo que tan grande follonía y sandez quede sin castigo." Arrojó en esto una terrible cuchillada al ventero, y diole con toda su fuerza sobre la cabeza, de suerte que a no torcer un poco la mano don Quijote, lo pasara sin duda mal; pero con todo eso le descalabró muy bien. Alborotáronse todos los de la venta, y cada uno tomó las armas que más cerca de sí halló. El ventero entró en la cocina y sacó un asador de tres ganchos bien grande, y su mujer un medio chuzo de viñadero. Don Quijote volvió las riendas a *Rocinante,* diciendo a grandes voces: "¡Guerra, guerra!" La venta estaba en una cuestecilla, y luego, a tiro de piedra, había un prado bien grande, en medio del cual se puso don Quijote haciendo gambetas con su caballo, la espada desnuda en la mano, porque Sancho tenía la adarga y lanzón; al cual, luego que vio todo el caldo revuelto, se le representó que había de ser segunda vez manteado, y así peleaba cuanto podía por sosegar la gente y aplacar aquella pendencia; pero el ventero, como se sintió descalabrado, estaba hecho un león, y pedía muy aprisa su escopeta, y sin duda fuera y matara con ella a don Quijote, si el cielo no le tuviera guardado para mayores trances. Estorbolo la mujer y los huéspedes con Sancho, diciendo que aquel hombre era falto de juicio; y pues la herida era poca, que le dejase ir con todos los diablos. Con esto se sosegó, y Sancho, excusándose que no tenía culpa de lo sucedido, se despidió dellos muy cortésmente, y se fue para su amo, llevando al jumento del cabestro, y la adarga y lanzón. Llegando a don Quijote, le dijo: "¿Es posible, señor, que por una moza de soldada, peor que la de Pilatos, Anás y Caifás, que está hecha una pícara, quiera vuesa merced que nos veamos en tanta revuelta, que casi nos costara el pellejo, pues quería venir el ventero con su escopeta a tirarle? Y a hacerlo, sobre mí, que no le defendieran sus armas de plata, aunque estuvieran aforradas en terciopelo." "¡Oh Sancho—dijo don Quijote—, ¿cuánta gente es la que viene? ¿Viene un escuadrón volante, o viene por tercios? ¿Cuánta es la artillería, corazas y morriones que traen, y cuántas compañías de flecheros? Los soldados ¿son viejos y bisoños? ¿Están bien pagados? ¿Hay hambre o peste en el ejército? ¿Cuántos son los alemanes, tudescos, franceses, españoles, italianos y esgüízaros? ¿Cómo se llaman los generales, maeses de campo, prebostes y capitanes de campaña? Presto, Sancho, presto, dilo; que importa para que, conforme a la gente, hagamos en este grande prado trincheras, fosos, contrafosos, rebellines, plataformas, bastiones, estacadas, mantas y reparos, para que dentro les echemos naranjas y bombas de fuego, disparando todos a un tiempo nuestra artillería, y primero las piezas que están llenas de clavos y medias balas, porque éstas hacen grande efeto al primer ímpetu y asalto." Respondió Sancho: "Señor, aquí no hay peto ni salto, ¡pecador de mí!, ni hay ejércitos de turquescos, ni animales, ni borricadas ni bestiones; bestias, sí, que lo seremos nosotros si no nos vamos al punto. Tome su adarga y lanza; que quiero subir en mi asno; y pues nuestra Señora de los Dolores nos ha librado de los que nos podían causar los palos que tan bien merecidos teníamos en esta venta, huyamos de ella como de la ballena de Jonás; que no le faltarán a vuesa merced por esos mundos otras aventuras más fáciles de vencer que ésta." "Calla, Sancho—dijo don Quijote—, que, si me ven huir, dirán que soy un gallina cobarde." "Pues, pardiez—replicó Sancho—, que aunque digan que somos gallinas, capones o faisanes, que por esta vez que nos tenemos de ir: arre acá, señor jumento." Don Quijote, que vio resuelto a Sancho, no quiso contradecirle más; antes comenzó a caminar tras él, diciendo: "Por cierto, Sancho, que lo hemos errado mucho en no volver a la venta y retar a todos aquellos por traidores y alevosos, pues lo son verdaderamente, dándoles después desto a todos la muerte; porque tan vil canalla y tan soez no es bien viva sobre la haz de la tierra; pues quedando, como ves quedan, vivos, mañana dirán que no tuvimos ánimo para acometellos, cosa que sentiré a par de muerte se diga de mí. En fin, Sancho, nosotros habemos sido, en volvernos, grandísimos borrachos." "¿Borrachos, señor? —respondió Sancho—. Borrachos seamos delante de Dios; que para lo deste mundo, ello hemos hecho lo que toca a nuestras fuerzas: por tanto, caminemos antes que entre más el sol; que deja vuesa merced bien castigados todos los de la venta."

CAPÍTULO VI

DE LA NO MENOS EXTRAÑA QUE PELIGROSA BATALLA QUE NUESTRO CABALLERO TUVO CON UNA GUARDA DE UN MELONAR, QUE ÉL PENSABA SER ROLDÁN EL FURIOSO

Caminaron la vía de Zaragoza el buen hidalgo don Quijote y Sancho Panza su escudero, y anduvieron seis días sin que les sucediese en ellos cosa de notable consideración, sólo que por todos los lugares que pasaban eran en extremo notados, y en cualquiera parte daban harto que reír las simplicidades de Sancho Panza y las quimeras de don Quijote; porque se ofreció en Ariza hacer él proprio un cartel y fijarle en un poste de la plaza, diciendo que cualquier caballero natural o andante que dijese que las mujeres merecían ser amadas de los caballeros, mentía, como él solo se lo haría confesar uno a uno o diez a diez; bien que merecían ser defendidas y amparadas en sus cuitas, como lo manda el orden de caballería; pero que en lo demás, que se sirviesen los hombres dellas para la generación con el vínculo del santo matrimonio, sin más arrequives de festeos; pues desengañaban bien de cuán gran locura era lo contrario las ingratitudes de la infanta Dulcinea del Toboso; y luego firmaba al pie del cartel: *El Caballero Desamorado.* Tras éste, pasaron otros tan apacibles y más extraños cuentos en los demás lugares del camino, hasta que sucedió que, llegando él y Sancho cerca de Calatayud, en un lugar que llaman Ateca, a tiro de mosquete de la tierra, yendo platicando los dos sobre lo que pensaba hacer en las justas de Zaragoza, y cómo desde allí pensaba dar la vuelta a la corte del Rey, y dar en ella a conocer el valor de su persona, volvió la cabeza y vio, en medio de un melonar, una cabaña y, junto a ella, un hombre que le estaba guardando con un lanzón en la mano. Detúvose un poco mirándole de hita a hito; y después de haber hecho en su fantasía un desvariado discurso, dijo: "Detente, Sancho, detente; que si yo no me engaño, ésta es una de las más extrañas y nunca vistas aventuras que en los días de tu vida hayas visto ni oído decir; porque aquel que allí ves con la lanza o venablo en la mano es, sin duda, el señor de Anglante, Orlando el Furioso, que, como se dice en el auténtico y verdadero libro que llaman *Espejo de caballerías,* fue encantado por un moro, y llevado a que guardase y defendiese la entrada de cierto castillo, por ser él el caballero de mayores fuerzas del Universo; encantándole el moro de suerte, que por ninguna parte puede ser ferido ni muerto si no es por la planta del pie. Éste es aquel furioso Roldán que, de rabia y enojo porque un moro de

Agramante, llamado Medoro, le robó a Angélica la bella, se tornó loco, arrancando los árboles de raíz; y aun se dice por muy cierto (cosa que yo la creo rebién de sus fuerzas) que asió de una pierna a una yegua sobre quien iba un desdichado pastor, y volteándola sobre el brazo derecho, la arrojó de sí dos leguas, con otras cosas extrañas, semejantes a ésta, que allí se cuentan por muy extenso, donde las podrás tú leer. Así que, Sancho mío, yo estoy resuelto de no pasar adelante hasta probar con él la ventura; y si fuere tal la mía (que sí será, según el esfuerzo de mí persona y ligereza de mí caballo), que yo le venciere y matare, todas las glorias, victorias y buenos sucesos que tuvo, serán sin duda míos, y a mí sólo se atribuirán todas las fazañas, vencimientos, muertes de gigantes, desquijaramientos de leones y rompimientos de ejércitos que por sola su persona hizo; y si él echó, como se cuenta por verdad, la yegua con el pastor dos leguas, dirá todo el mundo que, quien venció a este que tal hacía, bien podrá arrojar a otro pastor como aquel a cuatro leguas: con esto seré nombrado por el Mundo y será temido mi nombre; y, finalmente, sabiéndolo el rey de España, me enviará a llamar y me preguntará punto por punto cómo fue la batalla, qué golpes le di, con qué ardides le derribé y con qué estratagemas le falseé las tretas para que diesen en vacío y, finalmente, cómo le di la muerte por la planta del pie con un alfiler de a blanca. Informado su majestad de todo, y dándote a ti por testigo ocular, seré sin duda creído; y llevando, como llevaremos, la cabeza en esas alforjas, el Rey la mirará, y dirá: "¡Ah Roldán, Roldán, y cómo siendo vos la cabeza de los Doce Pares de Francia habéis hallado vuestro par! No os valió, ¡oh fuerte caballero!, vuestro encantamiento ni el haber rompido de sola una cuchillada una grandísima peña ¡Oh Roldán, Roldán, y cómo de hoy más se lleva la gala y fama el invicto manchego y gran español don Quijote!" Así que, Sancho, no te muevas de aquí hasta que yo haya dado cabo y cima a esta dudosa aventura, matando al señor de Anglante y cortándole la cabeza." Sancho, que había estado muy atento a lo que su amo decía, le respondió diciendo: "Señor Caballero Desamorado, lo que a mí me parece es que no hay aquí, a lo que yo entiendo, ningún señor de Argante; porque lo que yo allí veo no es sino un hombre que está con un lanzón guardando su melonar; que como va por aquí mucha gente a Zaragoza a las fiestas, se le deben de festear por los melones; y así digo que mi parecer es, no obstante el de vuesa merced, que no alborotemos a quien guarda su hacienda, y guárdela muy enhorabuena; que así hago yo con la mía. ¿Quién le mete vuesa merced con Giraldo el Furioso, ni en cortar la cabeza a un pobre melonero? ¿Quiere que después se sepa, y que luego salga tras nosotros la Santa Hermandad, y nos ahorque y asaetee, y después eche a galeras por siete cientos años, de donde primero que salgamos ternemos canas en las pantorrillas? Señor don Quijote, ¿no sabe lo que dice el refrán: que quien ama el peligro, mal que le pese, ha de caer en él? Délo al diablo, y vayamos al lugar, que está cerca: cenaremos muy a nuestro placer, y comerán las cabalgaduras; que a fe que si a *Rocinante,* que va un poco cabizbajo, le preguntase dónde querría más ir, al mesón o guerrar con el melonero, que dijese que más querría medio celemín de cebada que cien hanegas de meloneros. Pues si esta bestia, siendo insensitiva, lo dice y se lo ruega, y yo también en nombre della y de mi jumento, se lo suplicamos mal y caramente, razón es nos crea; y mire vuesa merced que por no haber querido muchas veces tomar mi consejo nos han sucedido algunas desgracias. Lo que podemos her, es: yo llegaré y le compraré un par de melones para cenar; y si él dice que es Gaiteros o Bradamonte o esotro demonio que dice, yo soy muy contento que le despanzorremos; si no, dejémosle para quien es, y vamos nosotros a nuestras justas reales." "¡Oh Sancho, Sancho—dijo don Quijote—, y qué poco sabes de achaque de aventuras! Yo no salí de mi casa sino para ganar honra y fama, para lo cual tenemos ahora ocasión en la mano; y bien sabes que la pintaban los antiguos con copete en la frente y calva de todo el cerebro, dándonos con eso a entender que, pasada ella, no hay de dónde asirla. Yo, Sancho, por todo lo que tú y todo el mundo me dijere, no he de dejar de probar esta empresa, ni de llevar, el día que entrare en Zaragoza, la cabeza de este Roldán en una lanza, con una letra debajo della que diga: "Vencí al vencedor." Mira, pues, tú, Sancho, ¡cuánta gloria se me seguirá de esto!, pues será ocasión de que en las justas todos me rindan vasallaje y se me den por vencidos; con lo cual todos los precios della serán sin duda míos. Y así Sancho, encomiéndame a Dios; que voy a meterme en uno de los mayores peligros que en todos los días de mi vida me he visto; y si acaso, por ser varios los peligros de la guerra, muriese en esta batalla llevarme has a San Pedro de Cardeña; que muerto, estando con mi espada en la mano, como el Cid, sentado en una silla, yo fío que si, como a él, algún judío, acaso por hacer burla de mí, quisiere llegarme a las barbas, que mi brazo yerto sepa meter mano y tratarle peor que el católico Campeador trató al que con él hizo lo proprio." "¡Oh señor!—respondió Sancho—, por el arca de Noé le suplico que no me diga eso de morir; que me hace saltar de los ojos las lágrimas como el puño, y se me hace el corazón añicos de oírselo, de puro tierno que soy de mío. ¡Desdichada de la madre que me parió! ¿Qué haría después el triste Sancho Panza solo, en tierra ajena, cargado de dos bestias, si vuesa merced muriese en esta batalla?" Comenzó Sancho tras esto a llorar muy de veras, y decir: "¡Ay de mí, señor don Quijote; nunca yo le hubiera conocido por tan poco! ¿Qué harán las doncellas desaguisadas? ¿Quién hará y deshará tuertos? Perdida queda de hoy más toda la nación manchega; no habrá fruto de caballeros andantes, pues hoy acabó la flor dellos en vuesa merced; más valiera que nos hubieran muerto ahora un año aquellos desalmados yangüeses, cuando nos molieron las costillas a garrotazos. ¡Ay señor don Quijote; pobre de mí!, ¿y qué tengo de her solo y sin vuesa merced? ¡Ay de mí!" Don Quijote lo consoló, diciendo: "Sancho, no llores; que aun no soy muerto; antes he oído y leído de infinitos caballeros, y principalmente de Amadís de Gaula, que, habiendo estado muchas veces a pique de ser muertos, vivían después muchos años y venían a morir en sus tierras, en casa de sus padres, rodeados de hijos y mujeres. Con todo eso, estese dicho, hagas, si muriere, lo que te digo." "Yo le prometo, señor—dijo Sancho—, si Dios le lleva para sí, de llevar a enterrar su cuerpo, no solamente a San Pedro de Cardeña, que dice, sino que, aunque me cueste el valor del jumento, le tengo de llevar a enterrar a Constantinopla; y pues va determinado de matar ese melonero, arrójeme acá, antes que parta, su bendición, y déme la mano para que se la bese; que la mía y la del señor san Cristóbal le caiga." Diósela don Quijote con mucho amor, y luego comenzó a espolear a *Rocinante,* que de cansado ya no se podía mover. Entrando por el melonar, y picando derecho hacia la cabaña donde estaba la guarda, iba dando a cada paso a la maldición a *Rocinante,* por ver que cada mata, como era verde, le daba apetito, aunque tenía freno, de probar algunas de sus hojas o melones, fatigado de la hambre. Cuando el melonero vio que se iba allegando más a él aquella fantasma, sin que reparase en el daño que hacía en las matas y melones, comenzóle a decir a voces que se tuviese afuera; si no, que le haría salir, con todos los diablos, del melonar. No curándose don Quijote de las palabras que el hombre le decía, iba prosiguiendo su camino; y ya que estuvo dos o tres picas dél, comenzó a decirle, puesta la lanza en tierra: "Valeroso conde Orlando, cuya fama y cuyos hechos tiene celebrados el famoso y laureado Ariosto, y cuya figura tienen esculpida sus divinos y heroicos versos, hoy es el día, invencible caballero, en que tengo de probar contigo la fuerza de mis armas y los agudos filos de mi cortadora espada; hoy es el día, valiente Roldán, en que no te han de valer tus encantamientos ni el ser cabeza de aquellos Doce Pares de cuya nobleza y esfuerzo la gran Francia se gloría; que por mi has de ser, si quiere la fortuna, vencido y muerto, y llevada tu soberbia cabeza, ¡oh fuerte francés!, en esta lanza a Zaragoza. Hoy es el día en que yo gozaré de todas tus fazañas y vitorias, sin que te pueda valer el fuerte ejército de Carlo Magno, ni la valentía de Reinaldos de Montalván, tu primo, ni Montesinos, ni Oliveros, ni el hechicero Malgisi con todos sus encantamientos: vente, vente para mí, que un solo español soy: no vengo, como Bernardo del Carpió y el rey Marsilio de Aragón, con poderoso ejército contra tu persona; sólo vengo con mis armas y caballo contra ti, que te tuviste algún tiempo por afrentado de entrar en batalla con diez caballeros solos. Responde, no estés mudo, sube sobre tu caballo, o vente para mí de la manera que quisieres; mas porque entiendo, según he leído, que el encantador que aquí te puso no te dio caballo, yo quiero bajar del mío; que no quiero hacer batalla contigo con ventaja alguna." Y bajó en esto del caballo, y viéndolo Sancho, comenzó a dar voces, diciendo: "Arremeta, nuesamo, arremeta; que yo estoy aquí rezando por su ayuda, y he prometido una misa a las benditas ánimas, y otra al señor san Antón, que guarde a vuesa merced y a *Rocinante.*" El melonero, que vio venir para sí a don Quijote con la lanza en la mano y cubierto con el adarga, comenzole a decir que se tuviese afuera; si no, que le mataría a pedradas. Como don Quijote prosiguiese adelante, el melonero arrojó su lanzón y puso una piedra poco mayor que un huevo en una honda, y, dando media vuelta al brazo, la despidió como de un trabuco contra don Quijote, el cual la recibió en el adarga; mas falseola fácilmente, como era de sólo badana y papelones, y dio a nuestro caballero tan terrible golpe en el brazo izquierdo, que a no cogelle armado con el brazalete, no fuera mucho quebrársele; aunque sintió el golpe bravísimamente. Como el melonero vio que todavía porfiaba para acercársele, puso otra piedra mayor en la honda, y tirola tan derecha y con tanta fuerza, que dio con ella a don Quijote en medio de los pechos, de suerte que, a no tener puesto el peto grabado, sin duda se la escondiera en el estómago: con todo, como iba tirada por buen brazo dio con el buen hidalgo de espaldas en tierra, recibiendo una mala y peligrosa caída, y tal, que con el peso de las armas y fuerza del golpe, quedó en el suelo medio aturdido. El melonero, pensando que le había muerto o malparado, se fue huyendo al lugar. Sancho, que vio caído a su amo, entendiendo que de aquella pedrada había acabado don Quijote con todas las aventuras, se fue para él, llevando al jumento del cabestro, lamentándose y diciendo: "¡Oh pobre de mi señor desamorado! ¿No se lo decía yo, que nos fuéramos muy en hora mala al lugar, y no hiciéramos batalla con este melonero, que es más luterano que el gigante Golías? Pues ¿cómo se atrevió a llegarse a él sin caballo, pues sabía en Dios y en su conciencia que no le podía matar sino metiéndole una aguja o alfiler de a blanca por la planta del pie?" Llegose en esto a su señor, y preguntole si estaba malherido; él respondió que no; pero que aquel soberbio Roldán le había tirado una gran peña y le había derribado con ella en tierra; añadiendo: "Dame, Sancho, la mano, pues ya he salido con muy cumplida vitoria; que, para alcanzarla, bástame que mi contrario haya huido de mí y no ha osado aguardarme: al enemigo que huye, hacerle la puente de plata, como dicen. Dejémosle, pues, ir; que ya vendrá tiempo en que yo le busque, y a pesar suyo acabe la batalla comenzada: sólo me siento en este brazo izquierdo malherido; que aquel furioso Orlando me debió tirar una terrible maza que tenía en la mano; y, si no me defendieran mis finas armas, entiendo que me hubiera quebrado el brazo." "Maza—

dijo Sancho—, bien sé yo que no la tenía; pero le tiró dos guijarros con la honda, que si con cualquiera dellos le diera sobre la cabeza, sobre mí, que por más que tuviera puesto en ella ese chapitel de plata o como le llama, hubiéramos acabado con el trabajo que habemos de pasar en las justas de Zaragoza; pero agradezca la vida que tiene a un romance que yo le recé del conde Peranzules, que es cosa muy probada para el dolor de hijada."
"Dame la mano, Sancho—dijo don Quijote—, y entremos un rato a descansar en aquella cabana, y luego nos iremos, pues el lugar está cerca."
Levantóse don Quijote tras esto, y quitó el freno a *Rocinante,* y Sancho quitó la maleta de encima de su jumento, juntamente con la albarda; metiola todo en la cabaña, quedando *Rocinante* y el jumento señores absolutos del melonar, del cual cogió Sancho dos melones harto buenos, y con un mal cuchillo que traía los partió y puso encima de la albarda para que comiese don Quijote; si bien él, tras sólo cuatro bocados que tomó dellos, mandó a Sancho que los guardase para cenar en el mesón a la noche. Pero apenas había Sancho comido media docena de rebanadas, cuando el melonero vino con otros tres harto bien dispuestos mozos, trayendo cada uno una gentil estaca en la mano; y como vieron el rocín y jumento sueltos, pisando las matas y comiendo los melones, encendidos en cólera, entraron en la cabaña, llamándolos ladrones y robadores de la hacienda ajena, acompañando estos requiebros con media docena de palos que les dieron muy bien dados, antes que se pudiesen levantar; y a don Quijote, que por su desgracia se había quitado el morrión, le dieron tres o cuatro en la cabeza, con que le dejaron medio aturdido, y aun muy bien descalabrado; pero Sancho lo pasó peor; que, como no tenía reparo de coselete, no se le perdió garrotazo en costillas, brazos y cabeza, quedando tan bien aturdido como lo quedaba su amo. Los hombres, sin curar dellos, se llevaron al lugar, en prendas, el rocín y jumento por el daño que habían hecho. De allí a un buen rato, vuelto Sancho en sí, y viendo el estado en que sus cosas estaban, y que le dolían las costillas y brazos, de suerte que casi no se podía levantar, comenzó a llamar a don Quijote, diciendo: "¡Ah señor caballero andante! (andado se vea él con todos cuantos diablos hay en los infiernos), ¿parécele que quedamos buenos? ¿Es éste el triunfa con que habemos de entrar en las justas de Zaragoza? ¿Qué es de la cabeza de Roldán el encantado, que hemos de llevar espetada en lanza? Los diablos le espeten en un asador, ¡plegue a santa Apolonia! Estoyle diciendo setecientas veces que no nos metamos en estas batallas impertinentes, sino que vamos nuestro camino sin hacer mal a nadie, y no hay remedio. Pues tómese esos peruétanos que le han venido, y aun plegue a Dios, si aquí estamos mucho, no vengan otra media docena dellos a acabar la batalla que los primeros comenzaron. Álcese, pesia a las herraduras del caballo de san Martín, y mire que tiene la cabeza llena de chichones, y le corre la

sangre por la cara abajo, siendo ahora de veras el de la Triste Figura, por sus bien merecidos disparates." Don Quijote, volviendo en sí y sosegándose un poco, comenzó a decir:

Rey Don Sancho, rey Don Sancho,
     No dirás que no te aviso
     Que del cerco de Zamora
     Un traidor había salido.

"¡Malhaya el ánima de Anticristo!—dijo Sancho—: estamos con las nuestras en los dientes, y ¡y ahora se pone muy despacio al romance del rey don Sancho! Vámonos de aquí, por las entrañas de todo nuestro linaje, y curémonos; que estos Barrabases de Gaiteros, o quien son, nos han molido más que sal, y a mí me han dejado los brazos de suerte que no los puedo levantar a la cabeza." "¡Oh buen escudero y amigo—respondió don Quijote—, has de saber que el traidor que desta suerte me ha puesto, es Bellido de Olfos, hijo de Olfos Bellido." "¡Oh, reniego de ese Bellido o bellaco de Olfos, y aun de quien nos metió en este melonar!" "Este traidor—dijo don Quijote—, saliendo conmigo mano a mano, camino de Zamora, mientras que yo me bajé de mi caballo para proveerme detrás de unas matas; este alevoso, digo, de Bellido, me tiró un venablo a traición, y me ha puesto de la suerte que ves: portanto, ¡oh fiel vasallo!, conviene mucho que tú subas en un poderoso caballo, llamándote don Diego Ordóñez de Lara, y que vayas a Zamora, y en llegando junto a la muralla, verás entre dos almenas el buen viejo Arias Gonzalo, ante quien retarás a toda la ciudad, torres, cimientos, almenas, hombres, niños y mujeres, el pan que comen y el agua que beben, con todos los demás retos con que el hijo de don Bermudo retó a dicha ciudad, y matarás a los hijos de Arias Gonzalo, Pedro Arias y los demás." "¡Cuerpo de san Quintín!—dijo Sancho—: si vuesa merced ve cuáles nos han puesto cuatro meloneros, ¿para qué diablos quiere que vamos a Zamora a desafiar toda una ciudad tan principal como aquélla? ¿Quiere que salgan della cinco o seis millones de hombres a caballo y acaben con nuestras vidas, sin que gocemos de los premios de las reales justas de Zaragoza? Deme la mano y levántese, e iremos al lugar, que está cerca, para que nos curen y a vuesa merced le tomen esa sangre." Levantose don Quijote, aunque con harto trabajo, y salieron los dos fuera de la cabaña; pero, cuando no vieron el *Rocinante* ni el jumento, fue grandísimo el sentimiento que don Quijote hizo por él; y Sancho, dando vueltas alrededor de la cabaña buscando su asno, decía llorando: "¡Ay, asno de mi ánima!, ¿y qué pecados has hecho para que te hayan llevado de delante de mis ojos? Tú eres la lumbre dellos, asno de mis entrañas, espejo en que yo me miraba; ¿quién te me ha llevado? ¡Ay, jumento mío, que por ti solo y por tu pico podías ser rey de todos los asnos del mundo!, ¿adonde hallaré yo otro tan hombre de bien como tú? Alivio de mis trabajos, consuelo de mis tribulaciones, tú solo me entendías los pensamientos, y yo a ti, como si fuera tu propio hermano de leche. ¡Ay, asno mío, y cómo tengo en la memoria que cuando te iba a echar de comer a la caballeriza, en viendo cerner la cebada, rebuznabas y reías con una gracia como si fueras persona; y cuando respirabas hacia dentro, dabas un gracioso silbo, respondiendo por el órgano trasero con un gamaut, que ¡mal año para la guitarra del barbero de mi lugar que mejor música haga cuando canta el pasacalle de noche!" Don Quijote le consoló diciendo: "Sancho, no te aflijas tanto por tu jumento; que yo he perdido el mejor caballo del mundo; pero sufro y disimulo hasta que le halle, porque le pienso buscar por toda la redondez del universo." "¡Oh señor!—dijo Sancho—, ¿no quiere que me lamente, ¡pecador de mí!, si me dijeron en nuestro lugar que este mi asno era pariente muy cercano de aquel gran retórico asno de Balán, que buen siglo haya? Y bien se ha echado de ver en el valor que ha mostrado en esta reñida batalla que con los más soberbios meloneros del mundo habemos tenido." "Sancho—dijo don Quijote—, para lo pasado no hay poder alguno, según dice Aristóteles; y así lo que por ahora puedes hacer, es tomar esta maleta debajo del brazo, y llevar esta albarda a cuestas hasta el lugar, y allí nos informaremos de todo lo que nos fuere necesario para hallar nuestras bestias." "Sea como vuesa merced mandare"—dijo Sancho, tomando la maleta y diciendo a don Quijote que le echase la albarda encima. "Mira, Sancho—replicó él—, si la podrás llevar; si no, lleva primero la maleta, y luego volverás por ella." "Sí podré—dijo Sancho—; que no es ésta la primera albarda que he llevado a cuestas en esta vida." Púsosela encima; y como el ataharre le viniese junto a la boca, dijo a don Quijote que se la echase tras de la cabeza, porque le olía a paja mal mascada.

CAPÍTULO VII

CÓMO DON QUIJOTE Y SANCHO PANZA LLEGARON A ATECA, Y CÓMO UN CARITATIVO CLÉRIGO LLAMADO MOSÉN VALENTÍN LOS RECOGIÓ EN SU CASA, HACIÉNDOLES TODO BUEN ACOGIMIENTO

Comenzaron a caminar don Quijote con su adarga y Sancho con su albarda, que le venía como anillo en dedo, y en entrando por la primera calle del lugar, se les comenzó a juntar una grande multitud de muchachos hasta que llegaron a la plaza, donde en viendo llegar aquellas extrañas figuras, se empezaron a reír los que en ella estaban, y llegáronseles los jurados y seis o siete clérigos, y otra gente honrada que con ellos estaban. Como se vio don Quijote en la plaza cercado de tanta gente, viendo que todos se reían, comenzó a decir: "Senado ilustre y pueblo romano invicto, cuya ciudad es y ha sido cabeza del universo, mirad si es lícito que de vuestra famosa ciudad hayan salido salteadores, los cuales vosotros jamás consentistes en vuestra clara república en los antiguos siglos, y me hayan robado a mí mi preciado caballo y a mi fiel escudero su jumento, sobre quien trae las joyas y precios que en diferentes justas y torneos he ganado o podido ganar; por tanto, si aquel valor antiguo ha quedado en vuestros corazones de piadosos romanos, dadnos aquí luego lo que se nos ha robado, juntamente con los traidores, que, estando nosotros a pie y descuidados, nos han ferido de la suerte que veis; si no, yo os reto a todos por alevosos y hijos de otros tales; y así os aplazo a que salgáis conmigo a singular batalla uno a uno, o todos para mí solo." Dieron todos, en oyendo estos disparates, una grandísima risada, y llegándoseles un clérigo que más discreto parecía, les rogó callasen; que él, poco más o menos, conocía la enfermedad de aquel hombre, y le haría dar de sí con entretenimiento de todos; y tras esto y el universal silencio que los circunstantes le dieron, se llegó a don Quijote diciendo: "Vuesa merced, señor caballero, sabrá nos decir las señas de los que le han descalabrado y hurtado ese caballo que dice; porque dando aquí a los ilustres cónsules los malhechores, no solamente serán por ellos castigados, sino que juntamente se le volverá a vuesa merced todo lo que se hallare ser suyo." Don Quijote le respondió: "Al que hizo batalla conmigo, dificultosa cosa será hallarlo, porque a mi parecer dijo que era el valeroso Orlando el Furioso, o por lo menos el traidor de Bellido de Olios." Riéronse todos; pero Sancho, que estaba cargado con su albarda a cuestas, dijo: "¿Para qué es menester andar por zorrinloquios? El que derribó a mi amo con la pedrada es un hombre que guardaba un melonar; mozo lampiño, de barba larga, con unos mostachos rehondidos, a quien Dios cohonda; éste le hurtó a mi señor el rocín, y a mí me ha llevado el jumento; que más quisiera me hubiera llevado las orejas que veo." Mosén Valentín, que así se llamaba el clérigo, acabó de conocer de qué pie cojeaban don Quijote y su escudero; y así, como era hombre caritativo, dijo a don Quijote: "Vuesa merced, señor caballero, se venga conmigo, y este su mozo; que todo se hará a su gusto." Llevoles luego a su casa, y hizo acostar a don Quijote en una harto buena cama, y llamó al barbero del lugar, que le curase los chichones que tenía en la cabeza, aunque no eran heridas de mucho peligro; mas como vio don Quijote al barbero, que ya le quería curar, le dijo: "Huelgo mucho en extremo, ¡oh maestro Elicebad!, en haber caído hoy en vuestras venturosas manos; que yo sé y he leído que vos las tenéis tales, juntamente con las medicinas y yerbas que a las heridas aplicáis, que Avicena, Averróes y Galeno pudieran venir a aprender de vos. Así que, ¡oh sabio maestro!, decidme si estas penetrantes feridas son mortales; porque aquel furioso Orlando me hirió con un terrible tronco de encina, y así es imposible no lo sean; y siéndolo, os juro por el orden de caballería que profeso, de no consentir ser curado hasta que tome entera satisfacción y venganza de quien tan a su salvo me hirió a traición, sin aguardar como caballero a que yo metiese mano a la espada. El clérigo y el barbero, que semejantes razones oyeron decir a don Quijote, acabaron de entender que estaba loco; y sin responderle, dijo el clérigo al barbero que le curase y no le respondiese palabra, por no darle nueva materia de hablar. Después que fue curado, mandó Mosén Valentín que le dejasen reposar; lo cual se hizo así. Sancho, que había tenido la cándela para curar a su amo, estaba reventando por hablar; y así, en viéndose fuera del aposento, dijo a Mosén Valentín: "Vuesa merced ha de saber que aquel Girnaldo el furioso me dio, no sé si era con la mesma enema que dio a mi amo, o con alguna barra de oro; y sí haría, pues dicen dél está encantado, y según me duelen las costillas, sin duda me debió de dejar alguna endiablada calentura en ellas; y es de suerte mi mal, que en todo mi cuerpo, que Dios haya, ninguna cosa me ha dejado en pie, sino es, cuando mucho, alguna poquilla gana de comer; que si ésta me quitara, al diablo hubiera yo dado a todos los Roldanes, Ordoños y Claras del mundo." Mosén Valentín, que entendió el apetito de Sancho, le hizo dar de cenar muy bien, mientras él iba a informarse de quién sería el que llevó a don Quijote el caballo y a Sancho su jumento; y averiguado quién les hizo el asalto, dio orden en cobrar y volver a su casa a *Rocinante* con el jumento, al cual, como vio Sancho, que estaba sentado al zaguán, se levantó de la mesa, y abrazándolo le dijo: "¡Ay, asno de mi alma!, tú seas tan bien venido como las buenas pascuas, y dételas Dios a ti y a todas las cosas en que pusieres mano, tan buenas como me las has dado a mí con tu vuelta; mas dime: ¿cómo te ha ido a ti en el cerco de Zamora con aquel Rodamonte, a quien rodado vea yo por el monte abajo, en que Satanás tentó a nuestro Señor Jesucristo?" Mosén Valentín, que vio a Sancho tan alegre por haber hallado su asno, le dijo: "No se os dé nada, Sancho; que cuando vuestro asno no pareciera, yo, por lo mucho que os quiero, os diera una burra tan buena como él, y aun mejor." "Eso no podía ser—dijo Sancho—, porque este mi jumento me sabe ya la condición y yo sé la suya, de suerte que apenas ha comenzado a rebuznar, cuando le entiendo, y sé si pide cebada o paja, o si quiere beber o que le desalbarde para echarse en la caballeriza; y, en fin, le conozco mejor que si le pariera." "Pues ¿cómo—dijo el clérigo—, señor Sancho, entendéis vos cuando el jumento quiere reposar?" "Yo, señor Valentín—respondió Sancho—, entiendo la lengua asnuna muy lindamente." Riyó el clérigo mucho de su respuesta, y mandó que le diesen muy buen recado así a él como a su jumento y a *Rocinante*, pues ya don Quijote reposaba; lo cual fue hecho con mucha puntualidad. Después de cena llegaron otros dos clérigos, amigos de Mosén Valentín, a su casa, a saber cómo le iba con los huéspedes; el cual les dijo: "Por Dios, señores, que tenemos con ellos el más lindo pasatiempo agora en esta casa, que se puede imaginar; porque el principal, que es el que está en la cama, se finge en su fantasía caballero andante como aquellos antiguos Amadís o Febo, que los mentirosos libros de caballerías llaman andantes; y así, según me parece, él piensa con esta locura ir a las justas de Zaragoza y ganar en ellas muchas joyas y premios de importancia; pero gozaremos de su conversación los días que aquí en mi casa se estuviere curando, y aumentará nuestro entretenimiento la intrínseca simplicidad deste labrador, a quien el otro llama su fiel escudero." Tras esto comenzaron a platicar con Sancho, y preguntáronle punto por punto de todas las cosas de don Quijote; el cual les contó todo lo que con él había pasado el otro año, y los amores de Dulcinea del Toboso, y cómo se llamaba don Quijote de la Mancha, y agora el Caballero Desamorado para ir a las justas de Zaragoza; y a este compás desbuchó Sancho todo lo que de don Quijote sabía; pero rieron mucho con lo de los galeotes y penitencia de Sierra Morena y encerramiento de la jaula, con lo cual acabaron de entender lo que don Quijote, y la simplicidad con que Sancho le seguía, alabando sus cosas. De suerte que estuvieron en casa de Mosén Valentín casi ocho días Sancho y don Quijote, al cabo de los cuales, pareciéndole a él que estaba ya bueno, y que era tiempo de ir a Zaragoza a mostrar el valor de su persona en las justas, dijo un día, después de comer, a Mosén Valentín: "A mí me parece, ¡oh buen sabio Lirgando!, pues por vuestro gran saber he sido traído y curado en este vuestro insigne castillo sin tenerlo servido, que ya es tiempo de que con vuestra buena licencia me parta luego para Zaragoza, pues vos sabéis lo mucho que importa a mi honra y reputación; que si la fortuna me fuere favorable (y así será siendo vos de mi parte), yo pienso presentaros alguna de las mejores joyas que en ellas hubiere, y la habéis de recebir por me hacer merced: sólo os suplico que no me olvidéis en las mayores necesidades, porque muchos días ha que el sabio Alquife, a cuya cuenta está el escribir mis fazañas, no lo he visto, y creo que de industria hace el dejarme solo en algunos trabajos, para que así aprenda dellos a comer el pan con corteza, y me valga por mi pico, como dicen: por tanto, yo me quiero partir luego a la hora; y si sois servido de enviar conmigo algún recado en mi recomendación a la sabia Urganda la desconocida, para que si fuere herido en las justas, ella me cure, me haréis muy grande merced en ello." Mosén Valentín, después de haberle escuchado con mucha atención, le dijo: "Vuesa merced, señor Quijada—, se podrá ir cuando fuere servido; pero advierta que yo no soy Lirgando, ese mentiroso sabio que dice, sino un sacerdote honrado que, movido de compasión de ver la locura en que vuesa merced anda con sus quimeras y caballerías, le he recebido con fin de decirle y aconsejarle lo que le hace al caso, y advertirle a solas, de las puertas adentro de mi casa, cómo anda en pecado mortal, dejando la suya y su hacienda, con aquel sobrinito que tiene[10], andando por esos caminos como loco, dando nota de su persona, y haciendo tantos desatinos; y advierta que alguna vez podrá hacer alguno por el cual le prenda la justicia, y no conociendo su humor, le castigue con castigo público y pública deshonra de su linaje; o no habiendo quien le favorezca y conozca, quizá por haber muerto alguno en la campaña, tomado de su locura, le cogerá tal vez la Hermandad, que no consiente burlas, y le ahorcará, perdiendo la vida del cuerpo, y lo que peor es, la del alma; tras que anda escandalizando, no solamente a los de su lugar, sino a todos los que le ven ir desa suerte armado por los caminos; si no, vuesa merced lo vea por el día en que entró en este pueblo, cómo le seguían los muchachos por las calles como si fuera loco, diciendo a voces: "¡Al hombre armado, muchachos, al hombre armado!" Bien sé que vuesa merced ha hecho lo que hace por imitar, como dice, a aquellos caballeros antiguos Amadís y Esplandián, con otros que los no menos fabulosos que perjudiciales libros de caballerías fingen, a los cuales vuesa merced tiene por auténticos y verdaderos, sabiendo, como es verdad, que nunca hubo en el mundo semejantes caballeros, ni hay historia española, francesa ni italiana, a lo menos auténtica, que haga dellos mención; porque no son sino una composición ficticia, sacada a luz por gente de capricho, a fin de

---

[10] De este sobrinito no había hecho mención Cervantes.

dar entretenimiento a personas ociosas y amigas de semejantes mentiras; de cuya lición se engendran secretamente en los ánimos malas costumbres, como de los buenos buenas; y de aquí nace que hay tanta gente ignorante en el mundo, que viendo aquellos libros tan grandes impresos, les parece, como a vuesa merced le ha parecido, que son verdaderos, siendo, como tengo dicho, composición mentirosa; por tanto, señor Quijada, por la pasión que Dios pasó, le ruego que vuelva sobre sí y deje esa locura en que anda, volviéndose a su tierra; y pues me dice Sancho que vuesa merced tiene razonablemente hacienda, gástela en servicio de Dios y en hacer bien a los pobres, confesando y comulgando a menudo, oyendo cada día su misa, visitando enfermos, leyendo libros devotos y conversando con gente honrada, y sobre todo con los clérigos de su lugar, que no le dirán otra cosa de lo que yo le digo; y verá con esto cómo será querido y honrado, y no juzgado por hombre falto de juicio, como todos los de su lugar y los que le ven andar desa manera le tienen; y más, que le juro por las órdenes que tengo, que iré con vuesa merced, si dello gusta, hasta dejarle en su propria casa, aunque haya de aquí a ella cuarenta leguas, y aun le haré todo el gasto por el camino, porque vea vuesa merced cómo deseo yo más su honra y el bien de su alma, que vuesa merced proprio; y deje esas vanidades de aventuras, o por mejor decir, desventuras; que ya es hombre mayor: no digan que se vuelve a la edad de los niños, echándose a perder a sí y a este buen labrador que le sigue, que tan poco ha cerrado la mollera como vuesa merced." Sancho, que a todo lo que Mosén Valentín había dicho había estado muy atento, sentado sobre la albarda de su caro jumento, dijo: "Por cierto, señor licenciado, que su reverencia tiene grandísima razón, y lo proprio que vuesa merced le dice a mi señor, le digo yo y le ha dicho el cura de mi tierra; y no hay remedio con él, sino que habemos de ir buscando tuertos por ese mundo. El año pasado y éste jamás habemos hallado sino quien nos sacuda el polvo de las costillas, viéndonos cada día en peligro de perder el pellejo por los grandes desaforismos que mi señor hace por esos caminos, llamando a las ventas castillos, y a los hombres, a unos Gaiteros, a otros Guirnaldos, a otros Bermudos, a otros Rodamontes, y a otros diablos que se los lleven; y es lo bueno que son o meloneros o arrieros o gente pasajera, tanto que el otro día a una moza gallega de una venta, hecha una picarona, que me brindaba por cuatro cuartos con los que sacó del vientre de su madre, llamaba a boca llena la infanta galiciana, y por ella aporreó al ventero, y nos pensamos ver en un inflicto de la maldición; y créame vuesa merced, y plegué a santa Bárbara, abogada de los truenos y relámpagos, que si miento en cuanto digo, esta albarda me falte a la hora de mi muerte; y tengo quebrada la cabeza de predicarle sobre estos avisos; pero no hay remedio con él, sino que quiere que aunque me pese le siga, y para ello me ha comprado este mi buen jumento, y me da cada mes por mi trabajo nueve reales y de comer; y mi mujer que se lo busque, que así hago yo, pues tiene tan buenos cuartos." Don Quijote había estado cabizbajo a todo lo que Mosén Valentín y Sancho Panza habían dicho; y como quien despierta, comenzó a decir desta manera: "Afuera pereza. Mucho, señor arzobispo Turpín, me espanto de que siendo vuesa señoría de aquella ilustre casa del emperador Carlos, llamado el Magno por excelencia, y pariente de los Doce Pares de la noble Francia, sea tanta su pusilanimidad y cobardía, que huya de las cosas arduas y dificultosas, apartándose de los peligros, sin los cuales es imposible poderse alcanzar la verdadera honra. Nunca cosas grandes se adquirieron sin grandes dificultades y riesgos; y si yo me pongo a los presentes y venideros, sólo lo hago como magnánimo, por alcanzar honra para mí y cuantos me sucedieren; y esto es lícito, pues quien no mira por su honra, mal mirará por la de Dios; y así, Sancho, dame luego a la hora mis armas y caballo, y partamos para Zaragoza; que si yo supiera la cobardía y pusilanimidad que había en esta casa, nunca jamás la ocupara; pero salgamos della al punto, porque no se nos apegue tan mala polilla." Sancho fue luego a ensillar a *Rocinante* y albardar juntamente su rucio; pero el buen clérigo, que vio tan resuelto y empedernido a don Quijote, no le quiso replicar más; antes estaba escuchando todo cuanto decía a cada pieza que Sancho le ponía del arnés, que eran cosas graciosísimas, ensartando mil principios de romances viejos sin ningún orden ni concierto; y al subir en el caballo dijo con gravedad: "Ya cabalga, Calaínos, Calaínos, el infante—y luego, volviéndose a Mosén Valentín, con su lanza y adarga en la mano, le dijo con voz arrogante—: Caballero ilustre, yo estoy muy agradecido de la merced que en este vuestro imperial alcázar se me ha hecho a mí y a mi escudero: por tanto, mirad si yo os soy de algún provecho para haceros vengado de algún agravio que algún fiero gigante os haya hecho; que aquí está Mucio Cévola, aquel que sin pavor ni miedo, pensando matar al Porsena que tenía cercada a Roma, puso intrépido su desnudo brazo sobre el brasero de fuego, dando muestras en el hecho, de tan grande esfuerzo y valentía, cuanto las dio de corrimiento en la causa dél; y estad cierto que os haré vengado de vuestros enemigos tan a vuestro sabor, que digáis que en buena hora me recebisteis en vuestra casa." Y diciéndole tras esto se quedase con Dios, sin aguardar respuesta, dio de espuelas a *Rocinante;* y llegando a la plaza, en viéndole los muchachos comenzaron a gritar: "¡Al hombre armado, al hombre armado!" Y seguido dellos, pasó adelante a medio galope, hasta que salió del lugar, dejando maravillados a todos los que le miraban. El bueno de Sancho enalbardó su jumento, y subiendo en él, dijo: "Señor Valentín, yo no le ofrezco a vuesa merced peleas como mi amo ha hecho, porque más sé de ser apaleado que de pelear; pero yo le agradezco mucho el servicio que nos ha hecho: por muchos años lo pueda continuar. Mi lugar se llama el Argamesilla: cuando yo esté allá, estaré aparejado para helle toda merced, y mi mujer Mari-Gutiérrez sé de cierto que le besa a vuesa merced las manos en este punto." "Sancho hermano—dijo Mosén Valentín—, Dios os guarde; y mirad que os ruego que cuando vuestro señor vuelva a su tierra, vengáis por aquí; que seréis vos y él bien recebidos, y no haya falta." Respondió Sancho: "Yo se lo prometo a vuesa merced; y quédese con Dios; y "plegue a la señora Sarita Agueda, abogada de las tetas, que viva vuesa merced tan largos años como vivió nuestro padre Abraham." Comenzó tras esto con toda priesa a arrear su asno, y pasando por la plaza, le cercaron los jurados y todos los que en ella estaban, por reír un poco con él; el cual, como los vio juntos, les dijo: "Señores, mi amo va a Zaragoza, a hacer unas justas y torneos reales: si matamos alguna gruesa de aquellos gigantones o Fierablases, que dicen hay allá muchos, yo les prometo, pues nos han hecho servicio de volvernos a *Rocinante* y al rucio, de traelles una de aquellas ricas joyas que ganaremos y una media docena de gigantones en escabeche; y si mi amo llegare a ser (que sí hará, según es de valiente) rey, o por lo menos emperador, y yo tras él me viere papa o monarca de alguna iglesia, les prometemos de hellos a todos los de este lugar, cuando menos canónigos de Toledo." Dieron todos con el dicho de Sancho una grandísima risada, y los muchachos que estaban detrás de todos, como vieron que los jurados y clérigos hacían burla de Sancho, el cual estaba caballero en su asno, comenzaron a silbarle, y juntamente a tirarle con pepinos y berenjenas, de suerte que no bastaron todos los que allí estaban a detener su furia; y así a Sancho le fue forzoso bajar del asno y darle con el palo muy aprisa, hasta que salió del lugar y topó a don Quijote, que le estaba esperando, el cual le dijo: "¿Qué es, Sancho? ¿Qué has hecho? ¿En qué te has entretenido?" Respondió Sancho: "¡Oh, reniego de los zancajos de la mujer de Job! ¿Cómo se vino vuesa merced y me dejó en las manos de los caldereros de Sodoma? Que le prometo, así yo me vea arzobispo de aquella ciudad que me prometió el año pasado, que me agarraron en yéndose vuesa merced, entre seis o siete de aquellos escribas y fariseos, y me llevaron en casa del boticario, y me echaron una melecina de plomo derretido, tal, que me hace venir despidiendo perdigones calientes por la puerta falsa, sin que pueda reposar un punto." "No se te dé nada—dijo don Quijote—; que ya vendrá tiempo en que nos hagamos bien vengados de todos los agravios que en este lugar por no conocernos nos han hecho; pero ahora caminemos para Zaragoza, que es lo que importa; que allí oirás y verás maravillas."

CAPÍTULO VIII

DE CÓMO EL BUEN HIDALGO DON QUIJOTE LLEGÓ A LA CIUDAD DE ZARAGOZA, Y DE LA EXTRAÑA AVENTURA QUE A LA ENTRADA DELLA LE SUCEDIÓ CON UN HOMBRE QUE LLEVABAN AZOTANDO

Tan buena maña se dieron a caminar el buen don Quijote y Sancho que a otro día, a las once, se hallaron una milla de Zaragoza. Toparon por el camino mucha gente de pie y de a caballo, la cual venía de las justas que en ella se habían hecho; que como don Quijote se detuvo en Ateca ocho días curándose de sus palos, se hicieron sin que él las honrase con su presencia, como deseaba; de lo cual, informado en el camino, de los pasajeros, estaba como desesperado; y así, iba maldiciendo su fortuna por ello y echaba la culpa al sabio encantador, su contrario, diciendo que él había hecho por donde las justas se hubiesen hecho con tanta presteza para quitarle la honra y gloria que en ellas era forzoso ganar, dando la victoria a él debida, a quien él maliciosamente favorecía. Con esto iba tan mohíno y melancólico que a nadie quería hablar por el camino, hasta tanto que llegó cerca de la Aljafería, adonde, como se le llegasen por verle de cerca algunas personas, con deseo de saber quién era y a qué fin entraba armado de todas piezas en la ciudad, les dijo en voz alta: "Decidme, caballeros, ¿cuántos días ha que se acabaron las justas que en esta ciudad se han hecho, en las cuales no he merecido poderme hallar? Cosa de que estoy tan desesperado cuanto descubre mi rostro; pero la causa ha sido el estar yo ocupado en cierta aventura y encuentro que con el furioso Roldán he tenido (¡nunca yo con él topara!). Pero no seré yo Bernardo del Carpio, si ya que no tuve ventura de hallarme en ellas, no hiciere un público desafío a todos los caballeros que en esta ciudad se hallaren enamorados, de suerte que venga por él a cobrar la honra que no he podido ganar por no haberme hallado en tan célebres fiestas; y será mañana el día dél; y ¡desdichado aquel que yo encontrare con mi lanza o arrebataren los filos de mi espada!, que en él, por ellos, pienso quebrar la cólera y enojo con que a esta ciudad vengo. Y si hay aquí alguno de vosotros o están algunos en este vuestro fuerte castillo que sean enamorados, yo los desafío y reto luego a la hora por cobardes y fementidos, y se lo haré confesar a voces en este llano, y salga el Justicia que dicen hay en esta ciudad con todos los jurados y caballeros de ella; que todos son follones y para poco, pues un solo caballero los reta, y no salen como buenos caballeros a hacer batalla conmigo solo; y porque sé que son tales, que no tendrán atrevimiento de aguardarme en el campo, me entro luego en la ciudad, donde fijaré mis carteles por todas sus plazas y cantones, pues de miedo de mi persona y de envidia de que no llevase el premio y honras de las justas, las han hecho con tal brevedad. Salid, salid, malandrines zaragozanos; que yo os faré confesar vuestra sandez y descortesía." Decía esto volviendo y revolviendo acá y acullá su caballo, de suerte que todos los que le estaban mirando, siendo más de cincuenta los que se habían juntado a hacello, estaban maravillados y no sabían a qué atribuirlo. Unos decían: "¡Voto a tal, que este hombre se ha vuelto loco y que es lunático!" Otros: "No, sino que es algún grandísimo bellaco, y a fe que si le coge la justicia, que se le ha de acordar para todos los días de su vida." Mientras él andaba haciendo dar saltos a *Rocinante*, que quisiera más medio celemín de cebada, dijo Sancho a todos los que estaban hablando de su amo: "Señores, no tienen que decir de mi señor; porque es uno de los mejores caballeros que se hallan en todo mi lugar; y le he visto con estos ojos hacer tantas guerreaciones en la Mancha y Sierra Morena, que si las hubiese de contar sería menester la pluma del gigante Golías; ello es verdad que no todas las veces nos salían las aventuras como nosotros quisiéramos, porque cuatro o cinco veces nos santiguaron las costillas con unas rajas; mas con su pan se lo coman; que a fe que tiene jurado mi señor que en topándolos otra vez, como los cojamos solos y dormidos, atados de pies y manos, que les hemos de quitar los pellejos y hacer dellos una adarga muy linda para mi amo." Comenzaron todos con esto a reír, y uno dellos le preguntó que de dónde era, a lo cual respondió Sancho: "Yo, señores, hablando con debido acatamiento de las barbas honradas, soy natural de mi lugar, que con perdón se llama Argamesilla de la Mancha." "Por Dios—dijo otro—, que entendía que vuestro lugar se llamaba otra cosa, según hablastes de cortésmente al nombralle; pero ¿qué lugar es la Argamesilla, que yo nunca le he oído decir?" "¡Oh cuerpo de quien me comadreó al nacer!—dijo Sancho—. Un lugar es harto mejor que esta Zaragoza; ello es verdad que no tiene tantas torres como ésta; que no hay en mi lugar más de una sola; ni tiene esta tapia grande de tierra que la cerca al derredor; pero tiene las casas, ya que no son muchas, con lindísimos corrales, que caben en cada uno dos mil cabezas de ganado; tenemos un lindísimo herrero que aguza las rejas, que es para dar mil gracias a Dios. Ahora, cuando salimos dél, trataban los alcaldes de enviar al Toboso[11] que no lo hay en mi lugar; tenemos también una iglesia que, aunque es chica, tiene muy lindo altar

---

[11] Faltan algunas palabras en las cuales se diría probablemente qué era lo que los alcaldes de Argamasilla trataban de traer del Toboso.

mayor, y otro de Nuestra Señora del Rosario con una madre de Dios que tiene dos varas en alto, con un gran rosario alrededor, con los padres nuestros de oro, tan gordos como este puño; ello es verdad que no tenemos reloj; pero a fe que ha jurado el cura que el primer año santo que venga, tenemos de her unos riquísimos órganos." Con esto el buen Sancho quería irse adonde estaba su amo, cercado de otra tanta gente; mas asiéndole uno del brazo, le dijo: "Amigo, decidnos como se llama aquel caballero, para que sepamos su nombre." "Señores, para decilles la verdad—dijo Sancho—, él se llama don Quijote de la Mancha, y agora un año se llamaba el de la Triste Figura, cuando hizo penitencia en la Sierra Morena, como ya deben de saber por acá; y ahora se llama el Caballero Desamorado; yo me llamo Sancho Panza, su fiel escudero, hombre de bien, según dicen los de mi pueblo, y mi mujer se llama Mari-Gutiérrez, tan buena y honrada que puede, con su persona, dar satisfacción a toda una comunidad." Con esto bajó del asno, dejando riendo a todos los que presentes estaban, y caminó para donde estaba su amo cercado de más de cien personas, y los más dellos caballeros que habían salido a tomar el fresco; y como habían visto tanta gente junta en corrillo y un hombre armado en medio, llegaron con los caballos a ver lo que era, a los cuales, como viese don Quijote, les comenzó a decir, puesto el cuento de la lanza en tierra: "Valerosos príncipes y caballeros griegos, cuyo nombre y cuya fama del uno hasta el otro Polo, del Ártico al Antártico, del Oriente al Poniente, del Setentrión al Mediodía, del blanco alemán hasta el adusto escita, está esparcida, floreciendo en vuestro grande imperio de Grecia, no solamente aquel grande emperador Trebacio y don Belianís de Grecia; pero los dos valerosos y nunca vencidos hermanos el caballero del Febo y Rosicler; ya veis el porfiado cerco que sobre esta ciudad famosa de Troya por tantos años habemos tenido, y que en cuantas escaramuzas habemos trabado con estos troyanos y Héctor, mi contrario, a quien, siendo yo como soy, Aquiles, vuestro capitán general, nunca he podido coger solo para pelear con él cuerpo a cuerpo y hacerle dar, a pesar de toda su fuerte ciudad, a Helena, con la cual se nos han alzado por fuerza. Conviene, pues, ¡oh valerosos héroes!, que toméis agora mi consejo (si es que deseáis salgamos con cumplida victoria destos troyanos, acabándolos todos a fuego y a sangre, sin que dellos se escape sino el piadoso Eneas que, por disposición de los cielos, sacando del incendio a su padre Anquises, en los hombros, ha de ir con cierta gente y naves a Cartago, y de allí a Italia, a poblar aquella fértil provincia con toda aquella noble gente que llevará en su compañía), el cual es que hagamos un paladión o un caballo grande de bronce y que metamos en él todos los hombres armados que pudiéremos, y le dejemos en este campo con sólo Sinón, a quien los más conocéis, atado de pies y manos, y que nosotros finjamos

retirarnos del cerco para que ellos, saliendo de la ciudad, informados de
Sinón y engañados por él con sus fingidas lágrimas, a persuasión suya
metan dentro della nuestro gran caballo, a fin de sacrificarle a sus dioses;
que lo harán sin duda rompiendo para su entrada un lienzo de la muralla, y
después que todos se sosieguen, seguros saldrán a la medianoche de su
preñado vientre los caballeros armados que estarán en él, y pegarán fuego
a su salvo a toda la ciudad, acudiendo después nosotros de improviso,
como acudiremos, a aumentar su fiero incendio, levantando los gritos al
cielo al compás de las llamas, que se cebarán en torres, chapiteles,
almenas y balcones, diciendo: "Fuego suena, fuego suena; que se nos alza
Troya con Helena." Y con esto dio de espuelas a *Rocinante,* dejándolos a
todos maravillados de su extraña locura. Sancho también comenzó a arrear
su asno y fuese tras su amo, el cual, en entrando por la puerta del Portillo,
comenzó a detener su rocín e ir la calle adelante muy poco a poco,
mirando las calles y ventanas con mucha pausa. Iba Sancho detrás dél con
el asno del cabestro, aguardando ver en qué mesón paraba su amo, porque
Rocinante, a cada tablilla de mesón que veía, se paraba y no quería pasar;
pero don Quijote lo espoleaba hasta que, a pesar suyo, le hacía ir adelante,
lo cual sentía Sancho a par de muerte, porque rabiaba de cansancio y
hambre. Sucedió, pues, que yendo don Quijote la calle adelante, dando
harto que decir a toda la gente que le veía ir de aquella manera, traía la
justicia por ella a un hombre caballero en un asno, desnudo de la cintura
arriba, con una soga al cuello, dándole docientos azotes por ladrón, al cual
acompañaban tres o cuatro alguaciles y escribanos, con más de docientos
muchachos detrás. Visto este espectáculo por nuestro caballero,
deteniendo a *Rocinante* y puesto en mitad de la calle con gentil continente,
la lanza baja, comenzó a decir en alta voz desta manera: "¡Oh vosotros,
infames y atrevidos caballeros, indignos deste nombre! Dejad luego al
punto libre, sano y salvo a este caballero que injustamente, con traición,
habéis prendido, usando, como villanos, inauditas estratagemas y enredos
para cogerle descuidado; porque él estaba durmiendo cerca de una clara
fuente, a la sombra de unos frondosos alisos, por el dolor que le debía de
causar la ausencia o el rigor de su dama; y vosotros, follones y
malandrines, le quitastes sin hacer rumor su caballo, espada y lanza y las
demás armas, y le habéis desnudado sus preciosas vestiduras, llevándole
atado de pies y manos a vuestro fuerte castillo, para metelle con los demás
caballeros y princesas que allí, sin razón, tenéis en vuestras tan oscuras
cuanto húmedas mazmorras; por tanto, dadle luego aquí sus armas y suba
en su poderoso caballo, que él es tal por su persona que en breve espacio
dará cuenta de vuestra vil canalla gigántea; soltadle, soltadle presto,
bellacos, o venios todos juntos, como es vuestra costumbre, para mí solo,
que yo os daré a entender a vosotros y a quien con él os envía que todos

sois infames y vil canalla." Los que llevaban el azotado, que semejantes razones oyeron decir a un hombre armado con espada y lanza, no supieron qué le responder; pero un escribano de los que iban a caballo, viendo que estaban detenidos en medio de la calle y que aquel hombre no dejaba pasar adelante la ejecución de la justicia, dando de espuelas al rocín en que iba se llegó a don Quijote, y asiendo de la rienda a *Rocinante* le dijo: "¿Qué diablos decís, hombre de Satanás? Tiraos afuera; ¿estáis loco?" ¡Oh santo Dios y quién pudiera pintar la encendida cólera que del corazón de nuestro caballero se apoderó en este punto! El cual, haciéndose un poco atrás, arremetió con su lanzón para el pobre del escribano, de suerte que si no se dejara caer por las ancas del rocín sin duda le escondiera don Quijote en el estómago el hierro mohoso del lanzón; mas esto fue causa de que nuestro caballero errase el golpe. Los alguaciles y demás ministros de justicia que allí venían, viendo un caso tan no pensado, sospechando que aquel hombre era pariente del que iban azotando, y que se le quería quitar por fuerza, comenzaron a gritar: "¡Favor a la justicia, favor a la justicia!" La gente que allí se halló, que no era poca, y algunos de a caballo que al rumor llegaron, procuraban con toda instancia de ayudar a la justicia y prender a don Quijote, el cual, viendo toda aquella gente sobre sí con las espadas desnudas, comenzó a decir a grandes voces: "Guerra, guerra, a ellos, Santiago, San Dionís; cierra, cierra, mueran!" Y arrojó tras las voces la lanza a un alguacil, con tal fuerza, que si no le acertara a pasar por debajo del brazo izquierdo, lo pasara harto mal; soltó luego la adarga en tierra y metiendo mano a la espada, de tal manera la revolvía entre todos, con tanta braveza y cólera que, si el caballo le ayudara, que a duras penas se quería mover, según estaba cansado y muerto de hambre, pudiera ser no pasarlo tan mal como lo pasó. Pero como la gente era mucha y la grita que todos daban siempre de "¡Favor a la justicia!", allegase siempre más, las espadas que sobre don Quijote caían eran infinitas; con lo cual y con la pereza de *Rocinante*, junto con el cansancio con que nuestro caballero andaba, pudieron todos en breve rato ganarle la espada, y quitándosela de la mano le bajaron de *Rocinante,* y, a pesar suyo, se las ataron ambas atrás, y agarrándole cinco o seis corchetes le llevaron a empellones a la cárcel; el cual, viéndose llevar de aquella manera, daba voces diciendo: "¡Oh sabio Alquiñe! ¡Oh mi Urganda astuta! Ahora es tiempo que mostréis contra este falso hechicero si sois verdaderos amigos." Y con esto hacía toda resistencia que podía para soltarse; pero era en vano. El azotado prosiguió adelante su procesión, y a nuestro caballero, por las mismas calles que él la había empezado, le llevaron a la cárcel y le metieron los pies en un cepo, con unas esposas en las manos, habiéndole primero quitado todas sus armas. En esto, llegando un hijo del carcelero cerca dél para decir a un corchete que le echasen una cadena al cuerpo, oyéndolo, alzó en alto las manos con las esposas y le dio con ellas al pobre mozo tan terrible golpe sobre la cabeza que, no valiéndole el sombrero, que era nuevo, le hizo una muy buena herida; y secundara con otra si el padre del mozo, que estaba presente, no levantara el puño y le diera media docena de mojicones en la cara, haciéndole saltar la sangre por las narices y boca, dejando con esto al pobre caballero, que aun no se podía limpiar, hecho un retablo de duelos. Las cosas que decía y hacía en el cepo no habrá historiador, por diligente que sea, que baste a contarlas. El bueno de Sancho, que se había hallado presente a todo lo pasado, con su asno del cabestro, como vio llevar a su amo de aquella manera, comenzó a llorar amargamente, prosiguiendo el camino por donde le llevaban sin decir que era su criado; maldecía su fortuna y la hora en que a don Quijote había conocido, diciendo: "¡Oh, reniego de quien mal me quiere y de quien no se duele de mí en tan triste trance! ¿Quién demonios me mandó a mí volver con este hombre, habiendo pasado la otra vez tantos desafortunios, siendo ya apaleado, ya amanteado, y puesto otras veces a peligro de que si me cogiera la Santa Hermandad me pusiera en cuatro caminos para que después no pudiera ser rey ni Roque? ¿Qué haré, ¡pobre de mí!, que estoy por irme desesperado por esos mundos y por esas Indias y meterme por esos mares, entre montes y valles, comiendo aves del cielo y alimañas de la tierra, haciendo grandísima penitencia y tornándome otro fray Juan Guarismas, andando a gachas como un oso selvático hasta tanto que un niño de sesenta años me diga: "Levántate, Sancho, que ya don Quijote está fuera dé la cárcel?" Con estas endechas y mesándose las espesas barbas llegó a la puerta de la cárcel en que vio meter a su amo, y él se quedó arrimado a una pared con su asno del cabestro hasta ver en qué paraba el negocio. Lloraba de rato en rato, particularmente cuando oía decían los que bajaban de la cárcel a cuantos pasaban por delante della, cómo ya querían sacar a azotar al hombre armado; de quien unos decían que merecía la horca por su atrevimiento, otros le condenaban sólo, movidos de más piedad, a docientos y galeras por el breve rato que con su buena plática detuvo la ejecución de la justicia. Otros decían: "No quisiera yo estar en su pellejo, aunque ponga por excusa de su insolencia que estaba borracho o loco." Todo esto sentía Sancho a par de muerte; pero callaba como un santo. Sucedió, pues, que los dos alguaciles, el carcelero y su hijo se fueron juntos a la justicia, ante quien acriminaron de suerte el caso, que el justicia mandó que luego, en fragante, sin más información, le sacasen a la vergüenza por las calles y le volviesen después otra vez a la cárcel hasta saber jurídicamente la verdad del delicio. Cuando los alguaciles venían de vuelta a ejecutar la dicha repentina sentencia, acababa de volver el azotado en su asno a la puerta de la cárcel, con el acompañamiento de muchachos que los tales suelen; y al punto que le vio uno de los alguaciles dijo, a vista de Sancho, al verdugo: "Ea, bajad ese hombre, y no volváis el asno, porque en él habéis de subir luego a pasear por las mismas calles aquel medio loco que ha pretendido estorbar la justicia; que esto manda la mayor de la ciudad se le dé luego como por principio de las galeras y azotes que se le esperan." Infinita fue la tristeza que en el corazón del pobre Sancho entró cuando oyó semejantes palabras al alguacil, y más cuando vio que todo se aparejaba para sacar a la vergüenza a su amo, y que toda aquella gente estaba a la puerta de la cárcel diciendo: "Bien se merece el pobre caballero armado los azotes que le esperan, pues fue tan necio que metió mano sin para qué contra la justicia; y sin eso, en la misma cárcel ha descalabrado al hijo del carcelero." Estas y otras semejantes razones tenían a Sancho hecho loco y sin saber qué hacer ni decir, y así, no hacía otra cosa sino escuchar aquí y preguntar allí; pero en todas partes oía malas nuevas de las cosas de su amo, al cual comenzaban ya de hecho a desherrar del cepo para sacarle a la vergüenza.

CAPÍTULO IX

DE CÓMO DON QUIJOTE, POR UNA EXTRAÑA AVENTURA, FUE LIBRE DE LA CÁRCEL Y DE LA VERGÜENZA A QUE ESTABA CONDENADO

Estando el pobre Sancho llorando lágrimas vivas y esperando, hecho ojos, cuándo había de ver a su señor desnudo de medio arriba y caballero en su asno para darle los docientos azotes que había oído le habían de dar de presente, pasaron siete u ocho caballeros de los principales de la ciudad por allí a caballo, y como vieron tanta gente a la puerta de la cárcel a hora tan extraordinaria, pues eran más de las cuatro, preguntaron la ocasión de la junta, y un mancebo les contó lo que aquel hombre armado, que decían habían de bajar para azotarle por las calles, había hecho y dicho dentro y fuera de la ciudad y en la cárcel, y cómo había querido quitar un azotado a la justicia, en medio de la calle, de lo cual se maravillaron, y mucho más cuando supieron que no había hombre ni mujer en toda la ciudad que le conociese. Tras éste llegó otro y les dijo todo lo que antes de entrar en la ciudad había dicho a una tropa de caballeros, los cuales allí nombró, con lo cual rieron mucho; pero maravilláronse de que no hubiese persona que les dijese a qué propósito iba armado con adarga y lanza. Estando en esto, quiso la suerte que Sancho se llegase a escuchar lo que allí se decía de su amo, y mirando bien a los caballeros conoció, entre ellos, a don Álvaro Tarfe, el cual, aunque había seis días que las justas se habían hecho, él no se había ido, por aguardar una sortija que unos caballeros de la ciudad de los más principales y él tenían ordenada para el domingo siguiente. Soltó Sancho el asno del cabestro en viéndole, y puesto de rodillas en mitad de la calle, delante de los caballeros, con su caperuza en la mano, llorando amargamente, comenzó a decir: "¡Ah señor don Álvaro Tarte! Por los Evangelios del señor San Lucas, que vuesa merced tenga compasión de mí y de mi señor don Quijote, el cual está en esta cárcel y le quieren sacar a azotar cuando menos, si el señor San Antón y vuesa merced no lo remedian; porque dicen que ha hecho aquí a la justicia no sé qué sin justicia y desaguisado, y por ello le quieren echar a galeras por treinta o cuarenta años." Don Álvaro Tarfe, luego conoció a Sancho Panza, y sospechó todo lo que podía ser; y así, maravillado de verle, le dijo: "¡Oh Sancho! ¿Qué es esto? ¿Que vuestro señor es para quien se apareja todo este carruaje? Pero de su locura y vana fantasía y de vuestra necedad todo se puede presumir; pero no lo acabo de creer, aunque me lo afirmáis con los extremos con que me lo habéis representado." "Él es, señor, ¡pecador

de mí!—dijo Sancho—. Entre vuesa merced allá y hágale una visita de mi
parte, diciendo que le beso las manos y que le advierto que si le han de
sacar en aquel asnillo que metieron ahora, que de ninguna manera suba en
él; porque yo le tengo aparejado aquí el rucio en que podrá ir como un
patriarca, el cual, como ya sabe, anda llano, de tal manera, que el que va
encima puede llevar una taza de vino en la mano, vacía, sin que se le
derrame gota." Don Álvaro Tarfe, riéndose de lo que el simple de Sancho
le había dicho, le mandó que no se fuese de allí hasta que él volviese a
salir, y hablando con dos caballeros de aquéllos, se entró con ellos en la
cárcel, donde hallaron al buen hidalgo don Quijote, que le estaban
desherrando para sacarle a la vergüenza, al cual, como vio don Álvaro tan
malparado, llena de sangre la cara y manos y con unas esposas en ellas, le
dijo: "¿Qué es esto, señor Quijada? ¿Y qué aventura o desventura ha sido
la presente? ¿Parécele a vuesa merced que es ahora bueno tener amigos en
la corte? Pues yo lo seré esta vez tal de vuesa merced, como verá por la
experiencia. Pero dígame, ¿qué desgracia ha sido ésta?" Don Quijote le
miró en la cara y luego le conoció, y con una risa grave le dijo: "¡Oh, mi
señor don Álvaro Tarfe! Vuesa merced sea bienvenido. Maravillome en
extremo de la extraña aventura que vuesa merced ha acabado; dígame
luego, por Dios, de qué suerte ha entrado en este inexpugnable castillo,
adonde yo, por arte de encantamiento, he sido preso con todos estos
príncipes, caballeros, doncellas y escuderos que en estas duras prisiones
hemos estado tan largo tiempo; de qué manera han muerto los dos fieros
gigantes que a la puerta están, levantados los brazos, con dos mazas de
fino acero, para estorbar la entrada a los que, a pesar suyo, quisieren entrar
dentro; cómo o de qué suerte mató aquel ferocísimo grifo que en el primer
patio del castillo está, el cual, con sus rapantes garras, coge un hombre
armado de todas piezas y le sube a los vientos y allí le despedaza. Envidia
tengo, sin duda, a tan soberana hazaña, pues por manos de vuesa merced
todos seremos libres. Ese sabio encantador, mi contrario, será
cruelísimamente muerto, y la maga, su mujer, que tantos males ha causado
en el mundo, ha de ser luego sin misericordia azotada con pública
vergüenza." "Sacáranle a ella a vuesa merced—dijo don Álvaro—, sin
duda, si su buena fortuna, o por mejor decir, Dios, que dispone todas las
cosas con suavidad, no hubiera ordenado mi venida; pero, comoquiera que
sea, yo he muerto todos esos gigantes que dice y dado la libertad deseada a
esos caballeros que le acompañan; pero conviene por agora, pues yo he
sido su libertador, que vuesa merced, obedeciéndome, como lo pide el
agradecimiento que me debe, se esté solo aquí en esta sala con esas
esposas en las manos hasta que yo ordene lo contrario, que así importa
para el remate de mi feliz aventura." "Mi señor don Álvaro—dijo don
Quijote—, será vuesa merced obedecido en eso puntualmente, y quiero,

por hacer algún nuevo servicio a vuesa merced, permitirle que de aquí adelante se acompañe conmigo, cosa que jamás pensé hacer con caballero del mundo; pero quien ha dado cabo y cima a una tan peligrosa hazaña como ésta, justamente merece mi amistad y compañía, porque vaya viendo en mí, como en un espejo, lo que por todos los reinos del mundo: ínsulas y penínsulas, he hecho y pienso hacer hasta ganar el grandísimo imperio de Trapisonda, y ser casado allí con una hermosa reina de Ingalaterra, y tener en ella dos hijos, habidos por muchas lágrimas, promesas y oraciones; el primero de los cuales, porque nacerá con una señal de una espada de fuego en los pechos, se llamará el de la Ardiente Espada; el otro, porque en el lado derecho tendrá otra señal parda, de color de acero, significadora de las terribles mazadas que ha de dar en este mundo, se llamará Mazimbruno de Trapisonda." Dieron todos una gran risada; mas don Álvaro Tarfe, disimulando, los mandó salir a todos fuera y rogó a uno de los dos caballeros que con él habían entrado se quedase allí para que ninguno hiciese mal a don Quijote, mientras él con el otro, que era deudo muy cercano del justicia mayor, iban a negociar su libertad, pues sería cosa fácil el alcanzársela, constando tan públicamente a todos de su locura. En salir de la cárcel subieron en sus caballos y dijo don Álvaro a un paje suyo que llevase a Sancho Panza, pues ya le conocía, a su casa, y le diese luego en ella muy bien de comer, sin permitirle saliese della un punto hasta su vuelta. Replicó Sancho a voces: "Mi señor don Álvaro: advierta vuesa merced que mi rucio está tan melancólico por no ver a *Rocinante,* su buen amigo y fiel compañero, como yo por no ver ya por esas calles a mi señor don Quijote; y así vuesa merced pida cuenta a los fariseos que prendieron a mi amo de dicho noble *Rocinante;* porque ellos se lo llevaron, sin que el pobre, en la pendencia, hubiese dicho a ninguno ninguna mala palabra; y sepa vuesa merced también nuevas, que ellos se las darán, de la insigne lanza y preciosa adarga de mi señor, que a fe que nos costó trece reales de hacerla pintar toda al óleo a un pintor viejo que tenía una gran barriga en las espaldas, y vivía en no sé qué calle de las de Ariza; que mi amo me daría a la landre si no le diese cuenta dello." "Andad, Sancho —dijo don Álvaro—; comed y reposad y descuidad de lo demás, que todo tendrá buen recado." Fuese Sancho con el paje, tirando del cabestro a su jumento poco a poco, y llegados a casa, le pusieron en la caballeriza con bastante comida, y a Sancho se la dieron tan buena en cantidad cuanto a él la dio graciosa con mil simplicidades a los pajes y gente de casa, a todos los cuales contó cuanto por el camino les había sucedido a él y a su amo, así con el ventero como con el melonero, y en Ateca; lo cual todo refirieron ellos después a don Álvaro que, a estas horas, estaba con el otro caballero informando al justicia mayor de lo que era don Quijote y de cuanto le había sucedido, así con el azotado como con el carcelero y con ellos en la cárcel. El justicia mandó luego con mucho gusto a un portero fuese a la cárcel y mandase de su parte, así al carcelero como a los alguaciles, entregasen aquel preso libre y sin costas, con el caballo y todo lo demás que le habían quitado, al señor don Álvaro Tarfe; lo cual todo fue hecho así. Llegó don Álvaro a la cárcel, a la que volvían a armar a don Quijote, ya libre de las prisiones, y al que le entregaron la adarga; rieron mucho cuando la vieron con la letra del *Caballero Desamorado* y figuras de Cupido y damas, y aguardando que anocheciese para que no fuese visto, le hizo llevar a su posada con un paje, a caballo en *Rocinante.* Cenaron en ella con él los caballeros amigos, de don Álvaro con mucho gusto, haciendo decir a Sancho Panza sobre cena todo lo que por el camino les había sucedido; y cuando Sancho dijo que había burlado a su amo en no haber querido dar la gallega los docientos ducados, sino sólo cuatro cuartos, se metió don Quijote en cólera diciendo: "¡Oh infame, vil y de vil casta! Bien parece que no eres caballero noble, pues a una princesa como aquélla, a quien tan injustamente haces moza de venta, diste cuatro cuartos; yo juro, por el orden de caballería que recebí, que la primera provincia, ínsula o península que gane, ha de ser suya, a pesar tuyo y de cuantos villanos como tú hay en el mundo." Maravilláronse todos aquellos caballeros, de la cólera de don Quijote, y Sancho, viendo enojado a su amo, le respondió: "¡Oh, pesia a los viejos de Santa Susana! ¿Y no conocía vuesa merced, en la filomía y andrajos de aquella moza, que no era infanta ni almiranta? Y más, que le juro a vuesa merced que si no fuera por mí se la llevara un mercadante de trapos viejos para her della papel de estraza, y la muy sucia no me lo agradece agora; pues a fe que si no fuera porque le tuve miedo, que la hubiera hecho a mojicones que se acordara de Sancho Panza, flor de cuantos escuderos andantes ha habido en el mundo; pero vaya en hora buena, que si una vez me dio una bofetada y dos coces en estas espaldas, buen pedazo de queso le comí que tenía escondido en el vasar." Levantose don Álvaro riendo de lo que Sancho Panza había dicho y con él los demás, y dio orden que llevasen a don Quijote a un buen aposento, donde le hicieron una honrada cama, en la cual estuvo reposando y rehaciéndose dos o tres días, y a Sancho se lo llevaron los pajes a su cuarto, con el cual tuvieron donosísima conversación.

CAPÍTULO X

CÓMO DON ÁLVARO TARFE CONVIDÓ CIERTOS
AMIGOS SUYOS A COMER PARA DAR CON ELLOS
ORDEN QUÉ LIBREAS HABÍAN DE SACAR EN LA
SORTIJA

Venida la mañana, entró don Álvaro Tarfe en el aposento de don Quijote, y sentándose junto a su cama en una silla, le dijo: "¿Cómo le va a vuesa merced, mi señor don Quijote, flor de la caballería manchega, en esta tierra? ¿Hay alguna aventura de nuevo en que los amigos podamos ayudar a vuesa merced? Porque en este reino de Aragón se ofrecen muchas y muy peligrosas cada día a los caballeros andantes; y en los días pasados, en las justas que aquí se hicieron, vinieron de diversas provincias muchos y muy membrudos gigantes y descomunales jayanes, y hubo aquí algunos caballeros a quien dijeron bien en qué entender; y sólo faltó que vuesa merced se hallase aquí para que diera a semejante gente el castigo que por sus malas obras merecen; pero ya podrá ser que vuesa merced los tope por el Mundo, y les haga pagar lo de antaño y lo de hogaño." "Mi señor don Álvaro—respondió don Quijote—, yo estoy y he estado con grandísima pena por no haberme hallado en esas reales justas; pues si en ellas me hallara, creo que ni esos gigantazos se fueran riendo, ni algunos de los caballeros llevaran las preciosas joyas que a falta mía llevaron; pero yo sospecho que *nondum sunt completa peccata Amorrhaeorum*: quiero decir que no debe de ser cumplido aún el número de sus pecados, y que Dios querrá que, cuando lo sea, yo los castigue." "Pues, señor don Quijote—dijo don Álvaro—, vuesa merced ha de saber que para después de mañana, que es domingo, tenemos concertada una famosa sortija entre los caballeros desta ciudad y yo, en la cual ha de haber muy ricas joyas y premios de importancia. Han de ser jueces della los mismos que lo fueron de las justas, que son tres caballeros de los más principales deste reino, un titular y dos de encomienda. Asistirán también a ellas muchas y muy hermosas infantas, princesas y camareras de peregrina belleza, volviendo en cielo las ventanas y balcones de la famosa calle del Coso, adonde podrá vuesa merced hallar a manos llenas dos mil aventuras. Todos habemos de salir en ella de librea, echando, al entrar de la calle, sus motes volantes o escritos en las tarjetas de los escudos, que contengan dichos de risa y de pasatiempo: si vuesa merced se dispone y esfuerza para entrar en ella, yo me ofrezco de acompañarle y darle librea, para que quede con su lado participante de su buena fortuna, y para que entienda esta ciudad y reino que tengo un amigo tal y tan buen caballero, que basta por sí solo a ganar todos los precios de la sortija." "Yo soy dello muy contento—dijo don Quijote, sentándose en la cama—, sólo porque vuesa merced vea por vista de ojos las cosas que ha oído de mi esfuerzo; que aunque es verdad, como dice el refrán latino, que la alabanza pierde, dicha por la boca del sujeto a quien se encamina, con todo, puedo y quiero decir de mí lo que digo, por ser tan público." "Yo lo creo así—dijo don Álvaro—; pero vuesa merced se esté quedo en la cama y repose, para que lo haga con más comodidad. Aquí delante della pondremos la mesa, y comeremos yo y algunos caballeros de mi cuadrilla, y sobremesa trataremos de lo que se ha de hacer, guiándonos todos en todo por el discreto voto de quien tanta experiencia tiene de semejantes juegos, como vuesa merced." Fuese don Álvaro, y quedó el buen hidalgo con la fantasía llena de quimeras; y sin poder reposar, se levantó y comenzó a vestirse, imaginando ahincadamente en su negra sortija; y con la vehemente imaginación se quedó mirando al suelo sin pestañear, con las bragas a medio poner; y de allí a un buen rato arremetió con el brazo muy derecho hacia la pared, dando una carrera y diciendo: "De la primera vez he llevado el anillo metido en la lanza; y así, vuesas excelencias, rectísimos jueces, me manden dar el mejor premio, pues de justicia se me debe, a pesar de la invidia de los circunstantes aventureros y miradores." A la voz grande que dio, subieron un paje y Sancho Panza; y entrando dentro del aposento, hallaron a don Quijote, las bragas caídas, hablando con los jueces, mirando al techo; y como la camisa era un poco corta por delante, no dejaba de descubrir alguna fealdad: lo cual visto por Sancho Panza, le dijo: "Cubra, señor Desamorado, ¡pecador de mí!, el etcétera, que aquí no hay jueces que le pretendan echar otra vez preso, ni dar docientos azotes, ni sacar a la vergüenza, aunque harto saca vuesa merced a ella las suyas sin para qué; que bien puede estar seguro." Volvió la cabeza don Quijote y, alzando las bragas de espaldas para ponérselas, bajose un poco y descubrió de la trasera lo que de la delantera había descubierto, y algo más asqueroso. Sancho, que lo vio, le dijo: "¡Pesia a mi sayo! Señor, ¿qué hace? Que peor está que estaba: eso es querer saludarnos con todas las inmundicias que Dios le ha dado." Riose mucho el paje; y don Quijote, componiéndose lo mejor que pudo, se volvió a él, diciendo: "Digo que soy muy contento, señor caballero, que la vuestra batalla se haga de la suerte que a vos os parece, sea a pie o sea a caballo, con armas o sin ellas; que a todo me hallaréis dispuesto; que aunque estoy seguro de la victoria, con todo, me huelgo en extremo de hacer batalla con un tan nombrado caballero y delante de tanta gente, que verán por vista de ojos el valor de persona tan desamorada como yo soy." "Señor caballero—respondió el paje—, aquí no hay alguno que pretenda hacer batalla con vuesa merced;

y, si alguna habemos de hacer, ha de ser de aquí a dos horas con un gentil pavo que está aguardándonos para ser nuestro convidado a la mesa." "Ese caballero—replicó don Quijote—que llamáis pavo, ¿es natural de este reino, o extranjero? Porque no querría por todas las cosas del Mundo que fuese pariente ni paniaguado del señor don Álvaro." Oyendo esto, salió de través Sancho, diciendo: "Por vida del soguero que hizo el lazo con que se ahorcó Judas, que no lo entiende vuesa merced con todos sus libros que ha leído y latines o ledanías que ha estudiado: baje acá abajo, y verá la cocina llena de asadores, con dos o tres ollas como medias tinajillas de las que usamos en el Toboso, tanto pastel en bote, pelota de carne y empanadas, que parece toda ella un paraíso terrenal; y aun a fe que si me pidiese un poco de saliva en ayunas, que no se la podría dar; que tengo en el cuerpo tres de malvasía, que llaman en esta tierra, y a fe con razón, porque está *mal* la taza cuando está *vacía* della; y es mejor que el de Yepes, que vuesa merced también conoce; y este señor, porque el beber no me hiciese mal, me dio un panecillo blanco de casi dos libras y media; y dos pescuezos el cocinero cojo, que no sé si eran de avestruces; y sí serían, porque yo me comía las manos tras ellos: con todo lo cual en un instante hice la cama a la bebida y refocilé el estómago. Estas me parecen a mí, señor, que son las verdaderas aventuras, pues las topo yo en la cocina, dispensa y boticaria, o como la llaman, muy a mi gusto; y le perdonaría a vuesa merced el salario que me da cada mes, si nos quedásemos aquí sin andar buscando meloneros que nos santigüen el espinazo; y créame vuesa merced que esto es lo más acertado; que allí está el cocinero cojo que me adora, y todas las veces que entro a velle, que no son pocas, me hinche un gran plato de carne friática, que en her así, me la espeto como quien se sorbe un huevo; y él no hace sino reír de ver la gracia y liberalidad con que como, que es para dar mil gracias a Dios. Ello es verdad, que anoche uno destos señores pajes o pájaros, o qué son, me dijo que sorbiese una escudilla de caldo que traía en la mano, porque me daría la vida, después de Dios; y yo, no cayendo en la bellaquería, le agarré con ambas manos, y por helle servicio, di tres o cuatro sorbiscones, que no debiera, porque el grandísimo... (y téngaselo por dicho) del paje, había puesto la escudilla sobre las brasas, de manera que me iba zorriando por el estómago abajo, y me hizo saltar de los ojos otro tanto caldo como el que sorbí; y el cocinero y él y este señorete se reían, que se desquijaraban; mas a fe que no me burlen otra vez de aquella manera; porque, como quedé escarmentado, denantes me dio el cocinero una gentil rebanada de melón, y la tenté poco a poco por ver si estaba abrasando." "¡Oh gran bestia!—dijo don Quijote—, ¿y la rebanada había de abrasar? Por ahí se echa de ver que eres goloso, y que no es tu principal intento buscar la verdadera honra de los caballeros andantes; sino, como Epicuro, henchir la panza." "Hago en eso como quien soy", dijo Sancho. Estando en esto, sintieron que venía a comer don Álvaro con cinco o seis caballeros principales, de los que habían de salir a la sortija, a los cuales había convidado para dar orden en las libreas que cada uno había de sacar en ella, y para que gustasen de don Quijote como de única pieza; y así se subieron derechos a su aposento, y hallándole medio vestido y con la figura que queda dicho, rieron mucho; pero riñóle don Álvaro porque se había levantado contra su orden, y mandole se volviese a acostar luego, porque no comerían de otra suerte. Hízolo a puras porfías, tras lo cual se puso la mesa y trajo la comida, llamándole siempre todos ellos *soberano príncipe* a don Quijote. Pasaron en el discurso della graciosos cuentos, haciéndole todos extrañas preguntas de sus aventuras, a las cuales respondía él con mucha gravedad y reposo, olvidándose muchas veces de comer por contar lo que pensaba hacer en Constantinopla y Trapisonda, ya con tal infanta, y ya con tal gigante, diciendo unos nombres tan extraordinarios, que con cada uno de ellos daban mil arqueadas de risa los convidados; y si no fuera por don Álvaro, que volvía siempre por don Quijote, abonando sus cosas con discreto artificio y disimulación, algunas veces se enojara muy de veras. Con todo, les decía que no era de valientes caballeros reírse sin propósito de las cosas que cada día suceden a los caballeros andantes, cual él era; y don Álvaro les dijo: "Bien parece, señores, que vuesas mercedes son noveles y que no conocen el valor del señor don Quijote de la Mancha como yo; pues si no saben quién es, pregúntenselo a aquellos caballeros que llevaban azotando por las calles el otro día a aquel soldado; que ellos dirán lo que hizo y dijo en su presencia y en defensa del azotado, a fin de deshacer el tuerto que le hacían, como verdadero caballero andante." Acabose en estas pláticas la comida, y alzáronse las mesas, y comenzaron a tratar de las libreas que cada uno tenía para la sortija, y las cifras y motes que habían de llevar. Después dijo el uno: "Y el señor don Quijote ¿qué librea ha de sacar? No dejemos al mejor jugador sin cartas; porque a mí me parece que la saque de verde, de color de alcacel, que es esperanza, pues él la tiene de alcanzar y ganar todos los premios de la sortija." Otro dijo que no, sino, pues se llamaba el Caballero Desamorado, saliese de morado, con algún mote con que picase a las damas. "Antes por ser desamorado —dijo otro caballero—ha de llevar la librea blanca en señal de su gran castidad; que no es poco un caballero de tantas prendas estar sin amor, si ya no es que deje de amar por no haber en el Mundo quien le merezca." El último caballero replicó diciendo: "Pues mi voto, señores, es que, pues el señor don Quijote es hombre que ha muerto y mata tantos gigantes y jayanes, haciendo viudas a sus mujeres, que salga con librea negra; que así dará a entender a todos los que con él pretendieren entrar en batalla, que han de tener negra la ventura." "Ahora sus—dijo don

Álvaro—, que con licencia de vuesas mercedes tengo de dar mi parecer, y ha de ser singular, como lo es el señor don Quijote; y así me parece que su merced no saque librea alguna; antes, como verdadero caballero andante, es bien salga en la plaza armado de todas piezas y armas; y porque sean proprias las que sacare, le hago donación de las que trae, que son las famosas de Milán que en el Argamesilla le dejé en guarda, pues sólo están honradas en su poder, como en el mío ociosas; y porque están algo deslustradas del polvo del camino y de la sangre que ha derramado de diversos gigantes en diferentes batallas, daré orden se le limpien y acicalen para que salga más lucido. Por empresa bástale la que trae en el campo de su adarga; que pues nadie la ha visto en Zaragoza, y desde Ariza, donde la pintó, hasta aquí la ha traído cubierta de un cendal todo el camino por que no se le deslustrase, nueva será y bien mirada, sirviéndole de arma el lanzón proprio, que llevará; siendo ella, su gallardo talle y ligereza del famoso *Rocinante* señas bastantes para que por ellas entiendan todos que su merced es el ilustre caballero andante que el otro día volvió públicamente por la honra de aquel honrado azotado, y quien ha hecho las aventuras del melonero, con las demás que muchos ignoran." Dijeron todos que era muy acertado lo que el señor don Álvaro había pensado; y a don Quijote le pareció de perlas; y así dijo: "Lo que el señor don Álvaro ha dicho es verdaderamente lo que importa; porque suele suceder en semejantes fiestas venir algún famoso gigante o descomunal jayán, rey de alguna isla extranjera, y hacer algunos descomedidos desafíos contra la honra del rey o príncipes de la ciudad; y para abatir semejante soberbia, es bien que yo esté armado de todas piezas y armas; y beso al señor don Álvaro mil veces las manos por la liberalidad con que me hace merced de las que venía a restituille en esta ocasión y tierra; pero yo aseguro que con ellas haga que el traidor alevoso de cierto gigantazo que va haciendo grandes desaguisados por el Mundo no se alabe que en este famoso reino de Aragón no hay quien se atreva a hacer singular batalla con él." Y saltando en un brinco de la cama, con una repentina y no pensada furia, se salió del aposento y cama a la sala, con su camisa corta como estaba, y metió mano a la espada, que tenía en el mismo aposento, y comenzó a decir a voces, sin que los circunstantes tuviesen tiempo de reconocerse ni detenerle: "Pero aquí estoy yo, ¡oh soberbio gigante!, contra quien no valen arrogantes palabras ni valerosas obras." Y dando seis o siete cuchilladas en los tapices que estaban colgados por las paredes, decía: "¡Oh pobre rey, si lo eres!, llegado es el tiempo en que Dios está ya cansado de tus malas obras." Los caballeros y don Álvaro, que semejante accidente vieron, se levantaron y retiraron todos a una parte, pensando que don Quijote daría también tras ellos, y los tendría por jayanes de allá de ayende la ínsula Meleandrítica. Con todo, don Álvaro le asió del brazo, con notable pasión de reír él y los demás, de ver la infernal visión del manchego, diciendo: "Ea, flor de la caballería de la Mancha, meta vuesa merced la espada en la vaina, y vuélvase a acostar; que el gigante ha huido por la escalera abajo, y no ha osado aguardar los filos de su cortadora espada." "Así lo creo yo—dijo don Quijote—; que éstos y otros semejantes más temen de voces y palabras, a veces, que de obras: yo, por amor de vuesa merced, no le he querido seguir; pero viva, que para mayor mal, suyo será. Pero yo fío que él se guarde de encontrar otra vez conmigo." Quedó con esto, como estaba tan flaco y debilitado, hijadeando de suerte que no le alcanzaba una respiración a otra; y dejándole puesto en la cama, con orden de que no se moviese della hasta el día de la sortija, mandó don Álvaro subir a Sancho para que le hiciese compañía; y él con los demás caballeros se despidieron dél, diciendo iban a ver a los otros sus amigos granadinos en la posada de cierto caballero principal, donde posaban, para saber dellos cómo pensaban salir a la sortija; a lo cual fueron de hecho, y a dar parte a mucha gente principal y de humor del extraordinario que gastaba don Quijote, y de lo que con él pensaban holgarse y dar que reír a toda la plaza el día de la sortija.

CAPÍTULO XI

DE CÓMO DON ÁLVARO TARFE Y OTROS CABALLEROS ZARAGOZANOS Y GRANADINOS JUGARON LA SORTIJA EN LA CALLE DEL COSO, Y DE LO QUE EN ELLA SUCEDIÓ A DON QUIJOTE

Tres días estuvo violentado en la cama, a puros ruegos y guardas, don Quijote, pues tenía siempre como tales a Sancho Panza y algunos pajes de don Álvaro y dos caballeros amigos suyos, así granadinos como de los naturales de Zaragoza, con los cuales pasaron historias donosísimas; porque por momentos se le representaba salía a la sortija, disputaba con los jueces, reñía con gigantes forasteros, y otros cien mil dislates; porque estaba rematadamente loco, y Sancho ayudaba más a todo con sus simplicidades y boberías. Sólo tenía de bueno don Quijote el recado y regalo; porque se le daba bonísimo en presencia de don Álvaro, que siempre comía y cenaba con él, acompañado de diferentes caballeros cada vez. Llegó, pues, el domingo en que los que habían de jugar la sortija para universal pasatiempo se aprestaron y aderezaron lo mejor que pudieron de sus ricas libreas, llevando todos solamente a la entrada del Coso unos escudos o tarjetas blancas, y en ellas escrita cada uno la letra que más a propósito venía a su pensamiento y al fin de alegrar la fiesta. Pero no quiero pasar en silencio lo que había en dos arcos triunfales que estaban costosa y curiosamente hechos a las dos bocas de la calle. El primero de la primera entrada, como venimos de la plaza, era todo de damasco azul, de color de cielo, y estaba en el medio dél, por lo alto, el invictísimo emperador Carlos V, abuelo gloriosísimo de nuestro católico y gran monarca el tercero Filipo Hermenegildo, armado a la romana, con una guirnalda de laurel sobre la cabeza y un bastón de general sobre la mano derecha, ocupando lo más alto del arco dos versos latinos que decían desta manera:

Fraena quod imperii longo moderaris ab aevo,
Austria, non hommis, numinis exstat opus.

El pie derecho tenía puesto sobre un Mundo de oro y al derredor dél una letra que decía:

Mandó su medio Alejandro;
Mas nuestro César de veras
Sus tres partes mandó enteras.

El pie izquierdo tenía sobre tres o cuatro turcos rendidos, con una letra latina que decía:

Qui oves amat, in lupos saevit.

Al pie del arco de la mano derecha, arrimado a la mesma columna del arco, estaba, sobre una pequeña peana, el famoso duque de Alba, don Fernando Alvarez de Toledo, armado, con su bastón de general en la mano derecha, y al pie dél la fama, como la pintan, con una trompa, y en ella escrito:

A solis ortu usque ad occasum.

Al pie de la otra coluna del arco, que era la izquierda, sobre otra pequeña peana, estaba don Antonio de Leiva, armado y con bastón de general, como el duque, y tenía esta letra sobre la cabeza:

Si bien a mí rey serví,
Bien también premió mi amor,
A mi don dando un señor.

El segundo arco era todo de damasco blando bordado, y sobre lo alto dél estaba el prudentísimo rey don Felipe II, riquísimamente vestido, y a sus pies este famoso epigrama del excelente poeta Lope de Vega Carpio, familiar del santo oficio:

Philippo Regi, Caesari invictissimo,
Omnium, máximo Regum triumphatori,
Orbis utriusque et maris felicissimo,
Catholici Caroli successori,
Totius Hispaniae principi dignissimo,
Ecclesiae Cbristi et fidei defensorio
Fama, praecingens tempora alma, lauro,
Hoc simulacrum dedicat ex auro.

A la mano derecha estaba su cristianísimo y único fénix, don Felipe III, nuestro rey y señor, vestido todo de una tela riquísima de oro, con dos versos juntos así, que en lengua latina decían:

Nulla est virtutis species quae, maxime Princeps,
Non colat ingenium nobilitate tuum.

A la siniestra mano estaba el invictísimo príncipe don Juan de Austria, armado de todas piezas, con el bastón de general en la mano, y puesto el pie derecho sobre la rueda de la fortuna, y la mesma fortuna, que con un clavo y martillo clavaba la rueda, haciéndola inmoble, y esta letra:

El merecimiento insigne
Que te levantó en mi rueda
Cual clavo la tiene queda.

Otras muchas curiosidades de enigmas y cifras había en los arcos, que por evitar prolijidad y no hacer a nuestra propósito se dejan. Sólo digo que el día que la sortija se había de jugar, estuvo, en comiendo, la calle del Coso riquísimamente aderezada, y compuestos todos sus balcones y ventanas con brocados y tapices muy bien bordados, ocupándolos infinitos serafines, con esperanzas cada uno de recebir de la mano de su amante, de la de alguno de aquellos caballeros aventureros, la joya que ganase. Vino a la fiesta la nobleza del reino y ciudad, Visorey, Justicia mayor, diputados, jurados y los demás títulos y caballeros, poniéndose cada uno en el puesto que le tocaba. Vinieron también los jueces de la sortija, muy acompañados y galanes, que, como hemos dicho, eran un titular y dos caballeros de hábito, y pusiéronse en un tablado no muy alto, curiosamente compuesto; a cuyo recibimiento comenzaron a sonar los menestriles y trompetas, y al mismo son comenzaron a entrar por la ancha calle, de dos en dos, los caballeros que habían de correr. Los primeros fueron dos gallardos mancebos, con una mesma librea, sin diferenciar en caballos ni vestidos: eran de raso blanco y verde, con plumas en los bonetes, de lo alto de los cuales sacó el uno una mano con un rico salero, cuya sal iba derramando sobre las mismas plumas, que daban al viento esta letra:

En mi alma el sol divino
Los rayos con que me inflama,
Cual sol de gracias, derrama.

El otro, que era recién casado con una dama muy hermosa, venía pintado en el escudo trayéndola él mismo de la mano, como que la escudereaba; con una letra cual la siguiente:

> Della gozo, y me ha quedado,
> Por ser tan única y bella,
> Sólo el temor de perdella.

Tras éstos, salieron otros dos, entrando vestidos de damasco azul ricamente bordado: traían esta librea porque ambos eran mozos enamorados y celosos: el uno traía en el escudo pintada una ferocísima leona vestida de piel de oveja, y él mismo venía pintado y puesto de rodillas delante della, y con esta letra:

> Sólo con piel de cordero
> De palabras me corona;
> Que en las obras es leona.

El otro llevaba en campo negro el retrato de su dama, a quien él, quitada la gorra, pedía la mano, negándosela ella con desdén; causa por la cual había venido a la sortija; y siendo mancebo desbarbado, salió con barba blanca postiza, disfraz que dio harta suspensión a toda la gente que le conocía; pero quitábasela esta siguiente letra que traía en el escudo:

> Amando tan desamado,
> Caducando juzgo estoy,
> Y así dello muestras doy.

Tras estos dos, entraron otros dos, también gallardos mozos, totalmente diferentes en las libreas; porque el uno tenía vestido de tela de plata, ricamente bordado, sobre un caballo blanco no menos ligero que el viento, trayendo en el escudo, en campo también blanco, el retrato de su dama, la cual, abajándose, daba la mano a un muerto que estaba ya con la mortaja puesta y tenía por cruz en los pechos esta letra:

> Matome su vista sola;
> Mas por su divina mano
> Nueva vida y gloria gano.

El segundo era un mancebo recién casado, rico de patrimonio, pero grandísimo gastador, y tan pródigo, que siempre andaba lleno de deudas, sin haber mercader ni oficial a quien no debiese; porque aquí pedía, acullá engañaba; aquí hacía una mohatra, allí empeñaba ya la más rica cadena de oro que tenía, ya su mejor colgadura: de suerte que después que el padre le faltó, andaba tan empeñado, que la necesidad le obligaba a no vestir sino bayeta, atribuyéndolo al luto y sentimiento de la muerte de su padre; y, para satisfacer a la murmuración del vulgo, traía pintada en el campo negro de la adarga una beata, cubierta también de negro, más oscura que el del campo de la adarga, con esta letra:

> Pues beata es la pobreza,
> Cúbrame la mía bien:
> Bayeta y vaya me den.

Tras éstos, entraron veinte o treinta caballeros, de dos en dos, con libreas también muy ricas y costosas, y con letras, cifras y motes graciosísimos y de agudo ingenio, que dejo de referir por no hacer libro de versos el que sólo es crónica de los quiméricos hechos de don Quijote; y así, de sola su entrada haremos mención, la cual fue en la retaguardia de todos los aventureros, al lado del señor don Álvaro Tarfe; que esta traza habían dado para su entrada los jueces. Venía don Álvaro en un buen caballo cordobés, rucio, rodado, enjaezado ricamente, el vestido de tela de oro, bordado de azucenas y rosas enlazadas, y en el campo blanco de su escudo traía pintado a don Quijote con la aventura del azotado, muy al vivo, y esta letra en él:

> Aquí traigo al que ha de ser,
> Según son sus disparates,
> Príncipe de los orates.

Con la letra rieron todos cuantos sabían las cosas de don Quijote, el cual venía armado de todas piezas, trayendo hasta su morrión en la cabeza. Entró con gentil continente sobre *Rocinante,* y en la punta del lanzón traía, con un cordel atado, un pergamino grande tendido, escrita en él con letras góticas el Ave María, y sobre los motes y pinturas que traía en su adarga había añadido a ellas este tercete, en explicación del pergamino que traía pendiente de la lanza:

> Soy muy más que Garcilaso,
> Pues quité de un turco cruel
> El Ave que le honra a él.

Maravillábase mucho el vulgo de ver aquel hombre armado para jugar la sortija, sin saber a qué propósito traía aquel pergamino atado en la lanza; si bien de sólo ver su figura, flaqueza de *Rocinante* y grande adarga llena de pinturas y figuras de bellaquísima mano, se reían todos y le silbaban. No causaba esta admiración su vista a la gente principal, pues ya todos los que entraban en este número sabían, de don Álvaro Tarfe y demás caballeros amigos suyos, quién era don Quijote, su extraña locura y el fin para que salía a la plaza, pues era para regocijarla con alguna disparatada aventura; y no es cosa nueva en semejantes regocijos sacar los caballeros a la plaza locos vestidos y aderezados y con humos en la cabeza de que han de hacer suerte, tornear, justar y llevarse premios, como se ha visto algunas veces en ciudades principales y en la misma Zaragoza. Con presupuesto, pues, de regocijar la plaza, pasaron todos aquellos caballeros delante de sus damas, haciéndoles la debida cortesía: cuál hacía hincar al enseñado caballo de rodillas delante de aquella que era señora de su libertad; cuál le hacía dar saltos y corcovos con mucha ligereza; cuál le hacía hacer caracoles, y, finalmente, todos hacían todo lo que con ellos podían para parecer bien. Sólo el de don Quijote iba pacífico y manso, el cual llegando con don Álvaro a emparejar con el balcón donde estaban los jueces, haciendo una cumplida cortesía los dos al título y a los demás, uno dellos, que era el de mejor humor, se echó sobre el antepecho del tablado y habló a don Quijote desta manera en voz alta, con risa de los circunstantes: "Famoso príncipe, espejo y flor de la caballería andantesca, yo y toda esta ciudad estamos en extremo agradecidos de que vuesa merced haya tenido por bien el habérnosla querido honrar con su valerosa persona: ello es verdad que algunos destos señores caballeros están tristes porque tienen por cosa cierta que vuesa merced les ha de ganar en esta sortija las más preciosas joyas; pero yo he determinado, aunque vuesa merced las merezca y gane todas, no darle sino solamente una de las más preciosas para mejor poder así satisfacer a todos estos príncipes y caballeros." Don Quijote, con mucho sosiego y gravedad, le respondió, diciendo: "Por cierto, ilustrísimo juez, más recto que Rodamonte, espejo de los jueces, que estoy tan pesaroso en no haberme hallado en las justas pasadas, que estoy para reventar; mas la causa fue el estar ocupado en no sé qué aventuras de no pequeña importancia; pero ya que en ellas no pude por mi ausencia mostrar el valor que hay en mi persona, quiero que en esta sortija, aunque ello es cosa de juguete para mis exorbitantes bríos, vuesa merced vea con sus ojos si todo lo que ha oído decir de mí y de mis cosas son tan firmes y verdaderas como las de Amadís y las de los demás caballeros antiguos que tanta honra ganaron por el Mundo; aunque bien se echará de ver mi valor, pues ya esta mañana, al asomar por los balcones de nuestro horizonte el ardiente enamorado de la esquiva Dafnes, me coroné con el Ave de la fortaleza de Dios, que es decir de la que trajo a la Virgen el ángel san Gabriel, habiéndola quitado, como muestra la letra de mi adarga, a un desaforado turco que la traía colgando de la cola de un soberbio frisón, con quien pasó delante de mi balcón, irritando mi cristiana paciencia. Pero topó en mí otro manchego Garcilaso, con más bríos y años que el primero, que vengó tal insolencia." Con esto tomó el juez que hablaba con don Quijote su pergamino y adarga y, enseñándolo todo a los otros dos jueces y demás caballeros que los acompañaban, después de haberlo mirado y bien reído, se lo volvió todo. Pasó adelante don Quijote, tomadas sus prendas, pomponeándose y mirando muy hueco a todas partes; y, llegando al cabo de la calle donde los demás que habían de jugar la sortija estaban parados, comenzaron a sonar las chirimías y trompetas en señal de que los primeros caballeros querían ya empezar a correrla. Habían ordenado los jueces que, después de haber corrido todos la sortija, se darían cada vez cuatro joyas a los cuatro caballeros que mejor lo hubiesen hecho: así, desta vez, se las dieron a cuatro, aunque sólo el uno dellos se llevó el anillo en la lanza, que fue don Álvaro Tarfe, que quiso correr con los primeros; el cual, por orden de los jueces, dijo a don Quijote que no corriese hasta la postre, porque así convenía. Llevaron aquellos caballeros, los precios que habían ganado, cada uno a su dama; y don Álvaro, que tenía el sujeto de sus pasiones en Granada, dio el suyo, que era unos guantes de ámbar ricamente bordados, a una doncella harto hermosa, hermana de un titular de aquel reino, la cual le recibió con muestras de gran cortesía y agradecimiento. Corrieron segunda vez, y fueles dado el premio a otros cuatro, de los cuales los dos se llevaron el anillo, y éstos, como los primeros, les presentaron a sus damas: de suerte que muy pocos o ningún caballero hubo que no presentase joyas a la dama que mejor le parecía. Pues como ya sé hiciese tarde, y don Quijote diese prisa a don Álvaro que le dejase correr su lanza; si no, que, a pesar de cuantos jueces había en la Europa, correría; advertida su locura de los jueces, hicieron señas a don Álvaro para que le dejase correr dos carreras; y así, tomándole él por la mano, le puso en medio de la calle, frontero del anillo, aguardando la seña de las trompetas; al son de las cuales partió nuestro caballero sólo con su adarga en el brazo izquierdo, espoleando muy aprisa a *Rocinante,* que con toda la que él daba, corría poco más de a medio galope; pero fue tan desgraciado que, llegando a la sortija, echó el lanzón cosa de dos palmos más arriba della por encima de la cuerda y, acabando la carrera, bajó muy aprisa la lanza, mirando con mucha atención si llevaba en ella el anillo; lo cual causó notable risa en toda la gente, y más viendo que, como él no la halló en ella, comenzó con gran cólera a volver el caballo al principio de la carrera, adonde estaba don Álvaro, que le dijo con disimulación: "Vuesa merced, señor don Quijote, dé luego al punto segunda carrera, porque el caballo no se le resfríe; que, aunque vuesa merced no llevó la sortija, el golpe ha sido extremado, pues fue por arriba no más de media vara." Don Quijote, sin responderle palabra, volvió la rienda a *Rocinante,* y comenzó a correr, no con poca risa de los que le miraban, yendo don Álvaro a medio galope tras él: llegó, pues, don Quijote a la sortija segunda vez y, con la cólera y turbación que llevaba, errola por parte de abajo otra media vara; pero el discreto don Álvaro, viendo cuán desgraciadamente lo había hecho su compañero, puesto de pies sobre los estribos, alargó cuanto pudo la mano desde el caballo y, asiendo la sortija, y llegándose a don Quijote con mucha sutileza, se la puso en el hierro de la lanza; que lo pudo hacer sin que él lo echase de ver, por llevarla puesta sobre el hombro desque hizo el golpe en señal de gala, y díjole: "¡Ah mi señor don Quijote, lustre de la Mancha!, ¡victoria, victoria!, que la sortija lleva vuesa merced en la lanza, si no me engaño." Miró arriba don Quijote, el cual no pensaba haber topado en ella, como era la verdad, y dijo: "Ya yo me maravillaba, señor don Álvaro, de que dos veces la hubiese errado; pero la culpa de la primer carrera la tuvo *Rocinante,* que mala pascua le dé Dios, pues que no pasó con la velocidad que yo quisiera." "Todo se ha hecho muy bien—dijo don Álvaro—, y así, vamos a los jueces, y pídales vuesa merced la justicia que tiene." Iba el buen hidalgo tan ancho y vanaglorioso, que no cabía en toda la calle; y, puesto delante de los jueces, dijo, levantando la lanza con la sortija puesta en ella: "Miren vuesas señorías lo que pide esta lanza y el anillo que della cuelga, y adviertan que ella mesma por sí demanda el premio que justamente se me debe." El juez, que al entrar de la plaza había hablado con él, había hecho traer a un paje dos docenas de agujetas grandes de cuero, que valdrían hasta medio real, y tomándolas en la mano, llamando primero a todos los caballeros para que oyesen lo que decía a don Quijote, se las ató en el lanzón, diciéndole en voz alta: "Yo, segundo rey Fernando, os doy con mi propia mano, a vos el invicto caballero andante, flor de la andantesca ¡caballería, esta insigne joya, que son unas cintas traídas de la India, hechas de pellejo del ave fénix, para que las deis, pues sois caballero desamorado, a la dama que os pareciere que tiene menos amor de cuantas ocupan esos balcones; y, fuera deso, os mando, so pena de mi desgracia, que vos y don Álvaro Tarfe cenéis conmigo en mi propria casa esta noche, juntamente con un escudero vuestro, de quien sé que es fidelísimo y digno de servir a persona de vuestras prendas." Tocaron luego las chirimías, y don Quijote, al son dellas, fue mirando a todos los balcones y ventanas, y vio en una que estaba algo baja a una honrada vieja, que debía saber más de la propriedad de la ruda y verbena que de recibir joyas; la cual estaba con dos doncellas afeitadas de las que se usan en Zaragoza: a ésta, pues, llegó nuestro caballero y, poniendo las agujetas en el poyo de la ventana con el lanzón, la dijo en voz que todos lo pudieron oír: "Sapientísima Urganda la desconocida, este vuestro caballero, a quien tanto siempre vos habéis favorecido en todas las ocasiones, os suplica le perdonéis el atrevimiento y recibáis estas peregrinas cintas, hechas, según estoy informado, del mismo ave fénix, y tenedlas en mucho, porque valen una ciudad." Las dos mujeres, que semejantes razones oyeron decir a aquel hombre armado, y veían que todo el mundo se estaba riendo de verle presentar las agujetas de cuero a una vieja tal cual la que las acompañaba, que pasaba de los sesenta, corridas y medio riéndose, le dieron con la ventana en los ojos, cerrándola y entrándose dentro sin hablarle palabra. Quedó algo corrido don Quijote del suceso; pero Sancho Panza, que desde el principio de las justas había estado con dos mozos de cocina a ver la sortija y los premios que su amo había de ganar, como vio que daba las agujetas a aquella vieja, y no las había querido recibir, antes le había cerrado la ventana, levantó la voz, diciendo: "¡Cuerpo de quien la parió a la muy puta vieja del tiempo de Mari Castaña, mujer del gran judío y más puto viejo de los dos de santa Susana! ¿Así ha de cerrar la ventana a uno de los mejores caballeros de todo mi lugar, y no ha de querer recibir las agujetas que le dan, y mal provecho le hagan si buena no ha de ser? Pero ¿qué ha de ser quien, como mi señor dice, se llama Urganda? Y, siéndolo, mal puede merecer tales agujetas, que, según son ellas de grandes y buenas, sin duda deben de ser de perro. Pues a fe que si agarro un medio ladrillo, que yo las haga a todas que abran, aunque les pese." Y, volviéndose a don Quijote, le dijo: "Echelas acá vuesa merced, pues no las quieren ni merecen; que yo las guardaré, y eso nos ahorraremos; y más, que yo he menester una como el pan de la boca para mis zaragüelles; que ya tengo esta de delante llena de ñudos: muese acá digo, ¡cuerpo non de Dios!, pues servirán para esta mejor ocasión." Don Quijote abajó la lanza, diciendo: "Toma, Sancho, guarda estas preciosas cintas, y mételas en nuestra maleta hasta su tiempo." Sancho las tomó, diciendo: "¡Miren, cuerpo de Barrabás, lo que no quiso la muy hechicera! Pues en buena fe que no me las saquen de las uñas ahora por menos de veinte maravedís, aunque no los valgan; que, por el menorete, son de liebre o trucha o no sé de qué diablos." Llegáronse diez o doce personas a ver las joyas de las agujetas que aquel labrador tenía en la mano; y fue el caso que, entre aquella gente que se juntó, llegó un mozo de harta poca ropa, no menos ligero de pies que sutil de manos, el cual con suma presteza asió de dichas agujetas y, tomando las armas del conejo, en cuatro brincos se puso fuera de la calle del Coso. Esto no lo vio don Quijote; que, a verlo, la mayor tajada del mozo fuera la oreja. Pero el bueno de Sancho Panza, que estaba seguro, a su parecer, de caso tan repentino, comenzó a dar voces, diciendo: "Ténganle, señores, ténganle, pecador de mi; que me lleva hurtada la mejor joya del torneo." Mas cuando el pobre vio las esperanzas perdidas de poderle alcanzar, comenzó a llorar amargamente, mesándose las espesas barbas, juntando una mano con otra y diciendo: "¡Oh desventurada de la madre que me parió! ¡Oh día aciago para mí, pues en él he perdido unas agujetas tan preciosas y las mejores de toda la Lombardía! ¡Ay de mí! ¿Qué haré y qué cuenta daré a mi señor de la joya que me encomendó? ¿Qué excusa tendré para huir de su andantesca cólera, para que no me sacuda con ella las costillas con algún ñudoso roble? Si le digo que las he perdido, tendrame por escudero desmazalado, y si le digo que me las hurtó un pícaro, tomará tanto enojo, que desafiará luego a batalla campal, no solamente al que las hurtó, sino a cuantos pícaros se puedan hallar en toda la picardía. ¡No vendría ya la muerte a llevarme para sí antes que pasar tan gran dolor! Yo digo que de muy buena gana me mataría si no fuera porque temo hacerme mal: alto, manos a la labor; yo quiero ir luego al cocinero cojo de don Álvaro, y pedirle dos cuartos prestados para combrar una soga y ahorcarme con ella; que después se los tornaré doblados; y si acaso hallo algún árbol, como sea tal, que desde él pueda llegar los pies al suelo, echaré el cordel de la primera rama, y aguardaré a que pase algún hombre caritativo, a quien rogaré con muchas lágrimas me haga la limosna y caridad de ayudarme a ahorcar por amor de Dios; que soy un pobre hombre, huérfano de padre y madre. Y así, alto, quédate con Cristo, don Quijote de la Mancha: el más valiente caballero de cuantos andantes cría el cierzo y la tramontana; quédate en paz también, *Rocinante* de mi alma, y acuérdate de mí, pues yo me acordaba de ti todas las veces que te iba a echar de comer; y acuérdate también de aquel día en que, pasando descuidado por junto tu postigo trasero, diciendo: Amigo *Rocinante,* ¿cómo va?, y tú, que no sabías aún hablar romance, me respondiste con dos pares de castañetas, disparando por el puerto muladar un arcabuzazo con tanta gracia, que si no le recibiera entre hocicos y narices, no sé qué fuera de mí. Quédate, pues, rocín de mis ojos, con la bendición de todos los rocines de Roncesvalles; que si supieses la tribulación en que estoy puesto, yo fío me enviaras algún consuelo para alivio de mi gran dolor. Ahora sus, yo voy a contar mi desgracia, como digo, a mi amigo el cocinero, de quien espero algún remedio, pues más vale que lo que se ha de hacer temprano se haga tarde; que al que Dios madruga, mucho se ayuda: en fin, allá darás, sayo, en casa el rayo, pues más vale buitre volando que pájaro en mano." Y a este compás se fue ensartando más de cuarenta refranes a despropósito.

CAPÍTULO XII

CÓMO DON QUIJOTE Y DON ÁLVARO TARFE FUERON CONVIDADOS A CENAR CON EL JUEZ QUE EN LA SORTIJA LES CONVIDÓ, Y DE LA EXTRAÑA Y JAMÁS PENSADA AVENTURA QUE EN LA SALA SE OFRECIÓ AQUELLA NOCHE A NUESTRO VALEROSO HIDALGO

Acabada de jugar la sortija y de haber corrido en ella los caballeros de dos en dos delante de toda la ciudad, desocuparon todos sus puestos, volviéndose a sus casas, por venir la noche. Para hacer, pues, lo mesmo, don Álvaro asió de la mano a don Quijote, diciéndole: "Vamos, mi señor don Quijote, a dar un par de vueltas, por esas calles mientras se hace hora de acudir a cenar con el señor que vuesa merced sabe que como juez liberalísimo nos ha convidado esta noche." "Vamos—dijo don Quijote— donde vuesa merced mandare." Y sin que hubiese remedio con él de que diera la adarga y lanzón a un paje, para que, como don Álvaro quería, lo llevase a su casa, se fue con todo este carruaje acompañándole. Llegaron a muy buena hora a la noble casa del huésped que los había convidado a cenar; y tomando en el zaguán un paje suyo la lanza y adarga de don Quijote, se apearon y subieron al punto al aposento de don Carlos, que así se llamaba el juez, el cual se levantó, con otros caballeros amigos que tenía también convidados, para ir a abrazar a don Quijote, como lo hizo, diciéndole: "Bien sea venido el señor caballero andante, y con la salud que todos deseamos, como lo hacemos también, que para mayor alivio del trabajo pasado, se quite vuesa merced las armas, pues está en parte segura y entre amigos que desean servir a vuesa merced y aprender de su valor todo buen orden de milicia; que creo lo habemos bien menester, según lo mal que los caballeros lo han hecho en la sortija; que si vuesa merced no remediara sus faltas, quedaran las fiestas harto frías." Don Quijote le respondió: "Señor don Carlos, yo no tengo por costumbre, en ninguna parte que vaya, sea de amigos o enemigos, quitarme las armas, por dos razones. La primera, porque trayéndolas siempre puestas, se hace el hombre a ellas; que como dicen los filósofos, *ab assuetis non fit passio*; pues la costumbre, como vuesa merced sabe, convierte las cosas en naturaleza, con que ningún trabajo hay que dé pesadumbre. La segunda, porque no sabe el hombre de quién se ha de fiar ni lo que ha de acontecer, por ser varios los sucesos de la guerra; y me acuerdo haber leído en el auténtico libro de las hazañas de don Belianís de Grecia que yendo él y otro caballero armados de todas piezas, perdidos por un bosque, llegaron a cierto prado donde hallaron diez o doce salvajes que estaban asando un venado, los cuales, por señas, le convidaron a comer dél. Los caballeros, que llevaban no poca necesidad y hambre, viendo la humanidad que mostraban aquellos bárbaros, bajaron de los caballos, quitándoles los frenos para que paciesen; pero ellos no se quisieron quitar las celadas, sino, levantadas un poco las viseras, sentados en las yerbas, comieron de una pierna del venado que los salvajes les pusieron delante; y apenas hubieron comido media docena de bocados, cuando, concertados entre sí, en lenguaje que no entendieron los forasteros, llegando pasito por detrás dos de ellos con dos mazas, a un tiempo, les dieron tan fuertemente sobre las cabezas, que, a no llevar puestas las celadas, fueran, sin duda, fatal sustento de aquellos bárbaros: con todo, cayeron en tierra aturdidos, y ellos, con grande algazara, comenzaron a desarmarlos; pero, como no sabían de aquel menester, no hacían sino revolverlos por aquel prado acá y acullá: de suerte que, dándoles un poco el viento, y viendo el triste estado en que sus cosas estaban, se levantaron muy ligeramente y, metiendo mano en sus ricas espadas, comenzaron a dar tras los salvajes como en real de enemigos, sin dar revés con que no hiciesen de un salvaje dos, por estar desnudos." Decía esto don Quijote con tanta cólera que, metiendo él también mano en su espada, prosiguió diciendo: "Dando aquí tajos, acullá cuchilladas, aquí partían uno hasta los pechos, allí dejaban otro en un pie como grulla, hasta que mataron la mayor parte dellos." Don Carlos le hizo envainar, riendo con aquellos caballeros de la cólera que había tomado contra los salvajes, pues parecía que los tenía delante; y asiéndole por la mano y entrándole en otra sala, hallaron puestas las mesas para cenar; donde, volviendo la cabeza don Carlos, dijo a un paje suyo de los que allí estaban. "Id volando a la posada del señor don Álvaro, pues ya sabéis, y llamad al escudero del señor don Quijote, Sancho Panza, diciéndole que su amo le manda se venga luego con vos, que también está convidado; y no vengáis sin él de ninguna suerte." Tomó el paje la capa, fue por él al momento, y hallándole en la cocina con el cocinero, a quien con mucha melancolía estaba contando la desgracia del hurto de las preciosas agujetas, le dijo: "Señor Sancho, vuesa merced se venga conmigo al instante, porque el señor don Quijote le llama, viendo que mi señor don Carlos no se quiere asentar a la mesa con los convidados hasta verle a vuesa merced en la sala." "Señor paje—respondió con mucha flema Sancho—, vuesa merced podrá decir a esos señores que les beso las manos, y que no estoy en casa, y que por esto no voy, y porque ando por la plaza buscando un cierto negocio de importancia que se me ha perdido; pero que si Dios me alumbra con bien para que lo halle, les doy palabra de ir luego." "Eso, no—dijo el paje—: vuesa merced ha de venir conmigo;

que así me lo han mandado, porque es también convidado a la cena." "Hablara yo para mañana—respondió Sancho—; que siendo así, claro está que iré de muy rebuena gana al punto; y a fe que me coge en tiempo que no tengo muy mala disposición, porque ha más de tres horas que no ha entrado en mi cuerpo cosa alguna, sino es un platillo de carne fiambre y un panecillo que me dio aquí el señor cocinero, que Dios guarde, con que me tornó el alma al cuerpo. Pero, vamos; que no quiero hacer falta ni que me tengan por descuidado." Fuéronse ambos en diciendo esto, despidiéndose primero del cocinero. Llegaron a la sala donde estaban ya cenando, don Carlos a la cabecera de la mesa con don Quijote a su lado, y los demás caballeros por su orden, que serían más de veinte. Llegó Sancho junto a su amo, y quitándose la caperuza con rambas manos, haciendo una gran reverencia, dijo: "Buenas noches dé Dios a vuesas mercedes y los tenga en su santa gloria." "¡Oh Sancho!—dijo don Carlos—, seáis bien venido. Pero ¿cómo decís que Dios nos tenga en su santa gloria, pues aun no somos muertos, si no es que estos caballeros lo estén de hambre, según es la cena poca, aunque si es así, su falta supliera mi voluntad, que es mucha." "Mi señor—dijo Sancho—, como para mí no hay otra gloria sino cuando está la mesa puesta, téngola grande viendo sobre ésta tantos platos llenos de avestruces y carne y de pastel en botes, que no puedo tragar la saliva de contento." Tomó don Álvaro Tarfe en esto un melón que estaba en la mesa, y le dio a Sancho, diciendo: "Probad, Sancho, este melón, y si sale bueno, yo os daré su peso de carne de la deste plato." Dábale con él un cuchillo para que le hiciese la cala; y él dijo que no le había ido bien en el melonar de Ateca en partir con cuchillo los melones, y que así le partiría, con su licencia, como los partía en su tierra; y diciendo esto le dejó caer de golpe en el suelo, y luego le levantó hecho cuatro piezas diciendo: "Hele aquí partido de una vez a vuesa merced, sin andar haciendo rebanadicas con el cuchillo." "A fe, Sancho —dijo don Carlos—, que sois curioso, y me huelgo de vuestra discreción, pues hacéis de una vez lo que otros no hicieran de ocho. Tomad: que por mí os habéis de comer este capón (esto dijo dándole uno famoso que había en un plato), que me dicen que para hacello os ha dado Dios particular gracia." "La santa Trinidad se lo pague a vuesa merced—replicó Sancho—, cuando deste mundo vaya." Tomó el capón, el cual estaba ya partido por sus junturas, y espetósele casi invisiblemente. Viendo la sutileza de sus dientes, los pajes dieron en vaciarle en la caperuza cuantos platos alcanzaban de la mesa, con lo cual se puso en breve rato Sancho hecho una trompa de París; pero don Carlos, tomando un gran plato de albondiguillas, dijo: "¿Atreveros heis, Sancho, a comer dos docenas de albondiguillas si estuviesen bien guisadas?" "No sé— respondió Sancho— qué cosas son alhondiguillas; alhóndigas sí, que las hay en mi pueblo; pero

no son esas de comer, sino el trigo que está dentro, después de amasado."
"No son sino estas pelotillas de carne"—dijo don Carlos, dándole el plato,
el cual tomó Sancho, y una a una, como quien come un racimo de uvas, se
las metió entre pecho y espalda, con harta maravilla de los que su buena
disposición veían; y en acabando de comerlas dijo: "¡Oh hi de puta,
traidores, y qué bien me han sabido! Pardiez, que pueden ser pelotillas con
que jueguen los niños del limbo; a fe que si torno a mi lugar, que en un
huerto que tengo junto a mi casa he de sembrar por lo menos un celemín
dellas, porque sé que no se siembran en todo el Argamesilla; y aun podrá
ser, si el año se acierta, que los regidores me las pongan a ocho maravedís
la libra; y si es así, no serán oídas ni vistas." Decía esto Sancho tan
sencillamente, como si en realidad de verdad fuera cosa que se pudiera
sembrar; y viendo que todos se reían, dijo: "Sólo un desconveniente hallo
yo en sembrar éstas, y es, que como soy de mi naturaleza aficionado a
ellas, me las comería antes que llegasen a madurar, si no es que mi mujer
me pusiese algún espantajo para que no llegase a ellas, y aun Dios y ayuda
que bastase." "¿Casado sois, Sancho— dijo don Carlos—, según eso?"
"Para servir a vuesa merced, con mi mujer lo soy—replicó Sancho—, la
cual le besa muchas veces las manos por la merced que me hace." Rieron
todos de la respuesta, y preguntole de nuevo don Carlos si era hermosa; a
lo cual respondió: "¡Y cómo, cuerpo de san Ciruelo, si es hermosa! Ello es
verdad que, si bien me acuerdo, hará por estas yerbas que vienen
cincuenta y tres años, y está un poco la cara prieta de andar al sol, con tres
dientes que le faltan arriba y dos muelas abajo; más con todo eso no hay
Aristóteles que le llegue al zapato; sólo tiene que en llegando a su poder
los dos o tres cuartos, luego los deposita en casa de Juan Pérez, tabernero
de mi lugar, para llevallos después de agua de cepas en un jarro grande
que tenemos, desbocado de puro boquearle ella con la boca." "Vuestra
mujer buena bebedora—dijo don Carlos—, y vos siempre con buena
disposición de comer, haréis muy buenos casados." Y alargando la mano
tras esto a un plato grande que tenía seis pellas de manjar blanco, le dijo:
"¿Habéis dejado, Sancho, algún rincón desembarazado para comer estas
seis pellas?, que según habéis comido, no tendréis apetito dellas." "Beso a
vuesa merced las manos—dijo Sancho alargando las suyas y
tomándolas—, por la que me hace; y fíe de mí que me las comeré, siendo
Dios servido y su bendita Madre." Y apartándose a un lado, se comió las
cuatro con tanta prisa y gusto, como dieron señales dello las barbas, que
quedaron no poco enjalbegadas del manjar blanco: las otras dos que dél le
quedaban se las metió en el seno con intención de guardarlas para la
mañana. Acabada la cena, se sentaron todos, quitadas las mesas, por su
orden alrededor de la sala, y don Álvaro Tarfe y don Quijote a la mano
izquierda de don Carlos, que hizo sentar a sus pies a Sancho Panza. A la

que platicaban don Álvaro con don Quijote (haciéndole decir mil dislates, por lo que en la cena había estado mudo, parte por dar lugar a que gustasen de Sancho los convidados, y parte por las quimeras que revolvía en su entendimiento sobre la venganza que sería bien tomase de la sabia Urganda, que tan en público le había desfavorecido, cerrándole la ventana sin aceptar las preciosas agujetas que le presentaba), y don Carlos con Sancho Panza, y los demás caballeros entre sí, entraron por la sala dos extremados músicos con sus instrumentos, y un mozo que traían los representantes, gallardo zapateador. Cantaron muchas muy buenas letras y tonos los músicos, y después zapateó y volteó el mozo por extremo; y mientras lo iba haciendo, bajó don Carlos la cabeza y preguntó a Sancho de manera que todos lo pudieron oír, si se atrevería a dar algunas vueltas de las que aquel mozo daba; el cual respondió bostezando y haciéndose la cruz con el dedo pulgar en la boca, porque le cargaba el sueño con la mucha cena: "Pardiobre, señor, que voltearía yo lindísimamente, recostado ahora sobre dos o tres jalmas: este diablo de hombre no debe de tener tripas ni asadura, pues tan ligero salta; y si está hueco por de dentro, no hay más qué meterle una candela encendida por el órgano trasero y servirá de linterna." En esto llamó don Carlos a un paje, y le habló al oído, diciendo: "Andad y decid al secretario que ya es hora." Hase de advertir que entre don Álvaro Tarfe, don Carlos y el mismo secretario había concierto hecho de traer aquella noche a la sala uno de los gigantes que sacan en Zaragoza el día del Corpus en la procesión, que son de más de tres varas en alto; y con serlo tanto, con cierta invención los trae un hombre solo sobre los hombros. Pues estando la gente, como he dicho, en la sala, en recibiendo el recado de don Carlos el secretario, entró con el gigante por un cabo della, que de propósito estaba ya sin luz, y encima de la puerta por donde entró estaba en lo alto, junto al techo, una ventana pequeña a modo de claraboya, que venía a dar en la cabeza del mismo gigante, por ser de su misma altura, y por la cual, arrimado a ella, había, sin ser visto, de hablar el secretario, que en sacando y poniendo en dicho puesto al que traía sobre sus hombros dicho gigante, se volvió a entrar para ponerse en dicha ventanilla. A la vista primera que todos tuvieron del gigante, hicieron de industria como que se alborotaban, poniendo las manos sobre las guarniciones de las espadas; mas don Quijote se levantó diciendo: "Las vuesas mercedes se sosieguen; que esto no es nada, y yo solo sé qué cosa puede ser; que destas aventuras cada día sucedían en casa de los emperadores antiguos: siéntense todos, digo, y veremos lo que este gigante quiere, y conforme a ello se le dará la respuesta." Todos se sentaron; y el secretario, que era un hombre muy discreto y estaba bien enseñado de lo que había de hacer, cuando vio toda la gente sosegada, comenzó a decir en voz alta: "¿Quién de vosotros aquí es el Caballero

Desamorado?" Todos callaron, y don Quijote, con una voz muy reposada, le respondió, diciendo: "Soberbio y descomunal gigante, yo soy ese por quien preguntas." "Gracias doy—dijo el secretario, hablando desde lo alto, metida la cabeza dentro lo hueco de la del gigante—, a los dioses inmortales, y principalmente al gran Marte, que lo es de las batallas, pues al cabo de tan largo camino y de tantos trabajos he venido a hallar en esta ciudad lo que con tanta solicitud mil días ha que ando buscando, que es el Caballero Desamorado. Sabed, príncipes y caballeros que en este vuestro real palacio os habéis juntado, que soy yo, si nunca le oístes decir, Bramidan de Tajayunque, rey de Chipre, el cual reino gané por sola mi persona, quitándoselo a su legítimo señor y aplicándomele a mí, como quien mejor que él le merecía; y llegando en dicho mi reino a mis oídos las nuevas de las inauditas fazañas y extrañas aventuras del príncipe don Quijote de la Mancha, llamado por otro nombre el de la Triste Figura o Desamorado; sintiendo por gran mengua mía que haya en toda la redondez de la tierra quien a mi valor y fortaleza iguale, he dejado mi reino, pasando por otros muchos extraños a pesar de los que los gobernaban, buscando, inquiriendo y preguntando, con asombro y miedo de cuantos me veían, adonde o en qué reino o provincia estaría dicho caballero, que tanta fama tenía por todo el mundo; porque; como es verdad y no lo puedo negar, por doquiera que he pasado no se trata, ni se habla otra cosa en las plazas, templos, calles, hornos, tabernas y caballerizas, hoy, sino de don Quijote de la Mancha. Yo, pues, como digo, estimulado de la envidia de tantas fazañas tuyas, ¡oh gran don Quijote!, he venido a buscarte solamente para dos cosas: la primera, para hacer batalla contigo, y quitarte la cabeza y llevarla a Chipre para ponerla en la puerta de mi real palacio, haciéndome con esto señor de todas las victorias que has habido con tantos gigantes y jayanes, para que acabe el mundo de entender que yo solo soy sin segundo y solo quien merece ser alabado, estimado, honrado y nombrado en todos los reinos del universo por más bravo, más valiente y de mayor fama que tú y cuantos antes de ti fueron y después de ti serán. Por tanto, si te quieres excusar del trabajo de entrar conmigo en batalla, manda luego a la hora, sin excusa ninguna, darme tu cabeza para que la lleve en mi lanza, y quédate a la buena ventura. La segunda cosa a que vengo es, que también he oído decir cómo tiene don Carlos, dueño deste fuerte alcázar, una hermana de quince años, de peregrina hermosura y gracia, la cual quiero y es mi voluntad que juntamente con tu cabeza se me dé al punto, para que me la lleve a Chipre y la tenga por mi amiga todo el tiempo que me pareciere, pues dello le resultará sobrada honra; y si no lo quisiere hacer, le desafío y reto a él y a todo el reino de Aragón junto, y a cuantos aragoneses, catalanes y valencianos hay en su corona, que salgan contra mí a pie o a caballo; que a la puerta deste gran palacio tengo mis fortísimas y encantadas armas, las cuales tiran de un carro seis pares de robustísimos bueyes de Palestina; porque mi lanza es una entena de un navio, mi celada iguala en grandeza al chapitel del campanario del gran templo de Santa Sofía de Constantinopla, y mi escudo a una rueda de molino. Responde, pues, luego a todo, tú, el Desamorado Caballero; porque estoy de prisa y tengo mucho que hacer, y hago falta en mi reino." Calló en esto el gigante, y todos los que la maraña sabían disimularon cuanto pudieron, aguardando a ver lo que don Quijote respondería al gigante. El cual, levantándose de su asiento, hincó las rodillas en tierra delante de don Carlos, diciéndole: "Soberano emperador Trebacio de Grecia, la vuestra majestad sea servida, pues me habéis acetado en este vuestro imperio por hijo, de me dar licencia de hablar y responder por todos a esta endiablada bestia, particularmente por vos y por todo este nobilísimo reino, para que así pueda mejor después darle el castigo que sus blasfemias y sacrilegas palabras merecen." Don Carlos, mordiéndose los labios de risa y disimulando cuanto pudo, le echó los brazos al cuello y le levantó diciendo: "Soberano príncipe de la Mancha, esta causa no solamente es mía, sino también vuestra; pero yo he cobrado tan gran temor al gigante Bramidan de Tajayunque, que el corazón se me quiere saltar del cuerpo, y así digo que, si a vos os parece, será bueno, para librarnos de la universal perdición que nos amenaza, concederle las dos cosas que nos pide; y es que vos le deis vuestra cabeza: que ya yo de mi parte estoy dispuesto, más por fuerza que por grado, de dalle también a mi bella hermana Lucrecia; y que se vaya con todos los diablos antes que haga mayores males; y aunque este es mi voto, con todo dejo al vuestro la resolución del caso; y así, conforme a él dadle, amado príncipe, la respuesta que os pareciere, pues será la más acertada." Sancho, que había cobrado grandísimo temor al gigante, como oyó lo que don Carlos había dicho a su amo, le dijo hecho ojos: "Ea, mi señor don Quijote, por los quince auxiliadores, de quienes Miguel Aguileldo, sacristán de la Argamesilla, es muy devoto, le suplico haga lo que el señor don Carlos le dice. ¿Para qué quiere hacer batalla con este gigante?, que dicen dél que parte por medio una yunque mayor que la del herrero de nuestro lugar; que por eso refieren graves autores se llama Tajayunque; y más, que, según él dice, y lo creo (porque tan gran hombre de bien no dirá una cosa por otra), trae una rueda de molino por escudo: delo, pues esto es así, a los satanases, y despachémosle con lo que pide de una vez, y no perdamos más tiempo con él ni demos que reír al diablo." Don Quijote le dio un puntillón terrible en las nalgas, diciendo: "¡Oh villano, sandio y soez, harto de ajos desde la cuna!, ¿y quién te mete a ti en lo que no te va ni te viene?" Y poniéndose en medio de la sala frontero del gigante, le dijo con voz grave desta manera: "Soberbio gigante Bramidan de Tajayunque, con atención he escuchado tus arrogantes palabras, de las cuales entiendo tus locos y desvariados deseos; y ya hubieras llevado el pago dellas y dellos antes que desta real sala salieras, si no fuera porque guardo el debido respeto al emperador y príncipes que presentes están, y porque quiero darte el castigo merecido en pública plaza delante de todo el mundo, y porque sirva de escarmiento para que otros tales como tú no se atrevan de aquí adelante a semejantes disparates y locuras: conque respondiendo ahora a tus demandas, digo que acepto la batalla que pides, señalando por puesto della, para mañana después de comer, la ancha plaza que en esta ciudad llaman del Pilar, por estar en ella el sacro templo y dichoso santuario que es felicísimo depósito del pilar divino sobre quien la Virgen benditísima habló y consoló en vida a su sobrino y gran patrón de nuestra España el apóstol Santiago. En esta plaza, pues, podrás salir con las armas que quisieres, seguro de que si tú tienes por escudo una rueda de molino, yo tengo una adarga de Fez que no le hace ventaja la mesma rueda de la fortuna; y en cambio de la cabeza que me pides, juro y prometo de no comer pan en manteles ni holgarme con la reina (y en suma juro todos los demás juramentos que en semejantes trances suelen jurar los verdaderos caballeros andantes, cuya lista hallarás en la historia que refiere el amargo llanto que se hizo sobre el malogrado Baldovinos) hasta cortarte la tuya y ponerla sobre la puerta deste gran palacio del emperador mi señor y padre." "¡Oh dioses inmortales!—dijo el secretario con voz gruesa y tremenda—, ¿y cómo consentís que semejantes afrentas me diga un hombre solo, sin que le haga y convierta luego mi cólera en albondiguillas? Yo juro por el orden de secretario que recebí, de no comer pan en el suelo ni folgar con la reina de espadas, copas, bastos ni oros, ni dormir sobre la punta de mi espada, hasta tomar tan sanguinolenta venganza del príncipe don Quijote de la Mancha, que los brazos le queden colgados de los hombros, y las piernas y muslos asidos a las caderas, y la cabeza se le ande a todas partes, y la boca, a pesar de cuantos ni han nacido ni han de nacer, le ha de quedar debajo de las narices." Aturdido Sancho del tropel de tan graves amenazas y execraciones, se levantó del suelo donde estaba sentado, y poniéndose entre don Quijote y el gigante, quitándose primero la caperuza con ambas manos, le dijo con mucha cortesía: "Ah, señor Bramidan de Parteyunques!, no; por la pasión que Dios pasó, no le haga tanto mal a mi amo, que es hombre de bien y no quiere her batalla con vuesa merced, porque no está hecho a hacerla con semejantes Comeyunques: tráigale vuesa merced media docena de meloneros; que a fe que con ellos se entienda él lindísimamente; y aun con todo es menester el favor del señor San Roque, abogado de la pestilencia." El gigante, sin hacer caso de lo que Sancho decía, sacó un guante de dos pellejos de cabrito, que traía ya hecho para aquel efeto, y dijo arrojándole a don Quijote: "Levanta, caballero cobarde, ese mi estrecho y pequeño guante en señal y gaje de que mañana te espero en la plaza que dijiste, después de comer." Y con esto volvió las espaldas por la puerta que había entrado. Don Quijote alzó el guante, que era sin duda de tres palmos, y diósele a Sancho, diciendo: "Toma, Sancho, guarda ese guante de Bramidan hasta mañana después de comer; que verás maravillas." Tomole Sancho, y santiguándose dijo: "¡Válgate el diablo por Balandrán de Tragayunques, o como es tu gracia, y qué terribles manos que tienes! ¡Oh hi de puta, traidor, el bellaco que le esperase un bofetón! A fe, señor, que tenemos bien en qué entender con este demonio, según es de grande y despavorido; y acuérdese lleva jurado le ha de hacer como aquellas albondiguillas que comimos esta noche. Pero vuesa merced, antes que llegue ese tiempo, hágale a él pellas de manjar blanco; que tambien las hemos cenado, y me saben bien, y aun yo tengo dos dellas en el seno para un menester." En esto se levantó don Carlos de la silla, mandando encender hachas para acompañar con ellas aquellos caballeros a sus casas, y por ser tarde, se despidió dellos y de don Quijote y de don Álvaro, que asiéndole de la mano, se le llevó, juntamente con Sancho Panza, a su casa, adonde el buen hidalgo pasó una de las peores noches que jamás había pasado, pensando en la peligrosa batalla en que otro día había de entrar con aquel desproporcionado gigante, que él imaginaba ser verdadero rey de Chipre, como él mismo había dicho.

AQUÍ DA FIN LA QUINTA PARTE
DEL INGENIOSO HIDALGO DON QUIJOTE DE LA MANCHA

SEXTA PARTE
DEL INGENIOSO HIDALGO
DON QUIJOTE DE LA MANCHA

CAPÍTULO XIII

CÓMO DON QUIJOTE SALIÓ DE ZARAGOZA PARA IR A LA CORTE DEL REY CATÓLICO DE ESPAÑA A HACER LA BATALLA CON EL REY DE CHIPRE

Atormentaron tanto las trazas de la desvanecida fantasía del desamorado manchego su triste juicio y desvelado sosiego, que cuando empezaban sus ojos a tomar alguno a la madrugada, tocaron al arma de tal suerte las fantasmas de los dislates quimereados en el sentido común, que siéndolo en todos sus miembros la alteración que por esta causa y la que dio con ella un sueño que tuvo de que había entrado por traición en aquel castillo el soberbio Bramidán para matarle con ella más a su salvo, cogiéndolo descuidado, se levantó furiosísimo en su busca, como si realmente supiera que estaba en casa, y con la vehemente aprensión y cólera desto iba diciendo: "Espera, traidor; que no te valdrán trazas, estratagemas, embustes ni encantamientos para librarte de mis manos." En esto se puso la celada, peto y espaldar, y tomando la adarga y lanzón iba mirando por todas partes. Salió luego a la sala, en la cual vio claridad que salía por la puerta de un aposentillo, que por amanecer ya y estar la ventanilla dél entreabierta, entraba la primera luz de la clara aurora por ella. Entrose ciego de rabia en el dicho aposento y quiso la desgracia que era el en que dormía el triste Sancho, y como se había acostado cansado y tarde, habíase dormido medio cubierta la cabeza, junto a la cual se había dejado el grande guante que le había él mesmo encomendado, y era el gaje del desafío que el rey de Chipre, Tajayunque, había hecho con él la noche antes. Antojósele a don Quijote, en viendo el guante, que era el compañero del que él había dado en guarda a Sancho, y que el que dormía era el mismo gigante que, de cansado de escalar el castillo por la ventana, se había echado a reposar hasta hallar ocasión de poder ejecutar lo que pensaba, a su salvo, con muerte del mismo don Quijote. Con esta quimera, pues, le dio luego con el lanzón un terrible porrazo en las castillas, diciendo: "Así pagan los traidores y alevosos las traiciones que urden. Muere, vil Tajayunque, pues lo merece hacer quien, teniendo tales enemigos como tú en mí tienes, duerme descuidado." Despertó Sancho a las voces y golpe, medio aturdido, y apenas se sentó en la cama para levantarse y ver quién le daba tan buenos días, cuando ya don Quijote, que había arrojado el lanzón, le dio una grande puñada en los hocicos, diciendo: "No hay que levantarse, traidor, que aquí morirás." Empezó Sancho a vocear, saltando de la cama lo mejor que pudo, y saliendo a la sala decía: "¿Qué hace, señor? Que ni yo he escalado el castillo ni soy sino su escudero Sancho." "No eres sino Bramidan, traidor—dijo don Quijote—, que bien se echa de ver en el guante con que te he hallado, compañero del que ayer me arrojaste cuando aplazaste el desafío." Estaban los dos en camisa, porque don Quijote, con la imaginación vehemente con que se levantó, no se puso más de celada, peto y espaldar, como queda dicho, olvidándose de las partes que por mil razones piden mayor cuidado de guardarse. Sancho también salió en camisa, y no tan entera como lo era su madre el día que nació; la sala estaba algo escura, y como con esto y con la cólera no acabase don Quijote de conocer a Sancho, más porfiaba en que le había de matar, y estaba tan terco en esto cuanto Sancho le estaba en invocar santos en su ayuda, en vocear y pedir socorro. Alborotose la casa a las voces de ambos, que eran tantas, que bien se podía llamar casa de locos, pues lo eran los principales que la regocijaban, y saliendo de sus aposentos en camisa algunos criados para apaciguar la cuestión y ver quién la movía, fue su salida echar leña al fuego, porque en viéndolos don Quijote a todos de una librea, antojósele que eran gigantes de nuevo venidos allí por arte de encantamiento para ayudar al encantado Bramidan; y con esta quimera empezó a jugar del lanzón por todas partes, con tanto desatino, que aquí derribaba al uno, acullá descalabraba al otro, y todo tan a su salvo, por haber salido sin ningunas armas, que era un juicio oír los gritos y maldiciones de los heridos; y lo peor fue que para asegurarse de ellos cerró tras sí el aposento de Sancho y se puso con un lanzón en la puerta de los criados diciendo: "Veamos si todos juntos, ¡oh viles malandrines!, me ganaréis la famosa puerta de este inexpugnable baluarte." Levantaba Sancho las voces al cielo llamando a don Álvaro, el cual, sospechando todo lo que podía ser, abriendo las ventanas de su aposento y tomando la espada en la mano, vestido de una ropa larga de damasco, salió con chinelas a la sala, y pasmado de las figuras que vio y del miedo y llanto de tres o cuatro pajes suyos, y de ver que don Quijote estaba echando bravatas con el guante en la mano, se puso para apaciguar aquella tragedia al lado de Sancho, diciendo: "Ea, señor don Quijote, mueran los bellacos, que aquí estamos Sancho y yo prestos para dar la vida en servicio de vuesa merced y en defensa de su honra y en venganza de sus agravios; pero para que lo podamos hacer todo como deseamos, refiéranos vuesa merced luego los que ha recebido y de qué gente, que por vida de cuanto puedo jurar, juro de tomar venganza ejemplar de sus contrarios al punto." "¿Quiénes han de ser los míos— dijo don Quijote—, sino los descomunales jayanes, insolentes gigantes, que tienen por oficio ir por el mundo haciendo tuertos, forjando desaguisados, agraviando princesas, ofendiendo dueñas de honor y, finalmente, trazando otras traiciones iguales a la que contra mi persona y valor había trazado esta noche el insolente Bramidan de Tajayunque, que, por arte de encantamiento, acompañado desos malandrines que vuesa merced ahí ve, había escalado este fuerte castillo para darme muerte a traición, medroso de la que tenía por cierto le daría yo esta tarde en la plaza del Pilar si conmigo salía en la aplazada batalla? Pero no se le han logrado sus intentos, que por secreto aviso del sabio Lirgando, en cuyo castillo estuve en Ateca y por cuyas manos recebí la salud y fuerzas que las del furioso Orlando con mil desaforadas feridas me había quitado, he sabido que había escalado esta fortaleza para cogerme a su salvo y descuidado; pero estándolo él, mi buena diligencia le ha cogido con el hurto en las manos y con este guante, adorno de las suyas y compañero del que tiene Sancho, y por ello las mías se han dado la debida priesa y diligencia en acabar con él; e hiciéralo presto si vuesa merced no saliera a enfrenar mi furia en compañía de Sancho; pero debo al uno por mercedes recibidas y al otro por fidelísimos servicios, toda buena correspondencia y paga." "¡A fe que me la dio—dijo Sancho—bonísima! Tal se la dé Dios a vuesa merced y a sus huesos. ¿Que le deben los míos, señor, para molérmelos a palos al amanecer? Que ni yo soy Bramidan ni Parteyunques; bramidos sí que los dan todos mis miembros al cielo, cansados de verse molidos, ya en castillos, ya por caminos y ya en melonares." "Ésa es mi queja—dijo don Quijote—, hijo Sancho. ¿Que es posible que a ti te ha ahora aporreado el desaforado Bramidan? ¡Oh perro, vil, soez y de ruin ralea, que en mi fidelísimo escudero has puesto las manos! Por todos los doce signos del Zodíaco te juro que me lo has de pagar al momento." Iba en esto a segundar los palos en los pajes con una furia infernal; pero bajándose por la escalera ellos y deteniéndole don Álvaro a él, hubo de dar los golpes en vacío; y así, con esto y con la impaciencia de Sancho, que se daba a treinta mil diablos de ver que su amo, después de haberle muy bien aporreado, echaba la culpa a Bramidan, vino a decir a don Álvaro con mucha humildad don Quijote: "En trance tan preciso, negocio tan arduo, peligro tan grave y suceso tan extraño, deme vuesa merced el consejo que le pareciere será bien siga, que no saldré dél un punto." "Más despacio—dijo don Álvaro—se ha de hacer la consulta de tan inaudito caso; y así, hasta el debido tiempo y hasta saber con resolución deste mal gigante y la que ha tomado acerca de si saldrá o no a la plaza, me parece debe vuesa merced recogerse en su aposento, sin mostrarse en público para más asegurarle, que en lo demás yo haré los oficios que debo en buscarle y espiarle, y lo mismo hará Sancho por su parte, que harto por contento se debe vuesa merced tener por ahora de haberle ahuyentado y obligado a que se dejase en su poder ese guante, que será perpetuo testigo, así de su cobardía como del valor dese brazo." Pareciole bien a don Quijote el consejo y, sin más replicar, se entró en su aposento, adonde volviéndose a desarmar, se

acostó muy satisfecho de la victoria alcanzada. Cerrole la puerta don
Álvaro para más asegurarle, y estándolo de que no podía salir, llamó a los
pajes, que estaban no poco desatinados de la pesada burla y consolándolos
lo mejor que pudo, con representación de que no había que hacer caso ni
que quejarse de cosas de un loco, sino guardarse dél y dellas, les mandó se
vistiesen para acompañarle fuera de casa los que estaban menos
descalabrados, para poderlo hacer. Entrose, hecho esto, en un aposento a
vestirse y mandó a Sancho trújese en él su ropa, de aquel en que había
dormido, porque quería le hiciese compañía y le entretuviese en él
mientras se vestía, pues podría hacer él allí lo propio; pero estaba Sancho
tan medroso que le dijo: "Vuesa merced perdone: que por las encías,
barbas y huesos de mi rucio le juro de no entrar más en ese aposento ni
tomar la ropa que tengo en él en todos los días de mi vida, aunque sepa
andarme en cueros, que más valía nuestro padre Adán y lo andaba.
¡Cuerpo de mi sayo! Habiéndome sucedido dentro lo que me ha sucedido,
¿quiere vuesa merced que en entrando vuelva otra vez mi amo hecho un
Roldán y me acabe de moler por el lado derecho, como ha hecho por el
izquierdo, para igualar la sangre, pensando que otra vez ha vuelto a
revestirse en mí Parteyunques? Bonita ha sido la burla; yo se la daré a
vuesa merced de cuatro la una, que se ponga en mi lugar en mi cama y
sufra de mi amo lo que yo he sufrido; harto hago en no salirme luego de
casa y dejarle; pero no quiero perder lo que tengo ganado por mi buena
lanza (o por la mala de mi amo, que mala se la dé Dios), que es el
gobierno de la primera península que conquistará, que tantos días ha me
ha ofrecido." Riose don Álvaro infinito de su simplicidad y miedo, y
entrando él mismo en el aposento le arrojó fuera la ropa, la cual,
tomándola Sancho bajo el sobaco, se entró con don Álvaro en su aposento,
siguiéndole y vistiéndose dentro con la misma sorna que lo iba haciendo
don Álvaro; pero iba diciendo tantas simplicidades todo el dicho tiempo,
que aunque duró más de hora y media el detenerse ambos dentro, se le
hizo un instante a don Álvaro. Apenas se había acabado de vestir y salir
del aposento para tratar de hacerlo de casa, con fin de ir a la de don Carlos
a darle cuenta de la sucedida aventura y a reír della con él, tomando
ocasión para nuevos entretenimientos del desvanecimiento de don Quijote,
en materia de tener ojeriza con Bramidan, cuando vio subir por la escalera
de su casa al secretario de don Carlos, autor de la burla primera, que venía
de parte de su amo, bien ajeno desta, a tratar con él de una ida que a la
corte se le ofrecía de repente, para concluir el casamiento de su hermana
con un titular de la Cámara, deudo suyo, por cartas que para emprenderla
acababa de recebir con un proprio. Holgose don Álvaro con la nueva por
ser de tanto gusto para su amigo, y también porque se le ofrecia la mejor
compañía que podía desear para su vuelta hasta la corte, que pensaba

hacer luego; y después de haber hablado en este negocio y de cosas concernientes a él, le dijo: "El mayor inconveniente que hallo para efectuar mi partida, es el no saber cómo desembarazarme de don Quijote; porque es imposible yendo con él ir con la diligencia necesaria, pues a cada paso se le ofrecerán aventuras y historias que habrán menester muchos días para reirlas y apaciguarlas, como la que ahora se le acaba de ofrecer, la más donosa del mundo, con que me ha dado tanto que reír a mí como a otros que llorar"—y contándosela muy por extenso, se hizo cruces el secretario del disparate, y eso mismo le dio pie para decirle: "Antes es de importancia que demos orden, si a vuesa merced le parece, que pieza tan singular y que es tan de rey, entre por nuestra industria en la corte para regocijarla; y eso habemos de procurar todos." "No holgaría yo poco— dijo don Álvaro—de que él allá llegase, como fuese yendo por diferente camino, y no con nosotros, sino de suerte que hiciese el viaje a su modo con Sancho, de manera que cuando llegásemos allá, o dentro de breves días, topásemos con él para darle a conocer." "Traza se me ofrece a mí luego—dijo el secretario—, para hacer se haga todo muy a nuestro gusto, y más ahora que él está con la quimera de que Bramidan se le ha escapado de miedo por los pies; y para efetuarla, déjeme vuesa merced disfrazar y poner en traje de negro; que con él entraré delante de todos los de casa a darle un recado, como criado del mismo Bramidan, desafiándole con él de su parte, para que dentro de cuarenta días, so pena de cobarde, se presente en la corte a ejecutar en ella la batalla y desafío aplazado, atento que no tiene para él por seguro este lugar, donde tiene tantos amigos, padrinos y aficionados." Pareció tan aguda la invención a don Álvaro, que alabando por ella al secretario, le rogó se entrase luego en su aposento para hacer el disfraz de la suerte que mejor le pareciese. Hízolo así en un instante, porque halló muy a mano en él cuanto podía desear para el efeto. Disfrazado, pues, y salido a la sala, llamó don Álvaro a todos sus criados, con uno de los cuales envió a sacar de la cocina también a Sancho, que ya estaba en ella dando buenos días a sus tripas con lo que le había ofrecido el cocinero cojo, compadecido en parte de la lástima con que le había contado los palos que su amo le había dado porque por ilusión del demonio le había topado en su cama en figura de Bramidan; y subido él y puesto al lado dellos, que no sabiendo el misterio, estaban pasmados de ver aquel hombre vestido con una ropa de terciopelo negro y debajo della una calza de color de obra, con bonete muy aderezado de camafeos y plumas, cargado el cuello de cadenas y joyas, con dorados tiros y espada, grande cuello, y el rostro tiznado todo, y lo mesmo las manos, llenos sus dedos de sortijas y anillos, y estaba en fin tal, que parecía un rey negro de los que pintan en los retablos de la Adoración, dijo don Álvaro: "Ahora que hay testigos, y tan abonados, podréis, noble mensajero, decir quién sois y lo que queréis." "Al invicto príncipe manchego don Quijote—replicó el secretario—, busco, a quien traigo una importante embajada, y sé que posa en este gran palacio." "Sí posa—añadió don Álvaro—, y en este cuarto le podréis hablar." Y abriendo luego la puerta del aposento de don Quijote, le entró en él con todos los demás, diciendo: "Aquí tiene vuesa merced, señor don Quijote, un embajador de no sé qué príncipe." Y dicho esto, levantó don Quijote la cabeza, y visto el negro, le preguntó qué embajada tenía y de parte de quién, diciendo todo esto con voz desentonada. El secretario respondió: "¿Eres tú por ventura el Caballero Desamorado?" "Ése soy yo—replicó don Quijote—; ¿qué es lo que quieres?" "Caballero Desamorado—dijo luego con grande boato el secretario—, Bramidan de Tajayunque, rey potentísimo de Chipre y señor mío, me envía a ti, príncipe, para que te haga saber cómo se le ha ofrecido cierta aventura de ayer acá en la corte del rey de España, a la cual no puede dejar de acudir luego; y en parte huelga dello, por sacarte para el desafío en la plaza mayor de Europa, y don le tengas menos padrinos que tendrías en la desta ciudad: para aquélla, pues, te desafía y reta, con plazo de que hayas de comparecer en ella armado de todas armas dentro de cuarenta días; que allí quiere probar si todas las cosas que el mundo publica y dice de ti son verdaderas, pues confirmará tu opinión el ánimo que mostrares en no faltar a tan preciosa obligación y justo reto: donde no, irá por todos los reinos y provincias del orbe publicando tu cobardía y la poca opinión que mereces por eso: ocasión se te ofrece de aumentarla, lo que no creo que hagas, peleando con un príncipe de las fuerzas que tiene mi rey, y en puesto en que, saliendo con vitoria, serán la nobleza de España testigos de cómo quedas por legítimo rey y señor por la fuerza de tu invencible espada, del ilustre y ameno reino de Chipre, en el cual podrás hacer gobernador de Famagusta o Belgrado, que son las dos principales ciudades suyas, a un fiel escudero que me dicen tienes, llamado Sancho Panza, proprio por su buen natural y escuderil vigilancia, para regirlas, pues en ellas se crían los fértiles árboles que producen las sabrosas albondiguillas y dulces pellas de manjar blanco." Sancho, que había estado escuchando al mensajero, haciéndosele la boca agua de oír nombrar albondiguillas y manjar blanco, le dijo: "Dígame, señor negro (¡así tales pascuas le dé Dios como él tiene la cara!), esas dos benditas ciudades de Buen grado y Fambre ajusta ¿están pasado más allá de Sevilla y Barcelona, o desta otra parte hacia Roma y Constantinopla? que daría un ojo de la cara porque nos partiésemos luego para ellas." "¿Por ventura—dijo el secretario—, sois vos el escudero del Caballero Desamorado?" Él entonces, poniéndose muy derecho, haciendo piernas y aderezándose los bigotes, le dijo con voz arrogante, soñándose ya por gobernador de Chipre: "Soberbio y descomunal escudero, yo soy ese por quien preguntas, como se echa de ver en mi filosomococía." Aquí se le agotó a don Álvaro todo el sufrimiento de disimulación que había tenido, y hubo de volver el rostro diciendo: "¡Oh mi don Carlos, y qué paso te pierdes!" Disimuló cuanto pudo con todo eso la risa, y prosiguió el secreto diciendo: "Respóndeme con brevedad, Caballero Desamorado, porque tengo de alcanzar al gigante mi señor, que va ya camino de Madrid con mucha prisa." "Tal se la han dado mis manos—dijo don Quijote—, para no ir por la posta; pero decidle que vaya seguro de que acudiré dentro del aplazado tiempo; que las mismas manos y bríos me terné allí que he tenido aquí esta madrugada; pero bien hace de dilatar la batalla cuarenta días, para tener siquiera esos de vida quien la ha tenido tan jugada poco ha. Id con esto en paz, y agradeced sois mensajero, y por serlo tenéis salvoconducto, según buenas leyes, en todas las naciones, por más contrarias que sean; que si no, sobre mí que pagárades la traición de vuestro amo y el mal tratamiento que ha hecho a mi fiel escudero cogiéndole durmiendo." El secretario se despidió medio riendo, y a la que llegaba a la puerta del aposento, le llamó Sancho, diciendo: "¡Ah, señor negro!, por los palos que dice mi amo que el suyo me dio, lo cual no creo, que me diga si el gobernador de esas ciudades, qué tengo de ser yo, es señor disoluto de todas esas albondiguillas que dice." "Sí, hermano"—respondió el secretario. "Pues andad con Dios—dijo Sancho—; que presto iremos allá mi señor y yo con Mari-Gutiérrez, que es mi mujer, como saben Dios y todo el mundo." "Bien podéis —dijo el secretario—; que también ha de gobernar con el que rige la tierra la mujer suya a las mujeres de Chipre." "Par diez—dijo Sancho—, mi mujer no sabrá gobernar más que mi rucio; y más, que si yo me empiezo a entretener entre aquellas albondiguillas, no se me acordará más de la gobernaduría, que si no naciera para ello." Fuese el secretario, y volviéndose al aposento de don Álvaro, se desnudó y lavó, y volvió a vestir sus vestidos sin que los criados lo echasen de ver; porque de industria su amo los había entretenido con Sancho y don Quijote, hablando de la embajada y haciendo mil disparatados discursos y trazas sobre ella, hasta que le pareció habría tenido tiempo el secretario de hacer lo que habemos dicho hizo, y de volverse a su casa a dar cuenta de todo a don Carlos, como realmente lo había ya hecho. Desde este día siempre daba Sancho prisa a su amo que fuesen a Chipre, y cada mañana se levantaba con esta oración, hasta que le dijo don Quijote que no podía ir allá sin matar primero en pública batalla, en la plaza de Madrid, al gran Tajayunque, rey de aquel reino. Don Álvaro se fue a ver con don Carlos, y a tratar así de la partida como de los dislates de don Quijote, y de la determinación con que quedaba por la embajada del negro, escudero de Tajayunque; y concertados de que se partirían ambos con los demás caballeros granadinos amigos suyos dentro de dos días, se volvió a casa a dar calor a la partida de don Quijote, para desembarazarse dél. Llegó de vuelta a casa y habló en ella a don Quijote, y aprestaron su viaje con tanta diligencia, que poca necesidad tuvo de valerse de la suya don Álvaro para despedirle; porque en viéndole, le dijo don Quijote: "No permite mi reputación, señor don Álvaro, que me detenga más de un día en esta ciudad; sino que me es forzoso salir luego della, y ir a los alcances de mi soberbio contrario: vuesa merced me tenga por excusado, si con tan pocos cumplimientos agradezco las mercedes recebidas; pero viva seguro de que por ellas tendrá en mí un alquitrán de sus enemigos, un rayo de sus émulos, y mil Hércules, Héctores y Aquiles en este brazo invencible, para castigar las injurias que sólo con el pensamiento le hicieren los que mal le procuraren, aunque sean los mesmos gigantes que fundaron la torre de Babilonia, si de nuevo volviesen a resucitar sólo para ello." Y volviéndose a Sancho, le dijo: "Ea, Sancho, ensilla presto a *Rocinante,* pues te va tanto a ti en la brevedad del negocio como a mí, por la feliz gobernación que esperas." "Sí espero—dijo Sancho—; pero también nos espera abajo una muy buena comida, y no es razón perderla, ni hacer agravio de no comerla al cocinero cojo, mi grande amigo, que por mi respeto me dijo denantes la ha aderezado con la mayor elegancia y policía que pueden imaginar cuantas imágenes hay en las boticas y tiendas de todos los pintores del nuevo mundo; y a fe que por ello le he ya ofrecido llevar a Chipre, y helle allá rey de los cocineros y adelantado de las cazuelas, pues es más sabio en cosas de platos, que lo fue Platón o Plutón, o como diablos le llaman los boticarios." Alabó mucho don Álvaro el parecer de Sancho, y así, mandó poner las mesas por su voto; que si aguardaran el de don Quijote en esta parte, jamás se tratara de comer. Hiriéronlo todos juntos con gusto luego, dándoles una buena comida el cocinero, que estaba prevenido de que lo hiciese, porque aguardaba don Álvaro nuevos convidados, y de consideración, si bien después se le quedó con ellos, don Carlos cuando fue a visitarle, porque ya los halló con él tratando de su partida, cuya nueva se iba publicando. Acabado de comer, ensilló Sancho a *Rocinante* y armó a su amo, el cual subiendo con lanza y adarga luego a caballo, se salió de casa con una presteza increíble, despedido de don Álvaro con esperanzas de verle en la corte, adonde le había ofrecido acudir para apadrinarle sin falta en el desafío. Enalbardó también Sancho a su jumento, y echando en sus alforjas, por mandado de don Álvaro, los relieves de pan y carne que de la mesa habían sobrado, que no eran pocos, envueltos en una toalla, se despidió con mil aleluyas, disparates y promesas de su gobernación de Chipre, de amo y criados, y tras esto cargó al rucio de las alforjas y maleta y de sus repolludos cuartos, arreándole a prisa para ir, como él decía, en busca de su señor don Quijote y en alcance del soberbio Bramidan.

CAPÍTULO XIV

DE LA REPENTINA PENDENCIA QUE TUVO SANCHO PANZA CON UN SOLDADO QUE, DE VUELTA DE FLANDES, IBA DESTROZADO A CASTILLA EN COMPAÑÍA DE UN POBRE ERMITAÑO

No pudo Sancho alcanzar a su amo, por mucha diligencia que se dio para hacello, hasta a la salida de la ciudad, donde le halló parado frontero a la Aljafería, que, de corrido de la grita de los muchachos que llevaba tras sí, no se atrevió irle aguardando; pero hízolo en dicho puesto, seguro dellos, con la compañía de un pobre soldado y venerable ermitaño, que iban a Castilla y Dios le deparó, con quienes le halló hablando. Iban ambos a pie, y empezaron a caminar viendo lo que hacía don Quijote luego que llegó Sancho, el cual se maravilló de verle platicar con mucha atención con el soldado, preguntándole de dónde venía, coligiéndolo de que oyó decir al soldado venía de servir a su majestad en los estados de Flandes, donde le había sucedido cierta desgracia, la cual le forzó a salir del campo sin licencia, y que en los confines de los estados y del reino de Francia le habían desvalijado ciertos fragutes, y quitado los papeles y dineros que traía. "¿Cuántos eran ellos?"—dijo don Quijote—. "Cuatro— respondió él—, y con bocas de fuego." Salió Sancho, oyendo la respuesta, diciendo: "¡Oh hi de puta, traidores!, ¿y bocas de fuego traían? Yo apostaré que eran fantasmas del otro mundo, si ya no eran ánimas del purgatorio, pues que decís que echaban fuego por las bocas." Volvió el soldado a mirar a Sancho, y como le vio con las barbas espesas, cara de bobo, y rellanado en su jumento, pensando que era algún labrador zafio de las aldeas vecinas, y no criado de don Quijote, le dijo: "¿Quién le mete al muy villano en echar su cucharada donde no le va ni le viene? Yo le voto a tal que le dé, si meto mano, más espaldarazos que cerdas de puerco espín tiene en la barba; que no debe de saber tengo yo más villanos como él apaleados, que he bebido tragos de agua desde que nací." Sancho, que oyó lo que el soldado había dicho, dando muchos palos a su asno, arremetió para él con intento de atropellarle, diciendo: "Vos sois el puerco espín y medio celemín, y el tragador de puercos espines y medios celemines." El soldado, que no sabía de burlas, metió mano, y sin que el ermitaño ni don Quijote lo pudiesen estorbar, le dio media docena de espaldarazos, y asiéndole de un pie, le echó del asno abajo; y prosiguiera en darle de coces si don Quijote no se pusiera en medio; el cual, dando con el cuento del lanzón al soldado en los pechos, le dijo: "Teneos, mucho enhoramala para vos, y tened respeto siquiera a que estoy yo presente, y que este mozo es mi criado." El soldado, reportándose, dijo: "Perdone vuesa merced, señor caballero; que no entendí que este labrador era cosa suya." Ya se había Sancho levantado en esto, y con un gentil guijarro que había cogido del suelo comenzó a decir a grandes voces: "Quítese, mi señor don Quijote, de delante y apártese, dejándome solo con él; que yo le haré, de la primer pedrada, que se acuerde de la grandísima puta que le parió." El ermitaño se asió dél, y no podía detenerle, según estaba de colérico. Mas ya que reportó su furia un poco, dijo: "¡Cuerpo de mi sayo, señor don Quijote!, ¿yo no le dejo a vuesa merced en sus aventuras, sin hacerle ningún estorbo? Pues ¿por qué, siendo así, no me deja a mí también con las que Dios me depara? ¿Cómo quiere que aprenda yo a vencer los gigantes? Y aunque este picaro no lo es, bien sabe vuesa merced que en la barba del ruin se enseña el barbero." El ermitaño dijo: "Hermano, no haya más, por caridad; soltad la piedra." Sancho respondió que no quería si primero aquel jayán no se daba por vencido. Llegó al soldado el ermitaño, diciendo: "Señor soldado, este labrador es medio tonto, como ha podido colegir de sus razones: no haya más, por amor de Dios." "Digo, señor— dijo el soldado—, que yo quiero ser su amigo, por mandarlo su reverencia y este señor caballero." Llegáronse todos a Sancho, y dijo el ermitaño: "Ya este soldado se da por vencido, como vuesa merced quiere; sólo falta sean amigos, y que le dé la mano." "Quiero, pues, antes, y es mi voluntad— respondió Sancho—, ¡oh soberbio y descomunal gigante, o soldado, o lo que diablos fueres!, ya que te me has dado por vencido, que vayas a mi lugar y te presentes delante de mi noble mujer y fermosa señora, Mari-Gutiérrez, gobernadora que ha de ser de Chipre y de todas sus alhondiguillas, a quien ya sin duda debes de conocer por su fama; y puesto de rodillas delante della, le digas de mi parte cómo yo te vencí en batalla campal; y si tienes por ahí a mano o en la faltriquera alguna gruesa cadena de hierro, póntela al cuello para que parezcas a Ginesillo de Pasamonte y a los demás galeotes que envió mi señor Desamorado, cuando Dios quiso que fuese el de la Triste Figura, a Dulcinea del Toboso, llamada por su propio nombre Aldonza Lorenzo, fija de Aldonza Nogales y de Lorenzo Corchuelo—y volviose, dicho esto, a don Quijote, diciendo—: ¿Qué le parece, señor don Quijote, a vuesa merced? ¿Hanse de hacer desta manera las aventuras? ¿Parécele que les voy dando en el hito?" "Paréceme, Sancho—dijo don Quijote—, que el que se llega a los buenos ha de ser uno dellos, y quien anda entre leones a bramar se enseña." "Eso, sí—dijo Sancho—; pero no a rebuznar quien va entre asnos; que de otra suerte, días ha que podría ser yo maese de capilla de semejantes monacillos, según ha tiempo que ando con ellos; pero he aquí la mano con el diablo: tómela con mucha alegría y vanagloria, señor soldado, y seamos amigos *usque ad mortuorum;* y en lo de la ida al Toboso a verse con mi mujer, yo le doy licencia para que lo deje por ahora." Y abrazándole, sacó de las alforjas un pedazo de carnero fiambre de los relieves que traía en ellas, y se le dio; y el soldado, con un zoquete de pan que tenía guardado en la faltriquera, refociló su debilitado estómago. Subió luego Sancho en su rucio, y comenzaron a caminar todos poco a poco; y don Quijote dijo a Sancho: "Reflexión he estado haciendo, hijo Sancho, de lo que acabo de ver has hecho agora; y dello colijo que con pocas aventuras destas te podrás graduar meritísimamente de caballero andante." "¡Oh cuerpo de Aristoles!—dijo Sancho—, júrole por el orden de escudero andante que recebí el día que mantearon mis güesos a vista de todo el cielo y de la honestísima Maritornes, que si vuesa merced me diese cada día dos o tres docenas de liciones en ayunas, que está el ingenio más quillotrado, de lo que tengo de her, que me obligase dentro de veinte años a salir tan buen caballero andante como le haya de Zocodover al Alcana de la imperial ciudad de Toledo." El soldado y ermitaño comenzaron a ir conociendo el humor de los compañeros con quien iban. Pero al fin don Quijote los convidó a cenar aquella noche y otras dos que anduvieron juntos y poco a poco, hasta tanto que cerca de Ateca les dijo a boca de noche: "Señores, yo y Sancho, mi fiel escudero, tenemos de ir forzosamente esta noche a alojar en casa de un amigo clérigo: vuesas mercedes se vengan con nosotros; que él es hombre de tan buenas entrañas y tan cumplido, que a todos nos hará merced de recebir y dar posada." Como iban los dos tan flacos de bolsa, acetaron fácilmente el envite; y así se fueron juntos para el lugar, y don Quijote preguntó, antes de llegar a él, al ermitaño cómo se llamaba; el cual le respondió que su nombre era fray Esteban, y que era natural de la ciudad de Cuenca, y por habérsele ofrecido cierto negocio, había ido forzosamente a Roma; que ya se volvía a su tierra, donde sería bien recebido, y podría ser ocasión en que le pagase en ella la merced que le hacía en este camino. El soldado le dijo luego, preguntado también de su nombre, que se llamaba Antonio de Bracamonte, natural de la ciudad de Ávila y de gente ilustre della. Tras lo cual llegaron juntos al lugar y fuéronse derechamente en casa de Mosén Valentín; y llegando a su puerta, se apeó Sancho de su asno, y entrando en el zaguán, comenzó a dar voces, diciendo: "¡Ah señor Mosén como se llama!, aquí están sus antiguos huéspedes, que vuelven a herle toda merced y honra, como se lo rogó hiciesen cuando íbamos a las justas reales de Zaragoza." Salió la ama a las voces con un candil en la mano, y como conoció a Sancho, entró corriendo a su amo, diciéndole: "Salga, señor; que aquí está nuestro amigo Sancho Panza." Salió el clérigo con una vela en la mano; y como vio a don Quijote y a Sancho, que ya estaban apeados, diola a la ama, y fuese para don Quijote, y abrazándole, le dijo: "Bien sea venido el espejo de la

caballería andantesca con el bueno y fiel escudero suyo Sancho Panza."
Don Quijote le abrazó también, diciendo: "A mí me pareció, señor
licenciado, que fuera cometer un grave delito, si pasando por este lugar, no
viniera a posar y recebir merced en su casa con estos reverendo y señor
soldado, que conmigo vienen haciéndome bonísima compañía." A lo cual
respondió Mosén Valentín, diciendo: "Aunque yo no conozca a estos
señores sino para servilles basta venir con vuesa merced para que les haga
el servicio que pudiere." Y volviéndose a Sancho; le dijo: "Pues, Sancho,
¿cómo va?" "Bien a su servicio—respondio Sancho—. Pero la mula
castaña de su merced ¿está buena?, que me dijeron personas de mucho
crédito en Zaragoza, que había estado malísima de ciática y pasacólica, de
una gran cólera que había tomado con el macho del médico, y que a causa
deso no podía atravesar bocado de pan." Mosén Valentín se rió mucho y le
respondió: "Ya le pasó esa indisposición y enojo, y está ahora bonísima y
a vuestro servicio, besándoos las manos por el cuidado." Y tras esto dijo a
los huéspedes: "Entren todos vuesas mercedes en mi aposento, y
aderezarse ha, mientras reposan en él, de cenar." Entraron todos; y el buen
Mosén Valentín hizo aderezar una muy buena cena, regalando a don
Quijote y a los huéspedes con mucho amor y voluntad. Servía Sancho a la
mesa, sin desembarazar jamás el pajar, porque siempre traía la boca llena;
al cual dijo Mosén Valentín: "¿Qué es de aquella joya, hermano Sancho,
que me prometistes traer de las justas de Zaragoza? ¡Así cumplen su
palabra los hombres de bien!" "Se lo prometo a vuesa merced—dijo
Sancho—, que si hubiéramos muerto aquel gigantazo del rey de Chipre,
Bramidan, que yo se la hubiera traído tal y tan buena como la hayan tenido
gigantes en este mundo; pero yo creo que antes de muchos días llegaremos
a Chipre, que ya no puede estar muy lejos; y en matándole, déjeme a mí el
cargo." "¿Qué gigante es ése—preguntó Mosén Valentín—, o qué Chipre?
¿Es por desgracia como la aventura del morisco melonero, que los días
pasados llamábades Vellido de Olfos?" Y tomando la mano don Quijote
para responderle, contó punto por punto lo que en Zaragoza les había
sucedido con el gigante en casa de don Carlos, juez de la sortija en que él
ganó en pública plaza unas agujetas ¡del cuero del ave fénix, y lo que
después a la madrugada le había sucedido con el mismo gigante Bramidan
en la posada de su amigo clon Álvaro Tarfe, la cual había escalado por
encantamiento para matarlos a todos dentro della a traición, y excusar así
el haber de salir al desafío que con él tenía aplazado para la tarde del
mismo día en la plaza del Pilar, de donde temía había de salir vencido;
pero saliolo, si no de la plaza dicha, a lo menos de la posada de don
Álvaro, en la cual le di mil lanzadas y palos." "A mis costillas las dio,
¡cuerpo non de mis zaragüelles!—dijo Sancho—, y muy buenos." "Ése
fue, Sancho, el gigante—replicó don Quijote—, que no pudiéndose volver

al asno, se volvió a la albarda." "Es verdad que al asno no pudo llegar, porque estaba en la caballeriza—añadió Sancho—; pero ¡pluguiera a Dios hubiera yo tenido encima la albarda cuando me dio los palos el gigante, vuesa merced, o la puta que los parió a ambos, como la tuve cuando venimos desde el melonar, bien aporreados, hasta esta misma casa santa y sacerdotal, huérfanos, yo de mi rucio, y vuesa merced de *Rocinante!*" Celebraron todos las verdaderas simplicidades de Sancho; y Mosén Valentín, como ya conocía el humor de don Quijote, cayó en cuanto podía ser, y dijo al ermitaño y soldado: "Que me maten, si algunos caballeros de buen gusto no han hecho, alguna invención de gigante para reír con don Quijote." Oyólo Sancho, que estaba tras su silla, y dijo: "No, señor, no crea tal; que yo mesmo le vi, por estos ojos que saqué del vientre de mi madre, entrar por la sala de don Carlos; y más, que le traen las armas cinco o seis docenas de bueyes en carros, y la adarga es una grandísima rueda de molino, según él mismo dijo; y es imposible mienta un tan gran personaje, de quien se lee en las mapamundis se come cada día seis o siete hanegas de cebada." Acabaron de conocer en esto el soldado y ermitaño que don Quijote era falto de juicio, y Sancho simple de su naturaleza; y viéndolos Mosén Valentín mirar con mucha atención a don Quijote, dijo al soldado le hiciese merced de decirle su patria y nombre, todo a fin de divertir las locuras y quimeras que temía de don Quijote, si continuaban en darle pie. El soldado, que tenía tanto de discreto y noble cuanto de plática militar, conoció luego el blanco a que tiraba con la pregunta su cortés huésped, y así dijo: "Yo soy, señor mío, de la ciudad de Ávila, conocida y famosa en España por los graves sujetos con que la ha honrado y honra en letras, virtud, nobleza y armas, pues en todo ha tenido ilustres hijos. Vengo ahora de Flandes, adonde me llevaron los honrados deseos que de mis padres heredé, con fin de no degenerar dellos, sino aumentar por mí lo que de valor y inclinación a la guerra me comunicaron con la primera leche; y aunque vuesa merced me ve desta manera roto, soy de los Bracamontes, linaje tan conocido en Ávila, que no hay alguno en ella que ignore haber emparentado con los mejores que la ilustran." "¿Hallose—dijo Mosén Valentín—vuesa merced acaso en Flandes cuando el sitio de Ostende?" "Desde el día en que se comenzó—dijo el soldado—hasta el en que se entregó el fuerte, me hallé, señor, allí; y aún tengo más de dos balazos, que podría mostrar, en los muslos, y este hombro medio tostado de una bomba de fuego que arrojó el enemigo sobre cuatro o seis animosos soldados españoles que intentábamos dar el primer asalto al muro, y no fue poca ventura no acabarnos." Mandó, acabada la cena, Mosén Valentín alzar la mesa; y tras esto, él y don Quijote, que comenzó a gustar de la miel de la batalla y asalto, cosas todas muy conformes a su humor, rogaron al soldado les contase algo de aquel tan porfiado sitio; el cual lo hizo así con mucha gracia; porque la tenía en el hablar, así latín como romance. Mandó antes de empezar tender sobre la mesa un ferreruelo negro, y que le trajesen un pedacito de yeso; y traído, les dibujó con él sobre la capa el sitio del fuerte de Ostende, distinguiendo con harta propriedad los puestos de sus torreones, plataformas, estradas encubiertas, diques y todo lo demás que le fortificaba, de suerte que fue el verlo de mucho gusto para Mosén Valentín, que era curioso: díjoles tras esto de memoria los nombres de los generales, maestres de campo y capitanes que sobre el sitio se hallaron, y el número y calidad de las personas que, así de parte del enemigo como de la nuestra allí murieron, que por no hacer a nuestro propósito no se dicen aquí; sólo referiremos lo que de Sancho Panza cuenta la historia en esta parte y es que, como hubiese escuchado con mucha atención lo que el soldado decía de Ostende, y como era tan fuerte y que nos había muerto tantos maestres de campo y un número infinito de soldados, y que costó el ganarle tanto derramamiento de sangre, salió tan a despropósito como solía diciendo: "¡Cuerpo de quien me hizo! ¿Y es imposible que no hubiese en todo Flandes algún caballero andante que a ese bellaconazo de Ostende le diera una lanzada por los ijares y le pasara de parte a parte para que otra vez no se atreviera a hacer tan grande carnicería de los nuestros?" Dieron todos una gran risada, y don Quijote le dijo: "¿Pues no ves, animalazo, que Ostende es una gran ciudad de Flandes puesta a la marina?" "Hablara yo para mañana—dijo Sancho—. Pardiez que pensé que era otro gigantazo como el rey de Chipre que vamos a buscar a la corte, donde le toparemos, si ya no es que de miedo nos huya por arte de encantamiento; que ya todas nuestras cosas ha días que van tan encantadas que temo que no se nos encante alguna vez el pan en las manos, la bebida en los labios y todas las bascosidades, cada una en el baúl en que la depositó Naturaleza." Mosén Valentín, interrumpiendo la plática, se levantó de la mesa por parecerle se hacía, tarde, y que si daba lugar a las preguntas y respuestas de amo y escudero habría para mil noches, y así, les dijo: "Señores, vuesas mercedes vienen cansados y paréceme será hora de reposar; el señor don Quijote ya de la otra vez sabe el aposento en que lo ha de hacer; este señor y el reverendo, pues son compañeros de camino, no se les hará mal de serlo esta noche de cama, pues la falta dellas me obliga a suplicárselo. Sancho, con esta candela vaya y desarme a su amo y después súbase a su camaranchón, y, finalmente, vámonos todos a dormir." Fuese Sancho alumbrando a su amo y el soldado y ermitaño siguieron a Mosén Valentín, que asiéndoles por la mano les paseó un breve rato por la sala, contándoles todo lo que la otra vez le había pasado con don Quijote, de que quedaron maravillados; pero no tanto cuanto lo quedaran a no haberle visto hacer de Zaragoza hasta allí por los caminos y en todas las posadas cosas que un insensato no las hiciera, poniéndoles con ellas y con sus desaforadas palabras en mil contingencias a cada paso. Con todo, quedaron de común acuerdo de procurar probar con todas sus fuerzas por la mañana si le podrían reducir a que dejase aquella vanidad y locura en que andaba, persuadiéndole con razones eficaces y cristianas lo que le convenía y dejarse de caminos y aventuras, y volverse a su tierra y casa sin querer morir como bestia en algún barranco, valle o campo, descalabrado o aporreado. Reposaron la noche con harta comodidad todos y, venida la mañana, apretaron el negocio de la reducción de don Quijote; pero todo fue trabajar en vano; antes, le dieron motivo sus amonestaciones a que se levantase más temprano (que en la cama le cogieron para con más quietud poderle hablar), y mandase, como mandó con mucho ahinco a Sancho, ensillase a *Rocinante,* queriéndose partir sin desayunarse; y viendo Mosén Valentín que era perder tiempo el darle consejo, hubo de callar; y dándoles de almorzar a todos dio a don Quijote ocasión de hacer lo que deseaba, que era salir de su casa, como lo hizo, con los demás, despedidos todos primero con mucho comedimiento del honrado clérigo y de su ama. Pusiéronse camino de Madrid; pero apenas hubieron andado tres leguas cuando comenzó a herir el sol, que entonces estaba en toda su fuerza, de manera que les dijo el ermitaño, como más cansado y más anciano: "Señores, pues el calor, como vuesas mercedes ven, es excesivo, y no nos faltan para hacer la concertada jornada más de dos pequeñas leguas, paréceme que lo que podríamos y aun deberíamos hacer es irnos a sestear hasta las tres o cuatro de la tarde allí donde se ven apartados del camino aquellos frescos sauces, que hay una hermosa fuente al pie dellos, si bien me acuerdo; que después, caído el sol, proseguiremos nuestro camino." A todos agradó el consejo, y así, guiaron hacia ellos los pasos y, cuando llegaron cerca de dichos árboles, vieron sentados a su sombra dos canónigos del sepulcro de Calatayud y un jurado de la misma ciudad, los cuales, por esperar como ellos a que pasase el calor del sol, se acababan de sentar allí. Llegaron todos, y el ermitaño, saludándoles muy cortésmente, les dijo: "Con licencia de vuesas mercedes, mis señores, yo y estos caballeros nos asentaremos en esta frescura a pasar en ella un rato la siesta, mientras la inclemencia del calor se modera." A lo cual respondieron ellos con muestras de gusto, que le tendrían grandísimo en gozar de tan buena compañía las cuatro o cinco horas que allí pensaban estar, y uno dellos, maravillado de ver aquel hombre armado de todas piezas, preguntó al ermitaño al oído qué cosa fuese, a lo cual respondió que no sabía otra cosa más que, cerca de Zaragoza, había topado con él y aquel labrador, su criado, hombre simplicísimo, y que, a lo que imaginaba, se había vuelto loco leyendo libros de caballerías, y con aquella locura, según estaba informado, había un año que andaba de aquella suerte por el mundo, teniéndose por uno de los caballeros andantes antiguos que en tales libros se leen; y que si quería gustar un poco dél, que le diese materia en asentándose allí y oiría maravillas. En esto llegaron a ellos don Quijote y Sancho, que habían estado quitando el freno a *Rocinante* y la albarda al rucio, y después de haberse saludado todos le dijo uno de aquellos canónigos que se quitase las armas, porque venía muy caluroso y allí estaba en parte segura, donde todos eran amigos. A lo cual respondió don Quijote le perdonase, que no se las podía quitar jamás si no era para acostarse, que a eso le obligaban las leyes de su profesión. En esto se asentó con gravedad, y ellos, que vieron su resolución, no quisieron porfiarle más, y así, después de haber tratado de lo que más le agradaba un rato, dijo don Quijote: "Paréceme, señores, ya que habemos de estar aquí cuatro o seis horas, que pasemos el tiempo de la siesta con el entretenimiento de algún buen cuento sobre la materia que mejor les pareciere a vuesas mercedes." Sentose en esto Sancho, diciendo: "Si no es más desto yo les contaré riquísimos cuentos, que a fe que los sé lindos, a pedir de boca. Escuchen, pues, que ya comienzo: Érase que se era, en buena hora sea, el mal que se vaya, el bien que se venga, a pesar de Menga. Érase un hongo y una honga que iban a buscar mar abajo reyes..." "Quítate allá, bestia—dijo don Quijote—; que aquí el señor Bracamonte nos hará merced de dar principio a los cuentos con alguno digno de su ingenio, de Flandes o de la parte que mejor le pareciere." El soldado replicó que no quería replicar ni excusarse, porque deseaba servirles y dar juntamente materia para que alguno de aquellos señores contase algo curioso, supliendo la falta que de serlo tenía el siguiente trágico suceso.

CAPÍTULO XV

EN QUE EL SOLDADO ANTONIO DE BRACAMONTE DA PRINCIPIO A SU CUENTO DEL RICO DESESPERADO

"En el ducado de Brabante, en Flandes, en una ciudad llamada Lovaina, principal universidad de aquellas provincias, había un caballero mancebo llamado monsieur de Japelin, de edad de veinticinco años, buen estudiante en ambos Derechos: civil y canónico, y dotado tan copiosamente de los bienes que llaman de fortuna que pocos había en la ciudad que se le pudiesen igualar en riqueza. Quedó el mancebo, por muerte de padre y madre, señor absoluto de toda ella, y así, con la libertad y regalo (alas que sacan a volar y precipitarse mocedades pródigas, con peligrosos pronósticos de infelices fines), comenzó a aflojar en el estudio y a andar envuelto en mil géneros de vicios con otros de su edad y partes, sin perder ocasión de convites y borracheras, que en aquella tierra se usan mucho. Sucedió, pues, andando en estos pasos que un domingo de Cuaresma dirigió acaso los suyos a oír un sermón en un templo de padres de Santo Domingo, por predicarle un religioso eminente en doctrina y espíritu, donde tocándole Dios al libre y descuidado oyente en el corazón con la fuerza y virtud de las palabras del predicador, salió de la iglesia trocado, de suerte que comenzó a tratar consigo proprio de dejar el mundo con toda su vanidad y pompa y entrarse en la insigne y grave religión de los predicadores. Encargó en este presupuesto toda su casa y hacienda a un pariente suyo para que se la administrase algunos días, en que pensaba hacer una precisa ausencia, con cargo de que le diese fiel cuenta della cuando se la pidiese. Trás esto se fue a Santo Domingo, y hablando con el religioso predicador le descubrió su pecho. En resolución, como era hombre de prendas singulares y conocido por ellas de todos, fue fácil darle luego el hábito, como en resolución se le dio en dicho convento. Vivió en él con mucho gusto y muestras de ejemplar religioso por espacio de diez meses; pero nuestro general adversario (que anda dando vueltas como león rabioso buscando a quién tragarse, como dice en no sé qué parte la Escritura), para daño de su conciencia, trajo a aquella universidad dos amigos suyos, que habían estado ausentes de Lovaina algunos meses, no poco viciosos y aun sospechosos de la fe, plaga que ha cundido no poco, por nuestros pecados, en aquellos Estados y en los circunvecinos suyos. Sabido por ellos cómo Japelin, su amigo, se había entrado religioso dominicano, lo sintieron en el alma y propusieron de ir al convento y persuadirle con las mayores veras que les fuese posible dejase el camino que había comenzado a seguir y volviese a sus estudios. Efectuáronlo de suerte que lo determinaron, y la mesma tarde del concierto fueron a verle; y, obtenida licencia para ello del prior (que por allá no se observa el rigor que en nuestra España en hacer guardar el debido recogimiento a los novicios el año de su noviciado), le abrazaron con mucho amor, y después de haber hablado mil cosas diferentes y de gusto, el que debía de ser más libre comenzó a decirle las siguientes razones: "Maravillado estoy, monsieur de Japelin, de ver que siendo vos tan prudente y discreto y un caballero en quien toda esta ciudad tiene puestos los ojos, hayáis dejado vuestros estudios, contra la esperanza que todos teníamos de veros antes de muchos años catedrático de prima y celebrado por vuestra rara habilidad, no sólo en Lovaina, sino en todas las universidades de Flandes, y aun en las de todo el mundo, porque vuestro divino entendimiento y feliz memoria, claros presagios daban de que habíades de alcanzar esto y todo lo demás a que aspirásedes; y lo que aumenta el espanto es ver hayáis querido, contra el gusto de toda esta ciudad y aun contra vuestra reputación y la de vuestros deudos, tomar el hábito de religioso, como si fuérades hombre a quien faltasen bienes de fortuna o fuérades persona simple y desemparentada y por eso, obligado a tomar semejante profesión de pobreza. ¿No sabéis, señor, que la cosa más preciosa que el hombre posee es la libertad, y que vale más, como dice el poeta, que todo el oro que la Arabia cría? ¿Pues por qué la queréis perder tan fácilmente y quedar sujeto y hecho esclavo de quien, siendo menos docto y principal que vos, os mandará mañana, como dicen, a zapatazos, y por cuyas manos habrán de llegar a las vuestras hasta las cartas y papeles que para consuelo vuestro os escribiéremos los amigos? Miradlo, señor, bien, y acordaos que vuestro padre, que buen siglo haya, no podía ver pintados los religiosos, y así, amigo del alma, os suplico, por la ley de la amistad que os debo, que volváis sobre vos y desistáis desta necedad o, por mejor decir, ceguera, y volváis a vuestra hacienda, que anda toda como Dios sabe, por faltarle vos. Volved a vuestros estudios, pues, si os pareciere, siendo vos, como sois, tan principal y rico, os podéis casar con una de las damas hermosas y de hacienda desta tierra, en el cual estado os podéis muy bien salvar y alegrar a vuestros parientes, los cuales están muy tristes por lo que habéis hecho, teniéndoos ya por muerto en vida. No os quiero, señor, decir más de que metáis la mano en vuestro pecho, que sé que con esto echaréis de ver que os digo la verdad y, como amigo, que desea en todo vuestro bien; y, pues, agora tenéis tiempo, que no hace más de diez meses, que entrastes aquí para enmendar el yerro empezado y dar contento a los que os amamos, dádnosle cumplido con vuestra salida, que os prometo a fe de quien soy que no os arrepintáis de haber tomado mi consejo, como dirá el tiempo." Estuvo el religioso mancebo callando a todo lo que el ministro del demonio le decía, y mirando al suelo con suma turbación y melancolía; y, en fin, como era flaco y estaba poco fundado en las cosas tocantes a la perfección y mortificación de sus apetitos, convenciéronle las razones frívolas y pestilenciales avisos que aquel falso amigo y verdadero enemigo de su bien le había dado, y así, le respondió diciendo: "Bien echo de ver, señor mío, que todo lo que me habéis dicho es mucha verdad, y estoy yo ya tan arrepentido de lo hecho ha más de ocho días, que si no fuera por el qué dirán y por mi propria reputación, me hubiese ya salido deste convento; pero, con todo eso, estoy determinado de seguir el consejo y parecer de quien tan sin pasión y con tan buenas entrañas me dice lo que me está bien. Yo, en suma, me resuelvo de pedir hoy por todo el día mis vestidos y volver a mi casa y hacienda, que ya tengo echado de ver lo que me importa, y con esto no hay sino que os vais y me aguardáis a cenar esta noche en vuestra posada, seguros de que no faltaré a la cena; pero tenedme secreta, os suplico, esta mi resolución." Con notable alegría, abrazándole, se despidieron todos de el, por la buena nueva, y el engañado mancebo se fue derecho a la celda del prior y le dijo le mandase volver luego sus vestidos de secular, porque le importaba a su reputación volver a su casa y hacienda, tras que no podía llevar los trabajos de la orden: de vestir lana, no comer carne, levantarse todas las noches a maitines y los demás que en ella se profesaban; demás desto le dijo, mintiendo, cómo había dado palabra de casamiento a una dama y que, forzosamente, se la había de cumplir, casándose con ella, a que le obligaba la conciencia y las recebidas prendas de su honra. Maravillose no poco el prior de oír lo que el novicio le decía y, lleno de suspensión, le respondió diciendo: "Espántome, monsieur de Japelin, de vuestra indiscreción y que tan poco os hayan aprovechado los ejercicios espirituales en que en diez meses de religioso habéis tratado, y los buenos consejos míos que, como padre, os he siempre dado. ¿No os acordáis, hijo, haberme oído decir muchas veces que mirásedes por vos, principalmente este año de noviciado, porque el demonio os había de hacer crudelísima guerra en él, procurando con todas sus astucias y fuerzas persuadiros, como ahora lo ha hecho, a que dejéis la religión, volviendo a las ollas de Egipto.; que eso es volver a la confusión del siglo, en que él sabe que con mejor facilidad os podrá engañar y hacer caer en graves pecados, a manos de los cuales perdáis, no sólo la vida del cuerpo, sino lo que peor es, la del alma? Acordaos también, hijo, que me habéis oído decir cómo hasta hoy ninguno dejó el hábito que una vez tomó de religioso que haya tenido buen fin; que justo juicio es de Dios que, quien siendo llamado por su divina vocación a su servicio, si después le deja de su voluntad en vida, que el mismo Dios le deja a él en muerte, siendo esto lo que le dijo a los tales por su Profeta: *Vocavi, et renuistis, ego quoque in interitu vestro ridebo.* Verdad es que he visto por mis ojos mil experiencias y plegue a Dios, como se lo ruego, no la haga su divina justicia en vuestra ingratitud y precipitada determinación; que lo temo por veros tan engañado del demonio; que las razones que vos me decís claramente descubren no ser forjadas en otra fragua sino en la infernal que él habita. Advertid que, si al principio halláis la dificultad que decís en la religión, no hay que maravillarse dello, pues, como dice el filósofo, todos los principios son dificultosos y más los que lo son de cosas arduas. Los hijos de Israel, después de haber pasado a pie enjuto el mar Bermejo, enviaron ciertas espías a reconocer la tierra de promisión para la cual caminaban, y volviendo ellas con un grandísimo racimo de uvas tan grande que menos que en un palo traído en hombros de dos valerosos soldados no le podían traer, dijeron: "Amigos, esta fruta lleva la tierra que vamos a conquistar; pero sabed que los hombres que la defienden son tan grandes como unos pinos." Conque dijeron que el principio de la conquista de aquella fertilísima tierra era dificultoso, siendo sus habitadores gigantes. Desa manera, hijo mío, os ha acontecido a vos, me parece, al principio de vuestra conversión, en la cual ha permitido Dios sintáis las presentes dificultades con que pretende probar vuestra perseverancia, a fin de obligaros a que acudáis a él solo a pedirle favor para salir con victoria, si bien veo os habéis dado por vencido de vuestros enemigos a los primeros encuentros, dejándoos atar por ellos las manos, sin haber acudido a quien las tiene liberadísimas y prontas para remediaros, de lo cual nace el venirme a pedir con tan ciega resolución vuestros vestidos. Por la pasión que Cristo padeció por vos, os ruego, amado Japelin, que hagáis una cosa por mí, y es que os reportéis por tres o cuatro días y en ellos hagáis oración a Dios, que yo, de mi parte, os prometo de hacer lo mesmo con todos los religiosos desta casa, y veréis cómo usa Su Majestad con vos de misericordia, haciéndoos salir victorioso desta infernal tentación." Todas estas razones que el santo prior dijo al inquieto novicio no fueron bastantes para apartarle de su propósito; antes al cabo dellas, le dijo: "No hay, padre mío, que dar ni tomar más sobre este negocio, que estoy resuelto en lo que tengo dicho y lo tengo muy bien mirado y tanteado todo." Él, en efeto, se salió aquella noche del convento y se fue derecho, como lo tenía concertado, a la posada de sus dos amigos, donde le esperaban a cenar; diéronle un bravo convite y brindáronse en él con mucho contento y abundancia los unos a los otros. Volvió tras esto Japelin a tomar posesión de su hacienda y comenzó a seguir de nuevo el humor de sus compañeros, andando de día y de noche con ellos, sin hacerse convite o fiesta en toda la ciudad donde los tres disolutos mancebos no se hallasen. Sucedió, pues, que un día se fue a hablar muy de pensado con un caballero algo pariente suyo, el cual tenía una sobrina en extremo hermosa, discreta y rica, y pidiósela por mujer, atento que ya antes que entrase a ser religioso le había hecho muchos días del galán con demostraciones de afición en un monasterio de religiosas, donde había estado encomendada. Viendo el caballero cuán bien le venía el casamiento a su sobrina, por ser Japelin en todo su igual, se la prometió con gusto suyo y della, a la cual su mismo tío aún no había un mes entero que también la había sacado del convento de religiosas en que, como queda dicho, había estado encomendada a una prima suya, perlada, sin haberle consentido que fuese monja en él, como sus padres habían deseado y procurado en vida, fin para el cual, desde niña, la habían hecho criar bajo de su clausura. Casáronse, en efeto, los dos recién salidos de sendos conventos, con grandes fiestas y universales regocijos, y estuvieron casados tres años, al cabo de los cuales concibió la dama, y viéndola su marido preñada, perdía el juicio de contento, sin haber regalo en el mundo que no fuese para su mujer, acariciándola y poniéndola sobre su cabeza con increíble desvelo y mil amorosas ternuras; pero sucedió que a los seis meses de su preñez, un tío deste caballero, que era gobernador en un lugar en los confines de Flandes, que se llama Cambray, murió, y sabido por el sobrino, partió para Bruselas, donde está la corte, y negoció sin mucha dificultad (representadas sus prendas y los buenos servicios de su tío) le diesen aquel gobierno, del cual fue a tomar posesión, con intento de volver después por toda su casa y hacienda. Antes de la partida se despidió de su mujer con harto sentimiento de entrambas partes, diciendo: "Señora mía, yo voy a dar asiento a las cosas de mi difunto tío, el gobernador, y a poner en cobro la hacienda que por su muerte heredo, cosa que, como sabéis, no la puedo excusar; de allí pienso llegarme a Bruselas a pretender sucederle en el cargo y a que me hagan sus altezas merced dél por los buenos servicios de mi tío, cosa que creo me será fácil de alcanzar. Lo que os suplico, es miréis por vos en esta ausencia y que, al punto que pariéredes, me aviséis para que me halle en el bautismo, que lo haré sin falta, y creo será de igual regocijo para mí vuestra vista que la del hijo o hija que pariéredes." Prometióselo ella, de quien despidiéndose con mil abrazos y amorosas lágrimas, se partió para Cambray, donde y en Bruselas negoció muy a su gusto lo que pretendía, como queda dicho, tardando en los negocios y en volver a su casa casi tres meses. Antes que lo hiciese le dieron a la señora los dolores del parto, la cual, luego que le sintió, despachó un correo a su marido, rogándole partiese, vista la presente, pues ya lo estaba el día de su parto. No tardó Japelin a ponerse a caballo y dar la vuelta para su casa más de lo que tardó en leer la deseada carta. A la que llegaba cerca de la ciudad de Lovaina encontró por el camino un soldado español, a quien preguntó, en emparejando con él, adonde caminaba; y, respondiéndole el soldado que iba a Amberes a holgarse con ciertos amigos que le habían enviado a llamar y que estaba de guarnición en el castillo de Cambray, le fue preguntando por el camino muchas cosas acerca de cómo lo pasaban los soldados en el castillo, a todo lo cual respondía el español con mucha discreción, porque era no poco práctico, aunque mozo. Ya que llegaban a las puertas de la ciudad le dijo Japelin: "Señor soldado, si vuesa merced esta noche no ha de pasar adelante, podrá, si gustare, venirse conmigo a mi casa, adonde se le dará alojamiento; y aunque no será conforme su valor merece, recibirá a lo menos el buen deseo deste su servidor, dueño de una razonable casa y del caudal que para sustentarla con el aderezo y fausto que vuesa merced verá en ella, es necesario; porque sepa soy muy aficionado a la nación española, y el ser della vuesa merced y sus prendas, me obligan a usar desta llaneza; reposará y, por la mañana, podrá emprender la jornada con más comodidad, habiendo precedido el descanso de una acomodada noche." El soldado le respondió que le agradecía la merced que le ofrecía no poco y que, por ella y la voluntad con que iba envuelta, le besaba las manos mil veces, y que le parecería pasar los límites de la cortesía que su nación profesaba el dejar de aceptar el ofrecimiento; conque se resolvió quedar esa noche en Lovaina, aunque por ello perdiera la comodidad de su jornada. Llegaron ambos yendo en estas pláticas a la deseada puerta de la casa de Japelin, de la cual salía acaso una criada que, viéndole, volvió corriendo, sin hablarle palabra, la escalera arriba, dando una mano con otra, con muestras de regocijo y diciendo turbada: "¡Monsieur de Japelin, monsieur de Japelin!" Y tras esto volvió a bajar a su amo con las mismas muestras de contento, diciéndole: "Albricias, señor, albricias; que mi señora ha parido esta noche un niño como mil flores." Apeose del caballo con la nueva él como un viento y subió en dos saltos la escalera, sin que el gozo le diese lugar de hacer comedimientos con el soldado; y, puesto en la sala, vio a su mujer que estaba en la cama, y saludándola y abrazándola, llegado a ella muchas veces, le dijo: "Dad, mi bien, un millón de gracias al cielo por la merced que nos ha hecho agora en darnos hijo que, siendo heredero de nuestra hacienda, pueda ser báculo de nuestra senectud, consuelo de nuestros trabajos y alegría de todas nuestras aflicciones." Sentose en esto en una silla que estaba en la cabecera de la cama, teniéndola siempre asida de la mano, platicando los dos, ya del camino y buen suceso de sus negocios, ya del venturoso parto y cosas de su casa. A la que se hizo de noche mandó que le pusiesen allí, junto a la cama, la mesa, porque gustaba de cenar con su mujer; hizo llamar al soldado luego para que se asentase a cenar también con ambos, lo cual él hizo con mucha cortesía y no con el recato que debiera tener en los ojos en orden a mirar a la dama, porque le pareció, desde el punto que la vio, la más bella criatura que hubiese visto en todo Flandes. (Y éralo sin duda, según me refirieron los que me dieron noticia del cuento, que eran personas que la conocieron.) Trajeron abundantísimamente de cenar, pero el español, que había hecho pasto de sus ojos a la hermosura de la partera y la gracia con que estaba asentada sobre la cama, algo descubiertos los pechos (que usan más llaneza las flamencas en este particular que nuestras españolas), comió poquísimo y eso con notable suspensión. Acabada la cena y quitados los manteles mandó Japelin a un paje que le trajese un clavicordio, que él tocaba por extremo; que en aquellos países se usa entre caballeros y damas el tocar este instrumento, como en España la arpa o vihuela. Traído y templado, comenzó a tañer y a cantar en él con extremada melodía las siguientes letras, de las cuales él mismo era autor, porque, como queda dicho, tenía gallardo ingenio y era universal en todo género de sciencias:

Celebrad, instrumento,
El ver que no podrá el tiempo variable
Alterar mi contento
Ni hacerme con sus fuerzas miserable,
Pues hoy con regocijo
Me ha dado un ángel bello, un bello hijo.
Alzome la fortuna
Sobre lo más constante de su rueda;
Y aunque ella es como luna,
Le manda mi ventura que esté queda
Y que la tenga firme,
Y su poder en mi favor confirme.
Y así, señora mía,
No temáis que ella nuestro bien altere
Jamás; porque este día
El mismo cielo nuestro aumento quiere;
Que eso dice el juntarnos
En uno a ambos para más amarnos.
Sin duda fuí dichoso
Cuando me aconsejaron dos amigos
No fuese religioso,
Pues los gustos que gozo son testigos
De que su triste suerte
En vida les iguala con la muerte.
Razón es, pues soy rico,
Que viva alegre, coma y me regale,
Y que el avaro inico
Me tema siempre, y nunca ése me iguale,

Pues puedo en paz y en guerra
Honrar a los más nobles desta tierra.
Que viva sin zozobras
También mil años, libre de cuidados,
Es justo, pues mis sobras
Invidian muchos de los más honrados,
Viendo cómo de renta
Más de diez mil al año, a buena cuenta.
Y sobre todo aquesto,
Mi brazo, mi fortuna y buena estrella
Echaron hoy su resto
En darme un hijo de una diosa bella,
Por quienes, noble y mozo,
Mil parabienes y contentos gozo.

Acabose la música con la letra y comenzó la suspensión del español a subir de punto por haber oído los suavísimos de garganta del rico flamenco, dichoso dueño del serafín por quien ya se abrasaba. Llegó un paje por mandado de su amo, en dando fin al canto, a quitarle de delante el clavicordio, que ya era tarde y tiempo de dar lugar al soldado a que descansase, y para que lo hiciese mandó luego tras esto a otro criado tomase uno de los candeleros de la mesa y le fuese alumbrando con él al aposento primero del cuarto en que solía dormir su paje de cámara, que era vecino de la cuadra en que la dama estaba acostada, con orden de que le diese al mayordomo o dispensero para que tuviese, en amaneciendo, aderezado un buen almuerzo para aquel señor soldado, con deseo de que pudiese salir de madrugada de Lovaina y hacer de un tirón la jornada, llevando hecha la alforja y saliendo desayunado. Despidiose agradecidísimo deste cuidado y de la merced y regalo recibido del caballero y de su esposa el soldado, con mil corteses ofrecimientos y, puesto en su aposento y acostado en él, fue tal la batería que le dieron las memorias del bello ángel que adoraba, que totalmente estaba fuera de sí. Reprendía su temeridad, representándosele la imposibilidad del negocio a que aspiraba y procuraba desechar de su ánimo una imaginación tal cual la que daba garrote a su sosiego. El caballero, al cabo de breve rato que se hubo ido a reposar el soldado, hizo lo proprio, despidiéndose de su esposa con las muestras de amor que del suyo, tras tan larga ausencia, se puede creer, guardando el debido decoro al parto recién sucedido que, para no ponerse en ocasión de lo contrario, se entró en otro aposento más adentro del en que la partera estaba. Tuvo el paje que llevó a acostar al soldado consideración a que venía cansado y por no haberse de obligar a darle mala noche le dijo se iría a dormir en otro aposento con otros criados, y así, que sin cuidado de su vuelta reposase, pues lo haría mejor estando solo, que para el mismo efecto su señor también había apartado cama y se había acostado en una que había en otra pieza más adentro. Fuese con esto dejando sus últimas razones con más confusión al amartelado español, porque del entender dormía la dama sola y tan vecina dél y del verse (contra el orden de Japelin) sin compañía en el aposento, nació la resolución diabólica que tomó en ofensa de Dios, infidelidad de su nación y en agravio del honrado hospedaje que le había hecho su noble huésped, que a todo le precipitó al vehemente fuego y rabiosa concupiscencia en que se abrasaba. Resolviose, pues, en levantarse de su cama y en ir a la de la dama sin ser sentido, persuadido de que ella, por su honra y por no dar pesadumbre a su marido ni alborotar la casa, callaría, y aun podría ser que se le aficionase de manera que, yéndose su marido, le diese libre entrada y le regalase, y si bien consideraba el peligro de la vida que corría si acaso ella (como era justo) daba voces, pues a ellas era fuerza saliese el marido y se matasen el uno al otro, de lo cual sucederían notables escándalos y graves inconvenientes; todavía su gran ceguera rompió con todas estas dificultades. Levantose, pues, a medianoche en camisa y entró en la sala de la dama, y llegándose a ella sin zapatos por no ser sentido, estuvo un rato en pie, sin acabarse de resolver; pero hízolo de volver a su aposento y de tomar la espada que tenía en él y, sacándola desenvainada, volvió muy pasito a la cama de la flamenca, y poniendo la espada en tierra alargó la mano y metiéndola debajo de las sábanas, muy quedito, la puso sobre las pechos de la señora, que despertó al punto alborotada, y asiéndosela, pensando que fuese su marido (que no imaginaba ella que otro que él en el mundo pudiese atreverse a tal), le dijo: "¿Es posible, señor mío, que un hombre tan prudente como vos haya salido a estas horas de su aposento y cama para venirse a la mía, sabiendo estoy parida de ayer noche y por ello imposibilitada de poder, por ahora, acudir a lo que podéis pretender? Tened, por mi vida, señor, un poco de sufrimiento, y, pues, soy tan vuestra, y vos mi marido y señor, lugar habrá, en estando como es razón, para acudir a todo aquello que fuere de vuestro gusto, como lo debo por las leyes de esposa." No había acabado ella de decir estas honestas razones cuando el soldado la besó en el rostro sin hablar palabra, y pensando ella siempre fuese su marido le replicó: "Bien sé, señor, que de lo que intentáis hacer tenéis harta vergüenza, pues por tenerla no me osáis responder palabra, y echo de ver también que el intentar tal proceda del grandísimo amor que me tenéis y de la represa de tan larga ausencia, pues a no ser eso no saliérades de vuestra cama para venir a la mía, sabiendo me habíais de hallar en ella de la suerte que me halláis." Oyendo el soldado estas razones y coligiendo de ellas el engaño en que la dama estaba, alzó la ropa callando y metiose en la cama, do puso en ejecución su desordenado apetito, porque viendo ella su resolución no quiso contradecirle por no enojarle, como le tenía por su marido, si bien quedó maravillada no poco de ver que no le hubiese hablado palabra; porque sin decirle cosa se levantó, hecha su obra, y tomando con todo el silencio que pudo su desnuda espada, se volvió a su aposento y cama, harto apesarado de lo que había hecho, que, en fin, como se consigue a la culpa el arrepentimiento y al pecado la vergüenza y pesar, túvole tan grande luego de su maldad, que maldecía por ello su poco discurso y sufrimiento y su maldita determinación, imaginando el delito que había cometido y el peligro en que estaba si acaso el ofendido marido se levantase antes que él. También a la dama asaltaron sus pensamientos, poniéndola en cuidado el no haberle hablado palabra quien con ella había estado, si sería su marido o no. Pero resolviose en que sería él y que la vergüenza de haber hecho cosa tan indecente en tiempo que no estaba ella para semejantes burlas le habría cerrado la boca. Con todo, propuso (que no debiera) en su corazón darle por lo hecho a la mañana una reprehensión amorosa, afeándole su poca continencia. Llegada la madrugada y apenas vistas sus primeras luces, se levantó el soldado, que no había podido pegar las de sus ojos con la rabia que tenía de lo hecho, y estando aún la dama durmiendo, pidió a los primeros criados que topó le abriesen la puerta y le excusasen con su señor de no aceptar el preparado almuerzo y provisión, pues la prisa de la jornada no le daba lugar para detenerse ni sus obligaciones permitían aumentase las muchas con que quedaba a toda aquella casa, y aunque los criados porfiaron con él, queriendo ponerle en la alforja lo que para almorzar le tenían aparejado, no hubo remedio consintiese lo hiciesen, diciendo no era de su humor el ir cargado y que, así, le tuviesen por excusado, a más de que una legua de allí, en el camino, había una famosa hostería y en ella pensaba detenerse a almorzar, con lo cual se despidió dellos y salió del lugar."

CAPÍTULO XVI

EN QUE BRACAMONTE DA FIN AL CUENTO DEL RICO DESESPERADO

Estuvieron con atención los canónigos y jurados al cuento, y don Quijote, aunque lo estuvo, daba de cuando en cuando asomos de querer salir con algo en contrapusición de los malos consejos que los estudiantes dieron a Japelin cuando era novicio, ya en abono de su buena elección en haberse casado con mujer hermosa y particularmente en loa de su valor por haber pretendido seguir la milicia en prosecución de la gobernación de su tío; pero íbale a la mano a todo el venerable ermitaño, que le tenía al lado. Pero como no lo estaba al suyo Sancho, no pudo obviar a que no saliese de través cuando oyó la bellaquería del soldado y particularmente su poco estómago en no querer llevar el matalotaje que le daban los criados para acudir a las necesidades venideras, y así, dijo con una cólera donosa: "Juro a Dios y a esta cruz que merecía el muy grandísimo bellaco más palos que tiene pelos mi rucio, y que si le tuviera aquí me le comiera a bocados. ¿Dónde aprendió el muy grandísimo hi de puta a no tomar lo que le daban, siendo verdad que no está eso prohibido, no digo yo a los soldados y reyes, pero ni a los mismos señores caballeros andantes, que son lo mejor del mundo? En mi ánima, que creo que ha de arder la suya en el infierno, más por ese pecado que por cuantas cuchilladas ha dado a luteranos y moriscos; pero no me espanto fuese el muy follón tan mal mirado y tan poco quillotrado si, como vuesa merced dice, venía de Cambray, que juro a los años del gigante Golías que debe de ser ésa la más mala tierra del mundo, pues, según dicen, por las calles y plazas, chicos y grandes, hombres y mujeres, no se coge en ella pan ni vino ni cosa que lo parezca, sino estopilla, de lo cual se quejan con un perpetuo ¡ay!, ¡ay!, que es señal que debe de ser malísima y que debe de causar torzón a cuantos la comen." Rieron destas boberías los canónigos y Bracamonte, pero no don Quijote que, con una melancolía y sentimiento digno de su honrado celo, dijo: "Déjate, Sancho, hijo, de llorar el descuido y poca prudencia del soldado y de si el ¡ay!, ¡ay!, ¡ay!, que dices se dice por la estopilla maldita que en Cambray se coge o no; llora lágrimas de sangre por el agravio y tuerto fecho a aquella noble princesa y por la ofensa y mancha que en la honra del famoso Japelin cayó por industria o inconsideración, o por la maldad, que es lo más cierto, de aquel soldado, infamia de nuestra España y deshonra de todo el arte militar, cuyo aumento procuran tantos nobles, y yo entre ellos, a costa de la hidalga sangre de mis venas; pero yo sacaré la alevosa de las suyas antes de muchos días, si le topo, como deseo." "Deste cuidado queda ya libre vuesa merced —dijo Bracamonte—, como verá si me la hace de oír con paciencia lo que queda de la historia." Rogaron todos a don Quijote reprimiese su justa cólera y a Sancho le pidieron callase, sin meterse en dibujos de averiguar lo que oiría, y prometiéndolo ambos con mucha seguridad y algunos juramentos prosiguió Bracamonte la tela de su cuento, diciendo: "Ido el soldado con la cortedad referida y cargado de miedo y vergüenza, salió de su aposento el noble y descuidado Japelin, a la hora en que el bullicio de la gente de casa dio muestras de que era ya la de levantarse, y llegándose a la cama de su esposa a darle los buenos días y cuidadoso de saber cómo había pasado la noche, asegurándola de que con el contento de verse él en su cama y con heredero della no había podido apenas sosegar. Riose su mujer de la disimulación que mostraba en sus razones y en tomarle la blanca mano, y mostrando un fingido enojo con su risa le dijo, retirando hacia adentro el brazo: Por cierto, señor mío, que sabéis disimular lindamente y que anda ahora bien ligera esa lengua que anoche tan muda tuvistes conmigo; idos de ahí con Dios y no me habléis por lo menos hoy en todo el día, que bien lo habré menester todo para desenojarme del enojo que tengo con vos tan justamente, y aun después de pasado, os será menester me pidáis perdón y no será poco si os lo concedo." Riose Japelin del desvío y, cayéndole en gracia, a pesar suyo, la besó en el rostro diciendo: "Por mi vida, señora, que me digáis el enojo que os he hecho; que gustaré infinito de sabello, si bien ya, poco más o menos, sospecho yo será porque habréis imaginado que he dormido dentro con compañía, en ofensa vuestra, y muera yo en la de Dios sí jamás os la he hecho ni con el pensamiento, y así, quíteseos del vuestro, os suplico, este temerario juicio, que con él me ofendéis no poco." "Por cierto—dijo ella de nuevo— que sabéis encubrir bien y negar mejor ahora lo que fuera justo negarais a vuestro apetito antes de ejecutalle tan sin consideración; que si la tuvierais no efectuara un hombre tan prudente y discreto como vos lo que tan contra toda razón os pedía vuestro desordenado deseo. Corrida estoy no poco de ver no lo estéis más de lo que lo estáis de haber tenido atrevimiento de llegar a mi cama esta noche a tratar conmigo, sabiendo de la suerte que estoy, y siento muchísimo ver hayan podido tan poco con vos mis justos ruegos, que no bastasen a obligaros a que, volviéndoos a vuestra cama, dejaseis de entrar en la mía con los excesos de afición que la primer noche de nuestras bodas. Y, añadiendo agravio a agravio, habéisme dejado sin hablar palabra, si bien doy por disculpa de vuestro silencio el justo empacho que os causó el atrevimiento. No ignoro, señor, diréis nació él del sobrado amor que me tenéis, y aunque esa parezca bastante disculpa, no la admito por tal, pues habíais de considerar el tiempo e indisposición mía, teniendo algún respeto y sufrimiento a tan justo obstáculo; que no se perdía el mundo en ser continente siete u ocho días más, cuando mucho; pero pase ésta, que os la perdona mi grande amor, con esperanzas de enmienda en lo por venir." No se puede pintar la suspensión que cayó en el ánimo de Japelin cuando oyó a su esposa tales razones, y dichas con tantas veras y circunstancias; y como era de agudo ingenio sospechó luego todo lo que podía ser, imaginando (como era la verdad) que el soldado español habría dormido solo, por inconsideración del paje de guarda, el cual pensaba él le haría compañía en el aposento, sin dejarle a solas y que, así, con la ocasión, que es madre de graves maldades, habría cometido aquel delito con artificioso silencio, y disimulando cuanto pudo le dijo a la dama: "No haya más, mis ojos, por vida de los vuestros, que del amor excesivo que os tengo ha nacido el desorden de que os quejáis; pero yo os prometo, a ley de quien soy, corregirme, y aun vengaros cabalmente de todo." Y volviéndose a otro lado, decía entre dientes bramando de cólera: "¡Oh vil y alevoso soldado!, por el cielo santo juro de no volver a mi casa sin buscarte por todo el mundo y hacerte pedazos doquiera que te encontrare", tras lo cual, disimulando con su mujer con notable artificio, se despidió della fingiendo cierta necesidad precisa. Llamó luego aparte un mozo, diciéndole: "Ensíllame al punto, sin decir cosa, el alazán español; que me importa ir fuera en él con brevedad." Mientras el caballo se ensillaba se acabó de vestir, y entrando en un aposento do tenía diferentes armas, sacó dél un famoso venablo. Violo la dama, y recelosa le preguntó qué pensaba hacer de aquel venablo. "Quiérole—dijo él—inviar a un vecino nuestro que ayer me le pidió prestado." "¿Qué vecino puede ser nuestro—replicó ella—que no tenga armas en su casa, y necesita de venir por ellas a la nuestra? En verdad, mi bien, que si no lo recieís por enojo, que me habéis de decir para qué es." Él la respondió que no le importaba nada a ella el saberlo; pero que con todo lo sabría dentro de breves horas. Saliose tras esto fuera de la sala, demudado el rostro; y despidiendo un sospiro tras otro, se bajó la escalera abajo, y se puso a pasear delante la caballeriza, aguardando le sacasen el caballo; y mientras el criado tardaba a hacello, decía con rabioso despecho entre sí: "¡Oh perverso y vil español, qué mal me has pagado la buena obra que te hice en darte alojamiento, que no debiera! Aguarda, traidor adúltero a costa de la inocencia de mi engañada esposa; que te juro por las vidas della, de mi hijo y mía, que te cueste la tuya la alevosía: vuela, infame, y mueve los pies; que yo haré que los de mi caballo igualen al pensamiento con que voy en tu busca, con determinación de no volver a mi patrio suelo hasta hallarte, aunque te escondas en las entrañas del mismo siciliano Etna." No había bien dicho estas razones, cuando el criado, que las había oído todas estando en la caballeriza, sacó della el caballo, en el cual subió Japelin como un viento, diciéndole a él que se quedasen todos, sin acompañarle ninguno, pues no necesitaba de compañía en la breve jornada que iba a hacer; y tomando el venablo, salió de casa, dando de espuelas al caballo, hecho un frenético, guiándole así a la parte y camino que entendía llevaba el soldado, dejando maravillados a los criados de su casa la furia y repentina jornada con que la dejaba; si bien de las palabras que decía haberle oído el que le ensilló el caballo, colegían iba tras el soldado por haberle hurtado algo de casa, o por haber dicho al salir della algunas palabras deshonestas a su esposa, y que como tan celoso y noble, pretendía tomar venganza de quien con sólo el pensamiento le agraviaba. El caballero, en fin, se dio tan buena maña en caminar tras el soldado, que dentro de una hora le alcanzó, y calándose el sombrero antes de emparejar con él, porque no le conociese, en medio de un valle, sin que se recelase el soldado ni tener testigos a quienes poder remitir la disposición de su violenta muerte, con la mayor presteza que pudo, sin hablar palabra, le escondió el robusto y agraviado Japelin la ancha cuchilla o penetrante hierro del milanés venablo por las espaldas, sacándosele más de dos palmos por delante, a vista de los lascivos ojos que en su honestísima esposa puso, sin darle lugar de meter mano ni defenderse de tan repentino asalto. Cayó luego en tierra el mísero español... "¡Oh, buena pascua le dé Dios y buen San Juan!—dijo don Quijote—. Ese sí que fue buen caballero; en verdad que puede agradecer a su buena diligencia el haberme ganado por la mano la toma de la venganza de ese delito; que, si no, juro por la vitoria que espero presto alcanzar del rey de Chipre, que la tomara yo dél tan inaudita, que pusiera terror hasta a las narices de los míseros y nefandos sodomitas, a quien abrasó Dios." "Pues a fe que si vuesa merced, mi señor, no lo hiciera, que yo acudiera a mi obligación—dijo Sancho—, y que cuando eso de Sodoma y Gorroma, que vuesa merced dice, faltara, le ahogara yo con un diluvio de gargajos como aquel del tiempo de Noé." "Pues no para en esto, señores, la tragedia—dijo Bracamonte—, ni la venganza que Japelin tomó del soldado; porque luego, tras lo dicho, se apeó del caballo, y sacando el venablo del cuerpo del cadáver, le volvió a herir con él cinco o seis veces, haciéndole pedazos la cabeza, y hechos con una crueldad inexplicable, pagando bien con muerte de las dos vidas (a lo que se puede presumir) y con fin tan aciago el pequeño gusto de su desenfrenado apetito, quedando allí revolcado en su propia sangre para ejemplo de temerarias deliberaciones y comida de aves y bestias: el caballero, algo aconsolado con la referida venganza que de su ofensor había tomado, se volvió poco a poco hacia su casa. En el tiempo que él tardó della, quiso la desgracia que su mujer, viendo eran más de las diez y no le veía ni sabía adonde estaba, preguntó a un paje por él, y respondiéndole el indiscreto criado luego, le dijo: "Señora, mi señor ha ido fuera a caballo, con un venablo en la mano, más ha de dos horas, sin criado alguno, y no podemos imaginar adonde ni adonde no; sólo sé que iba demudadísimo de color y dando algunos pequeños suspiros, mirando al cielo." Llegaron, estando en estas razones, el mozo de caballos, una criada y el ama que criaba el niño, y la dijeron: "Vuesa merced, mi señora, ha de saber que hay algún grande mal, porque mi señor ha estado paseándose a la puerta de la caballeriza todo el rato que yo tardé—dijo el mozo—a ensillarle el caballo, suspirando y quejándose de aquel soldado español que esta noche durmió en la cama y aposento del paje de cámara, llamándole—aunque pensó que nadie le oía—perverso y vil traidor y adúltero a costa de la inocencia de su engañada esposa; tras lo cual juró por su vida, la de vuesa merced y de su hijo de hacerle pedazos, siguiendo hasta alcanzarle; pero no le oí jamás quejar de vuesa merced; antes me parece que en sus razones la iba disculpando; tras lo cual, en sacándole el caballo, subió en él, y salió de casa como rayo, en busca suya." Cuando la noble flamenca oyó los últimos acentos desta sospechosa nueva, cayó sobre la almohada, de los brazos de la criada que la había levamado y sentado en la cama, con un mortal desmayo; y volviendo en sí al cabo de breve rato, comenzó a llorar amargemente, sospechando—como era así—que aquel que la noche antes había llegado a su cama sin duda había sido el soldado español, con quien, como ella misma tenía confesado a su marido, había cometido adulterio teniéndole por su esposo. Comenzó, pues, con esta imaginación a maldecir su fortuna, diciendo: "¡Oh traidora, perversa y adúltera de mí! ¿Con qué ojos osaré mirar a mi noble y querido esposo, habiéndole quitado en un instante la honra que en tantos años de proprio valor y natural nobleza heredado tenía? ¡Oh ciega y desatinada hembra!, ¿cómo es posible no echases de ver que el que con tanto silencio se metía en tu honesto lecho no ser tu marido, sino algún aleve tal cual el falso español? ¡Desdichada de mí! ¿Y con qué cara osaré parecer delante de mi querido Japelin, pues no hay duda sino que no seré creída dél por más que con mil juramentos le asegure de mi inocencia, habiendo dado lugar a que otros pies violasen su honrado tálamo? Con razón, dulce esposo mío, podrás quejarte de mí de aquí adelante, y negarme los amorosos favores que me solías hacer en correspondencia de la fe grande que siempre he profesado guardarte; pero ya justamente (pues he desdicho de mi fidelidad, aunque tan sin culpa cuanto sabe el cielo), seré aborrecible a tus ojos, pesada a tus oídos, desabrida a tu gusto, enojosa a tu voluntad, e inútil, finalmente, a todas las cosas de tu provecho. Vuelve presto, señor mío, si acaso has ido a matar al adúltero español: con el mismo venablo con que le castigares traspasa este desconocido y desleal pecho; que pues fuí cómplice en el adulterio, justa cosa es igualar también con él la muerte: ven, digo, y toma entera venganza de mi desconcierto, con la seguridad que puedes tener de quien, por mujer y culpada, no sabrá hacerte resistencia. Pero no es bien aguarde que tú vengas a vengarte ni a castigar con el hierro del venablo el mío, sino que es justo que yo te vengue de suerte que digas lo estás al igual que mi alevosía y de la ofensa hecha." Y diciendo esto la desesperada señora— que lo estaba de pasión, cólera, y corrimiento—, saltó de la cama, mesándose las rubias y compuestas trenzas, y esmaltando sus honestas mejillas con un diluvio de menudo y espeso aljófar que de sus nublados ojos salía; y poniéndose un faldellín, se comenzó a pasear por la sala con tan descompuestos pasos, acompañados de sospiros, sollozos y quejas por lo hecho, que no bastaban a consolarla todos los de casa; antes su pena les tenía a todos necesitados de consuelo, por lo mucho que les enternecía. Estando, pues, de la suerte que digo, turbados ellos, el marido ausente, el adúltero muerto, y ella fuera de sí, se salió al patio a vista de todos; y después de haber hecho una nueva repetición de las quejas dichas, se arrojó de cabeza en un hondo pozo que en medio del patio había, sin poder ser socorrida de los que presentes estaban, haciéndosela dos mil pedazos; de suerte que cuando llegó al suelo el cuerpo, había ya llegado su alma libre dél en bien diferente lugar del en que yo querría llegase la mía a la hora de mi muerte. Aumentáronse las voces y gritos de los de casa con el nuevo y funesto espectáculo; y con la turbación, unos acudían a mirar el pozo, otros a dar gritos a la calle, con los cuales se alborotó toda: de suerte que en un instante se vio la casa llena de gente afligida toda, y toda ocupada o en consolar a los de ella o en echar sogas y cuerdas, aunque en vano, pensando podría ser socorrida quien ya no estaba en estado de poderlo ser. Entre esta universal turbación sucedió llegar a su casa el desdichado Japelin, ignorante de la désgracia que acababa de suceder en ella; y maravillado de ver tantas personas juntas en su patio, unas de pies sobre el brocal del pozo, otras al derredor dél, y todas llorando, entró con su caballo y el venablo ensangrentado en la mano; y preguntando qué había de nuevo, llegaron los criados de la casa, dando una mano con otra y arañándose la cara, diciendo: "¡Ay, mi señor, que acaba de suceder la mayor desgracia que los nacidos hayan visto!, pues mi señora, sin que sepamos por qué, quejándose de aquel maldito español que esta noche durmió en casa, llamándose engañada y adúltera, y diciendo palabras que moviera a compasión a una peña, arrancándose a puños los cabellos, se echó, sin que la pudiésemos remediar, de cabeza en este hondo pozo, donde se hizo pedazos antes de llegar al suelo." El caballero, en oyendo tal, se quedó atónito sin hablar palabra por grande rato; y de allí a poco, vuelto en sí, se arrojó del caballo, y teniéndose en el suelo, empezó a lamentarse amargamente, suspirando y arrancándose con dolor increíble las barbas, diciendo en presencia de todos: "¡Ay, mujer de mi alma! ¿Qué es esto? ¿Cómo te apartaste de mí? ¿Cómo me dejaste, serafín mío, solo y sin llevarme contigo? ¡Ay, esposa mía y bien mío! ¿Qué culpa tenías, si aquel enemigo español te engañó fingiendo ser tu amado marido? Él solo tenía la culpa; pero ya pagó la pena. ¡Ay, prenda de mis ojos! ¿Cómo será posible que yo viva un día entero sin verte? ¿Adonde te fuiste, señora de mis ojos? Aguardaras siquiera a que yo volviera de vengarte, como agora vengo, y matárraste después; que yo te acompañara en la muerte, como lo he hecho en vida. ¡Ay de mí! ¿Qué haré? ¡Triste de mí! ¿Adonde iré o qué consejo tomaré? Pero ya le tengo tomado conmigo." Y diciendo esto, se levantó muy furioso, y metiendo mano a la espada, decía: "Juro por Dios verdadero que el que llegare a estorbarme lo que voy a ejecutar ha de probar los filos de mi cortadora espada, sea quien se fuere." Llegose tras esto al brocal del pozo, haciendo una grandísima lamentación, diciendo: "Si tú, ¡oh mujer mía!, te desesperaste sin razón ninguna, y tu ánima está en parte adonde no puedo acompañarla si no te imito en la muerte, razón será y justicia, pues tanto te amé y quise en vida, que no procure estar eternamente sino en la parte en que estuvieres; y así, no temas, dulcísima prenda mía, que tarde en acompañarte." Como la gente que presente estaba, que no era poca y entre quien había muchos caballeros y nobles de la ciudad, oyeron lo que decía, porque no sucediese alguna desgracia se llegaron a él a darle algún consuelo, el cual estuvo escuchando echado de pechos sobre el brocal del pozo; y volviendo la cabeza de allí a un rato, vio cerca de sí a la ama que criaba su hijo, llorando amargamente con el niño en los brazos; y llegándose a ella con una furia diabólica, se le arrebató, y asiéndole por la faja, dio con él cuatro o seis golpes sobre la piedra del pozo, de suerte que le hizo la cabeza y brazos dos mil pedazos, causando en todos esta desesperada determinación increíble lástima y espanto; si bien con todo, ninguno osaba llegársele, temiendo su diabólica furia. Con lo cual comenzó tras esto a darse de bofetadas, diciendo: "No viva hijo de un tan desventurado padre y de madre tan infeliz, ni haya tampoco memoria de un hombre cual yo en el mundo." Y diciendo esto, comenzó a llamar a su mujer y a decir: "Señora y bien mío, si tú no estás en el cielo, ni yo quiero cielo ni paraíso, pues donde tú estuvieres estaré yo consoladísimo, siendo imposible que la pena del infierno me la dé estando contigo; porque donde tú estás no puede estar sino toda mi gloria. Ya voy, señora mía, aguarda, aguarda." Y con esto, sin poder ser detenido de nadie, se arrojó también de cabeza en el mismo pozo, haciéndosela mil pedazos, y cayendo su desventurado cuerpo sobre el de su triste mujer. Aquí fue el renovar los llantos cuantos presentes estaban; aquí el levantar las voces al cielo, y el hinchirse la casa y calle de gente, maravillados cuantos llegaban a ella de semejante caso. A las nuevas dél, vino luego el gobernador de la ciudad, e informado del desdichado suceso, hizo sacar los cuerpos del pozo, y con parecer del obispo, los llevaron a un bosque vecino a la ciudad, donde fueron quemados, y echadas sus cenizas en un arroyo que cerca dél pasaba." "En verdad que merece—dijo Sancho—el señor Bracamonte remojar el gaznate, según se le ha enjugado en contar la vida y muerte, osequias y cabo de año de toda la familia flamenca de aquel malogrado caballero; yo reniego de su venganza, y mi ánima con la de San Pedro." "No dice mal Sancho—dijo uno de los canónigos—; porque muy de temer es el fin triste de todos los interlocutores desa tragedia; pero no podrán tenerle mejor (moralmente hablando) los principales personajes della, habiendo dejado el estado de religiosos que habían empezado a tomar, pues, como dijo bien el sabio prior al galán cuando quiso salirse de la religión, por maravilla acaban bien los que: la dejan." "En verdad—dijo don Quijote—, que si el señor Japelin acabara tan bien su vida cuanto honrosamente acabó la del adúltero soldado, que diera por ser él la mitad del reino de Chipre, que tengo de ganar; pues como muriera, no desesperado como murió, sino en alguna batalla, quedara gloriosísimo; que en fin *un bel morir tutta la vita onora.*" Quiso Sancho salir a contar otro cuento, y impidiéronselo los canónigos y su amo, diciendo que después le contaría; que ahora era bien, guardando el decoro a los hábitos religiosos de aquel venerable señor ermitaño, darle la primer tanda. Y así, le suplicaron la aceptase, contándoles algo que fuese menos melancólico que el cuento pasado, y que no pusiese como él las almas de todas las figuras en el infierno; porque era cosa que los había dejado tristísimos; si bien todos alabaron al curioso soldado de la buena disposición de la historia, y de la propriedad y honestidad con que había tratado cosas que de sí eran algo infames. Excusose el ermitaño cuanto pudo, y viendo era en vano, con protesto de que nadie interrompería el hilo de su historia, empezó la siguiente, diferente en todo de la pasada, y más en el fin.

CAPÍTULO XVII

EN QUE EL ERMITAÑO DA PRINCIPIO A SU CUENTO DE LOS FELICES AMANTES

"Cerca los muros de una ciudad de las buenas de España hay un monasterio de religiosas de cierta orden, en el cual había una, entre otras, que lo era tanto, que no era menos conocida por su honestidad y virtudes, que por su rara belleza: llamábase doña Luisa, la cual, yendo cada día creciendo de virtud en virtud, llegó a ser tan famosa en ella, que por su oración, penitencia y recogimiento mereció que siendo de solos veinte y cinco años, la eligiesen por su perlada las religiosas del convento, de común acuerdo, en el cual cargo procedió con tanto ejemplo y discreción, que cuantos la conocían y trataban la tenían por un ángel del cielo. Sucedió, pues, que cierta tarde, estando en el locutorio del convento un caballero llamado don Gregorio, mozo rico, galán y discreto, hablando con una deuda suya, llegó la Priora, a quien él conocía bien por haberse criado juntos cuando niños, y aun querido algo con sencillo amor, por la vecindad de las casas de sus padres; y viéndola él, se levantó con el sombrero en la mano, y pidiéndola de su salud, y suplicándola emplease la cumplida de que gozaba en cosas de su servicio, le dijo ella: "Esté vuesa merced, mi señor don Gregorio, muy en hora buena, y sepamos de su boca lo que hay de nuevo, ya que sabemos de su valor con la merced que nos hace." "Ninguna—respondió él—puede hacer quien nació para servir hasta los perros desta dichosa casa: ni sé nuevas de que avisar a vuesa merced, pues no lo serán de que de las obligaciones que tengo a mi prima nacen mis frecuentes visitas, y la que hoy hago es a cuenta de un deudo que le suplica en un papel le regale con no sé qué alcorzas, en cambio de ocho varas de un picotillo famoso o perpetúan vareteado que le envía." "Bien me parece—dijo la Priora—; pero con todo, vuesa merced me la ha de hacer a mí de que, en acabando con doña Catalina, se sirva de llevar de mi parte este papel a mi hermana; que basta decir esto para que sepa en qué convento, pues no tengo más que la religiosa, de la cual aguardo ciertas floreras para una fiesta de la Virgen que tengo de hacer, con obligación de que ha de dar orden vuesa merced en que se me traigan esta tarde con la respuesta; que por ser el recado de cosa tan justificada, y vuesa merced tan señor mío casi desde la cuna, me atrevo a usar esta llaneza." "Puede vuesa merced—respondió el caballero—mandarme, mi señora, cosas de mayor consideración; que pues no me falta para conocer mis obligaciones, tampoco me faltará, mientras viva, el gusto de acudir a ellas; que más en la memoria tengo los pueriles juguetes y los asomos que entre ellos di de muy aficionado servidor dese singular valor, de lo que vuesa merced puede representarme." Riose la Priora, y medio corriose de la preñez de dichas razones, con que se despidió luego, diciendo lo hacía por no impedir la buena conversación, y porque le quedase lugar de hacerle la merced suplicada, cuya respuesta quedaba aguardando. Apenas se hubo despedido ella, cuando don Gregorio hizo lo mismo de su prima, deseosísimo de mostrar su voluntad en la brevedad con que acudía a lo que se le había mancado. Fue al monasterio do estaba la hermana de la Priora, cuyas memorias fueron representando de suerte a la suya su singular perfección, hermosura, cortesía de palabras, discreción, y la gravedad y decoro de su persona, juntamente con la prudencia con que le había dado pie para que, sirviéndola en aquella niñería, la visitase, que con la batería deste pensamiento se le fue aficionando en tanto extremo, que propuso descubrille muy de propósito el infinito deseo que tenía de servilla, luego que volviese a traerle la respuesta. Llegó con esta resolución al torno del convento de la hermana; llamola, diole el papel y prisa por su respuesta, y ofreciósele cuanto pudo; y agradeciendo su término doña Inés (que este era el nombre de la hermana de la Priora), diole la deseada respuesta a él, y a un paje suyo las curiosas flores de seda que pedía, compuestas en un azafate grande de vistosos mimbres. Volvió luego, contentísimo con todo, don Gregorio a los ojos de la discreta Priora, y llegando al torno de su convento y llamándola, pasó al mismo locutorio en que la había hablado, por orden della, no poco loco del gozo que sintió su ánimo, por la ocasión que se le ofrecía de explicarle su deseo en la plática, que de propósito pensaba alargar para este efecto, como quien totalmente estaba ya enamorado della. Apenas entró en la grada el recién amartelado mancebo, cuando acudió a ella la Priora, diciéndole: "A fe, mi señor don Gregorio, que hace fielmente vuesa merced el oficio de recaudero, pues dentro de una hora me veo con las deseadas flores, respuesta de mi hermana, y en presencia de vuesa merced, a quien vengo a agradecer como debo tan extraordinaria diligencia." "Señora mía— respondió él—, por eso dice el refrán: Al mozo malo ponedle la mesa y enviadle al recaudo." "Está bien dicho—replicó ella—; pero ese proverbio no hace (a mi juicio) al propósito; porque ni a vuesa merced tengo por malo ni en esta grada hay mesa puesta, ni es hora de comer; si no es que vuesa merced lo diga (que a eso obligan esas razones) porque le sirva con algunas pastillas de boca o otra niñería de dulce; y si a ese fin se dirige el refrán, acudiré presto a mi obligación con grande gusto." "No ha dado vuesa merced en el blanco—respondió don Gregorio—; que sin que hable de pastillas ni conservas, sustentaré fácilmente se halla y verifica en este locutorio cuanto el refrán dice." "¿Cómo—respondió doña Luisa—me probará vuesa merced que es mal mozo?" "Lo más fácil de probar—dijo él—es eso, pues malo es todo aquello que para el fin deseado vale poco; y valiéndolo yo para cosas del servicio de vuesa merced, que es lo que más deseo, y a quien tengo puesta la mira, bien claro se sigue mi poco valor; y no teniéndole, ¿qué puedo tener de bondad, si ya no es que la de vuesa merced me la comunique, como quien: está riquísima della y de perfecciones?" "Gran retórico—dijo la Priora—viene vuesa merced, y más de lo que por acá lo somos para responderle; que, en fin, somos mujeres que no vamos por el camino carretero, hablando a lo sano de Castilla la Vieja; aunque, con todo, no dejaré de obligarle a que me pruebe cómo se salva lo que dijo, que dejó la mesa puesta cuando fue con el papel que le supliqué llevase a mi hermana, ya que aparentemente me ha probado que es mal mozo." "Eso, señora mía—respondió él—, también me será cosa poco dificultosa de probar; porque donde se ve la alegría de los convidados y el contento y regocijo de los mozos perezosos, juntamente con el concurso de pobres que se llegan a la puerta, se dice que está ya la mesa puesta y que hay convite; lo mismo colegí yo del gozo que sentí cuando merecí ver esa generosa presencia de vuesa merced, que se me ofrecía con ella, pues vi en ese bello aspecto, digno de todo respeto, una esplendidísima mesa de regalados manjares para el gusto, pues le tuve y tengo el mayor que jamás he tenido, en ver la virtud que resplandece en vuesa merced, pan confortativo de mis desmayados alientos, acompañada de la sal de sus gracias, y vino de su risueña afabilidad; si bien me acobarda el cuchillo del rigor con que espero ha de tratar su honestidad mi atrevimiento, sí ya esa singular hermosura, despertador concertado dél, no le disculpa." Quedósela mirando sin pestañear, dichas estas razones, saltándosele tras ellas algunas lágrimas de los amorosos ojos, harto bien vistas y mejor notadas de doña Luisa, a cuyo: corazón dieron no pequeña batería; aunque disimulándola, y encubriendo cuanto pudo la turbación que le causaron, le respondió con alegre rostro, diciendo: "Jamás pensara de la mucha prudencia y discreción de vuesa merced, señor don Gregorio, que, conociéndome ha tantos años, pudiese juzgarme por tan bozal, que no llegue a conocer la doblez de sus palabras, el fingimiento de sus razones y la falsedad de los argumentos con que ha querido probar la suficiencia de mi corto caudal; mas pase por agora el donaire (que por tal tengo cuanto vuesa merced ha dicho); y pues tiene en esta casa prima de las prendas de doña Catalina, que le desea servir en extremo, no tiene que pretender más, pues cuando lo haga no sacará de sus desvelos sino un alquitrán de deseos difíciles de apagar si una vez cobran fuerza, pues la mesma imposibilidad les sirve a los tales de ordinario incentivo, en quien se ceban, pues de contino el objeto presente, que mueve con más eficacia que el ausente a la potencia, muestra la suya cuando lucha con los imposibles que tenemos las religiosas. Con esto (pues vuesa merced me entenderá como discreto), pienso he bastantísimamente satisfecho a las palabras y muestras de voluntad de vuesa merced; y con ello se despide la mía; pero no de que me mande cosas de su servicio, más conformes a razón y de menos imposibilidad; que haciéndolo, podrá vuesa merced acudir una y mil veces a probar las veras de mi agradecimiento; y cuando las ocupaciones de mi oficio me tuvieren ocupada, no faltarán religiosas de buen gusto que no lo estén para acudir en mi lugar a servir y entretener a vuesa merced." Había estado don Gregorio oyendo esta despedida equívoca con extraña suspensión, y mirando siempre de hito en hito a quien se la daba; y desocupado de oír, respondió agradecía mucho la merced que se le hacía, pues cualquiera, por pequeña que fuese, le sobraba; pero que entendía quedaba de suerte con la llaga que la vista de sus blancas tocas y bellísimo rostro (manteles ricos de la mesa que de sus gracias había puesto a su voluntad) le había causado, que tenía su vida por muy corta si su mano, en quien ella estaba, no le concedía algún remedio para sustentarla. Despidiose la Priora tras esto dél, diciéndole se reportase, y fiase lo demás del tiempo y de la frecuencia de las visitas, para las cuales de nuevo le daba licencia. Volviose don Gregorio a su casa tan enamorado de doña Luisa, que de ninguna manera podía hallar sosiego: acostose sin cenar, lamentándose lo más de la noche de su fortuna y de la triste hora en que había visto el bello ángel de la Priora, la cual luego también que se apartó dél se subió con el mismo cuidado a su celda, do comenzó a revolver en su corazón las cuerdas razones que don Gregorio le había dicho, las lágrimas que en su presencia y por su amor había derramado, la afición grande que le mostraba tener, y el peligro de la vida con que a su parecer iba si no le hacía algún favor; y el ser él tan principal y gentil hombre, y conocido suyo desde niño, ayudó a que el demonio (que lo que a las mujeres se dice una vez, se lo dice a solas él diez) tuviese bastante leña con ello para encender, como encendió, el lascivo fuego con que comenzó a abrasarse el casto corazón de la descuidada Priora; y fue tan cruel el incendio, que pasó con él la noche con la misma inquietud que la pasó don Gregorio, imaginando siempre en la traza que tendría para declararle su amoroso intento. Venida la mañana, bajó luego con este cuidado al torno, y llamando una confidente mandadera, le dijo: "Id luego a casa del señor don Gregorio, primo de doña Catalina, y decidle de mi parte que le beso las manos, y que le suplico me haga merced de llegar acá esta tarde; que tengo que tratar con él un negocio de importancia." Fue al punto la recaudera, cuyo recado recibió don Gregorio con el gusto que imaginar se puede, asentado en la cama, de la cual no pensaba levantarse tan presto, y dijo a la mujer: "Decid a la señora Priora que beso a su merced las manos, y que me habéis hallado en la cama, en la cual estaba de suerte, que, a no mandármelo su merced, no me levantara della en muchos días, porque el mal con que salí de su presencia ayer tarde me ha apretado esta noche con increíble fuerza; pero ya con el recado cobro la necesaria para poder acudir, como acudiré a las dos en punto, a ver lo que manda su merced." Fuese la mandadera, y quedó el amante caballero totalmente maravillado de aquella novedad, y no sabía a qué atribuirla: por una parte consideraba el rigor con que el día pasado le había despedido; y por otra, el enviarle a llamar tan de prisa para comunicarle (como la mandadera le había dicho) un negocio de importancia, le aseguraba o prometía algún piadoso remedio. Aguardaba con sumo deseo el fin de la visita, y llegada la hora de hacella, fue puntualísimamente al convento; y avisando en el torno, y cobrada respuesta en él de que pasase a la grada, fue a ella, do estuvo esperando a que la Priora saliese, haciéndosele cada instante de su tardanza un siglo; pero salió dentro de breve rato, risueña y con muestras de mucha afabilidad, diciéndole, no sin turbación interior: "No quiere tan mal a vuesa merced como piensa, mi señor don Gregorio, quien le ha enviado a llamar en amaneciendo con tanto cuidado; pero hánmele causado tan grande las muestras de indisposición con que vuesa merced se fue anoche, que temiendo no naciese ella del cansancio tomado en ir y venir del convento de mi hermana a este a mi cuenta, me ha parecido quedaba también a ella el saber, lo uno de su salud, y lo otro el divertille esta tarde de la pasada melancolía, causada de mi inadvertencia; que sin duda de la que debí tener en el hablar tomó vuesa merced ocasión para decirme aquellas tan amorosas cuanto estudiadas razones con que pretendió darme a entender, a vueltas de aquellas fingidas lágrimas, le desvelaban mis memorias y enamoraban mis cortas prendas; pero no le ha salido mal el intento, si le tuvo de obligarme con eso a que le enviase a llamar, pues en efecto ha salido con él; y si ese ha sido el artificio motriz de aquel fingimiento, dígame vuesa merced agora sin él, pues me tiene presente, su pretensión; que para ello le da cumplidísima licencia mi natural vergüenza, pues (como dicen) el oír no puede ofender; y hago esto porque, como me dijo vuesa merced al despedirse, había yo de ser causa de su temprana muerte, no me ha parecido debía dar lugar a que el mundo me tuviese por homicida de quien, tantas partes tiene, y es por ellas digno de vivir los años que mi buen deseo suplica a Dios le dé de vida, confiada en que no perderemos nada los desta casa en que la tenga larguísima quien tan bienhechor es della." Respondiole don Gregorio, cobrando un nuevo y cortés atrevimiento, diciendo: "Ha sido tan grande, señora mía, la merced que hoy se me ha hecho y va haciendo agora, y hallome tan incapaz de merecerla, que me parece que aunque los años de mi vida llegasen a ser tantos cuantos prometen los nobles y religiosos deseos de vuest merced, no podría pagar en ellos, por más que los emplease en servicio desta casa, la mínima parte della; pero ya que no la puedo pagar con caudal equivalente, pagarela, a lo menos, con el que agora corre entre discretos, que es con notable agradecimiento y confesión de perpetuo reconocimiento; aunque quiero que vuesa merced entienda (y esto sabe el cielo cuánta verdad es) que si no acudiera con la brevedad que acudió con el recaudo y esperanzas de su vista, ya no la tuviera yo, ni vida con ella, a la hora presente, según me apretaba la pasión amorosa que las gracias de vuesa merced me causan; pero ya de aquí adelante pretendo mirar por mi vida, para tener siquiera que emplear en servicio de quien tan bien sabe dármela cuando menos la confío; y porque acabe de conocer proseguirá vuesa merced el hacérmela, quiero atrevidamente pedir otra de nuevo, confiado en lo que acaba de decir, de que gusta de mi vida." "Veamos— dijo la Priora—qué cosa es, y conforme a la petición, se podrá fácilmente juzgar si será justo concederla o no: diga vuesa merced." "Yo, señora, no pido nada—replicó él—; que no querría me sucediese lo de anoche, de dar pesadumbre a vuesa merced." "Sin duda—dijo ella—que debe de ser, según se le hace de mal el decirlo, algún pie de monte de oro." "No es— respondió don Gregorio—sino una mano de plata (que tales son las blanquísimas de vuesa merced) para besarla por entre esta reja." "Aunque haya sido atrevimiento, señor don Gregorio—replicó la Priora—, no dejaré de usar desa llaneza y libertad, por haberlo prometido—y sacando de un curioso guante la mano, la metió por la reja, y don Gregorio, loco de contento, la besó, haciendo y diciendo con ella mil amorosas agudezas, y ella le dijo—: Agora ¿estará vuesa merced contento?" "Estoilo tanto— replicó el nuevo amante—, que salgo de juicio, pues con esto cobro nueva vida, nuevo aliento, nuevo gozo, y sobre todo, nuevas esperanzas de que se lograrán más de cada día las mías: y así podré decir está todo mi ser en la mano de vuesa merced, en la cual, como pongo los ojos, pongo y pondré mientras viva mis deseos y memorias." "Pues, señor don Gregorio—dijo doña Luisa—, ya no es tiempo de disimulación ni de que vuesa merced ignore que si me ama con las veras que finge, no hace cosa que no me la deba; y si he disimulado hasta agora, ha sido no con poca violencia de mi voluntad; pero forzábanla el ser mujer y religiosa y cabeza de cuantas lo son en esta grave casa, y también que deseaba enterarme y ver si la perseverancia confirmaba los asomos del amor que con palabras y lágrimas me comenzó a mostrar; pero ya que mi ceguera me obliga a que crea lo que tan difícil es de averiguar, digo que soy contentísima de que todos los días me visite, y aun le suplico lo haga, variando las horas para mayor disimulación; y advierta vuesa merced hago más en confesarme ciega y amante que en cuanto tras eso diere lugar a vuesa merced, pues el mayor imposible que sentimos las mujeres es el haber de otorgar amamos a quien con sola esa confesión suele tomar ánimo para condenarnos a perpetuo desprecio y desesperados celos: ¡plegue a Dios no me suceda a mí así! Libertad terná vuesa merced de hablarme sin impedimento; que el ser Priora me da aquélla y me quita éstos; y crea vuesa merced que, perseverando, pienso serle autora de mayores servicios; y baste por agora, y vuesa merced se vaya; que quedo confusísima de mi determinación y de la poca fuerza que en mí siento para resistir a mayores baterías; y lo demás quede para otro día." Despidiéronse con esto, quedando los dos tan enamorados como dirá el suceso del verdadero cuento. Luego comenzaron a andar los recados, los billetes, y a frecuentarse las visitas, enviándose regalos y presentes de una parte y otra con tanta frecuencia, que ya daban de sí no poca nota; si bien, como todos veían la autoridad de la Priora, no reparaban tanto en ello como fuera razón. Duroles este trato por más de seis meses, hasta que, estando los dos un día hablando en el locutorio, comenzó don Gregorio a maldecir las rejas, que eran estorbo de que él gozase del mejor bien que gozar podía y deseaba; y lo mesmo decía ella; que era de suerte su amor, y estaba tan perdida por el mozo, y tan otra de lo que solía, y era tan frecuentadora de billetes y ternuras, que hasta el mismo don Gregorio se espantaba de verla tal; y fue de manera, que ella fue quien dio principio a su misma perdición, pues le dijo esa mesma tarde: "¿Es posible, señor, que, mostrándome el amor que me mostráis, seáis tan pusilámine y tan para poco, que no deis traza de entrar de noche por alguna secreta parte adonde podamos gozar ambos sin zozobras del dulce fruto de nuestros amores? ¿No advertís que soy Priora y que tengo libertad para poderlo hacer con el debido secreto? Yo, a lo menos, de mi parte, si vos os disponéis para ello, harto bien trazado lo tengo con mi deseo y facilitado con vuestra cobardía; y aun si no fuera ella tanta, podríais sacarme de aquí y llevarme adonde os diese gusto, pues vivo y estoy en todo dispuesta de seguir el vuestro." Maravillado don Gregorio desta determinación, la respondió: "Ya, prenda mía, os he dicho muchas veces que estoy aparejado para todo aquello que fuere de vuestro entretenimiento y regalo; y así, pues me enseñáis lo que debo hacer, será el negocio desta manera. Yo tomaré dos caballos de casa de mi padre, recogiendo juntamente della todo el más dinero que pudiere, y vendré a la medianoche por la parte del convento que mejor y más secreto os pareciere; y saliendo dél, subiréis en el uno, yo en el otro, y así nos iremos juntos a media posta a algún reino extraño, donde, sin ser conocidos, podremos vivir todo el tiempo que nos diere gusto, y vos, pues tenéis las llaves del dinero, plata y depósitos deste convento, podréis también recoger la mayor suma de cosas de valor que podáis, para que vivamos así seguros de no vernos jamás en necesidad." "Así me parece bien—replicó ella—que se debe hacer." Quedaron desde luego de concierto de que su ida fuese a la una de la noche del siguiente domingo, después de dichos los maitines, hora en que el galán sin falta estaría aguardando a la puerta de la iglesia con los caballos; que pues ella se quedaba las noches con las llaves de casa, fácilmente podría abrir la sacristía, y salir por ella al dicho puesto por la puerta principal de la iglesia, con presupuesto de caminar la misma noche diez o doce leguas a toda diligencia, para que cuando los echasen menos fuese más dificultoso el hallarlos. Con este concierto y con el de que don Gregorio le enviaría bien envueltos, como si fuesen colgadura, unos curiosos vestidos de dama con que saliese, se despidieron; y en haciéndolo, comenzó la Priora a dar orden en su partida, cosiendo en un honesto faldellín que había de llevar debajo, las doblas que pudo recoger, que no fueron pocas, poniendo en una bolsa otra gran cantidad de moneda de plata, para llevarla más a mano; de suerte que sacó del convento entre moneda y joyas más de mil ducados. La mesma prevención hizo don Gregorio, el cual, contrahaciendo las llaves de ciertos cofres de su padre, sacó dellos más de otros mil ducados, sin otra gran cantidad de dineros que pidió prestados a amigos; que con la confianza de que era hijo único y mayorazgo de caballeros de más de tres mil de renta, fue fácil hallar algunos que se los prestasen. Llegado el concertado domingo, a las doce de medianoche, hora de universal silencio por la seguridad que dan los primeros sueños, que, por serlo, son más profundos, se bajó don Gregorio con la aprestada maleta de lo que había de llevar, a la caballeriza, y ensillando en ella dos de los mejores caballos, sin ser de nadie sentido se salió de casa, y fue al monasterio, do estuvo aguardando en la puerta de la iglesia a que su querida doña Luisa saliese, la cual, acabados los maitines, se volvió a su celda, y quitándose en ella los hábitos, se vistió las ropas de secular que don Gregorio le había enviado, y tenía en un arca, como queda dicho; y poniendo las de religiosa sobre una mesa, y dejando allí una bien larga carta escrita de la causa que sus amores le dieron para irse (como se iba) con don Gregorio, dejó, ni más ni menos, allí una vela encendida, con el breviario y rosario, de quien siempre había sido devotísima, y por él lo había sido en sumo grado de la Virgen, señora nuestra, toda su vida; y tomando tras esto un gran manojo de llaves, las cuales eran de toda la casa y de la iglesia, se salió de la celda lo más pasito que le fue posible, y se fue por el claustro, y bajó a la sacristía; y abriéndola sin ser sentida, salió al cuerpo de la iglesia con las llaves en la mano; y habiendo de pasar al salir della por delante de un altar de la Virgen benditísima, de cuya imagen era particular devota, y le celebraba todas las fiestas suyas con la mayor solenidad y devoción que podía, a la que llegó delante della, se hincó de rodillas, diciendo con particular ternura interior y notable cariño de despedirse della, privándose del verla, porque era la cosa que más quería en esta vida: "Madre de Dios y Virgen purísima, sabe el cielo y sabéis vos cuánto siento el ausentarme de vuestros ojos; pero están tan ciegos los míos por el mozo que me lleva, sin hallar fuerzas en mí con que resistir a la pasión amorosa que me lleva tras sí. Voy tras ella sin reparar en los inconvenientes y daños que me están amenazando; pero no quiero emprender la jornada sin encomendaros, Señora, como os encomiendo con las mayores veras que puedo, estas religiosas que hasta ahora han estado a mi cargo: tenedle, pues, dellas, Madre de piedad, pues son vuestras hijas, a las cuales yo, como mala madrastra, dejo y desamparo: amparadlas, digo, Virgen santísima, por vuestra angélica puridad, como verdadero manantial de todas las misericordias, siendo como sois la madre de la fuente dellas: de Cristo, digo, nuestro Dios y Señor. Volved y mirad, os suplico otra vez, en mi lugar, por estas siervas vuestras que aquí quedan, más cuidadosas de su limpieza y salvación que yo, que voy despeñándome tras lo que me ha de hacer perder lo uno y lo otro, si vos, Señora, no os apiadáis de mí; pero confío que lo haréis, obligada de vuestra inexplicable y natural piedad y de la devoción con que siempre he rezado vuestro santísimo rosario." Y dicha esta breve oración, y hecha tras ella una profunda reverencia a la imagen, abrió el postigo de la iglesia, y abierto, se volvió a dejar las llaves delante del dicho altar de la Virgen, tras lo cual se salió a la calle, entornando tras sí la puerta. Apenas estuvo fuera della, cuando le salió al encuentro don Gregorio, que la estaba aguardando hecho ojos, y tomándola en brazos (tras haberla tenido un breve rato entre los suyos amorosos haciendo desenvolturas que el recelo de no ser vistos le consintió), la subió en el caballo que le pareció más manso, con que comenzaron luego a caminar de suerte que los vino a tomar el día seis o siete leguas lejos de adonde habían salido; y en el primer lugar se proveyeron de todo lo necesario tocante a la comida, con fin de no entrar en poblado, si no fuese de noche, para hurtar así el cuerpo a la mucha gente que tenían por sin duda iría en su busca. En efeto, señores, que aquella había profesado y prometido castidad a Dios, y la había guardado hasta entonces con notables muestras de virtud, permitiéndolo así su divina Majestad por su secreto juicio y por dar muestras de su omnipotencia (la cual manifiesta, como canta la Iglesia, en perdonar a grandes pecadores gravísimos pecados), y por mostrar también lo que con él vale la intercesión de la Virgen gloriosísima, madre suya, y con cuántas veras la interpone ella en favor de los devotos de su santísimo rosario, la perdió por un deleite sensual y momentáneo, yendo a rienda suelta por el camino fragoso de sus torpezas, olvidada de Dios, de su profesión y de todos los buenos respetos que a quien era debía. Mas no hay que maravillarse hiciese esto, dejada de la mano de Dios, pues, como dice San Agustín, más hay que espantarse de los pecados que deja de hacer el alma a quien desampara su divina misericordia que de los que comete; que eso, dice David, vocean los demonios, enemigos de nuestra salvación, al hombre que llega a tal miseria, tomando ánimo por ello de perseguirle, y prometiéndose vencerle en todo género de vicios: *Deus dereliquit eum: persequimini et comprehendite eum quia non est qui eripiat*. Continuaron su camino los ciegos amantes, con los justos miedos y sobresaltos que imaginar se pueden de quien anda en desgracia de Dios, algunos días, sin parar jamás hasta que llegaron a la gran ciudad de Lisboa, cabeza del ilustre reino de Portugal. Allí, pues, hizo don Gregorio una carta falsa de matrimonio, y alquilando una buena casa, compró sillas, tapices, bufetes, camas y estrado con almohadas para su dama, con el demás ajuar necesario para moblar una honrada casa, comprando juntamente para el servicio della un negro y una negra: cargó tras esto de galas y joyas para adorno suyo y de su bella doña Luisa. Pasaron la vida muchos días, acudiendo en aquella ciudad a todo cuanto apetecían sus ciegos sentidos como fuese de entretenimiento, disolución y fausto, sin perder fiesta ni comedia la gallarda forastera (que así la llamaban los portugueses) de cuantas en Lisboa se hacían. Paseaba también sus calles don Gregorio de día, ya con una gala y caballo, y ya con otro, gozando sin escrúpulo ninguno de conciencia de aquella pobre apóstata perlada, olvidado totalmente de Dios y sin rastro de temor de su divina justicia; porque, como dice el Espíritu Santo por boca de Salomón, lo que menos teme el malo, cuando llega a lo último de su maldad, es a Dios. Dos años estuvieron en Lisboa los ciegos amantes, gastándolos en la vida más libre y deleitosa que imaginarse puede, pues todo fue galas, convites, fiestas, y sobre todo juegos, a que don Gregorio se dio sin moderación alguna.

CAPÍTULO XVIII

EN QUE EL ERMITAÑO CUENTA LA BAJA QUE DIERON LOS FELICES AMANTES EN LISBOA POR LA POCA MODERACIÓN QUE TUVIERON EN SU TRATO

Es infalible que se llegue al cabo de adonde se saca algo (como dice el refrán) y no se echa. Dígolo, señores, porque, como dieron tanta prisa las libertades de don Gregorio y sus juegos, y las galas de su doña Luisa y sus saraos, a desembolsar los dineros que habían traído de su tierra, sin que de ninguna parte ni de ningún modo les viniese ganancia, comenzaron al cabo de los dos años dichos a echar de ver ambos se iban empobreciendo; y hiciéronlo tan por la posta, que en breve les fue forzoso vender las colgaduras y aun muchas o todas las joyas de casa, tras lo cual vendió él tres o cuatro caballos que tenía; pero remediose poco con su venta, porque con el dinero que sacó della, codicioso de ganar o picado de lo perdido, se fue a una casa de juego, do, tras perderlo todo, vino a perder hasta un famoso ferreruelo que traía, siéndole necesario detenerse hasta la noche sin volver a su casa, porque no le viesen los que le conocían, ir (como de hecho fue) en cuerpo por las calles; y llegando apesarado, corrido, pobre y sin capa a los ojos de su doña Luisa, que le aguardaba con harta necesidad, no tuvo ánimo la triste dama de reprenderle su inconsideración, temerosa de no darle materia para que la dejase o hiciese alguna bajeza; antes consolándole, dio orden de que vendiesen los negros, como lo hicieron; pero acabáronse presto los dineros que sacaron dellos, parte con el gasto ordinario, y parte con los excesos del juego de don Gregorio, que eran grandes (quizá por permisión divina, para reducirlos a su conocimiento, mediante la necesidad), y llegaron al cabo a verse tales, que ni prenda que empeñar, ni pieza que vender tuvieron; conque el dueño de la casa, conociendo el peligro que corría la cobranza de sus alquileres, dio orden de ejecutarlos por ellos si no le daban por seguro algún abonado fiador; fueles imposible hallarle; y así, hubo el galán de rematar con los vestidos de su doña Luisa, a la cual, viendo llorosa, desnuda, corrida y medio desesperada, dijo el pródigo mozo un día: "Ya veis, mi bien, lo que pasa y cuán imposible nos es vivir en esta ciudad sin notable nota della y vergüenza nuestra, por ser tan conocidos de la gente principal, de quien no tengo cara para ampararme. Muy sin consideración hemos andado en gastar tan sin tino lo que de nuestras tierras sacamos, y sin mirar en lo que adelante nos podía suceder; pero pues para lo hecho no hay remedio, paréceme que lo que agora debemos hacer, previniendo mayores daños, es que, pues nos vemos tales, nos salgamos una noche, sin ser vistos, de Lisboa, y vamos a dar cabo a la primer ciudad de Castilla, que es Badajoz, do, por no conocernos ni habernos visto con la pompa y fausto que los de Lisboa, podremos pasarlo mejor y con menos gasto; que pues vos tenéis tan buenas manos para cosas de labor, fácil será el ganar con ellas con que moderadamente vivamos, ya enseñando a labrar a algunas niñas, y ya labrando para otros." Respondiole con no pocas lágrimas y sentimiento la triste dama que hiciese della cuanto fuese de su gusto, pues estaba ya dispuesta a seguirle en todo sin contradición alguna. Saliéronse, cual pueden pensar vuesas mercedes, de la gran Lisboa, haciendo su viaje a pie y sin más provisión ni ropa que la que llevaban a cuestas, yendo sin espada y en cuerpo don Gregorio, por la pérdida que había hecho de su capa en el juego; pero lo que él más sentía era verse imposibilitado de poder llevar a caballo a su doña Luisa, que, por las asperezas de los caminos y delgadeza de sus pies, los llevaba abiertos y cribillados, por ir, como iba, con pobrísimo calzado, y necesitada, en fin, de pedir limosna por las puertas de las casas de los pueblos por donde pasaba, como también lo iba haciendo él, llenas sus plantas de vejigas. Llegaron al cabo de algunos días a Badajoz despeados, do llegando, les fue forzoso irse a alojar por su gran pobreza al hospital; que era tanta, que si algunos compasivos pobres dél no les dieran de los mendrugos que por las casas habían recogido de limosna, quedaran la noche que llegaron sin cenar. Aquí fue el llorar, hecha otro hijo pródigo, de la afligida doña Luisa, y el considerar la abundancia que tenía en el monasterio de donde era Priora; aquí el arrepentirse de haber salido tan inconsideradamente dél con don Gregorio, con tan grave ofensa de Dios y tan en deshonra de los linajes de entrambos; aquí, finalmente, el sollozo por la pérdida de la irrecuperable joya de la virginidad. Pasó la noche, en efeto, la aburrida señora lamentando con extraño sentimiento su desventura, tanto, que el afligido don Gregorio no le osaba hablar; antes, corridísimo y melancólico, se estaba escuchándola en un rincón del mismo aposento; y si algo decía, eran también endechas y pesares por los que padecía y esperaba padecer, sin esperanzas de volver en toda su vida a su tierra, en la cual era rico y regalado mayorazgo; con cuya consideración y con la que tenía del sentimiento de sus padres, deudos y amigos, arrancaba de rato en rato un doloroso suspiro del centro de su afligida alma, con que enterneciera las piedras, maldiciendo su desconcierto, ciega determinación, locos amores y a los infernales gustos, y, finalmente, la primer vista de quien había sido causa total de tan fatales principios y del fin peligroso que ellos las vidas de su cuerpo y alma amenazaban. Pasada la noche en estas ocupaciones y sentimientos, y venida la mañana, entró en el hospital un caballero mancebo, a quien tocaba reconocer aquella semana qué gente había entrado y dormido en él; que para no dar lugar a que se poblase de vagamundos tenía esta cuerda providencia aquella ciudad, de tener administradores que por semanas visitasen los peregrinos y se informasen de sus necesidades; y llegándose a doña Luisa, luego que la vio moza y hermosa, aunque mal vestida, le preguntó que de dónde era; y respondiendo ella con muestras de vergüenza que de Toledo, replicó él si conocía a tales y tales personas bien señaladas en dicha ciudad; respondió la dama luego que no, porque había mucho tiempo que había salido de allá. Estando en esta plática, se les juntó don Gregorio, diciendo: "Esta mujer, señor mío, es natural de Valladolid, y es mi esposa." "¿Pues para qué—dijo el caballero—es menester mentir aquí? Muéstrenme acá la carta del casamiento; porque, si no son marido y mujer, serán muy bien castigados." Sacó luego su carta falsa don Gregorio, y enseñósela, de la cual el caballero quedó satisfecho, y les preguntó que adonde caminaban; porque allí no podían estar más de solo un día. Respondió don Gregorio que venían a aquella ciudad de asiento para vivir en ella. "¿Pues qué oficio tenéis?", replicó el administrador. Respondiole que no tenía oficio; pero que su mujer era labrandera, y quería allí, habiendo comodidad, enseñar a labrar a algunas niñas. "De suerte—dijo el caballero—que ella os ha de sustentar a vos; harto trabajo tendréis ambos; con todo, por amor de Dios, os llevaré hoy a mi casa, y os daré en ella de comer hasta buscaros alguna comodidad con que vos y vuestra mujer, que parece honrada, podáis vivir en esta tierra." Mandó tras esto a un paje que los llevase a su casa; agradeciéronselo mucho ellos, y por el camino, preguntando por las prendas de quien tanta merced les hacía, respondió el paje que era un mancebo rico y tan caritativo, que hacía los más de los días muchas limosnas; y así, que confiasen que él sin duda les buscaría adonde pudiesen vivir, y aun si fuese menester les pagaría el alquiler de la casa; nueva fue ésta que les dio a ambos notable contento. El caballero les buscó, en saliendo del hospital, una razonable posada en que vivían unas costureras, y les hizo dar alquiladas una buena cama y algunas alhajas de casa, saliendo él a pagar el alquiler de todo cuanto los huéspedes para quien había de servir, no le pagasen. Hecha esta diligencia, se fue a mediodía a su posada, en la cual les hizo dar bien de comer, y en comiendo, les llevó él proprio a la que les había buscado, donde le besaron las manos por ello y por un real de a ocho que les dio de limosna, con que pasaron aquella noche razonablemente. A la mañana comenzó doña Luisa a preguntar a aquellas vecinas que quién le daría que labrar, porque ella no conocía a nadie en, aquella ciudad; las cuales la respondieron: "Nosotras, con ser naturales de aquí y hacer, como dicen, pajaritos de nuestras manos, morimos de hambre; mirad qué haréis, señora, vos, venida de ayer acá. A la fe, hermana mía, que habéis llegado a muy ruin puesto para ganar de comer, como os enseñará la experiencia. Con todo eso, para dos o tres días—dijo la una—, yo os daré con que ganéis siquiera para pan." Agradecióselo ella, y comenzó a labrar en cierta obra que le puso en las manos, quedándose don Gregorio en la cama, pensando pasar mejor la hambre en ella que paseando. Esa mesma mañana se llegó el caballero, después de haber visitado el hospital, a saber de los dos forasteros; y hallando acostado a don Gregorio, le dijo: "¿Qué es, gentil hombre? ¿Cómo va? ¿Adónde está vuestra mujer?" "Bien hasta agora me va—respondió él—y ahí con la vecina está mi mujer, por quien pregunta vuesa merced, a quien suplico no se espante de no hallarme levantado; que el no tener andrajo de zapatos me obliga a ello." "No será tanto esa la causa—dijo el administrador—cuanto poltronería." Y volviendo las espaldas se salió a ver a doña Luisa, y sentándose en un taburete junto a ella, se la puso a mirar de propósito a las manos y rostro; y reparando en sus facciones y en la modestia con que estaba, le pareció la más hermosa mujer y más digna de ser amada que en su vida hubiese visto. Aficionósele luego; que es imposible deje la voluntad de amar a aquello que se le representa vestido de bondad, hermosura o gusto; y rendido ya a sus partes, le preguntó con muestras de afición por su nombre y la causa por que había dejado su patria. Respondió ella sin levantar el rostro, con alguna turbación, que se llamaba doña Luisa, y que por haber sucedido cierta desgracia a su marido en Valladolid, habían salido ambos huyendo a uña de caballo (cosa que le pesaba confesar, y que por no hacerlo, había dicho al principio que era de Toledo), y habiendo dado cabo en Lisboa, habían vivido allí dos años, en el cual tiempo habían gastado no poca suma de dinero que consigo habían traído. "Por cierto, señora doña Luisa, que siento en el alma—dijo el caballero—veros empleada en quien tan poco os merece, como este picaronazo de vuestro marido, pues por una parte os veo hermosa y discreta, y considero por otra que él os ha de consumir y gastar lo poco que aquí ganáredes; con todo, si queréis hacer por mí lo que os suplicare, os juro a fe de caballero de remediaros y favoreceros a ambos en cuanto pudiere, pues no puedo negar sino que os he mirado con buenos ojos, y de suerte están los míos enamorados de los vuestros, que ya vivo con deseo intenso de serviros y agradaros en cuanto pudiere; y así, desde luego os suplico me mandéis todo lo que fuere de vuestro gusto; que a todo acudirá el mío, sin querer mis fieles deseos más premio que verse admitidos de vuestra memoria, pues con sólo esa gloria juzgaré verme en la mayor que puedo desear. No perdáis, bellísima forastera, la ocasión que a vuestras desdichas ofrece en mis dichosos cuidados la fortuna, y advertid no es cosa que os pueda estar mal el hacerme merced." "Agradezco cuanto puedo, señor—respondió ella—, la que ese valor me ofrece, sin haberle yo servido ni merecido; pero siendo mujer casada y estando mi marido presente, en gravísimo yerro y peligro caería si le ofendiese; y así por esto, y, lo más principal, por lo que debo a Dios y a mí misma, suplico a vuesa merced desista de tal pretensión; y en cuanto no tocare a ella, mándeme; que en todo verá mi debido agradecimiento." "Miradlo, señora, bien—dijo el mancebo—, que yo me encargo en dar orden cómo vuestro marido no lo sepa ni entienda; y veis aquí por agora ese doblón para que cenéis esta noche; que dobles os los daré las que vinieren, como gustéis emplearlas en darme gusto, y no le tendréis hasta que mañana me deis la respuesta que deseo; y me lo puede sólo causar el ser ella cual mi fe merece y esa beldad asegura." Constreñida doña Luisa de la necesidad, que es poderoso tiro para derribar las flacas almenas de la mujeril vergüenza, tomó el doblón, dándole por él no pocas gracias ni pocas esperanzas con recebirle, pues siempre quien lo hace se obliga a mucho. Levantose tras esto el administrador, y llamó aparte a la vecina más vieja de la casa y le dijo: "Si acabáis con doña Luisa que corresponda a mis ruegos y acete mis ofertas, os prometo, a ley de quien soy, de daros una saya de famoso paño, sin otras cosas de consideración; pero eso rogádselo y persuadídselo con las mayores veras que pudiéredes; y si salís con la empresa, venid volando con la nueva a mi casa; que della llevaréis al punto las ofrecidas albricias." Asegurole la astuta tercera serlo con las veras que dirían las obras; y llegándose el caballero, oída esta respuesta, a la descuidada dama, le asió la mano y se la besó, sin que lo pudiese ella impedir, partiéndose luego. Comenzó, tras su ida, la solícita vieja a persuadir eficazmente a la perpleja señora, por saber ella más de estos ensalmos que de los salmos de David; y fue de suerte la batería que le dio, que convencida della doña Luisa, le vino a responder que, como el negocio fuese secreto, procuraría servir cuanto pudiese a aquel caballero, con tal que él hiciese también por ella lo que le había ofrecido: encargose la vieja, agradecida a la respuesta, de tratar el negocio con igualdad y satisfación de ambas partes, como el efeto mostraría. Entrose doña Luisa en su cuarto, por ser hora de comer, do contó punto por punto a don Gregorio cuanto con el caballero le había pasado; el cual le respondió que, atento que padecían extrema necesidad y que era imposible remediarla por otro camino, que condescendiese con su gusto; que para todo daba su consentimiento y daría el lugar necesario, con tal que le sacase cuanto pudiese, así en dineros como en joyas, fingiendo siempre temor y recelo, y encargándole el secreto. Ya en esto había ido corriendo la vieja a ganarlas albricias del enamorado caballero; y teniéndolas, y concertado con ella tratase con doña Luisa se viesen la siguiente noche donde y como ella mandase, se efetuó todo así; porque, fingiendo don Gregorio salirse de la ciudad, dio ella entrada en su propria casa al caballero, el cual durmió con ella aquella y otras noches, dándole dineros y todo lo necesario para su sustento y reparo, con que pudieron ambos vestirse razonablemente. Publicose el negocio, con escándalo del pueblo; que de ver el toldo de la dama, la bizarría de don Gregorio y la familiaridad con que trataba con el caballero, frecuentando las entradas de casa el uno del otro (que todo lo allanó el gusto del natural y necesidad del forastero), nació el echar de ver todos tenía tienda la forastera de entretenimientos, la cual aumentó la ocasión de la murmuración con el engalanarse, ponerse a la ventana y gustar de ser vista y visitada, todo con consentimiento de don Gregorio; que ya no se le daba nada del medrar a costa de la votada honestidad (pero profanada escandalosamente) de la ciega religiosa, de quien de nuevo comenzaron a picarse otros tres mancebos ricos de la ciudad, admitiendo sus presentes, billetes y recados la dama, sin reparar en comprarlos a costa de su honra. Llegó el negocio a término que una noche, encontrándose todos en su calle, trabaron celosos una tan cruel pendencia, que della salió muerto un hijo de vecino principal: prendió luego la justicia por indicio a todos los de la riña, depositando a doña Luisa en casa de un letrado; y al cabo de un mes que corrió la causa, no pudiéndose averiguar quién fuese el homicida, los sacaron a todos en fiado, dándoles la ciudad por cárcel. Don Gregorio fue quien peor libró, pues salió el postrero della, con sentencia de destierro perpetuo de Badajoz y su tierra; y hubiera de salir a la vergüenza por las calles, si la buena diligencia del administrador, su amigo, no lo remediara con dinero; diole, en viéndole libre, todo lo que fue necesario para salirse de la ciudad e irse a la de Mérida, do le aconsejó se entretuviese regalando un par de meses, mientras él en ellos negociaba se le alzase el destierro, ofreciéndole se encargaba de mirar en ellos por doña Luisa como si fuera su propria hermana. Acetó de muy buena gana don Gregorio el partido, porque vio en él la puerta abierta para hacer lo que pretendía, que era dejar a doña Luisa, de quien ya estaba cansado, y arrepentido de la locura que había hecho de encargarse de tan impertinente carga; temiendo, si perseveraba en tal vida, no lo viniese a ser él de algún burro por las calles públicas de algún pueblo, o de alguna horca si se descubría su delito: con todo, disimuló con ella, de quien se despidió encargándole el recato y honestidad, y la diligencia en procurar se le alzase el destierro, o se fuese tras él a Mérida, do la esperaría, si no se podía negociar. Toda esta plática pasó delante del administrador, que gustaba ya de verle ausente, no menos que la dama, que deseaba lo mismo por tener más libertad para sus disoluciones: todos, en efeto, deseaban una misma cosa, aunque por diferentes fines. Tomó don Gregorio de mano de su amigo más de quinientos reales, y con ellos y muy bien vestido se salió de Badajoz a pie para Mérida, ciudad que dista poco della." "Par Dios—dijo Sancho—que eso de badajos y esotro que por su mal olor no lo oso nombrar declaran bien cuán gran puerco y badajo era ese don Gregorio, que dejó la monja entre tantos cuervos o demonios: el tuerto desa pobre señora, mi señor don Quijote, será bien deshacer, pues ganaríamos en ello las catorce obras de misericordia; y más le digo, que si quiere ir luego allá, le acompañaré de muy buena gana, aunque sepa perder o dilatar la posesión del gobierno de la gran ínsula y reino de Chipre, que me toca por línea recta en virtud de la palabra de vuesa merced y de la muerte que ha de dar al soberbio Tajayunque, su rey, cuyo guante traigo bien guardado en esa maleta." No se le encajaba mal a don Quijote el consejo de Sancho, y ya con él se le comenzaba a levantar la mollera, de suerte, que si los circunstantes, que gustaban infinito de saber el fin del cuento, no le apaciguaran con buenas razones, echara el bodegón por la ventana y se fuera luego de allí, dejándoles en porreta; pero diciéndole el soldado Bracamonte que en acabando de oír dónde y cómo quedaba aquella señora le daba palabra de irle a acompañar en tan santa empresa (pues no teniendo noticia más clara de sus cosas y sucesos, no le parecía acertado hacer la jornada, porque podría ser que cuando ellos llegasen a Badajoz ya, ella estuviese en otra parte), se sosegó don Quijote, y ofreció grata atención a todo, obligándose a hacer la tuviese también su escudero. Con esto, y con agradecérselo todos, y rogar tras ello al discreto ermitaño prosiguiese tan suspensa historia, seguro de que, aunque larga, no les cansaba, la prosiguió diciendo.

CAPÍTULO XIX

DEL SUCESO QUE TUVIERON LOS FELICES AMANTES HASTA LLEGAR A SU AMADA PATRIA

"No se fue don Gregorio a Mérida, como había prometido al caballero y a doña Luisa, sino a Madrid, donde, por la babilonia de la corte, fácilmente se encubre y disimula cualquier desdichado; y como él lo era tanto, vino a parar con toda su nobleza en servir a un caballero de hábito, mudado el nombre, sin acordarse más de su dama que si jamás la hubiera visto, la cual le pagó con la mesma moneda, a los primeros días de su ausencia, empleándolos todos en nuevos gustos y en tratar de estafar a cuantos podía, teniendo por blanco sólo el interés; pero, conociendo todos el suyo, comenzaron a hacer alto, divulgándose entre ellos la baja ley y libertad de la forastera; por lo cual, viéndose sin muñidores y, sobre todo, viendo que le hacía algunos malos tratamientos el administrador, enfadado de su ingratitud y disolución, cayó en la cuenta del peligro en que estaba su alma y cuerpo. Advirtió también luego cómo, habiendo tantos días que don Gregorio faltaba, jamás le había escrito, siéndole fácil el hacerlo estando en Mérida por la vecindad, y forzoso el procurarlo por las obligaciones que le tenía, si, como hombre, en fin, no hubiera mudado de intento y dejádola, como lo tenía por sin duda lo había hecho. Comenzó a cavar en la consideración de su mal estado tras esto, y Dios a obrar secretamente en su conocimiento, como aquel que la quería dejar por ejemplo de penitentes y de lo que con su divina misericordia puede la intercesión de su electísima Madre, y finalmente, de lo que a ella la obligan los devotos de su santísimo rosario con la frecuentación de tan eficaz y fácil devoción; que se encendió de suerte su espíritu en amor y temor de Dios, que empezó a deshacerse en lágrimas, apesarada de las ofensas cometidas contra su Majestad, confusa por no saber cómo ni en quién hallar remedio ni consejo; que tan cargada estaba de desatinos. Advirtieron su llanto algunos de sus galanes, y deseando enjugársele, le preguntaban la causa con gran cuidado y deseo de saberla; pero era en vano, porque ya aspiraba la reconocida señora a superior consuelo; y así, despidiéndoles lo mejor que pudo (que no le fue fácil, por ser las arremetidas de los amartelados más fogosas en prosecución de lo que después de amado han procurado dejar, y más si ven desvío en el sujeto), propuso, alumbrada de Dios, volverse a su ciudad y presentarse en ella secretamente a un caballero deudo suyo, y descubrirle todo el suceso de su vida, con fin de que él la ayudase a ir, sin ser conocida, a Roma, a procurar allí, echada a los pies de Su Santidad, algún modo para volver a su monasterio o a otro cualquiera de su misma orden, con fin de tener dónde enmendar, como deseaba, la infernal vida que hasta entonces había tenido. Con este pensamiento, y encomendándose de corazón a María sacratísima, madre de piedad y fuente de misericordia, recogiendo cuanto dinero tenía, y haciendo de sus vestidos y alhajas todo lo que pudo, se vistió de peregrina con sombrero, esclavina, bordón y un grueso rosario al cuello y alpargatas a los pies; y cubierta deste penitente traje, arrebozado el rostro, se salió una noche obscurísima de Badajoz, tomando la derrota hacia su tierra, acompañada sólo de suspiros, lágrimas y deseos de salvarse, desviándose cuanto le era posible de los caminos reales, y procurando caminar casi siempre las noches, en las cuales entraba en las posadas de menos bullicio a tomar dellas lo más necesario para su sustento, saliéndose luego al campo. No le faltaron algunos trabajos y desasosiegos de gente libre en el camino; pero vencioles a todos su modestia y sacudimiento, y sobre todo la santa resolución que la eficaz gracia le había hecho hacer de no ofender más a su Dios en toda su vida, aunque la supiera perder mil veces a manos de un millón de tormentos. Padeció también hambre, sed y frío, por ser tiempo en que le hacía grande el en que caminaba, y por la misma causa la molestaron las aguas y arroyos; pero acompañábase en ellos de la gente más pobre que hallaba, hasta pasarlos, a quien después daba buenas limosnas. Hacía las jornadas cortas, por el cansancio y tiempo, siendo esto la causa de que fuese tan largo el que gastó en el camino, pues tardó en llegar a su tierra más de cuatro meses, visitando en ellos algunos píos santuarios que le venían a cuento. Quiso ya el cielo apiadarse della y dar fin a su prolija jornada; y así, llegando a la última, antes de entrar en su ciudad, a la que descubrió, y reconoció el campanario de su monasterio, fue tal el sentimiento que hizo postrada en tierra, que no hay lengua, ¡oh discretos señores!, que lo acierte a pintar. Resolviose en lágrimas, y resolvió juntamente de quedarse allí en el campo hasta el anochecer, por entrar a medianoche, para mayor seguridad. Hízolo así, y, llegado el plazo, comenzó a enderezar los turbados pasos hacia la casa del deudo de quien pensaba valerse; pero llegando a pasar por delante su monasterio (que no sé si la obligó tanto a ello la necesidad cuanto el cariño y deseo de ver sus paredes; pero no debió de ser lo uno ni lo otro, sino inspiración de Dios para que tuviese su viaje el feliz fin que se sigue) al punto que daban las once, y emparejando con el mismo postigo de la puerta de la iglesia, la vio abierta; y asombrada de semejante caso, comenzó a decir entre sí: "¡Válgame Dios!, ¿qué descuido ha sido éste de las monjas o del sacristán que tiene cargo de cerrar la iglesia? ¿Es posible que se hayan dejado abierto el postigo de su puerta? Mas ¿si acaso han robado algunos ladrones los frontales y manteles de los altares o la corona de la Virgen, que ha de ser de plata si no me engaño? Por mi vida, que tengo de llegar pasito (aunque aventure en ello la vida, pues en dichosa parte la perderé cuanda aquí la pierda), y mirar si hay alguna persona dentro, y avisar, por si ha sido descuido de quien tiene cargo de cerrarle." Metió en esto la cabeza hacia dentro con gran tiento, y estuvo un rato escuchando; pero no sintiendo ruido, ni viendo más que dos lámparas encendidas, una delante del Santísimo Sacramento y otra delante del altar de la Virgen benditísima, estuvo suspensa una gran pieza, sin que osase determinarse a entrar, temiendo no estuviese alguna monja rezando acaso en el coro y, viéndola allí, hiciese algún rumor por do se viese en peligro de ser conocida y, por consiguiente, rigurosamente castigada; pero, no obstante este miedo, se resolvió a seguir la primera deliberación, aunque fuese con el riesgo de la vida. Entró tras esto osadamente, y pasando por delante del altar de la Virgen, tropezó en un gran manojo de llaves que delante dél estaban en el suelo, del cual suceso, maravillada, se abajó para verlas y levantarlas con notable turbación; y apenas lo hubo comenzado a poner por obra, cuando la devotísima imagen de la Virgen la nombró por su nombre con una voz como de reprehensión, de la cual quedó tan atemorizada doña Luisa, que cayó medio muerta en tierra; y prosiguiendo la Virgen sacratísima, le dijo: "¡Oh perversa y una de las más malas mujeres que han nacido en este mundo!, ¿cómo has tenido atrevimiento para osar parecer delante de mi limpieza, habiendo tú perdido desenfrenadamente la tuya a vueltas de tantos y de tan sacrilegos pecados como son los que has cometido? ¿De qué suerte, di, ingrata, soldarás la irreparable quiebra de tan preciosa joya? ¿Y con qué penitencia, insolentísima profesa, satisfarás a mi amado Hijo, a quien tan ofendido tienes? ¿Qué enmienda piensas emprender, ¡oh atrevida apóstata!, para volver por medio della a recuperar algo de lo mucho que tenías merecido, y has perdido tan sin consideración, volviendo las espaldas a las infinitas misericordias que habías recebido de mi divinísimo Hijo?" Estaba en esto la afligidísima religiosa acobardada de suerte, que ni osaba ni podía levantar el rostro, ni hacía otra cosa sino llorar acerbísimamente; pero la piadosa Virgen, consolándola después de la reprehensión, no ignorando la amargura y el dolor de su ánimo, incitándola a verdadera penitencia, le dijo: "Con todo, para que eches de ver que es infinitamente mi Hijo más misericordioso que tú mala, y que sabe más perdonar que ofenderle todo el mundo, y que no quiere la muerte de los pecadores, sino que se conviertan y vivan, le he yo rogado por tu reparo (obligada de las fiestas, solemnidades y rosarios que en honra mía celebraste, festejaste y me rezaste cuando eras la que debías), sin que tú lo merezcas; y él, como piadosísimo que es, ha puesto tu causa en mis manos; y yo, por imitarle en cuanto es hacer misericordias, deseando verificar en ti el título que de Madre de ellas me da la Iglesia, como a él se lo da de Padre de tan grande atributo, he hecho por ti lo que no piensas ni podrás pagarme aunque vivas dos mil años y los emplees todos en hacerme los servicios que me solías hacer en los primeros años de tu profesión. Acuérdate que cuando desta casa saliste, agora hace cuatro años, pasando delante deste mi altar, me dijiste que te ibas ciega del amor de aquel don Gregorio con quien te fuiste, y que me encomendabas las religiosas desta casa, tus hijas, para que mirase por ellas como verdadera madre, cuando tú les eras madrastra; y que las rigiese y gobernase, pues eran mías; tras lo cual arrojaste en mi presencia esas mismas llaves del convento que en la mano tienes. Entiende, pues, que yo, como piadosa madre, he querido hacer, para confusión tuya, lo que me encomendaste; y así has de saber que desde entonces hasta ahora he sido yo la Priora deste monasterio en tu lugar, tomando tu propria figura, envejeciéndome al parecer al compás que tú lo has ido haciendo, tomando juntamente tu habla, nombre y vestido; conque he estado entre ellas todo este tiempo, así de día como de noche, en el claustro, coro, iglesia y refitorio, tratando con todas como si fueras tú propria; por tanto, lo que ahora has de hacer es que tomes esas llaves, y cerrando la puerta de la iglesia con ellas, te vayas por la sacristía y demás pasos por donde te saliste, a tu celda, la cual hallarás de la propria forma y manera que la dejaste, hallando hasta tus hábitos doblados sobre el bufete; póntelos en llegando, y guarda esos de peregrina en el arca; y advierte que hallarás también sobre la propria mesa el breviario y la carta que dejaste escrita, sin que nadie la haya abierto ni leído, y la vela encendida junto a ella. En efeto, hallarás todas las cosas, por mi piadosa diligencia, en el estado en que las dejaste, sin hallar novedad en alguna, y sin que se haya echado de ver tu falta ni la del dinero que has desperdiciado: vete, por tanto, a recoger antes que despierten a maitines, y enmienda tu vida como debes, y lava tus culpas con las lágrimas que ellas piden; que lo mismo han hecho cuantas tras tan graves pecados han merecido el ilustre nombre de penitentes que les da la Iglesia." Quedó la en que estaba doña Luisa, acabando estas razones la celestial Princesa de todas las hierarquías, llena de un olor suavísimo; y ella contrita y tan consolada en su espíritu, cuanto corrida de haber obligado a la Madre del mismo Dios a serlo de sus súbditas; pero obedeciendo a su celestial mandato, recelosa de que no se llegase la hora de los maitines, se levantó del suelo, cubierta de sudor y lágrimas, y haciendo una profunda inclinación a la preciosísima imagen, y otra al Santísimo Sacramento, y tomando las llaves, cerró la puerta de la iglesia, y se fue a su celda por los mismos pasos que había salido della, en la cual lo halló todo del modo que lo había dejado y la Virgen le había dicho. Púsose, en entrando dentro, sus hábitos, guardando en el arca los de peregrina, y apenas lo había acabado de hacer, cuando tocaron a maitines; y enjugándose el rostro, tomó el breviario y estuvo aguardando hasta que vino la monja que solía llamarla, la cual, tomando el candelero de la mesa, como cada noche tenía de costumbre, se fue delante alumbrando hasta el coro, donde estuvo aguardando de rodillas (con no pequeña turbación, por parecerle sueño cuanto veía) a que se juntasen las religiosas; y en habiéndolo hecho, hizo la señal acostumbrada, tras que comenzaron los maitines; y acabados ellos y la oración que de ordinario suelen decir, se volvieron a salir todas, y se fueron a sus celdas al postrer señal de la Priora, la cual también hizo lo proprio, acompañándola con luz a la suya la mesma religiosa que la había sacado della. Cuando se vio sola, comenzó de nuevo a derramar lágrimas, parte de dolor por sus culpas y parte de agradecimiento por la nunca oída merced que la misericordiosísima María le había hecho; y haciéndole una breve oración llena de fervorosos deseos y celestiales conatos, descolgó de la cabecera de su cama unas gruesas disciplinas que solía tener en ella, y tomándolas, se dio con ellas por espacio de media hora una cruelísima disciplina sin ninguna piedad, por principio de la rigorosa penitencia que pensaba hacer todos los días de su vida, de aquel sacrilego y deshonesto cuerpo, de cuya roja sangre quedó el suelo esmaltado en testimonio del verdadero dolor de sus pecados. Acabado este penitente acto, abrió una arca, de donde sacó un áspero cilicio que solía ponerse en las cuaresmas cuando era la que debía, hecho de cerdas y esparto machacado, el cual le tomaba desde el cuello a las rodillas, con sus mangas justas hasta la muñeca; púsose juntamente debajo dél una cadenilla que en la mesma arca tenía, que le daba tres vueltas, y apretándosela con todo rigor al delicado cuerpo, decía: "Agora, traidor, me pagarás los agravios que al espíritu has hecho: no esperes, lo poco que la vida me durare, otro regalo más que éste, y agradece a la Madre de afligidos y fuente de consuelos, María, y a su clementísimo Hijo que no te hayan enviado a los infiernos a hacer esta penitencia, donde fuera sin fruto, forzosa y tan eterna, que durara lo que el mesmo Dios, sin la esperanza del perdón y remedio que agora tienes en la mano, teniéndole tan poco merecido." Y saliéndose luego de su celda, se volvió otra vez al coro, donde estuvo pasando el santísimo rosario delante de la misma imagen que la había hablado, hasta la hora de prima, la cual acabada, hizo al instante llamar al confesor del convento, con quien hizo una general confesión con no vistas muestras de dolor y arrepentimiento, contándole todo el suceso de su vida y las abominaciones y pecados que contra su divina e inmensa Majestad había cometido los cuatro años que había estado fuera del convento: refiriole juntamente el milagro y merced que por la devoción del rosario, la Reina de los cielos, su patrona, le había hecho, supliendo su falta y acudiendo a todas sus obligaciones, movida de su virgínea piedad, salvándole la honra en que no se echase de ver su falta. El secreto del milagro encargó tras esto cuanto fue posible, para mientras le durase la vida al confesor, el cual quedó sumamente maravillado de su grandeza, y lleno de ternura y devoción en el espíritu, cosa que le aseguraba de la verdad del caso; y pasmábase cuando consideraba había merecido su indignidad confesar y comulgar por su mano, no una, sino muchísimas veces, a la puridad, ante quien y en cuya comparación no la tienen los más puros ángeles del cielo. Con todo, quiso ver el rostro de la penitente prelada y certificarse de que era ella misma, y no demonio (como temía) que en figura suya le quería engañar; y vistas sus lágrimas y enterado de la verdad, la consoló cuanto pudo, y animó para la continuación de la empezada penitencia y devoción del santísimo rosario; y perseveró ella en todo, haciéndose mil ventajas cada día a sí misma, de suerte que las que la veían con tan repentina mudanza, en el retiro de gradas, asistencia continua a la oración, y mortificación y ordinario curso de lágrimas, estaban pasmadas, por no saber la causa, como la sabían ella y su confesor, con que se confesaba los más de los días, recibiendo el Santísimo Sacramento muy a menudo. Perseveró en estos ejercicios toda la vida; y al cabo de meses que los continuaba, quiso Dios apiadarse de su perdido galán, como lo había hecho della, tomando por medio un sermón que acaso oyó a un religioso dominico de soberano espíritu, en una parroquia de la corte, que moviendo el cielo la lengua en él, se engolfó a deshora en las alabanzas de la Virgen y en las misericordias que había hecho y hacía cada día con infernados pecadores, por la suave devoción de su benditísimo rosario, trayendo en consecuencia desto el sabido milagro del desesperado hombre que, habiendo hecho donación de su alma al demonio con cédula escrita y firmada de su mano y sangre, por la dicha devoción fue libre de todo, y acabó su vida, perseverando en ella, santísimamente, tras una bien premeditada y llorosa confesión general de todos los cometidos desatinos. Cayó en la cuenta de los suyos el ciego de don Gregorio luego que oyó el docto sermón; y acordándose también de lo mucho que acerca del celestial poder del rosario le había dicho diversas veces su doña Luisa; premeditando las razones del predicador, y confiriéndolas con las que de su dama en esta parte le trajo Dios a la memoria, le pareció que, arrimándose a la frecuentación de tan soberano rezo, hallaría en él brazo que le sacase del cieno de sus torpezas, y otra escala, cual la de Jacob, con que pudiese llegar al cielo, por más entumecido que estuviese en la fragosa y mal cultivada tierra de sus bestiales apetitos: propuso tras esto irse al religioso convento de la Virgen de Atocha y confesarse luego con el santo predicador, cuyo nombre ya sabía, por haberlo preguntado a su compañero al bajar del púlpito. Efectuolo eficazmente; que no es perezosa la divina gracia ni admite tardanzas: fue al convento, entrose en la iglesia, postrose delante la imagen milagrosa de la Virgen, derritiose, puesto allí, en lágrimas: pedía perdón a Dios, piedad a su Madre y ayuda a ambos para enmendar los yerros de la pasada y hacer dellos una general confesión. Alzose luego, entrose en el claustro, pidió por el predicador y, puesto en su presencia, empezaron sus ojos a decirle lo que su lengua no acertaba: con todo, cuando las lágrimas le dieron lugar, le dijo: "¡Remedio, padre!; ¡socorro, varón de Dios, para esta alma, que es la más mala de cuantas la misericordia y caridad inmensa de Jesucristo ha salvado!" Entrose al instante el predicador a su celda, y apenas estuvo dentro, cuando, postrado a sus pies, empezó a hacer con acerbo llanto una confesión general de sus excesos, tal, que estaba el confesor igualmente compungido, confuso y consolado de ver tal trueco en un mozo de los años y prendas de aquél: consolole cuanto pudo, animándole a la continuación de sus propósitos y del rezo del santo rosario, cúya era tan feliz mudanza. Y asegurándole del perdón de sus culpas y de la largueza de las perpetuas misericordias que Dios, con celestial regocijo de todos los cielos y sus ángeles, ha usado y usa de cada día con los pecadores recién convertidos de verdadero corazón, le envió absuelto, consolado y lleno de mil santos propósitos y fervores; y no fue el menor el con que propuso de ir a Roma a visitar los santos lugares, besar el pie a Su Santidad, y obtener, para mayor bien suyo, su plenísima absolución. Volvió, al salirse del convento, a hacer oración a la Virgen, y hecha con las demostraciones del agradecimiento que tan gran merced como la que acababa de recebir, se volvió a la villa, y en ella trocó luego sus vestidos por unos de peregrino, hechos de sayal basto; y sin despedirse de su amo ni de persona, empezó a caminar hacia Roma, do llegó cansado, pero no menoscabado el fervor con que emprendió tan santa peregrinación. Cumplió en aquella grandiosa ciudad con cuanto los deseos que le habían llevado a ella pedían, y obtenido el fin dellos, dio la vuelta hacia su tierra, deseando saber, con aquel disfraz y sin ser conocido, de sus padres; que bien seguro iba de no poderlo ser, según iba de flaco, macilento, triste y desfigurado, así de los trabajos del camino, como de las penitencias que iba haciendo en él; y no fue la menor el sufrimiento con que llevó las vejaciones que ciertos salteadores le hicieron en un peligroso paso. Entró al cabo de días, cubierto de confusión, lágrimas y sobresalto, en su amantísima patria, y lo primero que hizo, llegado a ella, fue irse a pedir limosna al torno del convento de do sacó la Priora, queriendo fuese teatro del primer acto de su penitencia en su patrio suelo el mismo que lo había sido del que dio principio a su trágica perdición y ciego desatino. Diéronle fácilmente honrada limosna las caritativas torneras, y en recibiéndola, se llegó a la misma mandadera que le había llevado el primer recado de doña Luisa la mañana en que se principiaron sus locos amores, y preguntole quién era Priora de aquella casa; diciéndole ella que doña Luisa lo era años había, porque continuaban las religiosas en reelegirla siempre, no sin gusto de sus superiores, por su gran virtud, "¡Doña Luisa—replicó él atónito—decís que es Priora! ¿Cómo es posible?" "Ella es, digo—añadió la mujer—sin duda." "Que os burláis de mí —porfió él—he de pensar, pues queréis persuadirme es Priora desta casa doña Luisa, de quien he oído decir estaba muy lejos de poderlo ser." "Doña Luisa—respondió ella—es, ha sido y será Priora muchos años, a pesar de cuantos invidian su virtud y aumento, pues no faltan muchos que lo hacen." Bajó la cabeza don Gregorio con la confusión y perplejidad que pensar se puede, sin osar replicar más con la mujer, que ya conocía se iba encolerizando en defensa de su señera, temiendo por una parte no le reconociese en la voz, y por otra, que descuidándose, no descubriese algo de lo mucho que con la Priora le había pasado; y así, saliéndose de allí, se fue por diferentes partes de la ciudad, fuera de sí y pidiendo igualmente limosna y el nombre de la Priora de tal convento; y dándole unos y otros la misma respuesta que le había dado la mandadera, por salir del todo de la confusión en que se veía, determinó irse de redondón a casa de sus padres, para echarse allí con la carga, como dicen, y descubriéndoseles, fiar, como era justo hacerlo, dellos el paso de tan grave suceso. Entró por sus puertas, y al primer criado que vio en ellas preguntó si le darían limosna los dueños de la casa, y respondiéndole que sí harían, que eran muy caritativos marido y mujer, le replicó se sirviese decirle sus nombres y si tenían hijos; y sabido dél, por la respuesta, vivían sus padres, aunque afligidísimos por la ausencia de un solo hijo que tenían, y se les había ido sin saber dónde, con quién ni por qué, por el Mundo, y que lo que más les entristecía era no saber si vivía ni en qué parte había dado cabo, para poderle remediar; saltáronsele las lágrimas de los ojos a don Gregorio con la respuesta, y volviendo el rostro a la otra parte, y enjugándolas y disimulándolas cuanto pudo, dijo de nuevo al criado: "¿Llamábase por dicha el hijo destos señores don Gregorio? Porque si tenía ese nombre, es sin duda un soldado que he conocido en Nápoles en el cuartel de los españoles; y sí sería, que por las señas que él me daba de sus calidades, y de que era único mayorazgo en este lugar, y de la disposición de las casas de sus padres (que todo me lo comunicaba, por ser muy mi camarada), éstas han ser las dellos, y el de quien hablo, su hijo; y sabrase presto si es él, si hay quien me diga si se fue desde lugar con alguna mujer de calidad." "No estaba yo aún en servicio desta casa cuando él faltó della, ni le conocí; pero sé que su nombre era, como decís, don Gregorio, y que no hizo otra bajeza ni se tiene dél otra queja que haberse llevado algún dinero prestado de amigos, aunque ya todo lo han pagado sus padres; que de dos caballos que a ellos les llevó y otra gran cantidad de moneda, nunca han hecho caso, porque en fin todo había de venir a ser suyo." "Pues amigo, por las entrañas de Dios os ruego que digáis a esos señores si gustan de hacerme limosna, siquiera por lo que pienso haber conocido a su hijo." "¡Y cómo si os la harán de bonísima gana!—dijo el criado—: yo fío en que no sólo eso hagan por vos, sino que os regalarán muy mucho y tendrán a merced de que les deis nuevas de prenda que tanto quieren; y así, aguardadme, os ruego, mientras subo volando a darles el aviso y recado." Subiose, dicho esto, el criado arriba, sin curarse, con el contento, de mirar en el rostro al peregrino; que si lo hiciera, fuera imposible no leyera en su turbación y lágrimas que él mismo era su señor y el mayorazgo de la casa.

CAPÍTULO XX

EN QUE SE DA FIN AL CUENTO DE LOS FELICES AMANTES

No había bien subido a dar el aviso el criado a sus amos, cuando se arrepintió don Gregorio dello; porque, como venía con intención de saber de sólo de la vida dellos, y sin dárseles a conocer irse luego a meter religioso en la mesma religión en que lo era la Priora, para hacer allí una condigna penitencia con que en parte satisficiese sus graves culpas, pareciole que todo se lo impediría lo que había empezado a intentar. Con la melancolía que esto le causó, y deseando obviar los inconvenientes que de ver a sus padres se le podían seguir, volvió las espaldas para retirarse de la puerta; pero, apenas lo había comenzado a hacer, cuando ya el criado estuvo en ella a buscarle, y los padres salieron a la ventana a llamarle. No se pudo excusar de entrar el turbado peregrino en su casa; y haciéndolo, y subido arriba en una cuadra, le rogaron los venerables viejos se sentase en una silla, y poniéndosele cada uno a su lado, le hicieron mil preguntas del don Gregorio que había dicho al criado había conocido y tratado en Nápoles, haciéndole tras cada una un millón de ofrecimientos. Decíanle con no pocas lágrimas: "¡Ay, hermano mío, y qué diéramos por haber visto como vos ese único y amantísimo hijo nuestro, absoluto señor de nuestra hacienda y total causa del llanto con que pasamos la vida! ¿Está bueno? ¿Tiene qué comer? ¿Sirve o es soldado? ¿Hase casado o qué vida tiene quien tan, sin piedad es verdugo de las nuestras?" Estaba don Gregorio, cuando oía estas razones, más muerto que vivo de ternura y sentimiento; pero, disimulando cuanto pudo, les dijo: "Lo que dél, ¡oh ilustres señores!, os puedo decir, es que, según me comunicó, ha padecido infinitos trabajos desde que salió de vuestra casa y obediencia; pero ¿cuándo los dejó de dar el cielo al hijo que, saliendo de la que debe a sus padres, ofende su valor, lastima sus canas, menoscabando su propria salud, fuerzas y reputación? Dígolo, porque en todo sé que ha padecido don Gregorio mucho, y creo que volviera de buena gana a vuestros ojos si lo permitiera la vergüenza que se lo impide." "¿De qué la ha de tener Gregorio—replicó la madre—, pues en su vida ha hecho bajeza ni hay en la ciudad quien se pueda quejar dél?" "No significaban sus razones— añadió el peregrino—cuando me hablaba eso; antes siempre colegí dellas se había ausentado por alguna afición que tenía a no sé qué religiosa, a quien él llamaba doña Luisa; y temí algunas veces no hubiese escalado por ella el convento o sacádola dél, según andaba de receloso de cuantos le podían conocer." "La mejor seña que nos podíais dar—dijo el padre—de que el que habéis conocido es nuestro hijo, es decirnos nombraba él a doña Luisa; porque es una religiosa gravísima deste lugar, y Priora ha años de tal convento, a quien él visitaba a menudo; pero habeisle hecho agravio a ella y a su valor en pensar cosa de su persona que desdiga della y de la virtud singular que profesa." Cuando don Gregorio oyó el abono que sus padres daban de la Priora, en confirmación de lo que toda la ciudad había dado della, y reparó por otra parte en la ternura y sentimiento con que hablaban dél, se demudó de suerte, que, dándole un parasismo mortal, quedó como muerto reclinado a la silla. Acudieron de improviso los padres a darle algo confortativo, pensando era desmayo de hambre el que le había tomado; y quitándole el sombrero que tenía calado, y desabrochándole con piedad cristiana; reparando en el rostro la madre, que hacía este oficio y le enjugaba el sudor dél, le conoció, y levantó los gritos al cielo, diciendo: "¡Ay, hijo de mis ojos, y qué disfraz es el con que has querido entrar en esta tu propria casa!" El padre que, oyendo los gritos de la madre, percibió llamaba de hijo al peregrino, se llegó, tan desmayado como él lo estaba, a mirarle, y, conociéndole, ayudó también a las endechas de la madre, diciendo: "¿Qué peregrina invención ha sido ésta, Gregorio mío, de querer disimulártenos, dándotenos a conocer tan por rodeos? ¿Pensarías hacer con tus padres, sin duda, lo que con los suyos hizo san Alejo? Mas no creo tal, pues tan lejos está de parecerse a aquel santo quien tan sin ocasión ni violencia de casamientos ha usado tan peregrino rigor." Alborotose luego la casa, corriendo las nuevas de la vuelta de don Gregorio por el barrio, y antes que él volviese del desmayo en sí, estaba rodeado de criados y vecinos; y corrido, cuando volvió a cobrar sus sentidos, de ver la publicidad de su vuelta, abrazó a sus padres, postrándoseles luego a sus pies y pidiéndoles le dejasen reposar a solas, despidiendo los circunstantes, pues bastaba hubiesen sido testigos de su corrimiento y del perdón que les pedía por los enojos causados. Fuéronse cuantos esto le oyeron, contentos de ver lo quedaban los padres, los cuales luego dieron también orden en que se acostase y reposase. Hízolo, y preguntando a su madre en la cama cuánto había que no se había visto con la Priora, supo della que tres días, y cómo, hablándole en la conversación dél, y representándole el sentimiento con que vivían todos en su casa por su ausencia y no saber si era muerto ni vivo, había en ella vertido no pocas lágrimas y despedido del pecho algunos lastimosos suspiros, indicio claro del sincero amor que le tenía, y de lo que sentía su perdición. Más le crecía el asombro a don Gregorio cuando estas cosas oía; porque, como no sabía el milagro, y estaba cierto, por otra parte, de su maldad y de lo que con la Priora le había acontecido, parecíale todo sueño, y que era ilusión del demonio el pensar verse en casa de sus padres y vuelto tan a su salvo en su patria; y así, a ratos, con la vehemencia desta imaginación se suspendía, de suerte que no acertaba a responder. Con todo, rogó a su madre, después de haber reposado algunos días, le hiciese merced de llegar al convento y verse con la Priora, dándole aviso de su vuelta y de cómo había sido con hábito penitente de peregrino, después de haber estado en Roma a pedir absolución a Su Santidad de las mocedades que había cometido en los años que había faltado de su casa, en cuyo conocimiento había venido por sus oraciones, a lo que creía, y por haber oído un sermón de las alabanzas del santísimo rosario y de las misericordias que por su devoción hacía la Virgen benditísima en grandísimos pecadores. Rogola juntamente instase con ella le diese licencia en todo caso para ir a besarle las manos y darle cuenta de los sucesos de su persona, sola aquella vez, pues en hacello o dejarlo de hacer estaba su consuelo y quietud. Fue la madre luego a hacer la visita, encargadísima de sacar la licencia que deseaba su hijo, cuyo alivio procuraban ella y todos los demás deudos, por ver cuánto necesitaba dello la melancolía con que le veían. Habló, en llegando al convento, a la Priora; y cuando le hubo dado las referidas nuevas y recado, vio en las lágrimas que de contento derramó tras él (que a eso atribuía la madre de don Gregorio las que doña Luisa derramaba de confusión y vergüenza), el gozo que mostraba de su vuelta y mudanza; y alegre de ver que ya por su instancia permitía le hablase (enterada primero della de cuán otro venía de la fuente de indulgencias y perdones que da Dios a los pecadores por manos de su supremo vicario, cosas todas que se las aseguraba ser así al enviarle a decir el mismo don Gregorio venía de Roma; lo cual y el entender juntamente que había alcanzado tan grande misericordia por el mismo medio que ella, del santísimo rosario, fueron bastantes causas para obligarla a concederle sin escrúpulo la licencia que le pedía para llegar a hablarla el día siguiente; porque siempre el corazón le dijo había de ser tan feliz el fin desta segunda visita, cuanto le había sido nocivo el de la primera), volviose la madre con esta respuesta contentísima a su casa, y con razón, pues en ella llevaba, aunque sin entenderlo así, la medicina que más convenía al consuelo de su hijo y a su salvación; el cual, deseándola con las veras que lo suele hacer aquel a quien Dios abre los ojos del alma, pasó la noche toda en oración, suplicando a su divina Majestad, por la puridad de su santísima Madre, cuyo rosario nunca se le cayó de las manos, se sirviese de darle en la esperada visita el espíritu, para cosas de edificación de su alma, que convenía tuviese quien en aquel puesto en que se había de ver, tan desatinado había andado. La misma oración hizo en su coro la santa Priora, y preparándose, venida la mañana, ambos con recebir los divinos sacramentos de la confesión y Eucaristía, se pusieron, llegando el plazo, en el locutorio, do se habían de ver con iguales deseos de saber el uno el suceso del otro. No tiene, señores, mi ruda lengua palabras con que explicar bastantemente la turbación de las con que se saludaron al primer encuentro los dos felices amantes; porque, en viéndose el uno al otro (si es que las lágrimas les dejaron mirarse), se turbó él y encalmó ella de suerte que por muy gran rato no supieron ni de sí ni de adonde estaban. Las galas con que don Gregorio entró a verla, con un vestido de paño liso, sin gorbión alguno, el sombrero puesto en los ojos, sin espada ni más compañía que bonísimos deseos y unas planchas grandes de hoja de lata, hechas rallo, en pecho y espaldas, y una cruz entre la ropilla y jubón, con rosario y horas en la faltriquera; sacando la Priora el adorno que queda dicho se puso la primera noche que llegó al convento, y con que en ella dio principio a su rigurosa penitencia. Puestos, pues, de la suerte dicha, cuando la suspensión y llanto les dio lugar, empezó él a decirle: "Por la cruz en que remedió mi eterno Dios pecadores tales cual yo soy, y por las lágrimas, afrentas y angustias con que en ella expiró, y por las que al pie de tan salutífero árbol sintió su purísima Madre, que por serlo tanto, pudo ser sólo su hechura de su omnipotencia, os pido me digáis, ¡oh religiosa señora!, si sois vos la Priora doña Luisa que cuatro años ha con vuestra vista me cegastes, perdistes y enamorastes de suerte que, loco, desatinado y sin temor de Dios, me resolví en sacaros de aquí y llevaros a Lisboa y a Badajoz, cometiendo las ofensas y sacrilegios contra el cielo, que sólo un merecido infierno puedo; y si acaso sois la que pienso, decidme también cómo yéndoos conmigo os quedastes acá, y quedándoos acá os fustes conmigo; que cierto estoy (¡y ojalá no lo estuviera tanto!) que os vi, hablé, amé y solicité y saqué desde convento, sin temor de hacer a vuestro estado y profesión la ofensa que se siguió por postre de tan infernales principios; porque veo me aseguran cuantos de vos pregunto por otra parte (cosa que vuelvo loco), que jamás habéis faltado desta casa; antes dicen que siempre la habéis regido con notables ejemplos y mil virtuosas medras. Yo soy don Gregorio el malo, el sacrílego, el aleve, el traidor y, finalmente, el peor de los hombres y el igual a Lucifer en los pensamientos, pues los puse en quien era esposa de mi mismo Dios, cielo suyo y niñas de sus ojos. A la Virgen bendita del Rosario debo el conocimiento de mis culpas, pues dejándoos (si sois la que pienso, y no fantasma) en Badajoz, y dando cabo en la corte, descuidado de mi bien, merecí un día oír acaso un sermón de uno de los apóstoles que la predicación de su santo rosario tiene María en el Mundo; en que, pintando las misericordias que por tal devoción hace su clemencia, pintó mi ceguera y dibujó mi perversa vida, dando juntamente remedio a todos mis males; que todo lo hizo predicando un milagro y la eficacia de la dicha devoción. Sentí tras sus palabras la de la divina gracia, pues supe confesarme luego y dejar la corte del rey de España, y buscar la de quien es vicario de aquel por quien los reyes reinan y en cuyo servicio consiste sólo el verdadero reinar: alcancé absolución de aquella santa silla; y volviendo peregrino a saber, disfrazado, de mis padres, y a saber la nota y escándalo que de vuestra persona y de la mía había en esta ciudad, he hallado en ella que en boca de todos sois vos la santa, la recogida y ejemplar; sin habérseos notado falta ni ausencia; siendo yo solo el que os he pintado y saben los cielos y vos (si sois la que pienso) y mi misma conciencia, que es el más riguroso fiscal y quien me trae a sombras de tejado el temor de la divina justicia, de quien sólo pienso escapar recogido en el templo de la divina misericordia, mediante la intercesión de quien es madre dellas." Acabó en esto la lengua de don Gregorio las razones, y comenzaron de nuevo sus ojos a confesar sus yerros y a mostrar el sentimiento que tenía dellos. Consoladísima quedó la Priora cuando hubo oído del autor de sus desventuras el conocimiento que tenía dellas, y más cuando supo que le había venido tan grande bien por las manos clementísimas de quien había vuelto por su honra y suplido su falta en el gobierno los años que, dejada de Dios, había seguido desenfrenadamente sus apetitos y las sendas de su condenación. Y consolándole y dándole cuenta de sus sucesos y de lo que debía a María benditísima, y cómo pensaba pagarle en parte tan grande deuda con una verdadera y perpetua penitencia de sus culpas y un privarse de verle jamás a él, le rogó fuese el que debía, mirase por su alma y huyese del mundo cuanto le fuese posible y de vanas conversaciones y pláticas; que le daba palabra ella de hacer lo mismo, como también se la daba de callar el suceso mientras viviese; pero no muerta, pues antes de morir le pensaba dejar escrito en manos de su confesor, con orden de que le divulgase el mesmo día para gloria de Dios y recomendación de la celestial autora de tal misericordia. Ofreciole don Gregorio hacer las mismas diligencias, y de no quedar en el Mundo, sino entrarse en un retirado convento de su propria Orden, do pagase su sensualidad el debido escote de los excesos pasados, a fuerza de ayunos y disciplinas; y tras celebrar él con mil alabanzas de la Virgen y un millón de asombros y admiraciones la merced milagrosa y favor inaudito que su infinita clemencia había usado por la devoción del santo rosario de la Priora y con él mesmo, se despidió del convento para nunca más llegar a él, y della para jamás verla; y lo proprio hizo ella, pidiéndose ambos con lágrimas perdón recíproco, y las oraciones el uno del otro. Continuó siempre, como queda dicho, la Priora sus mortificaciones, consoladísima de la conversión de don Gregorio, dando por ella iguales gracias a la Virgen que por la suya propria, a quien le encomendó toda su vida. Volviose de allí él a su casa, do estuvo algunos días asentando cosas; y comunicada al cabo dellos a sus padres su devoción, y representándoles las obligaciones que tenían de consolarse con haberle visto vuelto vivo, les pidió su bendición y licencia para ser religioso, pues lo debía a Dios y a su

Madre, rogándoles ahincadamente se la diesen, y tuviesen a bien tomase tan divino estado; tras lo cual también los rogó dejasen sus bienes después de sus días a pobres, que son los verdaderos depósitos y en quien mejor se guardan, pues en su poder jamás se menoscaban las haciendas. Alcanzáronlo todo dellos sus lágrimas y raro espíritu; con que se fue contentísimo a ser religioso en la misma ciudad, profesando en la religión que tomó, con notables demostraciones de virtud; y llegando por ellas a ser prelado de su convento, quiso Dios acabase sus días, ordenando juntamente el cielo fuese el de su muerte en el mesmo en que fue la de la Priora y a la misma hora; y haciendo cada uno antes de expirar una devotísima plática a su comunidad, murieron con notables señales de su salvación, recebidos todos los divinos sacramentos. Halláronse en poder de los confesores de ambos, luego que expiraron, las relaciones de los amores, sucesos, conversiones, milagros, y de los favores que la Virgen les había hecho; y publicándose el caso y verificándose, acudió toda la ciudad a ver sus santos cuerpos, que estaban hermosísimos en los féretros. Hízoseles sumptuosísimo entierro, invidiando todos la buena suerte de los padres de fray Gregorio, los cuales tuvieron honradísima y consolada vejez con su feliz fin. Llegado el de su vida dellos, repartieron su hacienda en los conventos de la Priora y de su hijo, con ejemplo de todos, muriendo cargados de años y de buenas obras. De los de la santa Priora no digo nada, porque así ellos como la otra hermana que tenía religiosa murieron mucho antes que ella."

CAPÍTULO XXI

DE CÓMO LOS CANÓNIGOS Y JURADOS SE DESPIDIERON DE DON QUIJOTE Y SU COMPAÑÍA, Y DE LO QUE A ÉL Y A SANCHO LES PASÓ CON ELLA

Apenas hubo el ermitaño dado fin a las razones del cuento, cuando dio principio a las de su alabanza y encarecimiento uno de los canónigos, diciendo: "Maravillado y suspenso en igual grado me deja, padre, el suceso de la historia referida y el concierto guardado en su narración, pues él la hace tan apacible cuanto ella de sí prodigiosa; si bien otra igual a ella en la sustancia tengo leída en el milagro veinte y cinco de los noventa y nueve que de la Virgen sacratísima recogió en su tomo de sermones el grave autor y maestro que por humildad quiso llamarse el discípulo: libro bien conocido, y aprobado, por cuyo testimonio a nadie parecerá apócrifo el referido milagro; por el cual, y por los infinitos que andan escritos, recogidos de diversos, graves y piadosos autores, en confirmación del santo uso y devoción del rosario, protesto ser toda mi vida de aquí adelante muy devoto de su santa cofradía; y en llegando a Calatayud, tengo sin duda de asentarme en ella y procurar ser admitido en el número de los ciento y cincuenta que se emplean en servirla y administrarla, trayendo visiblemente el rosario, por el interés de las muchas indulgencias que he oído predicar se ganan en ella." No dejó Sancho con sus dislates ordinarios proseguir al canónigo los devotos encomios que iba diciendo de la santa cofradía del Rosario y de la Virgen Santísima, su singular patrona; porque, saliendo de través, dijo: "Lindamente señor ermitaño, ha departido y devisado la vida y muerte desa bendita monja y penitente fraile: juro, non de Dios, que diera cuanto tengo en las faltriqueras, que son cinco o seis cuartos, por saberla contar, de la suerte que la ha contado, a las mozas del horno de mi lugar; y desde aquí protesto que si Dios me diere algún hijo en Mari-Gutiérrez, que le tengo de inviar a estudiar a Salamanca, do, como este buen padre, aprenda teología, y poco a poco llegue por sus puntos contados a decorar toda la gramática y medecina del Mundo; porque no quiero se quede tan grande asno como yo. Pero no piense el grandísimo bellaco gastar en el estudio la hacienda de su padre, yéndose a jugar con otros tales como él; que por las barbas que en la cara tengo, juro que le tengo de dar si tal hace con este cinto más azotes que caben higos en un serón de arroba." Decía esto él quitándose el cinto y dando con él con una cólera desatinada en el suelo, repitiendo: "Ser bueno, ser bueno; estudiar, estudiar mucho; en hora mala para él y para cuantos le valieren y me le quitaren de las manos." Rieron mucho los circunstantes de su bobería, y no obstante su necia maldición, le tuvieron del brazo, diciendo: "Baste ya, hermano Sancho; no más, por amor de Dios; que aun no está engendrado el rapaz que ha de llevar los azotes." Con esto lo dejó, diciendo: "A fe que lo puede agradecer a vuesas mercedes; pero otra vez lo pagará todo junto: pase ésta por primilla." Don Quijote le dijo: "¿Qué tontería es ésa, Sancho? Aun no tienes el hijo, ni aun esperanza de tenelle, ¿y ya le azotas porque no va a la escuela?" "¿No ve vuesa merced— replicó él— que estos muchachos, si desde chiquitos no se castigan y se amoldan antes de tener sér, se vuelven haraganes y respostones? Es menester, pues, para evitar semejantes inconvenientes, que sepan desde el vientre de su madre que la letra con sangre entra; que así me crió mi padre a mí; y si algún buen entendimiento tengo, me lo embebió él en el caletre a puros azotes, tanto, que el cura viejo de mi lugar (santa ánima haya su gloria), cuando me topaba por la calle, poniéndome la mano sobre la cabeza, decía a los circunstantes: "Si este niño no muere de los azotes con que le crían, ha de crecer por puntos." "Eso, Sancho—respondió el ermitaño—, también me lo dijera yo." "Pues sepa vuesa merced—replicó él—que aquel cura era grande hombre, porque había estudiado en el Alcana toda la latrinería del pe a pa." "Alcalá dirás—dijo don Quijote—; que en el Alcana de Toledo no se aprenden letras, sino cómo se han de hacer compras y ventas de sedas y otras mercancías." "Eso o esotro— replicó Sancho—; lo que sé es que era medio adevino, pues conocía una mujer de buena cara entre veinte feas; y era tan docto, que pasando una vez por mi lugar un estudiante, argumentaron bravamente ambos de las epístolas y evangelios del misal, y le vino nuestro cura a cohondir, porque le preguntó, tratando de no sé qué latín de la Iglesia, que ya no se me acuerda, no sé qué honduras, y le dejó patas arriba hecho un cesto, confesando dél que era hombre preeminente." "Por cierto—dijo un canónigo— señor Sancho, que vuesa merced tiene bravo ingenio, y que gustaré no poco, y lo mismo creo harán todos estos señores, de oírle contar algún cuento igual a los que nos han referido el señor soldado y reverendo ermitaño, pues siendo tanta su memoria y habilidad, no dejará de ser el que nos contare muy curioso." "Yo les prometo a vuesas mercedes—dijo Sancho—que tocan tecla a la cual responderán más de dos docenas de flautas; porque sé los más lindos cuentos que se pueden imaginar; y si gustan, les contaré uno diez veces mejor que los referidos, aunque muy más corto y verdadero." "Quítate allá, animalazo—dijo don Quijote—: ¿qué has de contar que sea de consideración? Saldrasnos a moler con una frialdad a mí y a estos señores, como me moliste en el bosque en que encontré con aquellos seis valerosos gigantes en figura de batanes, con la necia historia de Lope Ruiz, cabrerizo extremeño, y de su pastora

Torralba, vagamunda perdida por sus pedazos, hasta seguirle enamorada dellos, después de reconocida y llorosa por los melindrosos desdenes con que le trató (ordinario efecto del amor en las mujeres, que buscadas huyen, y huidas buscan), desde Portugal hasta las orillas de Guadiana, en las cuales atollaron sus cabras tu cuento, y mis narices con el mal olor con que atrevido las sahumaste." "¡Malillo, pues, era el cuento!—dijo Sancho—; y a fe que me huelgo que a vuesa merced se le acuerden tan bien sus circunstancias, para que por ellas y las del que agora referiré, si me dan grato silencio todos, conozca la diferencia que hay del uno al otro." Rogaron todos a don Quijote le dejase contar su cuento; y dándole él licencia para ello, y entonando Panza su voz, comenzó a decir: "Érase que se era, que en hora buena sea, el bien que viniere para todos sea, y el mal para la manceba del abad, frío y calentura para la amiga del cura, dolor de costado para el ama del vicario, y gota de coral para el rufo sacristán, hambre y pestilencia para los contrarios de la Iglesia." "¿No lo digo yo—dijo don Quijote—, que este animal es afrenta-buenos, y no ha de decir sino dislates? ¡Miren la arenga de los diablos que ha tomado para su cuento, tan larga como la cuaresma!" "¿Pues son malos los arenques para ella, cuerpo de mi sayo?—dijo Sancho—. No me vaya vuesa merced a la mano, y verá si digo bien: ya me iba engolfando en lo mejor de la historia, y agora me la ha hecho desgarrar de la mollera: escuchen, si quieren, con Barrabás, pues yo les he escuchado a ellos. Érase, como digo, volviendo a mi cuento, señores de mi alma, un Rey y una Reina, y este Rey y esta Reina estaban en su reino, y todos al que era macho llamaban el Rey, y a la que era hembra la Reina. Este Rey y esta Reina tenían un aposento tan grande como aquel que en mi lugar tiene mi señor don Quijote para *Rocinante*; en el cual tenían el Rey y la Reina muchos reales amarillos y blancos, y tantos, que llegaban hasta el techo. Yendo días y viniendo días, dijo el Rey a la Reina: "Ya ves, Reina de este Rey, los muchos dineros que tenemos: ¿en qué, pues, os parece sería bueno emplearlos, para que dentro de poco tiempo ganásemos muchos más y mercásemos nuevos reinos?" Dijo luego la Reina al Rey: "Rey y señor, paréceme que sería bueno que los comprásemos de carneros." Dijo el Rey: "No, Reina, mejor sería que los comprásemos de bueyes." "No, Rey —dijo la Reina—; mejor será, si bien lo miras, emplearlos en paños, y llevarlos a la feria del Toboso." Anduvieron en esto haciendo varios arbitrios, diciendo la Reina no a cuanto el Rey decía sí; y el Rey sí a cuanto la Reina decía no. A la postre, postre, vinieron ambos en que sería bueno ir con los dineros a Castilla la Vieja o tierra de Campos, do, por haber muchos gansos, los podrían emplear en ellos, mercándolos a dos reales; y añadía la Reina, que dio este consejo: "Y luego mercados, los llevaremos a vender a Toledo, do se venden a cuatro reales, y a pocos caminos multiplicaremos así infinitamente el dinero en breve tiempo. Al fin el Rey y la Reina llevaron todos sus dineros a Castilla en carros, coches, carrozas, literas, caballos, acémilas, machos, muías, jumentos y otras personas de este compás." "Tales como la suya serían todos—dijo don Quijote—: ¡maldígate Dios a ti y a quien tiene paciencia para oírte!" "Ya es la segunda vez que me desbarata—replicó Sancho—, y creo que es de invidia de ver la gravedad de la historia y elegancia con que la refiero; y si eso es, dela por acabada." Que no permitiese tal rogaron todos a don Quijote, y a Sancho pidieron con instancia la prosiguiese. Hízolo, diciendo, porque estaba de buen humor: "Consideren, señores, con tanto real qué tantos gansos comprarían el Rey y la Reina; que yo sé de cierto que eran tantos, que tomaban más de veinte leguas: en fin, estaba España tal de gansos, cual estuvo el Mundo de agua en tiempo de Noé." "Y si fuera cuales estuvieron de fuego Sodoma y Gomorra y las demás ciudades—dijo Bracamonte—¿cuáles quedaran los gansos, señor Panza?" "Para la mía buenos y bien asados, señor Bracamonte; pero ni eso fue, ni se me da nada, pues no me hallé en ello: lo que sé es que el Rey y la Reina iban con ellos por los caminos, hasta que llegaron a un grandísimo río..." "Que, sin duda—dijo el Jurado—, sería Manzanares, pues su grandiosa puente segoviana muestra que antiguamente sería caudalosísimo." "Sólo sé—replicó Sancho—que por no haber en él pasadizo, llegados el Rey y la Reina a su orilla, dijo el uno al otro: "¿Cómo habemos de pasar agora estos gansos? Porque si los soltamos, se irán nadando por el río abajo, y no los podrá después coger el diablo de Palermo; por otra parte, si los queremos pasar en barcas, no los podremos recoger en un año." "Lo que me parece —dijo el Rey—es que hagamos hacer luego en este río una puente de palo, tan angosta, que sólo pueda pasar por ella un ganso; y así, yendo uno tras otro, ni se nos descarriarán, ni tendremos trabajo de pasarlos todos juntos." Alabó la Reina la traza; y efectuada, comenzaron uno a uno a pasar los gansos." Calló Sancho en esto; y don Quijote le dijo: "Pasa tú con ellos, con todos los diablos, y acabemos ya con su pasaje y con el cuento. ¿Para qué te paras? ¿Hásete olvidado?" No respondió palabra Sancho a su amo, lo cual visto por el ermitaño, le dijo: "Pase vuesa merced, señor Sancho, adelante con el cuento; que en verdad que es lindísimo." A esto respondió él, diciendo: "Aguárdense: ¡cuerpo non de Dios, y qué súpitos que son! Dejen pasar los gansos, y pasará el cuento adelante." "Dadlos por pasados", replicó uno de los canónigos. "No, señor —dijo Sancho—: gansos que ocupan veinte leguas de tierra no pasan tan presto; y así resuélvase en que no pasaré adelante con mi cuento, ni lo puedo hacer con buena conciencia, hasta que los gansos no estén de uno en uno desotra parte del río, en que no tardarán más que un par de años cuando mucho." Con esto se levantaron del suelo, riendo todos como unos locos, sino don Quijote, que le quiso dar a todos los diablos; pero apaciguáronle los de la compañía, después de lo cual se despidieron dél, diciéndole: "Sírvase vuesa merced, señor caballero andante, de darnos licencia; que pues el sol, ya negándonos su luz por comunicarla a los antípodas, deja la tierra sin la molestia que su riguroso calor le causaba, razón será le mostremos en el caminar, por tener la jornada algo más larga que vuesa merced y su compañía, a la cual suplicamos nos mande y emplee en su servicio; que a todo acudiremos como pide la obligación en que nos ha puesto la merced recebida y la buena compañía que se nos ha hecho." "Ese agradecimiento noble estimo yo en nombre destos señores en lo que es razón—replicó don Quijote—; y por él y en nombre dellos rindo las debidas gracias, ofreciendo en servicio de vuesas mercedes cuanto nuestras fuerzas valieren; y acompañáramoslos todos con la prisa, aunque voy a la corte por un forzoso desafío, si me igualaran los pies de este señor soldado, y reverendo ermitaño, con cuyo cansancio me acomodo, obligado de su buen término y mi natural piedad." Despidiéronse en esto con mucha cortesía los unos de los otros, y don Quijote puso el freno a *Rocinante,* en que subido, comenzó a caminar con el ermitaño y soldado por diferente parte, poco a poco, hacia un lugarejo donde tenían determinado quedarse aquella noche, yendo aguardando a Sancho, que se quedó enalbardando su rucio. Entretanto que llegaban al pueblo, platicaron el ermitaño y el soldado sobre los referidos cuentos; y como eran agudos y estudiantes, pudieron fácilmente meterse en puntos de teología, y uno dellos fue admirándose del siniestro fin que tuvo Japelín, y el feliz de don Gregorio y la Priora. En esto volvieron todas las cabezas, y más don Quijote, que con mucha atención les iba escuchando, y vieron a Sancho Panza, que venía muy repantigado sobre su asno. Llegándoseles cerca, dijo: "Por la vida de Matusalén juro que aunque murió muy buena muerte aquel don Gregorio, con todo, por el camino he venido pensando en cuán mal lo hizo en dejar a la pobre doña Luisa en Badajoz sola, y en las manos de aquellos fariseos que tan enamorados andaban della, con que le dio ocasión de ser peor de lo que era ya." "¿No veis, Sancho—respondió el ermitaño—, que todo fue permisión de Dios, el cual de muy grandes males suele sacar mayores bienes, y no permitiera aquéllos, si no fuera por ocasionarse con ellos para mostrar su omnipotencia y misericordia en estos otros? Que en fin, de lo mesmo que el demonio traza para perdernos, toma nuestro buen Dios ocasión de ganarnos; que son el demonio y Dios como la araña y abeja, que de una misma flor saca la una ponzoña que mata, y la otra miel suave y dulce que regala y da vida."

CAPÍTULO XXII

CÓMO, PROSIGUIENDO SU CAMINO DON QUIJOTE CON TODA SU COMPAÑÍA, TOPARON UNA EXTRAÑA Y PELIGROSA AVENTURA EN UN BOSQUE, LA CUAL SANCHO QUISO IR A PROBAR COMO BUEN ESCUDERO

Yendo nuestro buen hidalgo caminando con toda su compañía y platicando de lo dicho, ya que llegaban a un cuarto de legua del pueblo do habían de hacer noche, oyeron en un pinar, a la mano derecha, una voz como de mujer afligida; y parándose todos, volvieron a escuchar lo que sería, y sintieron la misma voz lamentable, que decía: "¡Ay de mí, la más desdichada mujer de cuantas hasta agora han nacido! ¿Y no habrá quien me socorra en esta tribulación, en que la fortuna por mis grandes pecados me ha puesto? ¡Ay de mí, que sin duda habré de perecer aquí esta noche, entre dientes, garras y colmillos de alguna de las muchas fieras que semejantes soledades suelen poblar! ¡Oh traidor perverso! ¿Y por qué me dejaste con vida, pues me fuera harto mejor que con los filos de tu cruel espada me cortaras el cuello, que no haberme dejado desta suerte con tanta inhumanidad? ¡Ay de mí!" Don Quijote, que semejantes razones oyó sin ver quién las decía, dijo a los compañeros: "Señores, esta es una de las más extrañas y peligrosas aventuras que jamás he visto ni probado desde que recebí el orden de caballería; porque este pinar es un bosque encantado, donde no se puede entrar sin grandísima dificultad, en medio del cual tiene el sabio Frestón, mi contrario antiguo, una cueva, y en ella muchos y muy nobilísimos caballeros y doncellas encantadas, entre los cuales, por saber que en ello me hace singular agravio y sinsabor, ha traído presa a mi íntima amiga la sabia Urganda la desconocida, y la tiene llena de cadenas, atada a una rueda de molino de aceite, la cual voltean dos ferocísimos demonios; y cada vez que la pobre sabia llega abajo, y la coge la piedra por el cuerpo, da aquellas terribles voces: por tanto, ¡oh clementísimos héroes!, atended; que sólo a mi persona atañe y de juro pertenece probar esta insólita aventura, y libertar a la afligida sabia o morir en la demanda." Cuando el ermitaño y Bracamonte oyeron semejantes dislates a don Quijote, y ponderaron los visajes y afectos con que lo decía, le tuvieron totalmente por loco; pero con todo, disimulando este conceto que dél tenían, le dijeron: "Mire vuesa merced, señor don Quijote, que por esta tierra no se usan encantamientos, ni este pinar está encantado, ni puede haber cosa de las que vuesa merced dice; y sólo se puede buenamente colegir de las voces que se oyen, que algunos salteadores habrán robado alguna mujer y dádola de puñaladas, la habrán dejado en medio deste pinar, y desto se debe de lamentar." "A pesar de cuantos lo contradicen—replicó don Quijote—, son las voces de la persona y por las causas que dicho tengo." Viendo Sancho Panza lo que altercaban sobre decernir quién y por qué razón pronunciaba los confusos lamentos que oían, se llegó a su amo, muy repolludo en el rucio, y quitándose la caperuza, puesto en su presencia, le dijo: "Ya los días pasados vio vuesa merced, mi señor don Quijote, saliendo de Zaragoza, cómo me las tuve tiesas con el señor Bracamonte, que está presente; y que si no fuera por vuesa merced y por el respeto que tuve a la venerable presencia de este señor ermitaño, no dejara de dar cima, tronco, o como diablos lo llaman los caballeros andantes, a la aventura o batalla que con él tuve, pero batalla en que se me dio por vencido; y así para que merezca venir a ser por mis pulgares, andando los tiempos, tenido por esos mundos, ínsulas y penínsulas por caballero andante, como vuesa merced lo es, y haga a cuantos topare tuertos y cojos, le pido desencarecidamente se esté aquí con estos señores; que yo iré quedito, subido en mi rucio, sin permitirle diga en el camino palabra buena ni mala, a ver si es la que ahí dentro se queja la sabia Urganda, o como se llama; y si cojo descuidado al bellaconazo del sabio que vuesa merced dice, verá cómo, después de haberle dado media docena de gentiles mojicones, se le traigo aquí agarrado de los cabezones; pero si acaso muriéremos en la demanda yo y mi fidelísimo jumento, suplico a vuesa merced, por amor del señor san Julián, abogado de los cazadores, que nos haga enterrar juntos en una sepultura; que pues en vida nos quisimos como si fuéramos hermanos de leche, bien es que en la muerte también lo seamos; y mándeme enterrar en los montes de Oca; y si por mi ventura fuere camino para llevarnos a ellos la Argamesilla de la Mancha, nuestro lugar, deténganos en ella siete días con sus noches, en honra y gloria de las siete cabrillas y de los siete sabios de Grecia; lo cual hecho, iremos alegres nuestro camino, habiendo empero almorzado primero lindamente." Riose don Quijote, diciendo: "¡Oh Sancho, y qué grande necio que eres! Pues si te he de llevar muerto con tu rucio, ¿cómo quieres descansar siete días con sus noches en la Argamesilla, y después almorzar para ir adelante?" "Par diez—replicó Sancho—que tiene razón: vuesa merced perdone; que no había caído en que iba muerto." "Pues, Sancho—dijo entonces don Quijote—, porque veas que deseo tu aprovechamiento en las aventuras, te doy plenaria licencia para que vayas y pruebes ésta, y ganes la honra della que se me debía; y me la quito para dártela, con fin de que comiences a ser caballero novel, prometiéndote que si le das, cual confío de tu brazo, a esta peligrosa hazaña que emprendes, en llegando a la española corte, tengo de hacer con su católico monarca que por fuerza o por grado te dé el orden de caballería, para que, dejando el sayo y la caperuza, subas armado de todas piezas en un andaluz caballo, y vayas a justas y torneos, matando fieros gigantes y desagraviando opresos caballeros y tiranizadas princesas con los filos de tu espada, sin trepidar los soberbios gigantes y fieros grifos que te hicieren resistencia." "Señor don Quijote—dijo Sancho—, déjeme a mí; que a cachetes haré yo más en un día que otros en una hora; y si puedo poner un poco de tierra en medio, como haya abundancia de guijarros, quedará la victoria por mía, y muertos todos los gigantes aunque tope un cahiz de ellos; y con esto, adiós; que voy a ver en qué para esta aventura; mas déme primero su bendición." Don Quijote le santiguó, diciendo: "Déte Dios en este trance y semejantes lides la ventura y acierto que tuvieron Josué, Gedeón, Sansón, David y el santo Macabeo contra sus contrarios, por serlo de Dios y de su pueblo." Comenzó luego Sancho a caminar; y andados cuatro pasos, volvió a su amo, diciendo: "Mire vuesa merced, señor, que si acaso diere voces, viéndome en algún peligro, que acuda luego, y no demos que reír al mal ladrón, pues podría vuesa merced llegar tan tarde, que ya Sancho hubiese llevado, cuando llegase, media docena de mazadas de gigantes." "Anda, Sancho—dijo don Quijote—, y no tengas miedo; que yo acudiré a tiempo." Con esto se fue; y apenas hubo andado otros seis pasos, cuando volvió diciendo: "Y mire vuesa merced, tome esto por seña de que me va mal con este sabio, que encomendado sea a las furias infernales: que cuando yo diga dos veces ¡ay, ay!, venga como un pensamiento; porque será señal infalible de que ya me tiene en tierra atado de pies y manos para quitarme el pellejo como un San Bartolomé." "No harás cosa buena—dijo don Quijote—, pues tanto temor tienes." "Pues, ¡pesia a la madre que me parió!—dijo Sancho—, estase vuestra merced arrellanado en su caballo, y esotros dos señores riéndose, como si fuese cosa de burla el irme yo triste a meter solo entre millones de gigantes más grandes que la torre de Babilonia, ¡y no quiere que tema! Yo le aseguro que si alguno de sus mercedes viniera, hiciera peor: ¡cuerpo non de Dios con ellos, y aun con la puta perra que me hizo pedir tal licencia, ni tratar de meterme en estos ruidos, y buscar perro con cencerro!" Tras esto se entró el pinar adentro; y habiendo andado medrosísimo cosa de veinte pasos, comenzó a dar gritos en seco, diciendo: "¡Ay, ay, que me matan!" Apretó las espuelas don Quijote a *Rocinante* en oyendo las voces, y tras él el ermitaño y soldado; y llegando todos a Sancho, que estaba caballero en su asno, le dijo su amo: "¿Qué es o qué has habido, mi fiel escudero?, que aquí estoy." "¡Eso sí!—dijo Sancho—: no he visto aún nada, y sola he gritado por ver si acudiría al primer repiquete de broquel." Volvieron atrás todos riendo, y Sancho se emboscó;

pero a poco trecho oyó cómo no muy lejos dél se quejaban y decían: "¡Ay, Madre de Dios! ¿Y es posible que no haya en el mundo quien me socorra?" Sancho, que iba con más miedo que vergüenza, alargando el cuello acá y acullá, oyó de nuevo cerca de sí la mesma voz, que entre unos árboles le decía: "¡Ah, hermano labrador!, por amor de Dios, quitadme de aquí." Volviendo en esto, turbado, la cabeza Sancho, vio una mujer en camisa, atada de pies y manos a un pino; y apenas la hubo visto, cuando dando una gran voz se arrojó del asno abajo, y volviéndose a pie, corriendo y tropezando, por donde había venido, iba diciendo a voces: "¡Socorro, socorro, señor don Quijote; que matan a Sancho Panza!" Don Quijote y los demás que oyeron a Sancho, entraron el pinar adentro, donde toparon con él, que se volvía turbadísimo, mirando hacia atrás de cuando en cuando, y tropezando en una mata y dando de ojos en otra; al cual, asiéndole del brazo el soldado, y no pudiéndole detener, según se daba prisa por salir del pinar,, le dijo: "¿Qué es esto, señor caballero novel? ¿Cuántos, gigantes ha muerto a mochicones? Repórtese, pues queda con vida y nos ha excusado el trabajo de llevarle a enterrar a los montes de Oca." "¡Ay, señor!—respondió Sancho—, no vaya allá, por las llagas de Jesús Nazareno, *Rex Judoeorum;* porque le asiguro he visto por estos ojos pecatrices, los cuales no soy digno de jurar, una ánima del purgatorio vestida de blanco como ellas, según decía el cura de mi lugar; y a fe que no esté sola; que siempre éstas andan a bandadas como palomas: lo que sé decir es que la que yo acabo de ver está atada a un pino; y si no me encomendara aprisa a San Longinos benditísimo, y apretara los pies, me tragara sin duda, como se ha tragado ya al triste rucio y a mi caperuza, que no la hallo." Comenzó don Quijote a caminar poco a poco, y los demás tras él; y Sancho, que apenas se podía mover, según iba de cortado, dijo: "¡Ah, señor don Quijote!, mire por amor de Dios lo que hace, no tengamos que llorar para toda nuestra vida." En esto, como la mujer que estaba atada sintió rumor de gente, comenzó a levantar la voz y a decir: "¡Ay, señores! por reverencia del que murió por todos, que me quiten de este tormento en que estoy puesta, y si son cristianos hayan misericordia de mí." Don Quijote y los demás, que vieror aquella mujer atada de pies y manos al pino, llorosa y desnuda, tuvieron gran compasión de ella; pero Sancho, asido del hábito del ermitaño y puesto tras él, medio acechando, con el miedo que tenía le dijo: "Doña ánima del purgato río (¡purgada os vea yo con todos los diablos del infierno a vos y a quien acá os trujo, supuesto que no puedo creer sea cosa buena!), dad acá el rucio que os habéis comido; si no, por vida de cuantos verdugos hay en el *Flas Sanctorium,* que mi señor don Quijote os le saque del buche a puras lanzadas." El soldado le respondió: "Callad, Sancho; que allí anda vuestro asno paciendo, y la caperuza que se os cayó está junto a él." "¡Oh, bendito sea

Dios!—dijo Sancho—, y cómo me huelgo!" Y asiendo del asno, le abrazó y dijo: "Bien seas venido de los otros mundos, asno de mi alma; mas dime cómo te ha ido en ellos—y llegándose tras ello a su amo, le dijo—: Mire vuesa merced, señor, lo que hace, y no la desate, porque esta ánima me parece pintiparada a la ánima de una tía mía que murió habrá dos años, de sarna y mal de ojos, en mi lugar; y nos importa a todos los de mí linaje no verla más que a la landre, porque era la más maldita vieja que hayan tenido todas las Asturias de Oviedo que hay en todo el mundo." No curó don Quijote de las boberías de su escudero; y así, volviéndose al ermitaño y a Bracamonte, les dijo¡: "Habéis de saber, señores, que esta dama que veis aquí atada con tanto rigor y crueldad es sin duda la gran Cenobia, reina de las Amazonas, si nunca la oístes decir; la cual, habiendo salido a caza con la muchedumbre de sus más diestros cazadores, vestida de verde, en un hermoso caballo rucio rodado, con su arco en la mano y una rica aljaba al hombro, llena de doradas y herboladas flechas, habiéndose apartado de su gente por haber seguido un ferocísimo jabalí, se perdió en estos oscuros bosques; y siendo hallada por alguno o algunos jayanes de los que van por el mundo haciendo dos mil alevosías, le robaron su preciado caballo, quitándole sus ricos y bordados vestidos y todas las joyas, perlas, ajorcas y añillos que en su cuello, brazos y blancas manos traía; y la dejaron, como veis, desnuda en camisa y atada a ese pino; por tanto, señor soldado, vuesa merced la desate luego, y sabremos de su boca elegantísima toda la historia." La mujer era tal, que pasaba de los cincuenta, y tras de tener bellaquísima cara, tenía un rasguño de a jeme en el carrillo derecho, que le debieron de dar siendo moza, por su virtuosa lengua y santa vida. El soldado la fue a desatar, diciendo: "Yo le juro a vuesa merced, señor caballero, que la dueña que está aquí no tiene cara de reina Cenobia, si bien tiene el talle de amazona; y si no me engaño, me parece haberla visto en Alcalá de Henares, en la calle de los Bodegones, y se ha de llamar Bárbara la de la cuchillada." Y llegándola a desatar, dijo ella que era la verdad y que aquel era su nombre. En esto se quitó el manto que traía el ermitaño, y se le puso a la pobre mujer para que así con él llegase hasta el lugar con más decencia; la cual, en viéndose cubierta, se llegó adonde estaba don Quijote, y viéndole armado de todas piezas, le dijo: "Infinitas gracias, señor caballero, rindo a vuesa merced por la que me acaba de hacer, pues con ella y por sus manos quedo libre de las de la muerte, en las cuales sin duda me viera esta noche, si por piedad de los cielos no hubiera vuesa merced pasado por aquí con esta noble compañía." Don Quijote, con mucho reposo y gravedad, le respondió diciendo: "Soberana señora y famosa reina Cenobia, cuyas fazañas están ya tan sabidas por el mundo, y cuyo nombre y valor conocieron tan bien los famosos griegos a costa de su sangre generosa, pues vos con vuestras fermosas cuanto intrépidas amazonas fuistes poderosa para dar la victoria a la parte que favoríades de los dos lucidos ejércitos del emperador de Babilonia y Constantinopla, yo me tengo por muy felice y dichoso en haberos hecho hoy este pequeño servicio, principio de los que a vuestra real persona de aquí adelante pienso hacer en la grandiosa corte del católico monarca de las Españas, en la cual tengo aplazada una peligrosa y dudosa batalla con el gigante Bramidan de Tajayunque, rey de Chipre. Yo os juro y prometo desde aquí coronaros por reina y señora de aquella amenísima isla y regalado reino, después de haber por cuarenta días defendido contra todos los caballeros del mundo vuestra rara y peregrina fermosura." El ermitaño y Bracamonte, que semejantes disparates oyeron decir a don Quijote, no se podían valer de risa; pero considerando la obligación en que le estaban por lo que cuidaba de su regalo, y cuánto por no perderle les importaba sobrellevarle, disimulaban cuanto podían, siguiéndole el humor como discretos; aunque, cuando se hallaban ambos a solas, lo reían todo por junto. La buena mujer, que se vio tratar de reina, no supo qué responder, sino decir: "Yo, señor mío, si bien soy mozona, no soy la reina Cenobia, como vuesa merced me llama; si es que no lo dice fisgando por verme tan fea. Pues a fe que en mi tiempo no lo fui; que vivido he en Alcalá de Henares toda mi vida, donde, cuando era muchacha, era bien regalada y querida de los más galanos estudiantes que ilustraban entonces aquella célebre universidad, sin haber rotulada por todos sus patios y casa otra que Bárbara; y hasta en todas las puertas de los conventos y colegios estaba mi nombre escrito con letras coloradas y verdes, cubierto de coronas y ladeado de palmas, diciendo: *Bárbara victor;* pero ya por mis pecados, después que un escolástico capigorrón me hizo esta señal en el rostro (que mala se la dé Dios en el ánima), no hay quien haga caso de mí. Pues a fe que, aunque fea, no espanto." A esto respondió Sancho "Por vida de mi madre, que esté en el otro mundo por muchos años y buenos, señora reina Cenobia, que aunque le parece a vuesa merced que no espanta, que me espantó denantes cuando la vi con tan mala catadura; que había de la cera que destilaba la colmena trasera que naturaleza me dio, para hacer bien hechas media docena de hachas de a cuatro pábilos." Don Quijote, que ya en la fantasía idolatraba en Bárbara, teniéndola por la reina Cenobia, le dijo, dando un empujón a Sancho, con que le hizo callar: "Vamos, serenísima señora, al lugar, que ya está cerca, y decirnos heis por el camino cómo os sucedió la desgracia de ser robada, y atada de pies y manos en aquel pino—y volviéndose a Sancho, le dijo—: ¿Oís, escudero? Traed vuestro jumento, y subiréis en él luego a la señora reina Cenobia de aquí al lugar." Trájole Sancho, y poniéndose a gachas a cuatro pies para que subiese, volviendo la cabeza, le dijo: "Suba, señora reina y ponga los pies sobre mí." Hízolo ella con mucha desenvoltura y sin hacerse de rogar; y puesta a caballo, comenzaron a caminar para el pueblo. A pocos pasos que habían andado, le dijo Bracamonte: "Díganos, señora Bárbara, por vida desa suya que tantas ha pensado costar en la mocedad, ¿quién fue aquel bellaco que la dejó de tal suerte, y quién el que la sacó de la calle de los Bodegones de Alcalá, donde estaba como una princesa y tan visitada de estudiantes novatos que le henchían las medidas y bolsas?" "¡Ay, señor soldado!— respondió ella—. ¿Conóciome a mí allí en mi prosperidad? ¿Entró alguna vez en mi casa? ¿O acaso comió jamás del mondongo que yo guisaba?, que le solía algunas veces hacer tan bueno, que se comían los estudiantes las manos tras ello." "Yo, señora—respondió él—, jamás comí en casa de vuesa merced, porque estaba en el colegio trilingüe, donde dan de comer a los colegiales; pero acuérdeme bien de que alababan mucho las agujas de vuesa merced y su limpieza, la cual, según me decían, era tanta, que con sólo un caldero de agua lavaba por el pensamiento dos y tres vientres: de manera que salían de sus manos unas morcillas verdinegras, que era gloria mirallas; que como la calle es angosta y oscura, no se podía echar de ver la superabundancia del mugre con que convidaban al más hambriento machuca de Alcalá." "¡Ay!, ¡malhaya él—replicó Bárbara—, y qué gran bellaco y socarrón me parece! Pues a fe que si no me engaño, que ha él comido de mis manos más de cuatro veces; porque su talle y vestido no es para hacerme creer que ha estado en el colegio trilingüe, como dice. Dígame la verdad, acabe." Bracamonte le satisfizo, diciendo: "Antes que yo entrase en el colegio, agora cuatro años, estaba con otros seis estudiantes amigos en la calle de Santa Ursula, en las casas que se alquilan allí junto a la iglesia mayor del mercado; y me acuerdo que vuesa merced subió a ellas con una olla no muy pequeña llena de mondongo; y un estudiante, que se llamaba López, la cogió en sus brazos sin derramarla, y la metió en su aposento, donde él con todos los amigos comimos de la olla que vuesa merced se traía bajo sus mugrientas sayas, sin tocar a la del mondongo." "Por el siglo de mi madre—respondió Bárbara—, que me acuerdo deso como de lo que he hecho hoy. Pues a fe que toda era gente honrada; que aunque no tuvieron razón de hacer lo que hicieron, siendo yo mujer de mis prendas, todavía tuvieron respeto de no tocarme a la olla. ¡Jesús, Jesús!, ¿que estaba allí? Pues sepa que López es ya licenciado y un grandísimo bellaco enamoradizo; mas con todo eso, a fe que las veces que yo subía a su aposento, que no me escupía." "Pues, señora reina mía—dijo Sancho—, si tan buena oficiala es de hacer mondongos, sepa que si mi amo la lleva, como dice, al reino de Chipre, allí tendrá bastantísima ocasión de mostrar su habilidad, porque habrá tripas infinitas de los enemigos que mataremos; de los cuales podrá hacer pasteles, pelotas de carne y ollas podridas, y echarles toda la caparrosa que quisiere, pues es lo que da mejor gusto a los guisados." "¡Ay, amarga de mí—respondió Bárbara—: si la caparrosa es para hacer tinta, ¿cómo decís vos, hermano, que la eche en los guisados?" "No sé, en mi conciencia—replicó Sancho—, lo que me echaron encima de las albondiguillas que me dieron en casa de don Carlos en Zaragoza; lo que sé es que ellas me supieron riquísimamenté." "Albondiguillas diréis—dijo Bárbara—; que así se llaman en todo el mundo." "Poco monta—replicó Sancho—, que se llamen de una suerte o de otra; lo que hemos de procurar es sembrar muchas en estando en Chipre."

CAPÍTULO XXIII

EN QUE BÁRBARA DA CUENTA DE SU VIDA A DON QUIJOTE Y SUS COMPAÑEROS HASTA EL LUGAR, Y DE LO QUE LES SUCEDIÓ DESDE QUE ENTRARON HASTA QUE SALIERON DÉL

Salieron del pinar a la que Sancho acababa de decir las referidas simplicidades. Juntóseles don Quijote en el camino real, donde los esperaba haciendo mil discursos acerca del modo que tendrían en llevar a la corte a la que él tenía por reina Cenobia; y luego que vio que ella llegaba al puesto en que la esperaba, le dijo con grande respeto y mesura: "Suplico a vuesa majestad se sirva, poderosísima reina, de darnos cuenta, de aquí a que con la fresca lleguemos al vecino lugar, de quiénes fueron los follones que la robaron sus ricas joyas y la desnudaron de sus reales galas, dejándola atada con tanta crueldad en aquel árbol." A lo cual respondió ella al punto: "Vuesa merced, señor mío, ha de saber que viviendo yo en Alcalá de Henares, en la calle que llaman de los Bodegones, con mi honrado y ordinario trato, quiso la fortuna, que siempre es contraria a los buenos, que viniese allí un mancebo de muy bonita cara y harto discreto, el cual entró dos o tres veces a comer en mi casa. Como le vi al principio tan cortés, prudente y bien hablado, aficionémele (que no debiera) de tal suerte, que no podía de noche ni de día sosegar sin verle, hablarle y tenerle a mi lado. Dábale de comer y cenar todos los días como a un príncipe, comprábale medias, zapatos, cuellos y aun los libros que me pedía, mirándome en él cual en un espejo; al fin, él estuvo en mi casa con esta vida más de un año y medio, sin gastar blanca suya, y muchas mías. En este tiempo sucedió que estando una noche conmigo en la cama, me dijo cómo estaba determinado de ir a Zaragoza, adonde tenía parientes muy ricos; y que me prometía, si quería ir con él, que en llegando allá se casaría conmigo, por lo mucho que me amaba; y yo, que soy una bestia, creyendo sus engañosas palabras y falsas promesas, le dije que era contentísima de seguirle; y luego comencé a vender mis alhajas, que eran dos camas de buena ropa, dos pares de vestidos míos, una grande arca de cosas de lienzo, y, finalmente, todo lo demás que en mi casa tenía; de lo cual hice más de ochenta ducados, todo en reales de a ocho. Con ellos y notable gusto nos salimos juntos una tarde de Alcalá, y llegados al segundo día a la entrada del bosque de quien ahora acabamos de salir, me dijo nos entrásemos a sestear en él; que se quería holgar conmigo. ¡Así mala holgura le dé Dios en el alma y en el cuerpo!

Pero no le quiero maldecir; porque quizá algún día nos toparemos y me pedirá perdón de lo hecho; y como le quiero tanto, fácilmente le perdonaré. Seguile creyendo en sus razones (que no debiera); y en viéndome sola y en lugar tal y tan secreto, metió mano a una daga, diciéndome que si no sacaba allí todo el dinero que traía conmigo, que él me sacaría el alma del cuerpo con aquel puñal. Yo, que vi una furia tan repentina en la prenda que más quería en el mundo, no supe qué le responder, sino, llorando, suplicarle que no hiciese tal alevosía; pero comenzóme a apretar tanto, sin hacer caso de mis justas razones y llorosas palabras, que, viendo tardaba en darle los ochenta ducados más de lo que su codicia permitía, empezó a decirme a voces colérico: "Acabe de darme presto el dinero la muy puta, vieja, bruja, hechicera." Sancho, que estaba escuchando con mucha atención a Bárbara, cuando le oyó referir tantos y tan honrados epítetos, le dijo: "Y dígame, señora reina, ¿erá acaso verdadero todo ese calendario que le dijo el esudiante? Porque de sus hechos colijo que era tan hombre de bien que por todo el mundo no diría una cosa por otra, sino la verdad pura." "¡Cómo verdad!—replicó ella—. A lo menos, en lo que dijo de bruja, mintió como bellaco; que si una vez me pusieron a la puerta mayor de la iglesia de San Yuste en una escalera, fue por testimonio que unas vecinas mías, envidiosas, por no más sospechas, me levantaron. ¡Así, levantadas tengan las alas del corazón, pues por ello me hicieron echar en la trena, donde gasté lo que Dios sabe! Pero vaya en hora buena, con su pan se lo coman; que a fe que me vengué, a lo menos de la una dellas, muy a mi salvo, pues a un perro que ella tenía en casa y con quien se entretenía, le di zarazas en venganza del dicho agravio." Riéronse todos del dicho de Bárbara, y Sancho la replicó, diciendo: "Pues ¡cuerpo de Poncio Pilatos, señora reina! ¿qué culpa tenía el pobre perro? ¿Fuese él acaso a quejar de vuesa merced a la justicia, o levantola el falso testimonio que dice? Que el perro sería muy bueno y no haría mal a nadie, y por lo menos sabría cazar alguna olla, por podrida que fuese. ¡Triste perro!, si no me quiebra el corazón de dolor su homicidio..." Don Quijote le dijo: "Oyete, pécora: ¿por ventura conociste ni viste aquel perro? ¿Qué se te da a ti o él?" "¿Pues no quiere que se me dé—replicó Sancho—, si no sé si el honrado y mal logrado y yo éramos primos hermanos? Que el diablo es sútil, y donde no se piensa se caza la liebre; y como dicen, do quiera que vayas, de los tuyos hayas." Y de aquí comenzó a ensartar refranes, de suerte que no le podían acallar; mas don Quijote suplicó a la reina Cenobia pasase adelante, y no hiciese caso de Sancho, que era un animal. "Pues como digo—prosiguió ella—, mi bueno de Martín (que así se llamaba la lumbre de mis ojos), nombre para mí bien aciago, pues tanta parte tiene Martín de martes, comenzó a darme prisa por el dinero, acompañando cada palabra injuriosa que me decía con un piquete en estas pecadoras nalgas, tal que me bacía poner el grito en el cielo; y así, viéndome tan apretada, y considerando que si no hacía lo que me pedía, podría ser darme algún golpe peor que el que otro tal cual él me había dado en la cara por menos que eso, saqué todo mi dinero y díselo; mas, no contento con él, me quitó una saya y corpiño y un faldellín harto bueno que traía vestido; y atándome a un pino, me dejó de la manera que vuesas mercedes me han hallado, a quien pague Dios la merced que me han hecho." "Pues en buena fe—dijo Sancho—que si la desnudara un dedo más adentro, que la dejara hecha un Adán y Eva. ¡Oh hi de puta, socarrón, bellaco! ¿No será bueno, señor don Quijote, que yo vaya por esos mundos en mi rucio buscando a ese descomunal estudiante, y que le desafíe a batalla campal, y en cortándole la cabeza, la traiga espetada en el hierro de algún lanzón, y con ella entre en las justas y torneos con aplauso de cuantos me vieren? Pues es cierto que admirados han de decir: ¿Quién es este caballero andante? Y con orgullo creo les sabré responder: Yo soy Sancho Panza, escudero andante del invicto don Quijote de la Mancha, flor, nata y espuma de la andantesca escudería. Pero no quiero meterme con estudiantes; doilos a Bercebú; que el otro día cuando fuimos a las justas de Zaragoza, yo y el cocinero cojo llegamos a hablar a uno dellos al colegio, y me dio un demonio de otro un tan infernal percozón en esto del gaznate, que casi me hizo dar de ojos; y como me abajé por la caperuza, acudió otro a las asentaderas con una coz tal, que toda la ventosidad que había de salir por allí, me la hizo salir por arriba, envuelta en un regüeldo que, según dijo él mismo, olía a rábano serenado; y no hube bien levantado la cabeza, cuando comenzó a llover sobre mí tanta multitud de gargajos, que si no fuera porque sé de nadar como Leandro y Nero... Pero un cararrelamido, que parece que aun agora me le veo delante, me arrojó tan diestramente un moco verde, que le debía tener represado de tres días, según estaba de cuajado, que me tapó de suerte este ojo derecho, que me hube de salir corriendo y gritando: ¡Ah de la justicia!, que ha muerto el escudero del mejor caballero andante que han conocido cuantos visten cueras de ante." Llegaron en esto al lugarcillo, lo cual atajó las razones de Sancho; y llegados a su mesón, se apearon en él todos por mandado de don Quijote, el cual se quedó en la puerta hablando con la gente que se había juntado a ver su figura. Entre los que allí a esto habían acudido, no habían sido de los postreros los dos alcaldes del lugar, el uno de los cuales, que parecía más despierto, con la autoridad que la vara y el concepto que él de sí tenía le daban, le preguntó mirándole: "Díganos vuesa merced, señor armado, para dónde es su camino y cómo va por éste con ese sayo de hierro y adarga tan grande; que le juro en mi conciencia que ha años que no he visto a otro hombre con tal librea cual la que vuestra merced trae: sólo en el retablo del Rosario hay un tablón de la

Resurrección, donde hay unos judiazos despavoridos, enjaezados al talle de vuesa merced; si bien no están pintados con esas ruedas de cuero que vuesa merced trae, ni con tan largas lanzas." Don Quijote, volviendo las riendas a *Rocinante* hacia la gente que le tenía cercado en corrillo, dijo a todos con voz reposada y grave, sin reparar en lo que el alcalde le había dicho: "Valerosos leoneses, reliquias de aquella ilustre sangre de los godos, que por entrar Muza por España, perdida por la alevosía del conde Julián, en venganza de Rodrigo y de su incontinencia, y en desagravio de su hija Florinda, llamada la Cava, os fue forzoso haberos de retirar a la inculta Vizcaya, Asturias y Galicia para que se conservase en las inaccesibles quiebras de sus montes y bosques la nobilísima y generosa sangre que había de ser, como ha sido, azote de los moros africanos; pues alentados del invencible y gloriosísimo Pelayo y del esclarecido Sandoval, su suegro, amparo y fidelísima defensa a cuyo celo debe España la sucesión de los católicos reyes de que goza, pues dél nació el valor con que los filos de vuestras cortadoras espadas tornaron cumplidamente a recobrar todo lo perdido y a conquistar nuevos reinos y mundos, con envidia del mismo sol, que sólo hasta que vosotros les asaltastes sabía dellos y los conocía: ya véis, ínclitos Guzmanes, Quiñones, Lorenzanas y los demás que me oís, cómo mi tío el rey don Alonso el Casto, siendo yo hijo de su hermana, y tan nombrado cuanto temido por Bernardo, me tiene a mi padre el de Saldaña preso, sin querérmele dar; demás de lo cual, tiene prometido al emperador Carlo-Magno darle los reinos de Castilla y León después de sus días; agravio por el cual no tengo de pasar de ninguna manera, pues no teniendo él otro heredero sino a mí, a quien toca por ley y derecho, como a sobrino suyo legítimo, y más propincuo a la casa real, no tengo de permitir que extranjeros entren en posesión de cosa tan mía: por tanto, señores, partamos luego para Roncesvalles y llevaremos en nuestra compañía al rey Marsilio de Aragón, don Bravonel de Zaragoza; que, ayudándonos Galalón con sus astucias y con el favor que nos promete, fácilmente mataremos a Roldán y a todos los doce Pares; y quedando en aquellos valles malferido Durandarte, se saldrá de la batalla; y por el rastro de la sangre que dejará, irá caminando Montesinos por una áspera montaña, aconteciéndole mil varios sucesos, hasta que topando con él, le saque por sus manos, a instancia suya, el corazón, y se le lleve a Belerma, la cual en vida fue la mira de sus cuidados. Advertid, pues, famosos leoneses y asturianos, que para el acierto de la guerra os prevengo en que no tengáis disensiones sobre el partir de las tierras y señalar de mojones." Y volviendo en esto las riendas a *Rocinante* y apretándole las espuelas, se entró furioso en el mesón, gritando: "¡Al arma, al arma; que

Con los mejores de Asturias
Sale de León Bernardo,
Todos al punto de guerra,
A impedir a Francia el paso!"

Toda la gente se quedó pasmada de oír lo que el armado había dicho, y no sabían a qué se lo atribuir. Unos decían que era loco, y otros no, sino algún caballero principal; que su traje eso mostraba; tras lo cual querían todos entrarse dentro a tratar con él; pero el ermitaño se puso a la puerta en resistencia diciéndoles: "Váyanse, señores, con Dios; que este hidalgo está loco, y le llevamos a curar a la casa de los orates de Toledo: no nos le alteren más de lo que él se está." Oídas estas razones al venerable ermitaño, se fueron al punto cuantos allí estaban; y llevando Sancho a *Rocinante* a la caballeriza, se entraron don Quijote y los demás de su compañía en un aposento, donde le ayudaron a desarmar Bracamonte y el ermitaño, con cuyo manto buriel estaba cubierta la buena Bárbara, sentada en su presencia en el suelo, a la cual viendo don Quijote dijo: "Soberana señora, tened un poco de paciencia; que muy en breve seréis llevada a vuestro famoso imperio de las Amazonas, siendo primero coronada por reina del vicioso reino de Chipre, en cuya pacífica posesión os porné en matando su tirano dueño, el valiente Bramidan de Tajayunque, en la corte española; que para eso con toda diligencia entraremos mañana en la fuerte y bien murada ciudad de Sigüenza, en la cual os compraré unos ricos vestidos, en cambio de los que aquel alevoso príncipe don Martín os quitó contra toda ley de razón y cortesía." "Señor caballero—respondió ella—, beso a vuesa merced las manos por la buena obra que sin haberle servido me hace: yo quisiera ser de quince años y más hermosa que Lucrecia, para servir con todos mis bienes habidos y por haber a vuesa merced; pero puede creer que si llegamos a Alcalá, le tengo de servir allí, como lo verá por la obra, con un par de truchas que no pasen de los catorce, lindas a mil maravillas y no de mucha costa." Don Quijote, que ¡no entendía la música de Bárbara, le respondió: "Señora mía, no soy hombre que se me dé demasiado por el comer y beber; con eso a mi escudero Sancho Panza; con todo, si esas truchas fueren empanadas, las pagaré, y las llevaremos en las alforjas para el camino; aunque es verdad que mi escudero Sancho, en picándosele el molino, no dejará trucha a vida." La buena señora, como vio que don Quijote no le había entendido, se volvió al soldado, que se estaba riendo, y le dijo: "¡Ay, amarga de mí, y qué moscatel es este caballero! Mucho quizá ha comido: menester habrá, si va a Alcalá, acepillar un poco el entendimiento, que le tiene muy gordo." "¿Qué dice vuesa alteza de gordo?"—dijo don Quijote. "Que no lo está vuesa merced mucho—respondió ella—; decía, señor, cosa que me maravilla de quien tiene tan buena condición." "Señora— replicó don Qujote—, de tres géneros de gente murmuraba mucho un filósofo moderno que yo conocí: del médico sarnoso, del letrado engañado y del que emprende largos caminos y pleitos siendo gordo; y, pues, yo emprendo por mi profesión de caballero andante las dos últimas cosas dichas, no será bien que esté gordo; porque el estarlo es de hombres ociosos y que viven sin cuidados; y así no es posible engordar más de lo que estoy, teniendo tantos como tengo." Tratando desto, entró Sancho corriendo, dando una mano con otra y diciendo: "¡Albricias, señor don Quijote, albricias! ¡Buena nueva, buena nueva!" "Yo te las prometo— dijo don Quijote—, hijo Sancho, y más si son las nuevas de que ha parecido aquel estudiante que robó a la gran reina Cenobia." "Mejor—respondió Sancho—es la nueva." "¿Es por ventura—añadió don Quijote—que el gigante Bramidan de Tajayunque está en el lugar, y me busca para acabar la batalla que entre los dos tenemos aplazada?" "Mejor sin comparaciones—replicó Sancho—." "Dínosla, pues, presto— dijo don Quijote—; que si es de tanta importancia como dices, no te faltarán buenas albricias." "Han de saber vuesas mercedes—respondió Sancho—que dice el mesonero (y no burla, porque yo lo he visto por mis ojos) que tiene para que cenemos una riquísima olla con cuatro manecillas de vaca y una libra de tocino, con bofes y livianos de carnero y con sus nabos; y es tal, en fin, que en dándole cinco reales de contado y a letra vista, se verná ella misma a cenar por sus pies con nosotros." Don Quijote le dio una coz, diciéndole: "¡Miren el tonto goloso, las nuevas de importancia que nos traía! Las albricias dellas le diera yo de muy buena gana con un garrote, si por aquí le hubiera a mano." Entró, cuando esto decía don Quijote con cólera, muy sin ella el mesonero diciendo: "¿Qué es lo que vuesas mercedes quieren cenar, señores?, que se les dará luego al punto." Don Quijote le dijo que para él le trajese dos pares de huevos asados, blandos, y para aquellos señores, lo que a ellos les pareciese; pero que aderezase algún faisán, si le tenía a mano, para la reina Cenobia, porque era persona delicada y regalada, y le haría daño otra cosa. Miró el mesonero a la que don Quijote llamaba reina, y dijo: "¿No es vuesa merced la que cenó anoche con un estudiante, y nos dijo que iba a casarse con él a Zaragoza? Pues, ¿cómo ayer, como este caballero dice, no era Cenobia (aunque sí novia de tan falto de barbas cuanto de vergüenza), y agora lo es? A fe que anoche no cenó de faisán, sino de un plato de mondongo que consigo trajo de Sigüenza, envuelto en una servilleta no muy limpia, ni tampoco se nos hizo reina." "Hermano—respondió ella—, yo no os pido nada: traed de cenar; que lo que todos estos señores cenaren, cenaré yo también, pues este caballero nos hace a todos merced." Fue el mesonero y púsoles la mesa, y cenaron todos, con mucho contento de Sancho, que servía, yéndosele los ojos y el alma tras cada bocado de sus amos. Levantados los manteles, mientras él se fue a cenar, quedando todos sobre mesa, dijo el ermitaño a don Quijote: "Vuesa merced, señor, nos la ha hecho grandísima a mí y al señor Bracamonte en este camino, y por ella quedamos ambos obligadísimos; pero porque ya nos es forzoso irnos por otra parte, él de aquí a Ávila, de donde es natural, y yo a Cuenca, habrá vuesa merced de servirse darnos licencia y mandarnos en dichas ciudades en cuanto se le ofreciere y viere le podemos servir, pues lo haremos como lo debemos y con las veras posibles; y lo mismo ofrecemos a su diligente escudero Sancho." Don Quijote le respondió que le pesaba mucho perder tan buena compañía; pero que si no se podía hacer otra cosa, que fuesen sus mercedes con la bendición de Dios, mandando a Sancho que les diese un ducado a cada uno para el camino, el cual ellos recibieron con ¡mucho agradecimiento, y don Quijote les dijo: "Por cierto, señores, que entiendo verdaderamente que a duras penas se podrán hallar tres sujetos tales como los tres que habemos caminado desde Zaragoza hasta aquí, pues cada uno de nosotros merece por sí grande honra y fama; porque, como sabemos, por una de tres cosas se alcanzan en el mundo las dos dichas: o por la sangre, o por las armas, o por las letras, incluyendo en sí cada una dellas la virtud, para que sea perfecto merecimiento. Por la sangre, el señor Bracamonte es famoso, pues la suya es tan conocida en toda Castilla; por las armas, yo, pues por ellas he adquirido tanto valor en el mundo, que ya mi nombre es conocido en toda su redondez; y por las letras, el padre, de quien he colegido que es tan grande teólogo, que entiendo sabrá dar cuenta de sí en cualesquier universidades, aunque sean las Salmantina, Parisiense y Alcaladina." Sancho, que en acabando de cenar se había puesto en pie detrás de don Quijote a escuchar la conversación, salió diciendo: "Y yo, ¿de qué tengo fama? ¿No soy también persona como los demás?" "Tú—respondió don Quijote—tienes fama del mayor tragón goloso que se haya visto." "Pues sepan—replicó Sancho—, burlas aparte, que no solamente me toca a mí uno de los nombres que cada uno de vuesas mercedes tiene y con que se hacen famosos, sino que lo soy por todos tres juntos, por sangre, por armas y por letras." Riose don Quijote, diciendo: "¡Oh, simple!, ¿y cómo o cuándo mereciste tú tener alguno de los renombres que nosotros, por excelencia, tenemos, para que vuele tu fama como la nuestra por el orbe?" "Yo se lo diré a vuesas mercedes—dijo Sancho—, y no se me rían, ¡cuerpo de mi sayo! Lo primero, yo soy famoso por sangre, porque, como sabe mi señor don Quijote, mi padre fue carnicero en mi lugar, y cual tal, siempre andaba lleno de la sangre de las vacas, terneras, corderos, ovejas, cabritos y carneros que mataba, y siempre traía llenos della los brazos, manos y delantal. Por las armas también soy famoso, porque un tío mío, hermano de mi padre, es en mi tierra espadero, y agora está en Valencia, o donde él se sabe, y siempre él anda limpiando espadas,

montantes, dagas, puñales, estoques, cuchillos, cuchillas, lanzas, alabardas, chuzos, partesanas, petos y morriones y todo género *armorum*. Por las letras, también un cuñado mío es encuadernador de libros en Toledo, y siempre anda con pergaminos escritos y envuelto entre librazos tan grandes como la albarda de mi rucio, llenos de letras góticas."
Levantáronse todos riendo de las necedades de Sancho, y fuéronse a acostar cada uno donde el huésped los llevó.

CAPÍTULO XXIV

DE CÓMO DON QUIJOTE, BÁRBARA Y SANCHO LLEGARON A SIGÜENZA, Y DE LOS SUCESOS QUE ALLÍ TODOS TUVIERON, PARTICULARMENTE, SANCHO, QUE SE VIO APRETADO EN LA CÁRCEL

En amaneciendo Dios se despertó don Quijote; que el caos que tenía en su entendimiento, y confusión de especies de que traía embutida la imaginativa, le servían de tan desconcertado despertador, que apenas le dejaban dormir media hora seguida. Púsose, en despertando, en pie, dando gritos a Sancho, que apenas podía despegar los ojos; pero fuéle forzoso hacerlo, por la prisa que su amo le daba. Con ella, pues, ensilló a *Rocinante y* jumento, mientras don Quijote pagaba la cama y cena de todos. Hecha esta diligencia y salidos juntos de la posada, se despidieron de don Quijote el ermitaño y Bracamonte, y lo mismo hicieron también de Sancho Panza, el cual andaba ocupado en subir a Bárbara en una borrica vieja del huésped, que se la alquiló don Quijote hasta Sigüenza, juntamente con una ropa, asimismo vieja, de su mujer, que lo era harto; y habiendo caminado los cuatro desta suerte lo más del día, llegaron a la ciudad, y se fueron a un mesón, al cual les encaminó su huésped, que les guiaba, entrando en él bien acompañados de muchachos, que iban detrás diciendo a gritos: "¡Al hombre armado, muchachos, al hombre armado!" En apeándose don Quijote, pidió al mesonero tinta y papel, y encerrándose con ello en un aposento, escribió media docena de carteles para poner en los cantones, que decían desta manera:

CARTEL

"El Caballero Desamorado, flor y espejo de la nación manchega, desafía a singular batalla aquel o aquellos que no confesaren que la gran Cenobia, reina de las Amazonas, que conmigo viene, es la más alta y fermosa fembra que en la redondez del universo se halla: que será defendida con los filos de mi espada su rara y singular belleza en la real plaza desta ciudad desde mañana a mediodía hasta la noche; y el que intentare salir en batalla con dicho Caballero Desamorado, ponga su nombre en el pie deste cartel."

Hechas las copias dél, llamó a Sancho, diciendo: "Toma, Sancho, estos papeles y busca un poco de engrudo o cola, y ponlos en las esquinas de la ciudad de manera que puedan ser leídos de todos; y advierte con toda diligencia en cuanto los caballeros que llegaren a leerlos dijeren, y en sí se meten en cólera, volviendo por sus amantes damas, y en si dicen algún improperio (porque la virtud siempre es envidiada), o en si se alegran por la honra que ganan de sólo entrar conmigo en batalla, y, finalmente, en si te preguntan dónde estoy o dónde está la Reina mi señora. Ve volando, Sancho mío, y por tus ojos que lo adviertas y notes todo, para que me sepas dar, cuando vuelvas, cumplida cuenta y razón dello; que yo, si fuere necesario, no haciendo caso de la cena, iré luego a la hora a castigar su sandez y atrevimiento, para que de aquí adelante no le tengan otros tales como ellos para decir semejantes desvarios contra quien tan bien sabe castigarlos." Sancho estuvo un rato con los papeles en la mano pensativo, porque hacia él esto del fijar carteles de desafío de muy mala gana, y quisiera más que don Quijote le inviara por una pierna de carnero, porque traía razonable apetito de cenar; y así con la cabeza baja le dijo: "¡Válganme las parrillas del señor San Lorenzo, mi señor don Quijote! ¿Es imposible que pudiendo nosotros vivir en haz y en paz de la santa madre Iglesia católica romana, gustemos de meternos de nuestro propio caletre en pendencias y guerreaciones necias que no nos va ni nos viene, y sin para qué? ¿Quiere vuesa merced que salga algún Barrabás de caballero que, habiendo estado muy descansado y regalado en esta ciudad él y su caballo, y queriendo her batalla con nosotros, que venimos cansados, y con *Rocinante,* que de puro molido no puede comer bocado, permita la misericordia de Dios que nos venza, y demos con toda nuestra caballería en casa de Judas? ¿No será mejor, ya que tal intente, pedir licencia al alcalde deste lugar para poner estos papeles, puesto me veo ya desta hecha en cuatro mil peligros, desastres y desventuras?" Don Quijote le dijo: "¡Oh necio, oh pusilánime, oh cobarde! ¿Y eres tú el que piensas recebir el orden de caballería en Madrid con público honor, en presencia de la sacra, cesárea y real majestad del Rey nuestro señor? Pues sábete que no es la miel para la boca del asno, ni el orden de caballería se suele ni puede dar sino a hombres de brío, animosos, valientes y esforzados, y no a golosos ni perezosos como tú. Ve luego, y haz lo que te digo sin más réplica." Sancho, que vio tan enojado a su amo, calló y fuese, maldiciendo mil veces a quien con él le había juntado; y compró en casa de un zapatero un cuarto de engrudo, y llevándolo puesto sobre la suela de un zapato viejo, se fue a la plaza, en la cual, como era sobre tarde, estaban algunos caballeros y hidalgos y otra mucha gente tomando el fresco con el Corregidor. Llegose Sancho sin decir palabra a nadie a la Audiencia, y comenzó a pegar en sus mismas puertas un papelón de aquellos; pero un alguacil que estaba detrás del Corregidor, viendo fijar a aquel labrador en la Audiencia un cartel de letras gordas, pensando que fuesen papeles de comediantes, se le llegó diciendo: "¿Qué es lo que aquí ponéis, hermano?

¿Sois criado de algunos comediantes?" Respondió Sancho: "¿Qué comediantes o qué nonada? Esto que aquí se pone, majadero, no es para vos; que más alto pica el negocio; para aquellos de las capas prietas se hace, y mañana lo veréis." Leyó el cartel el alguacil confuso, y volviéndose luego a Sancho, que estaba allí junto poniendo otro en un poste, le dijo: "Ven acá, hombre del diablo, ¿quién os ha mandado poner aquí estos papelones?" Respondió Sancho: "Llegaos vos acá, hombre de Satanás; que no os lo quiero decir." A las porfías y voces que Sancho y el alguacil daban se volvieron el Corregidor y los que con él estaban, y preguntando qué era aquello, llegó el alguacil diciendo: "Señor, aquel labrador anda fijando por la plaza unos carteles en que desafía no sé quién a batalla a todos los caballeros desta ciudad." "¡Desafíos pone!—dijo el Corregidor—. Pues ¿estamos ahora en carnestolendas? Andad y traednos un papel de aquellos: veremos qué cosa es; no sea algún dislate que llegue a oídos del Obispo antes que tengamos acá noticia dél." Llegó el alguacil, y quitó el primero que halló fijado en un poste, para llevarle al Corregidor; lo cual visto por Sancho, se encendió en tanta cólera, que se fue para él con un guijarro en la mano, diciendo: "¡Oh sandio y descomunal alguacil!, por el orden de caballería que mi amo ha recebido, que si no fuera ¡porque tengo miedo de ti y dese rey que traes en el cuerpo, te hiciera que pagaras con la primer pedrada todas las alguacilerías que hasta aquí has hecho, para que otros tales como tú y la puta que te parió, no se atrevieran de aquí adelante a semejantes locuras." Como vio el Corregidor aquel labrador con la piedra en la mano para tirar al alguacil, mandó que le prendiesen y llevasen allí en su presencia. Llegaron media docena de corchetes a hacello, y él con su guijarro en la mano no se dejaba asir de ninguno; pero cuando vio que el negocio iba de veras y que ya desenvainaban las espadas contra él, soltó la piedra, y puesta la caperuza sobre las dos manos, comenzó a decir: "¡Ah, señores!, por reverencia de Dios, que me dejen ir a decir a mi amo cómo unos follones y malandrines no me dejan poner los papelones del desafío; que verán cómo viene hecho un cisne encantado y no deja ningún pagano dellos a vida." Los corchetes, que no entendían aquel lenguaje, tenían a Sancho agarrado delante del Corregidor mientras acababa de leer el papel; y, cuando lo hubo leído, le comunicó con todos los circunstantes, que le celebraron infinito; y vuelto a Sancho, le preguntó: "Vení acá, buen hombre; ¿quién os ha mandado poner estos papelones en la Audiencia?; porque a fe de hidalgo, que os ha de costar a vos y a quien os ha enviado a fijarlos más caro que pensáis." "¡Ah desventurada de la madre que me parió y del ama que me dio leche!—dijo Sancho—. Señor; mi amo, que mal siglo haya, me los ha mandado poner; y bien se lo decía yo, que no tuviésemos guerreaciones en esta tierra hasta que primero hubiésemos muerto aquel gigantonazo del rey de Chipre, adonde habemos de llevar a la señora reina Cenobia: suélteme; que les juro, a fe de Sancho Panza, que iré a decirle corriendo lo que pasa, y verán cómo se viene él aquí por sus pies o por los de *Rocinante,* a hacer una carnicería tal, que jamás otra como ella se haya oído ni visto." Preguntole el Corregidor: "¿Cómo se llama tu amo?" Sancho le respondió que su proprio nombre era Martín Quijada, y que el año pasado se llamaba don Quijote de la Mancha, y por sobrenombre el Caballero de la Triste Figura; pero que hogaño, porque ya había dejado a Dulcinea del Toboso (ingrata causa de la excesiva penitencia que había hecho en Sierra Morena, si bien después mereció en premio della la conquista del precioso yelmo de Mambrino), se llamaba el Caballero Desamorado." "¡Bueno, por Dios!— dijo el Corregidor—; y vos ¿cómo os llamáis?" "Yo, señor—respondió él—, hablando con perdón de las barbas honradas que me oyen, me llamo Sancho Panza, que no debiera, escudero infeliz del referido caballero andante, natural del Argamesilla de la Mancha, engendrado y nacido de mis padre y madre, y bautizado por el cura." "¿Cómo lo fuerais si dijérades que erais hijo de asno y bestia?"—respondió lleno de risa el Corregidor, mandando juntamente al alguacil y corchetes que le llevasen a la cárcel, y echasen dos pares de grillos hasta que se informase de todo el caso; y hecho esto, fuesen luego por todas las posadas del lugar, y buscasen el amo de aquel labrador y se le trujesen allí. Llevaron al desgraciado Sancho al punto a la cárcel; y las cosas que hizo y dijo por el camino y cuando se vio en ella y que le echaban dos pares de grillos, no hay historiador, por diligente que sea, que las baste a escribir; pero entre otras muchas simplicidades que se cuentan dél, es que, cuando se los hubieron echado, dijo: "Tórnenme, señores, a quitar estos demonios de trabas de hierro; que no puedo andar con ellas, y no tenían para qué ponérmelas, porque yo las diera por muy bien recebidas sin que tomaran ese trabajo." En dejándole en la cárcel, se le llegaron tres o cuatro pícaros que allí había presos, con ciertos cañutillos de piojos en las manos; y como le vieron simple, pareciéndoles sano de Castilla la Vieja, y viendo por otra parte que a cada paso daba en ojos con los grillos, y que de ninguna manera sabía andar con ellos, le echaron por lo descubierto del pescuezo más de cuatrocientos piojos, con que le dieron bien de rascar y sacar todo el tiempo que en la cárcel estuvo; y como ellos y los grillos le daban tanta pesadumbre, no hacía sino lamentarse de su fortuna y de la hora en que había conocido a don Quijote. Mesábase las barbas, despidiéndose ya de su mujer, ya del rucio, ya de *Rocinante;* y obligado de la grande pesadumbre que los grillos le daban, dijo a uno de aquellos mozos: "¡Ah, señor pícaro! Así Dios le dé la salud cual el contento que muestra de mi trabajo, que me quite estas cormas, que no me dejan remecer; y si esta noche las tengo en los pies, no podré de ninguna manera pegar los ojos." Llegó un mozo del carcelero que le oyó, y dijo: "Hermano, como vos deis un real a mi amo, os los quitará por esta noche, por haceros placer y buena obra." En oyendo esto, sacó Sancho de la faltriquera una bolsilla de cuero, en la cual tenía seis o siete reales para el gasto que aquella noche se había de hacer en el mesón; de la cual sacó un real de plata, y se le dio al mozo, con que al punto le quitó los grillos. Cuatro o cinco de aquellos presos, que eran águilas en hallarse las cosas antes que las perdiesen los dueños, mirando bien adonde habían visto poner la bolsa a Sancho, se concertaron, y llegándose uno dellos a él, le abrazó diciendo: "¡Ay, buen hombre, y cómo nos holgamos que os hayan quitado aquellos malditos grillos! Por muchos años y buenos." Y con esto guió la mano con tanta sutileza camino de la faltriquera, que sin errar el golpe ni ser sentido le sacó della la bolsa; pero procedió, hecho el lance, como liberal y honrado, pues le convidó a su misma costa a dos barquillos, fruta y vino, en que gastó el dinero. Mas volviendo a don Quijote, como viese que Sancho tardaba tanto en poner los papeles por los cantones, sospechando lo que podía ser, se entró en la caballeriza, y con toda presteza ensilló a *Rocinante,* y subiendo en él con su adarga y lanzón, caminó para la plaza; y como entrase en ella muy paso a paso, acompañado de muchachos, y fuese visto por el Corregidor, y todos los que con él estaban se admirasen de ver aquella fantasma armada y circuida de gente, llegándose todos para ver su pretensión o lo que hacía, oyeron que don Quijote, concibiendo que estaba rodeado de príncipes, sin hacer cortesía a nadie, fijando el cuento del lanzón en tierra, les comenzó a decir con gravedad: "¡Oh vosotros, infanzones, que fincasteis de las lides, que no fincárades ende! ¿Non sabedes por ventura que Muza y don Julián, magüer que el uno moro y el otro a mi real corona aleve, las tierras talan por mí luengo tiempo poseídas, y que fincar además piensan en ellas? Tan cuellierguidos están con las vitorias que asaz contra razón han ganado, fugiendo nosotros de sus airadas faces, non faciendo la resistencia que a tales infanzones y homes buenos atañen, no considerando las cuitas de nuestras fembras, ni los muchos desaguisados y fuerzas que aquestos mal andantes, con infinitos tuertos, cuidan facer en pro de Mahoma y en reproche de nuestra fe, fablando cosas non decideras, llenas de mil sandeces. ¡Erguid, erguid, pues, vuestras derrumbadas cuchillas! Salga Galindo, salga Garcilaso, salga el buen Maestre y Machuca, salga Rodrigo de Narváez. ¡Muera Muza, Cegrí, Gomel, Almoradí, Abencerraje, Tarfe, Abenamar, Zaide, mejor para cazar liebres que para andar en las lides! Fernando soy de Aragón, doña Isabel es mi amantísima esposa y reina, desde este caballo quiero ver si hay entre vosotros alguien tan valiente,

Que me traiga la cabeza
De aquel moro renegado
Que delante de mis ojos
Ha muerto cuatro cristianos.

Fablad, fablad; non estedes mudos; que quiero ver si en esta plaza se topa entre vosotros home que, teniendo sangre en el ojo, sepa volver por su dama, contra la grande fermosura de la reina Cenobia que conmigo traigo, la cual por sí sola es bastante, como yo sé por luenga experiencia, a daros bien que hacer a todos juntos y a cada uno por sí: por tanto, dadme luego la respuesta; que uno solo soy y manchego, que para cuantos sois basta." El Corregidor y cuantos con él estaban, que semejantes razones oyeron decir a don Quijote, no sabían a qué las atribuir ni qué responderle a ellas. Mas quiso Dios que, estando en esta confusión, llegasen a la plaza dos hidalgos mancebos de la ciudad, y viendo el estado y corrillo que hacían al hombre armado toda aquella gente y el Corregidor, llegándose a ellos, el uno le dijo: "Han de saber vuesas mercedes que el armado que miran ha días que me causó la misma admiración que a todos les causa; porque habrá como un mes, poco más o menos, que pasó por aquí con el mismo traje que le ven, y posó en el mesón del Sol, do viéndole yo, y aquí el señor don Alonso, a la puerta, llegamos a hablarle, y de sus palabras colegimos que es loco o falto de juicio; porque él nos dijo tantos dislates, y con tales afectos y visajes, ya del imperio de Trapisonda, ya de la infanta Micomicona, ya de las inmensas heridas que en diferentes batallas había recebido, y de quien había salido curado por el milagroso bálsamo de Fierabrás, que jamás le podimos acabar de entender; pero informándonos de un labrador harto simple que traía consigo y él le llamaba su escudero, nos dijo cómo su amo era de un lugar de la Mancha, hidalgo muy honrado y rico y muy amigo de leer libros de caballerías, y por imitar los antiguos caballeros andantes había dos años que andaba de aquella manera; y con esto nos contó muchas cosas que le habían sucedido a él y a su amo en la Mancha y Sierra Morena; de lo cual quedamos maravillados sin saber a qué poderlo atribuir, sino sólo a que el triste se habría desvanecido leyendo libros de caballerías, teniéndolos por auténticos y verdaderos: así que, de cuanto aquí dijere no hagan vuesas mercedes caso; antes, si quieren gustar dél, preguntémosle algo, y verán cómo habla con tal reposo, que parece algún gran príncipe de los antiguos; y lea vuesa merced, señor Corregidor, las letras que trae en la adarga, que son tan ridiculas, que confirman bastantemente cuanto he dicho." Oyendo esto el Corregidor, volvió la cabeza, y llamando a un alguacil, le mandó fuese volando a la cárcel, y que, sacando della y de las prisiones en que estaba aquel labrador que ha poco había llevado a ella por su orden, se lo trajese suelto a su presencia; y volviéndose a don Quijote, que estaba aguardando la respuesta lleno de coraje, le dijo: "Señor caballero, yo el emperador y todos estos duques, condes y marqueses que conmigo están, agradecemos mucho a vuesa merced su buena venida a esta corte, pues merecemos tener en ella hoy la flor de la caballería manchega y el desfacedor de los agravios del mundo: por tanto, respondiendo a la su demanda, decimos que ninguno se atreve a entrar en batalla con vuesa merced, porque su valor es conocido y su nombre es manifiesto en este imperio, como lo es en todos los del universo; y así nos damos por vencidos y confesamos la hermosura desa señora reina que dice. Sólo pedimos a la su merced sea servido de nos la hacer quedándose en esta corte quince o veinte días, en los cuales toda ella le servirá y regalará, no conforme vuesa merced merece, sino según nuestra posibilidad permitiere; y tenga vuesa merced por bien que yo y todos estos príncipes vamos a ver a su casa a esa señora reina, para que, mereciendo besarle las manos, le ofrezcamos nuestras vidas y haciendas." Don Quijote le respondió: "Señor emperador, de hombres sabios y discretos es arrimarse siempre al mejor y más sano consejo; y así vuesas mercedes, como tales, reconociendo el valor de mi persona, la fuerza de mi brazo y la razón que llevo en defender la grandísima fermosura de la reina Cenobia, han dado en la cuenta y caído en el punto de la verdad: no como otros fieros jayanes, que, fiándose del furor de sus indómitos corazones y de las fuerzas de sus brazos y de los filos de sus cortadoras espadas, han presumido como locos entrar en batalla conmigo; pero ellos han llevado, y llevarán cuantos los imitaren, el justo pago que merecieron sus sandeces y locas arrogancias: por tanto, respondiendo a lo que vuesa serenidad y esos potentados me piden, de que les honre con mi persona esta corte por quince días, digo que no lo puedo hacer por agora de ninguna manera, porque tengo aplazada una fiera batalla para la corte del rey Católico, contra el arrogante y membrudo gigante Bramidan de Tajayunque, rey de Chipre, y se acerca el plazo della; pero en acabándola, doy palabra a todas vuesas altezas que, no estorbándolo otra alguna importante y nueva aventura, como suele suceder muchas veces, volveré a visitarles y a ennoblecer este grandioso imperio con mi persona." Estando en estas pláticas, llegó el alguacil con el bueno de Sancho, el cual, como viese a don Quijote en medio de tanta gente, se llegó a él diciendo: "¡Ah, señor don Quijote!, ¿no sabe, ¡cuerpo non de Dios!, como vengo de pasar una de las más terribilísimas aventuras que el Preste Juan de las Indias, ni el rey Cuco de Antiopía, ni cuantos caballeros andantes se crían en toda la andantesca provincia pueden haber pasado? Ello es verdad que unos estantiguos o picarazones que estaban allí presos me han hurtado la bolsa por arte de encantamiento, y echado por el pescuezo abajo invisiblemente más de setecientos mil millones de piojos;

pero a fe que quedan buenos, pues los dejo acomodados como ellos merecen, para que otros tales no se atrevan a tal de aquí adelante con escuderos tan andantes y de estofa como yo, sino que tomen ejemplo, y viendo la barba de su amigo remojar, echen la suya a quemar." "¡Oh mi Sancho!—dijo don Quijote—: ¿qué has habido y qué te ha sucedido con esos malandrines y ladrones que dices? Cuéntamelo, con el castigo que les has dado. ¿Dísteles acaso a todos de palos?" "Peor"—dijo Sancho. "¿'Cortásteles las cabezas?" "Peor"—respondió él. "¿Partístelos por medio?" "Peor hice"—respondió, "¿Hiciste sus carnes tajadas muy pequeñas, para echarlas a las aves del cielo?" "Peor"—replicó Sancho. "¿Pues qué castigo—dijo don Quijote—les diste?" "El castigo—añadió Sancho—que les di (¡ah, pobres dellos, y cuáles quedan!), que comenzamos a jugar al qué es cosa y cosa, y cuando hubieron dicho todos, les pregunté yo: ¿Qué es cosa y cosa que parece burro en pelo, cabeza, orejas, dientes, cola, manos y pies, y lo que más es, hasta en la voz, y realmente no lo es? Y no me supieron jamás decir que era la burra. ¡Mire vuestra merced si les paré buenos, pues de corridos quedan hechos unas monas, sin saber qué les ha sucedido! Y aun si no me llamara tan por la posta aquí el señor alguacil, yo les dejara como nuevos con otra pescuda que tenía ya en el pico de la lengua." Riéronse todos los que la simpleza de Sancho oyeron; pero don Quijote, sin hacer caso della, haciéndoles señas con las manos, les dijo que cuantos quisiesen ver y besar las hermosísimas manos de la reina Cenobia, se fuesen tras él. Hiciéronlo todos así, yendo siempre por el camino el Corregidor hablando con Sancho, y riendo mucho de las boberías que decía. Llegaron, pues, al mesón del Sol, y entrando delante don Quijote, bajó de *Rocinante*, y llamando a Bárbara por su nombre de invictísima reina Cenobia, salió luego ella de la cocina, donde estaba, con una capa vieja del huésped por saya; porque, como arriba queda dicho, había quedado la pobre en el bosque en camisa, y faltábale el reparo que le había hecho el manto del ermitaño, y después el de la ropa vieja de la mujer del mesonero, que hasta allí la había traído. Apenas la vio don Quijote, cuando con grande mesura le dijo: "Estos príncipes, soberana señora, quieren besar las manos a vuesa alteza." Y entrándose tras esto con Sancho en la caballeriza para hacer desensillar y dar de comer a *Rocinante,* salió ella a la puerta del mesón con la figura siguiente: descabellada, con la madeja medio castaña y medio cana, llena de liendres y algo corta; por detrás la capa del huésped, que dijimos, traía atada por la cintura en lugar del faldellín: era viejísima y llena de agujeros, y sobre todo tan corta, que descubría media pierna y vara y media de pies llenos de polvo, metidos en unas rotas alpargatas, por cuyas puntas sacaban razonable pedazo de uñas sus dedos; las tetas, que descubría entre la sucia camisa y faldellín dicho, eran negras y arrugadas, pero tan largas y flacas, que le colgaban dos palmos; la cara trasudada y no poco sucia del polvo del camino y tizne de la cocina, de do salía; y hermoseaba tan bello rostro el apacible lunar de la cuchillada que se le atravesaba: en fin, estaba tal, que sólo podía agradar a un galeote de cuarenta años de buena boya. Apenas hubo salido de la puerta, obligada de las voces de su bienhechor don Quijote, cuando, viendo en ella al Corregidor, caballeros y alguaciles que le acompañaban, quedó tan corrida, que se quiso volver a entrar; mas detúvola el Corregidor, diciéndole, disimulando cuanto pudo la risa que le causó el verla: "¿Sois vos acaso la hermosa reina Cenobia, cuya singular hermosura defiende el señor don Quijote el manchego? Porque si sois vos, él anda muy necio en esta demanda, pues con sola vuestra figura podéis defenderos, no digo de todo el mundo, pero aun del infierno; que esa cara de *requiem* y talle luciferino, con ese rasguño que le amplifica, y esa boca tan poco ocupada de dientes cuanto bastante para servir de postigo de muladar a cualquier honrada ciudad, y esas tetas carilargas, adornadas de las pocas y pobres galas que os cubren, descubren que más parecéis criada de Proserpina, reina del estigio lago, que persona humana, cuanto menos reina." Turbada la triste Bárbara de oírle, y sospechando que la querría llevar a la cárcel, porque acaso había sabido el mal trato de hechicera que, como abajo diremos, había usado en Alcalá, le respondió llorando: "Yo, mi señor Corregidor, no soy reina ni princesa, como este loco de don Quijote me llama, sino una pobre mujer natural de Alcalá de Henares, llamada Bárbara, que siendo engañada por un estudiante, me sacó de mi casa, y a seis o siete leguas de Sigüenza me dejó desnuda y desvalijada como estoy, atada de pies y manos a un árbol, y me llevó cuanto tenía. Quiso Dios que estando en tal conflicto, pasaron por junto de aquel pinar este don Quijote y el labrador que le sirve de escudero, y me desataron, trayéndome consigo y prometiéndome volver a mi tierra." Como el Corregidor le oyó decir que era de Alcalá, llamó a un pajecillo suyo que detrás dél estaba, y dijo a Bárbara: "¿Veis aquí este muchacho que ha venido de allá no ha un mes?" El paje, mirándola bien, la conoció, y dijo: "!Válate el diablo, Bárbara de la cuchillada! ¿y quién te ha traído a Sigüenza?" Su amo le preguntó si la conocía, y él respondió que sí, y que era mondonguera en la calle de los Bodegones de Alcalá, con fama de harto espesa, y que había dos meses que la habían puesto a la puerta de la iglesia de San Yuste en una escalera, con una coroza, por alcahueta y hechicera; y que se decía por Alcalá sabía bravamente de revender doncellas destrozadas por enteras, mejor que Celestina. Como ella oyó lo que el paje decía, y vio que se reían todos, le respondió con mucha cólera, diciendo: "Por el siglo de mi madre, que miente el pícaro desvergonzado; que si me pusieron en la escalera, como dice, fue por envidia de unas bellacas vecinas que yo tenía; cuanto y

más, que por hacer bien a ciertos amigos que me lo rogaron me vino todo
ese mal. Pero a fe que no podrán decir de mí otra cosa, pues no estuve allí
por ladrona, como otras que sacan a azotar cada día por esas calles: por
hacer bien, sea Dios alabado." Y comenzó a llorar tras esto, al compás que
los demás a reír. Salió luego don Quijote; y como la vio llorando de
aquella manera, la asió de la mano, diciéndola: "Non vos cuitedes,
fermosísima e poderosa reina Cenobia; que asaz sería yo mal: andante
caballero si non vos ficiese tan bien vengada de las sandeces de aquel
estudiante y de las alevosías que vos han fecho, que podáis decir sin
reproche que si sois fermosa fembra, que también el caballero que desfizo
tal tuerto es uno de los mejores del mundo.—y volviéndose al Corregidor
y a los que con él venían, les dijo—: Soberanos príncipes, yo me parto
mañana para la corte; si por algún tiempo, como suele suceder, algún
caballero tártaro o rey tirano viniere a quereros perturbar la paz, cercando
con su fuerte ejército esta vuestra imperial ciudad, y llegare a teneros tan
apretados y puestos en tal extremo, que os viéredes compelidos, por la
grandísima hambre y falta de bastimentos en duro cerco, a comer los
hombres, los caballos, jumentos, perros y ratones, y las mujeres sus
amados hijos, enviadme a llamar doquiera que estuviere; que os juro y
prometo por el orden de caballería que recebí, de venir solo y armado
como veis, y entrar por el campo del pagano, de noche, haciendo, en dos o
tres dellas, en él una espantosísima riza, pasando en la última dellas, a
fuerza de mi brazo, por medio de todo el ejército del contrario, y entrando,
a pesar de sus centinelas, escaramuzas y armas, en la ciudad, de la cual
luego saldréis todos con mucha alegría, al son de una suave música, a
recebirme, acompañados de muchas hachas, y estando las ventanas llenas
de luminarias y de asombrados serafines de mi valor, más hermosos todos
que las tres bellas damas que vio desnudas el venturoso Páris en el monte
Ida, siendo imposible contener sus regaladas voces y dejar de decirme:
¡Bien venga el valentísimo caballero! Y porque no sé si será entonces mi
apellido del Sol, o de los Fuegos, o de la Ardiente Espada, o del Escudo
Encantado, no aseguro el que me darán; pero sin duda sé que al que me
dieren añadirán: Bien venga el deseado de las damas, el Febo de la
discreción, el norte de los galanes, el azote de nuestros enemigos, el
libertador de nuestra patria, y finalmente, la fortaleza de nuestros muros.
Tras lo cual me llevará el Rey a su real casa, do regalándome él y
sirviéndome sus grandes, y sobre todo, recostándome importunamente su
hija, única en sucesión y más en beldad y prudencia; dando ejemplo al
mundo, y a los caballeros andantes que en él me sucedieren, de
continencia, cortesía y fuerzas, emplearé las mías en atrepellar los
nupciales deleites que toda la corte y la misma infanta me ofrecerán,
obligado de algún benévolo planeta que para mayores y más grandiosas

empresas me llamará, en gloria de los dichosos coronistas, y más de mi grande amigo Alquife, uno de los mayores sabios del mundo, que con ellos merecerá en los siglos dorados que están por venir, historiar mis invencibles hechos." Salió en esto muy aprisa de la cocina Sancho diciendo: "Venga vuesa merced, señor, pesia a cuantos historiadores han tenido todos los caballeros andantes desde Adán hasta el Antecristo (que mal siglo le dé Dios al muy hijo de puta); que es tarde, y dice el mesonero que tiene, para vuesa merced y la reina Cenobia, asada a las mil maravillas con ajos y canela una hermosísima pierna de carnero; y si se tarda, temo no se vuelva en pierna de cabrón, según se va poniendo ya dura, de cansada de aguardarnos." Fuéronse, en oyendo el recado, el Corregidor y los que con él venían, llenos de risa y asombro, unos de oír los dislates del amo y simplicidades del escudero, y otros de ver el extraño género de locura del triste manchego, efeto maldito de los nocivos y perjudiciales libros de fabulosas caballerías y aventuras, dignos ellos, sus autores, y aun sus letores, de que las repúblicas bien regidas igualmente los desterrasen de sus confines; pero de lo que más se fueron admirados, era de ver la facilidad que tenía don Quijote en hablar el lenguaje que antiguamente se hablaba en Castilla en los cándidos siglos del conde Fernán González, Peranzules, Cid Ruiz-Díaz, y de los demás antiguos. Cenaron don Quijote, la reina Cenobia y Sancho con grande gusto, los dos por la buena cena y hambre con que llegaron a ella, y don Quijote por la vanagloria con que quedó de ver el aplauso con que a su parecer le habían recebido los príncipes de aquella ciudad; y después de cenar, llamando al mesonero, dijo le trajese allí un ropavejero, porque quería comprar luego un curioso vestido para la reina Cenobia; y diciéndole el mesonero que era imposible hacerlo entonces, por ser ya muy tarde, pero que en amaneciendo se levantaría y le iría a buscar, se fueron a acostar cada uno en su aposento.

AQUÍ DA FIN LA SEXTA PARTE DEL INGENIOSO HIDALGO DON QUIJOTE DE LA MANCHA

SÉPTIMA PARTE
DEL INGENIOSO HIDALGO
DON QUIJOTE DE LA MANCHA

CAPÍTULO XXV

DE CÓMO AL SALIR NUESTRO CABALLERO DE SIGÜENZA ENCONTRÓ CON DOS ESTUDIANTES, Y DE LAS GRACIOSAS COSAS QUE CON ELLOS PASARON HASTA ALCALÁ

Luego que hubo amanecido, se fue el mesonero a llamar, como don Quijote le había mandado, un ropavejero, y trajo consigo el más hacendado del lugar, que vino cargado de dos o tres vestidos de mujer, para que quien le mandaba llamar escogiese el que más le contentase. Llegados a casa, hallaron a don Quijote y a Sancho, que se acababan de levantar; y dando aviso el mesonero a su huésped de, cómo estaba allí quien traía las ropas de mujer que le había mandado buscar, salió a verlas, y saludándole cortésmente, mandó salir a la reina Cenobia para que escogiese la que fuese más de su gusto; y mirándolas todas, a la postre, por mejor y de más gala, que era en lo que don Quijote tenía más puesta la mira, escogieron una saya, jubón y ropa colorada, con gorbiones amarillos y verdes, y vivos de raso azul; y dándole al dueño por todo doce ducados, se lo mandó vestir allí en su propria presencia a la señora Bárbara, a la cual, como viese Sancho vestida toda de rojo, dijo, lleno de risa: "Por vida de mi amantísima mujer Mari-Gutiérrez, que es sola mi consorte, por no permitir otra cosa nuestra madre la Iglesia, señora reina Cenobia, que cuando la miro con tal bellaca cara, y en ella, con ese rasguño mal igual, vestida por otra parte toda de colorado, me parece que veo pintiparada una yegua vieja cuando la acaban de desollar para hacer de su duro pellejo harneros y cribas." Fuese el ropavejero contento de la venta; y quedándolo el huésped también de la que hizo a don Quijote de una mula razonable que tenía de alquiler, en veinte y seis ducados, en que determinó llevar con el mayor toldo que le fuese posible a la reina Cenobia hasta la corte, donde pensaba hacer maravillas defendiendo su rara belleza y hermosura en público palenque, almorzaron esa mañana todos con mucho contento, hechas las dichas compras; y habiéndose armado don Quijote, se salió de la posada, dejándola pagada, diciendo a Sancho Panza que se viniese poco a poco con la Reina, cuidando sólo de su regalo y comodidad; que él los iría aguardando sin adelantarse demasiado. Albardó Sancho su rucio y acomodó sobre él la maleta del dinero y la demás ropa; y llamando luego a Bárbara, le dijo: "Venga acá, señora reina; que por vida de nuestra madre Eva, que puede ser vuesa majestad, según está de colorada, reina de cuantas amapolas hay, no sólo en los trigos de mi lugar, pero aun en los de toda la Mancha." Y poniéndose tras esto a gatas, como solía, volvió la cabeza diciendo: "Suba: ¡subida la vea yo en la horca a ella, y a quien acá nos trajo tan gentil carga de abadejo!" Bárbara subió diciendo: "¡Oh Sancho, qué gran bellaco eres! Pues calla; que si la fortuna nos lleva con bien a Alcalá, yo te regalaré mejor que piensas." "¿Con qué me ha de regalar?—replicó Sancho—; porque sepa que si no ha de ser con cosas de comer, y desas con abundancia, no le daría un higo de oro tamaño como el puño por todo lo demás que me puede dar." "Mal gusto tenéis—dijo Bárbara—, Sancho mío, pues ponéis el vuestro en cosas más de brutos que de hombres. Lo con que yo, amigo, os regalaré, si llegamos a Alcalá con la salud que deseo, y paramos allí algunos días, será con una mocita como un pino de oro, con que os divertáis más de dos siestas; que las tengo allí muchas y bonísimas, muy de manga; y aun si vuestro amo quisiera otra y otras, se las daré a escoger como en botica." "Pues a fe, señora reina Cenobia—dijo Sancho—, que me holgaría mucho de que me endilgase alguna buena zagala; pero ha de ser, si lo hace, hermosa y de linda pesuña, y amostachada, para que nadie me la aoje ni desencamine, dando que reir al diablo, que sudar a alguna partera, y que hacer a algún vicario o cura en cristianar algún *fructus ventris.*" "Necio sois—dijo Bárbara—en quererla amostachada, pues no hay Barrabás que se llegue a mujer que lo sea: dejadme a mí la elección; que yo la buscaré de tan buena carne, que no sea más comer della que comer de una perdiz." "¡Oxte, puto!—dijo Sancho—; eso no. Allá darás, sayo; que no en mi rayo, como dicen los sabios; que no soy yo de los negros de las Indias ni de los luteranos de Constantinopla, de quienes se dice que comen carne humana. No me faltaba otro para que, sabiéndolo la justicia, me castigara; pues sin duda me echaran, a probárseme tal delito, tan a galeras como a las trescientas de Juan de Mena." A la que ambos iban en esto, emparejaron con don Quijote, que, yendo aguardando, había encontrado con dos mancebitos estudiantes que iban a Alcalá, con quienes había trabado plática, hablándoles en un latín macarrónico y lleno de solecismos, olvidado, con las negras lecturas de sus libros de caballerías, del bueno y congruo que siendo muchacho había estudiado. Y si bien los compañeros estaban para reventar de risa, por ver los disparates que decía, todavía no le osaban contradecir, temerosos del humor colérico que las armas con que le veían armado pronosticaban debía gastar. Cuando llegó Sancho a ellos y les vio hablar de aquella manera, dijo a su amo: "Guárdese vuesa merced, mi señor, destos vestidos como tordos, porque son del linaje de aquellos del colegio de Zaragoza, que me echaron más de setecientos gargajos encima; pero con su pan se lo coman; que a fe que les costó poco menos caro que la vida, porque, como dicen, haz mal y no cates a quién; haz bien y guárdate." "Al revés lo habías, necio, de decir—dijo don Quijote—; pero veamos qué venganza tomaste dellos y si será mejor que la que tomaste en la cárcel de Sigüenza de los que tan mal te pararon en ella." "Mucho mejor es— replicó Sancho—, aunque a fe que aquélla no fue mala; pero oigan esta otra; que gustarán de mi ánimo. Erase que se era, que nora buena sea..." Cuando don Quijote le comenzó a oír, le dijo riendo: "Por Dios, que eres simple de marca mayor, pues comienzas a fuer de conseja la narración de tu venganza." "Razón tiene, por vida mía—dijo Sancho—, y corrigiéndome, digo que, como aquellos hi de putas de estudiantes, progenitores sin duda destos dos señores barbiponientes, me comenzaron a gargajear y a darme pescozones, recebido aquel cruel gargajo con que, como dije, un grandísimo bellaco me tapó este ojo, comencé a enhilar hacia la puerta; pero luego otro demonio de aquéllos, como me vio ir corriendo con sólo un ojo, me puso el pie atravesado delante, con que di un tan terrible tropezón, que vine a dar con él de manos fuera de la puerta; aunque de todo cuanto tengo dicho me vengué muy a gusto, pues alcanzando la caperuza que se me había caído, la tiré a otro que vi estaba cerca de mí, con la cual le di un porrazo tal en su capa negra que lo fuera no poco su ventura si el golpe que le di con ella se lo diera con una culebrina." "Diablo sois, señor Sancho—dijo uno de los estudiantes; y si así tratáis a los de mi hábito, aunque no fueron aquéllos cosa mía, como decís, no quiero con vos guerra, sino mucha paz y serviros lo que nos durare este camino por mí y por mi compañero, que sé dél ajustará su gusto al mío en cosa tan justa." "Serálo—dijo don Quijote—, que vuesas mercedes nos hagan merced de contar y referir las curiosas enigmas de que me venían dando noticia; que lo serán siendo parto desos fecundos ingenios; que los que profesamos el orden de la caballería andantesca, movidos de fervorosos deseos, espoleados ellos de las prendas de alguna hermosísima dama, también gustamos de cosas de poesía, y aun tenemos voto en ellas, y nuestra punta nos cabe del furor divino; que dijo Horacio, *est Deus in nobis.*" "Tales cuales fueron los borrones nuestros—replicó el estudiante—serviremos a vuesas mercedes con referirlos." "Y será—dijo don Quijote—con no poca calificación de sus prendas de vuesas mercedes el hacerlo en presencia de la gran reina Cenobia, que aquí asiste, pues su raro discurso bastará a dar eterno valor a cuanto ella alabare, y haralo como discretísima en las cosas de vuesas mercedes." Miraron en esto a Bárbara los estudiantes con no poca risa suya y corrimiento della, que conoció el humor de los moscateles en las lisonjas y aplauso con que de fisga se le ofrecieron ambos; tras lo cual dijo el uno: "Con condición que declare Sancho con su eminente ingenio los siguientes versos, va de enigma:

ENIGMA

Metida en dura cadena
Me tienen sin culpa alguna,
Sujeta acaso y fortuna,
Colgada sin culpa y pena.
La forma tengo del viento,
Aunque de él soy maltratada:
Muerta no soy estimada,
Vivo y muero en un momento.
Con agua estoy de continuo,
Aunque es causa de mi muerte:
Si caigo en tierra por suerte,
Pierdo la forma y me fino.
Estoy baja y estoy alta,
Cercana a Dios verdadero,
Y en comiendo lo postrero,
Luego la vida me falta.
Soy resplandeciente y clara,
Alegro la vista al hombre,
Y el fin de mi propio nombre
Se viene a acabar en *para*.

Don Quijote se la hizo repetir otras dos veces, y la última le dijo: "Por cierto, señores estudiantes, que la enigma es bonísima, y aun el serlo tanto debe de ser la causa de que no dé alcance a su significación; y así suplico a vuesa merced me la declare, porque en llegando a la noche a la posada la pienso escribir para encomendarla a la memoria." Sancho, que siempre había estado callando y oyéndola con mucha atención, puesto el dedo en la frente mientras el estudiante la repetía, salió muy alegre diciendo: "Ea, mi señor don Quijote, victoria, victoria; que ya yo la sé." El estudiante le dijo luego: "Bien lo sospechaba yo, señor Sancho, y hube por imposible desde el principio que ella y su inteligencia pudiesen escaparse por los pies a un tan agudo juicio como el de vuesa merced; y así suplícole se sirva de decirnos lo que sobre ella ha discurrido." Estuvo Sancho pensativo un rato, y luego dijo: "Ella es una de dos cosas, o es la montaña o el cerrojo." Dieron todos una grandísima risada con el disparate de Sancho, el cual, viendo cómo se reían de lo que acababa de decir, replicó: "Pues si no es ninguna cosa de las que he dicho, díganos vuesa merced lo que es, por su vida, que mi señor y yo nos damos por vencidos." El estudiante respondió diciendo: "Pues sepan, mis señores, que el sujeto de la enigma propuesta es la *lámpara,* la cuál está metida entre cadenas sin culpa alguna, de las cuales cuelga. Dícese della que tiene la forma del viento, porque, como es verdad y se ve por experiencia, el vidriero la forja a soplos. Tiene agua, la cual es causa de su muerte, porque en las lámparas, si bien se echa la mitad de agua, ella las apaga luego que no está acompañada de aceite. De que en cayendo en tierra se quiebra no hay que probarlo con más testigos que la experiencia. En lo que dije que ya está baja, ya alta, es llano, pues mientras se dicen los oficios divinos suele estar arriba, estando de noche abajo. También es verdad que está cercana a Dios verdadero, pues de ordinario se pone delante del Santísimo Sacramento. También es llano que en comiendo lo postrero le falta la vida, pues en acabándose el aceite, se muere, como ya he dicho. Al mismo compás se ve en ella que es clara y alegra al hombre, y que, finalmente, acaba su nombre en *para,* que eso es *lámpara."* "Por vida de quien me parió—dijo Sancho—, que lo ha desplanado riquísimamente. ¡Oh hi de puta, bellaco!, el diablo lo podía acertar." Don Quijote le dijo que estaba bonísima y rogó al otro mancebo que dijese la suya, porque sospechaba que no debía ser menos aguda que la de su compañero, el cual, sin hacerse de rogar, comenzó a decir desta manera:

ENIGMA

Yo tengo de andar encima,
Por ser, como soy, ligero:
De oveja nací primero;
Sólo el turco no me estima.
De mil formas y señales,
Redondo estoy sin cantones,
Cubro más de diez millones,
Y hay entre ellos animales.
Adorno al pobre y al rico,
Sin guardar costumbre o ley;
Sobre emperador y rey
Me asiento, y soy grande y chico.
Si hay canícula excesiva,
Me suelo andar en las manos,
Y me traen los cortesanos
Con la merced boca arriba.
Luego torno a entronizarme,
Más hueco que una bacía,
Aunque viento y cortesía
Bastan para derribarme.

No la hubo bien acabado el cuerdo estudiante, cuando salió muy agudo Sancho diciendo: "Señores, esa esgrima, o como la llaman, es muy clara, y desde la primera copla vi que no podía ser otra cosa sino el tocino, porque dice: "sólo el turco no me estima"; y el turco es claro que ni lo come ni hace caso dello, porque así se lo mandó el zancarrón de Mahoma." Don Quijote rogó al estudiante que sin hacer caso de los dislates de su escudero, se la declarase al punto; que deseaba infinito entendella; y así dijo: "Vuesas mercedes han de saber que la propuesta enigma es del *sombrero;* y así, empieza diciendo que anda encima; verdad llana, pues se pone en las cabezas. Es su principio de oveja, por lo que de ordinario se hace de lana dellas; no le precia el turco, porque entre ellos no se usan sombreros, sino turbantes; dícese también que es de muchas formas y señales y sin cantones, porque, si bien ya se usan altos, ya bajos, ya voleados, ya romos, todos vienen a tener las alas redondas y sin esquinas; cubre muchos millares, lo cual se verifica de los cabellos, entre los cuales se crían los piojos, como en bosque proprio de tales animales; siéntase sobre el rey y emperador, y a veces es de dos palmos de alto, como los de Francia, y otras chico, como los de Saboya; tráenle los hombres en las manos cuando hace calor, y los cortesanos boca arriba cuando saludan con besamanos, tras lo cual le vuelven a entronizar sobre sus cabezas, de do basta a derribarle el viento si viene recio, y la cortesía cuando se pasa por delante de quien se debe hacer." "Agora digo—respondió Sancho—que es más bellaca de entenderse ésta que la pasada; pero apostemos, con todo, lo que quisieren, que si las tornan a decir las acierto de la primera vez." "¡Miren el ignorante!—dijo don Quijote—. Desa manera cualquier hombre del mundo, si se lo dicen antes, lo acertará." "Pues ¿cuándo dijo Sancho cosa que no se la dijesen antes?—replicó Bárbara—. Pero eso no es maravilla, pues nunca nadie acertó a decir lo que primero no lo haya aprendido y estudiado; y si no, díganme, ¿quién hay que sepa nombrar cosas por su nombre, aunque sean las más comunes, ni aun el *Pater noster,* que es la cartilla de nuestra fe, si primero no se le dicen y repiten?" Holgó infinito Sancho con el cuerdo abono que de su respuesta había dado Bárbara; y celebrándole todos por agudo, y él por soberano, con mil agradecimientos, dijo don Quijote: "No se admiren vuesas mercedes de la agudeza de su majestad, porque si los filos de mi espada fueran tan agudos como los conceptos de su divino entendimiento, no estuviera su real persona sin la pacífica posesión de su reino y amazonas, ni yo tuviera por conquistar el reino de Chipre, ni aun que ensuciar mis manos en el soberbio Bramidan de Tajayunque. Pero dejemos esto para hasta que me vea en la corte, pues son memorias que me provocan de suerte a cólera, que temo della no me haga hacer por las tierras que voy, más muertes que hizo Dios en el mundo con el diluvio universal; y volviendo a nuestra apacible plática, suplico a vuesas mercedes se sirvan de darme por escrito las enigmas, si tienen sus copias." Y diciendo el uno que en la posada se la escribiría, por no traer en papel la suya, metió el otro mano a la faltriquera y sacó della la de la lámpara, diciendo: "Tome vuesa merced la mía; que ya la tengo a punto." Tomóla don Quijote con mucho comedimiento, y al dársela se le cayó al estudiante otro papel de la mano; y preguntándole don Quijote qué era aquello, le respondió que unas coplillas que acababa de hacer en su lugar a una doncella parienta suya, a quien quería mucho, la cual se llamaba Ana, por cuya causa las había hecho con tal artificio, que todas ellas comenzaban en *Ana*. Don Quijote le rogó con notable instancia se las leyese, seguro de que, siendo suyas, no podían dejar de ser curiosísimas; y el estudiante, con no pequeña vanagloria, propriedad inseparable de los poetas, y rara atención de los circunstantes, las fue leyendo; y decían desta manera, según fielmente las he sacado de la historia de nuestro ingenioso hidalgo, la cual traduzco, y en que se refieren.

COPLAS A UNA DAMA LLAMADA ANA

Ana, amor me cautivó
Con vos, cuyo nombre tiene
Dos aes entre una ene,
Que es dos almas entre un no.
A nadie dice la ene
Que améis, sino sólo a mí,
Advirtiendo os ofrecí
Lo mejor que mi alma tiene.
Anajarte fue entre sabios
Ilustre por homicida,
Cual lo sois vos de mi vida,
Ana, con mover los labios.
Anade es una avecilla
Que nada con gran primor;
Yo, Ana, en el mar de amor
Tras vos nado, bella orilla.
Anatema es en la Iglesia
Quien de la fe está apartado;
No yo, que con fe he amado
En vos otra Diana Efesia.
Anastasia fue la esposa
De un rey que en el cielo reina,

Y desta alma, Ana, sois reina
Vos, que en todo sois hermosa.
Ananía y sus consortes
Cantaron dentro de un horno;
Y vos, Ana, cual bochorno,
Me abrasáis con esos nortes.
Analogía se llama
Lo que dice proporción,
Como vuestra perfición,
Que la tiene con su fama.
Anabatistas profesan
Ser dos veces bautizados;
Y yo duplicar cuidados
Profeso, Ana, sin que cesen.
Anacoretas imito
En lo que es llanto y silencio,
Con que, Ana, reverencio
Ese valor infinito.
Anales, cualquiera historia
Son, que algún curioso escribe,
Y cual en anales vive,
Ana, en mí vuestra memoria.
A Namur dicen ser villa
Rica, fuerte y de beldad;
Mas vos, Ana, sois ciudad
Que cualquiera ha de servilla.

"Por cierto—dijo don Quijote cuando acabó de leer el estudiante las coplas—que ellas son curiosas y únicas, a mi ver, en su género." Tras lo cual salió Sancho, como solía, diciendo: "Señor estudiante, en mi conciencia le juro que son lindísimas, si bien me parece que les falta la vida y muerte de Anás y Caifás, personas de quienes hacen copiosa memoria todos los cuatro santos Evangelios; y no fuera malo la hiciera vuesa merced también dellos, siquiera para lisonjear los muchos y honrados decendientes que aun tienen hoy en el mundo. Pero dejando esto aparte, ¿no me haría placer de hacer otras que, como esas comienzan por Ana, comenzasen por Mari-Gutiérrez, la cual, con perdón de vuesas mercedes y a pesar mío, es mi mujer y lo será mientras Dios quisiere? Pero advierta, si determina hacerlas, en que de ninguna manera la llame reina, sino almiranta, porque mi señor don Quijote no me parece que lleva talle de hacerme rey en su vida; y así, de fuerza habré de parar, mal que me pese, en almirante o adelantado cuando su merced gane alguna ínsula o península de las que me ha prometido; y a fe que si como él y yo hemos dado por lo secular diéramos por lo eclesiástico, que quedáramos bien medrados desde que andamos en busca de aventuras, pues nos han hecho a los dos más cardenales y más colorados que hay en Roma ni en Santiago de Galicia; mas en fin, bien dicen que quien más no deja, morir se puede." Con este buen entretenimiento llegaron a la noche a la posada, yendo siempre con ellos los dos estudiantes, por lo poco que don Quijote caminaba, que no era más que cuatro o cinco leguas cada día; ni aun *Rocinante* podía hacer mayor jornada; que no le daban lugar para ello la flaqueza y años que tenía a cuestas. De suerte que caminaron tres días sin sucederles cosa de consideración; aunque en todos los lugares eran bien notados y reídos, particularmente en Hita, por las cosas que don Quijote hacía con la reina Cenobia, la cual no era poco conocida de toda aquella tierra, ni menos de los estudiantes, que cada día decían a don Quijote sus virtudes; si bien era imposible persuadirle cosa en contrario de lo que della tenía aprehendido su quimérica y loca fantasía.

CAPÍTULO XXVI

DE LAS GRACIOSAS COSAS QUE PASARON ENTRE DON QUIJOTE Y UNA COMPAÑÍA DE REPRESENTANTES, CON QUIEN SE ENCONTRÓ EN UNA VENTA CERCA DE ALCALÁ

Caminando don Quijote en su compañía y con dos estudiantes que arriba dijimos, sucedió que llegando a poco más de dos leguas de Alcalá, se les hizo a Sancho y a su amo tarde para entrar en ella de día, como deseaban; y con la pesadumbre que esto le daba, dijo don Quijote a los estudiantes si había algún lugar antes de Alcalá donde pudiesen hacer noche; y respondiendo ellos que no, quizá deseosos de que se quedasen en el campo o desacomodados, añadieron que sólo a un cuarto de legua de allí había una venta, donde podrían pasar razonablemente la noche. Apenas oyó Sancho el nombre de venta, cuando se dio a todos los diablos, y dijo: "Por las entrañas de la ballena de Jonás, mi señor don Quijote, le suplico que no vamos allá por ningún caso, pues las que estos señores llaman ventas son los castillos encantados que vuesa merced dice, y adonde nos han aporreado invisiblemente los gigantes, duendes, fantasmas, jayanes, estantiguas o folletos, o como los llaman a los que nos han dado millares de veces tanto que llorar y curar, cuanto saben mis escuderiles huesos; que los de vuesa merced han siempre mejor librado con el remedio de aquel precioso bálsamo, cuya eficacia sólo ha faltado para mí, que no soy armado caballero." No hizo caso don Quijote de los miedos y conjuros de su escudero, sino que animoso dijo: "Venga lo que viniere, que para todo estamos dispuestos los caballeros andantes; y así, vamos allá en nombre de Dios." Apenas hubieron andado treinta pasos cuando descubrieron la venta, y a la que llegaban a tiro de arcabuz della, habiendo hecho don Quijote hasta allí reflexión de lo que Sancho le había dicho, le dijo: "Agora me acabo de acordar, Sancho mío, de los grandes trabajos, infortunios, desasosiegos, trances, peligros y desastres que agora un año pasamos en los castillos semejantes a este que vemos, do nos alojamos, a causa de estar en ellos secretamente escondido aquel sabio encantador, mi contrario, el cual siempre ha procurado y procura hacerme todo el mal que ha podido y puede con sus malas y perversas artes; y lo peor es que tengo agora por sin duda que ha venido de nuevo a este castillo para hacerme en él algún grave daño, como acostumbra; aunque al cabo no han de poder más sus artes que el valor de mi persona. Lo que se puede y debe, pues, hacer, para obviar este gran peligro, es que tú y mi señora la reina y estos dos señores estudiantes os vengáis en pos de mí como en retaguardia, poco a poco; que yo quiero ir adelante, si es verdad, para ver todo lo que he sospechado." Sancho le replicó diciendo: "Si vuesa merced me creyera al principio, no nos meteríamos en estas trabacuentas, y ¡plegue a Dios no lo lloremos todos! Pero vaya delante, como dice vuesa merced, en hora buena, que acá nos iremos tan detrás dél como podremos, si bien no tanto como querríamos." Adelantose luego don Quijote un poco, y como viese cerca de la venta siete u ocho personas vestidas de diferente mezcla, volvió luego turbado las riendas a *Rocinante,* y llegándose a los de su compañía les dijo: "Todo el mundo, señores, calle, y ojo a la puerta del castillo y a los vestigios que en ella hay." Miraron todos hacia allá, y como los que en la venta estaban vieron venir un hombre armado de aquella suerte, y con grande adarga, cosa por allí poco usada, y que ya se adelantaba, y ya volvía atrás a hablar con una mujer vestida de colorado, salieron a ver maravillados la novedad fuera de la venta, no siendo pocos los miradores, pues eran los de una compañía grave de comediantes, de los nombrados en Castilla, los cuales, con su autor, se habían determinado quedar allí aquella tarde a hacer algunos ensayos de comedias para entrar con ellas esotro día con buen pie en Alcalá, teatro de consideración y cuenta, por los agudos y extremados ingenios que a toda España le dan lustre. Pues como don Quijote les viese puestos en hilera y en su mira, y entre ellos su autor, hombre moreno y alto de cuerpo, que estaba delante de todos, teniendo en una mano una varilla y en la otra una comedia, que iba leyendo, comenzó a decir: "Agora echo de ver, amigo Sancho, las grandísimas mercedes que cada día recibo de la sabia Urganda, mi benévola y fidelísima protectora, pues hoy me lo ha dado claramente a entender; que en esta fortaleza está aquel perverso encantador Frestón, mi contrario, aguardándome con alguna estratagema o engaño, con soberbio talante, entre duras cadenas, en su obscura mazmorra; pero ya que voy del caso bien advertido, me determino a acabar de una vez con él, si puedo, para que de aquí adelante pueda andar más seguro y libre por todas las partes del Mundo que caminare. Y porque creas, Sancho, y vos, poderosísima reina, y vosotros, virtuosísimos mancebos, que digo verdad, ¿no veis, entre aquellos soldados que en la puerta del castillo están haciendo centinela, un hombre alto y moreno de cara, con una varilla en la mano derecha y en la izquierda un libro? Pues aquél es mi mortal enemigo, el cual ha venido a estorbarme la batalla que con el rey de Chipre, Bramidan de Tajayunque, tenía aplazada, con fin de irse luego por el Mundo baldonándome, y publicando de mí que no me atreví de puro cobarde a llegar a la corte a verme con él, donde me aguardaba para la pelea; y si tal me estorbase con sus encantamientos, lo sentiría a par de muerte: por tanto, yo me determino de ir y ver si de alguna manera puedo quitar del Mundo a quien tantos males y daños ha causado y causa en él." Los estudiantes, maravillados de los disparates de don Quijote, se le llegaron, quitados los sombreros, y el uno le dijo: "Mire vuesa merced, señor don Quijote, si es servido, en lo que dice y piensa hacer; que nosotros sabemos muy bien que esto es venta, y no fortaleza ni castillo, ni hay la guarda en ella de soldados que vuesa merced piensa; y la gente que está en su puerta es bien conocida en España que son comediantes; y el que vuesa merced llama encantador, es su autor Fulano, y el otro del ferreruelo caído sobre el hombro, Zutano." Y así fue nombrando casi todos por sus nombres, por conocerlos bien. De lo cual enojado don Quijote, replicó: "Eso es lo que yo digo, a pesar de todos los que contradecirme quisieren; y otra vez afirmo que aquel grande es el dicho encantador mi contrario, que con aquella vara que tiene en la una mano, hace los cercos, figuras y caracteres en invocación de los demonios, y con aquel libro que tiene en la otra los conjura, oprime y atrae a cuanto quiere, mal que les pese; y para que veáis claramente ser verdad lo que digo, andad vosotros delante, y decidle cómo sois pajes del Caballero Desamorado que aquí viene, y veréis lo que pasa." Ofreciéronse ellos a ir allá de muy buena gana; y llegados que fueron, contaron al autor y a su compañía todo lo que don Quijote era, y lo que había hecho y dicho por el camino y en Sigüenza, y cómo llamaba reina Cenobia a Bárbara, la bodegonera de la cuchillada de Alcalá, bien conocida de todos, con quien se había encontrado en el viaje: de lo cual rieron el autor y sus compañeros bravamente, holgándose infinito de que se les ofreciese ocasión en que pasar el tiempo aquella noche. A la que estaban en esto, fue don Quijote acercándose poco a poco a la venta, y viéndolo Sancho, bajó luego de su rucio para ver en qué paraba aquello que su amo iba a emprender: también Bárbara le rogó la bajase de la mula, pues estaba tan cerca de la venta, el cual lo hizo tomándola en brazos; y como para hacello fuese forzoso juntar él su cara con la de Bárbara, ella le dijo: "¡Ay, Sancho, y qué duras y ásperas tienes las barbas! ¡Malhaya yo si no parecen cerdas de zapatero! ¡Jesús mío, y qué trabajos tendrá la mujer que durmiere contigo, todas las veces que la besares!" "¿Pues para qué diablos —dijo Sancho—la tengo de besar? Béselas la madre que las hizo, o Barrabás, que no tiene mocos; que para lo deste mundo yo no beso a nadie, si no es a la hogaza cuando la cojo por la mañana, o a la bota cualquiera hora del día." "Ea—replicó Bárbara—, no se nos haga bobo, hermano; que a fe no le saben mal las mujeres; y si me cogiese esta noche en la cama en que tengo de dormir sola, viniéndose a ella quedito, y se me metiese entre las sábanas sin que persona lo sintiese, ¡mal año y qué tal me pararía! De una sola cosa me pesaría en tal caso, y es que no osaría dar voces por temor de don Quijote y los huéspedes; que más vale mal pasar que gritar; y cuando algo hiciésemos, en fin estaríamos a escuras y nadie lo había de saber; que en fin, claro está que yo por mi vergüenza, y vos por ser hombre honrado, lo habíamos de callar." Sancho, que no entendió la música de Bárbara, dijo: "A fe que tiene razón; que cuando no dan voces y estamos a escuras, duermo yo muy mejor y más a pierna tendida, y de suerte que no me recordarán con un millón de campanas destempladas." "¡Ay, amarga de mí —respondió Bárbara—, y qué lerdo que eres! Menester es llevarte por el camino de los carros: dame la mano, ladrón mío, que estoy entumecida y no me puedo tener en pies." Diósela Sancho, diciéndole: "Tómela con todos los diablos, y váyase poco a poco en eso de ladrón; que sepa que no sufro burlas; y podríalo oír tal vez algún escriba o fariseo de los muchos y maliciosos que hay en el Mundo, y acusándome dello a la justicia, hacerme dar docientos azotes." Volvieron en esto la cabeza, porque vieron hablar en alta voz a don Quijote, el cual llegándose bien cerca de la venta, puesto el cuento del lanzón en tierra, comenzó a decir a los que estaban en su puerta desta manera: "¡Oh sabio encantador, tú, quienquiera que seas, que desde el día de mi nacimiento hasta la hora en que estoy siempre has sido mi contrario, favoreciendo, como pagano que eres, a aquel o aquellos caballeros que sabes que yo traigo acosados con mi fuerte brazo, quitándoles la opinión que por el mundo tienen, alzándome con la fama dellos, siendo pregoneros de mis hechos y de su cobardía la misma que lo fue de los Alejandros, Césares, Aníbales y Escipiones antiguos!, dime, perverso y luciferino nigromántico, ¿por qué haces tantos y tan grandes males en el Orbe, contra toda ley natural y divina, saliendo por los anchos caminos y sus forzosas encrucijadas, acompañado de los descomunales jayanes que en esta tu fortaleza se fortifican, prendiendo, robando y maltratando a los amantes caballeros que poco pueden, y forzando a las fembras de alta guisa y dueñas de honor que, acompañadas de astutos enanos y diligentes escuderos, van por los caminos reales con algunas cartas de confidencia y joyas y preseas de estima, buscando a los caballeros a quien sus señoras tiernamente aman; y no sólo no te avergüenzas de hacer lo que digo, pero como inhumano y tirano cruel las metes en este castillo, y no para regalarlas y darles buen acogimiento, sino para metellas en crueles y obscuras mazmorras con otras muchas princesas, caballeros, pajes, escuderos, carrozas y caballos que en él tienes? Por tanto, ¡oh sangriento, fiero e indómito gigante!, sácame luego aquí sin réplica ninguna toda la gente que digo, volviéndoles a cada uno la oprimida libertad y cuantos tesoros con ella les has robado, y jura postrado en tierra, en manos de la fermosa y sin par gran reina Cenobia, que conmigo viene, de enmendar la mala vida pasada, y de favorecer de aquí adelante a dueñas y doncellas, y de desfacer juntamente los tuertos de la gente menesterosa; que con esto y con darte a merced, te dejaré por agora con la vida que tan justamente ha muchos años te había de haber quitado; y si no lo quieres hacer, salgan luego a batalla conmigo todos los que en esa tu fortaleza tienes, a pie o a caballo y con el género de armas que quisieren, todos juntos, como es costumbre de la gente pagana y bárbara, tal cual vosotros sois. Y no pienses que porque estás con ese libro y vara en las manos, cual encantador y supersticioso mago, que por más que lo seas, han de valer tus hechizos contra los filos de mi espada; porque conmigo traigo invisiblemente al sabio Alquife, mi coronista y defensor de todos mis trabajos, y a la sabia Urganda la desconocida, con cuya sciencia comparada la tuya, es ignorancia. Salid, salid presto, presto." Y con esto comenzó a revolver el caballo por acá y acullá, haciendo gambetas, de lo cual reían mucho los comediantes, a los cuales, como Sancho viese reír de tan buena gana, tras haberles dicho su amo las razones, a su parecer, tan dignas de amedrentarlos, les dijo en alta voz: "Ea, soberbios y descomunales representantes, oprimidores de las vergonzosas infantas que están ahí detrás de vosotros haciendo humildes oraciones a los cielos para que las libren ya de vuestra tiránica representante vida, acabemos ya; y si os habéis de dar por vencidos a mi señor don Quijote de la Mancha, sea luego; porque queremos entrar en la venta yo y la señora reina de Segovia; que a fe que tenemos muy bien picados los molinos; y, si no, aparejaos para enviarnos aquí algunos cuartales de pan, en cuya destroza nos ocupemos su majestad y yo, mientras mi señor la hace en vosotros en esta vecina guerreación: ¡así guerreado le vea yo en casa de todos los griegos de Galicia!" Los representantes estaban tan maravillados, que no sabían qué responder a los disparates del uno y simplicidades del otro; mas el autor, con cuatro o cinco de los compañeros, se salió de la venta y llegándose donde estaba don Quijote, le dijo: "Señor caballero andante, estos señores estudiantes nos han informado del gran valor, virtud y fuerzas de vuesa merced, las cuales son tales, que bastan a sujetar, no solamente esta fortaleza o castillo, donde ha más de setecientos años que yo hago mi habitación, sino al más fiero y bravo gigante que en toda la gigántea nación se halla: por tanto, yo y todos estos príncipes y caballeros que conmigo están, nos damos por vencidos, y rendimos vasallaje a vuesa merced, suplicándole se apee de ese hermoso caballo y deje la adarga y lanza, quitándose esas ricas armas para que sin su embarazo pueda vuesa merced recibir el debido servicio que estos sus criados le desean hacer; y viva seguro de que, aunque soy pagano, como mi morena cara y membrudo talle muestran, todavía sólo tengo librados mis encantamientos para hacer mal a quien yo me sé. Venga vuesa merced, entre, y cenará con nosotros, y verá cómo se huelga de habernos conocido; y entre segura también la señora reina Cenobia, alias Bárbara; que gustaremos todos saber della cuál de las yerbas le da más fastidio de noche, la ruda o la verbena que se coge la mañana de san Juan." "¡Oh falso hechicero!—respondió don Quijote—. ¿Agora piensas con tus falaces y halagüeñas palabras engañarme, para que, entrando dentro de tu castillo fiado dellas, caiga en la trampa que a la entrada de su puerta me tienes armada, deseoso de hacer luego de mí a tu sabor? No me engañarás; que yo te conozco desde que en Zaragoza me encerraste con esposas en las manos y un grande tronco en los pies, en aquel duro calabozo que tú sabes, del cual me sacó el valeroso granadino don Álvaro Tarfe." Sancho, que había estado escuchando lo que pasaba, se puso al lado de don Quijote diciendo, mirando de hito a hito al autor: "¡Oh hi de puta, paganazo!, ¿piensa que aquí no le entendemos? A otro hueso con ese perro; que aquí todos somos cristianos, por la gracia de Dios, de pies a cabeza, y sabemos que tres y cuatro son nueve; que no somos bobos porque nos habemos criado en el Argamesilla, junto al Toboso; y si no quiere creernos, métanos el puño en la boca, y verá si le mamamos. Dése por vencido, digo, él y todos esos luteranos que le rodean, si no quiere que se nos suba el humo a las narices: echemos pelillos en la mar, y con esto tan amigos como de antes." Don Quijote le dijo colérico, dando de espuelas a *Rocinante*: "Quítate, Sancho, no hagas paces con gente infiel y pagana; porque los que somos cristianos no podemos hacer con éstos más que treguas, cuando mucho." "Pues, señor—dijo Sancho poniéndose delante de *Rocinante*—, si ello es verdad que vuesa merced es tan cristiano como yo (que eso Dios lo sabe), que sé que lo soy desde el vientre de mi madre, pues desde él creo bien y verdaderamente en Jesucristo y en cuanto él manda, y en las santas iglesias de Roma, y en todas sus calles, plazas, campanarios y corrales, a pie juntillas, hagamos esas treguas que dice; que parece que es un poco tarde, y las tripas me andan ya espoleando el vientre de hambre." "Quítate de delante de mis ojos, pécora—dijo don Quijote—; quítate, digo." Y en esto, bajando la lanza, dio un apretón a *Rocinante* hacia el autor, el cual le dejó venir, y hurtándole el cuerpo, le asió de la rienda del rocín, que al punto estuvo quedo como si fuera de piedra: acudieron al punto los demás compañeros, y uno le quitó la lanza, otro la adarga, y otro, asiéndole del pie, le volcó por la otra parte; tras lo cual acudieron también tres o cuatro mozos de los que llaman metemuertos y sacasillas, que, agarrándole los unos por los pies y los otros por los brazos, le llevaron a la venta mal de su grado, donde le tuvieron buen rato echado en el suelo, sin que se pudiese levantar. Las cosas que el triste Caballero Desamorado hizo y dijo viéndose de aquella suerte, colíjanlas los curiosos, de su condición y braveza, pues ya la ternán penetrada de las primeras partes de su historia; que no se atreve el historiador desta, por ser tan extraordinarias y dignas de elegantísimas exageraciones, a referirlas. Lo que sé decir es que el autor mandó a los mozos le tuviesen de la suerte que estaba, sin soltarle de ninguna manera hasta que él volviese; y tras esto salió con algunos compañeros en busca de Sancho, a quien halló abrazado con Bárbara, mesándose las espesas barbas, llorando amargamente por ver lo que su amo padecía; al cual dijo: "Ahora, don bellaco, me pagaréis lo de antaño y lo de hogaño: levantaos; que no hay para mí lágrimas ni ruegos; porque pienso luego a la hora, en llegando con vos al castillo, desollaros muy bien, y cenarme en esta noche vuestros higadillos, y mañana asar todo lo demás de vuestro cuerpo y comérmelo; que no me sustento yo de otra cosa que de carnes de hombres." Sancho, que oyó aquella cruelísima sentencia, luego se hincó de rodillas, y cruzando las manos debajo de la caperuza, comenzó a decirle: "¡Oh señor pagano, el más honrado que hay en todas las paganerías!, por las llagas del señor san Lázaro, que santa gloria haya, le ruego que tenga misericordia de mí; y si es servido, antes que me comía, mande vuesa merced dejarme ir a despedirme de Mari Gutiérrez, mi mujer, que es colérica, y si sabe que vuesa merced me ha comido sin que yo me haya despedido della, me terná por un grandísimo descuidado, y no podré después verle una buena cara: basta, que le prometo bien y verdaderamente de volver aquí para el día en que vuesa merced mandare; y plegue a Dios, si faltare, que esta caperuza me falte a la hora de mi muerte, que es cuando más la habré menester." "Amigo—respondió el autor—. no hay remedio de ese negocio." Y levantando la voz dijo: "¡Hola!, ¿a quién digo? Criados, traedme luego aquí aquel asador de tres púas en que suelo espetar los hombres enteros, y asadme al punto a este labrador." El pobre Sancho, que tal oyó decir, volvió la cabeza y vio a Bárbara que estaba hablando con uno de los representantes, llena de risa, y díjola con increíble dolor de su ánima: "Señora reina Segovia! ¡Compasión del pobre de Sancho, su leal lacayo y servidor, y mire la tribulación en que está puesto! Y pues es tan impotente, ruegue a ese señor moro que me eche a aquellas partes en que más de mí se sirva; sólo no me mate." Entonces llegó Bárbara diciendo: "Suplico a vuesa merced, poderosísimo señor alcalde y noble castellano deste alcázar, remita por amor de mí esta vez a Sancho vida y miembros; que le debo buenos servicios, y salgo por fiadora de su enmienda, obligando, si no lo hiciere, todos sus bienes muebles y raíces, habidos y por haber, al castigo que ordenare vuesa merced darle." Respondiole el autor con gran boato y fingida cólera: "Vuesa merced, señora reina de la calle de los Bodegones de Alcalá, me perdone; que de ninguna manera puedo dejar de acabar con este villano, si ya no es que, volviéndose moro, siguiese el alcorán de nuestro Mahoma." "Digo—respondió Sancho—, señor turco, que creo en cuantos Mahomas hay de levante a poniente, y en su alcorán, de la suerte y como vuesa merced lo manda, y como lo permite y consiente nuestra madre la Iglesia, por quien daré la vida y ánima y cuanto puedo decir."

"Pues es menester—dijo el autor—que con un cuchillo muy agudo os cortemos un poco del pluscuamperfecto." Respondió Sancho: "¿Qué plúscuam, señor, es ese que dice?, que yo no entiendo esas algarabías." "Digo—replicó el autor—que para que seáis buen turco es menester primero, con un cuchillo bien afilado, retajaros." "¡Ah, señor! Por las tenazas de Nicomemos—dijo Sancho—, que vuesa merced no me corte nada de ahí, porque lo tiene tan bien contado y medido mi mujer Mari-Gutiérrez, que por momentos lo reconoce y pide cuenta dello, y por poco que le faltase, lo echaría luego menos, y sería tocarle en las niñas de los ojos, y me diría que soy un perdulario y desperdiciador de los bienes de naturaleza; y si a vuesa merced le parece, eso que me ha de cortar, no sea de ahí; porque, como digo, bien echa de ver que es menester todo en casa, y algunas veces aun falta; sino córtenmenlo de esta caperuza; que, aunque es verdad que hará falta en ella, todavía mejor se podrá remediar que esotro." Volvió en esto la cabeza hacia atrás por no poder disimular la risa que le causó la simplicidad de Sancho; y disimulando cuanto pudo, le dijo al cabo de rato: "Levantaos, señor moro nuevo, dad acá la mano, y mirad que de aquí adelante habéis de hablar algarabía como yo; que presto subiréis a arráez, alfaquí y a gran baján." "Par diez, señor—dijo Sancho—, que aunque me hagan rebadán, querría más llegar primero a mi lugar a dar cuenta de mí a dos bueyes que tengo en casa, seis ovejas, dos cabras, ocho gallinas y un porquete, y a despedirme de Mari-Gutiérrez en lengua moruna, y a decirle cómo me he vuelto ya turco; que quizás ella también se querrá tornar turca; pero hallo un inconveniente en si lo quisiere hacer, y es que no sé de adónde la podremos retajar, porque no tiene debajo del cielo de adónde." Respondió el autor diciendo: "Eso no importa nada, porque ya la cortaremos el dedo pulgar de la mano derecha, y esto bastará." "A fe—dijo Sancho—que ha dicho muy bien, porque ese dedo no le hará a ella la falta que me hará a mí lo que me quiere cortar; que en efeto es muy mala hilandera; mas con todo he pensado dó será mejor circuncidarla, porque no le quite el dedo que dice; que todavía es bueno tenga cinco dedos en la mano, como Dios manda en las obras de misericordia." "¿De dónde, pues—preguntó el autor—, la circuncidaremos?" "De la lengua—respondió Sancho—, porque la tiene más larga que la del gigante Golías, y es la mayor parlera y repostona que hay en todas las parlerías y tierras de papagayos." Con esto se volvieron a la puerta de la venta, adonde tenían al buen hidalgo don Quijote los mozos del hato, sentado en una silla, desarmado y asido de suerte, que no le dejaban menear; y viéndole el autor, dijo a Sancho: "Hermano, ya veis cómo está vuestro amo; es menester que le digáis cómo ya sois moro, y le persuadáis a que también él lo sea si quiere librarse de la tribulación en que está puesto, porque, si no, dentro de dos horas nos le comeremos asado en el asador en que pensábamos asaros a vos." "Déjeme vuesa merced a mí—dijo—; que yo le haré tornar moro por la posta." Púsose delante de don Quijote el autor, diciéndole: "¿Qué es, caballero? ¿Cómo va? Al fin habéis venido a parar en mis manos, de donde primero que salgáis habéis de tener las barbas tan largas, que os arrastren por el suelo, y las uñas de pies y manos tan grandes como unos colmillos de elefante; tras que os veréis comido de ratones, lagartos, chinches, piojos, pulgas, moscas, mosquitos, tábanos y otras asquerosas sabandijas; y maniatado con una gruesísima cadena en una lóbrega cárcel, con otros de vuestro jaez, que allí están con grillos a los pies y esposas en las manos hasta que acaben sus tristes y desventuradas vidas." Don Quijote le respondió, diciendo: "No pienses, ¡oh sabio contrario mío!, que tus locas y vanas palabras y perjudiciales obras han de ser bastantes a hacerme quebrar un punto lo que debo guardar como verdadero caballero andante, ni amedrentarme en el debido sufrimiento a los vecinos trabajos y tribulaciones que me amenazan, pues estoy cierto que por discurso de tiempo, y al cabo, cuando mucho, de sietecientos años he de quedar libre deste tu cruel encantamiento, en que contra toda ley y razón, por sólo tu gusto, me tienes puesto; y no desespero, ¡oh inhumano encantador!, de que antes del dicho plazo algún príncipe griego novel me saque de aquí, pues uno habrá que saldrá de Constantinopla de noche, sin despedirse de nadie de la corte y sin que lo sepan sus padres, espoleado de su honor, y alentado con el consejo de un grande y sapientísimo mago, amigo suyo; y después de haber pasado grandísimos trabajos y peligros, y haber ganado mucha honra por todos los reinos y provincias del Universo, llegará aquí a este fortísimo castillo, y matando los fieros gigantes que por prevención tuya su entrada defiendan como guardas della y de la puente levadiza que le fortifica, matará también a los dos rapantes grifos, inhumanos porteros de su primera puerta; y entrando en el primer patio, y no sintiendo rumor ni viendo persona que se le oponga, se sentará, de cansado, en el suelo un rato, y luego oirá una furiosa voz que, sin saber quién la pronuncia, le dirá: "Levántate, príncipe griego; que en aciaga hora y para tu daño entraste en este castillo." Y apenas habrá acabado de decillo, cuando saldrá un ferocísimo dragón echando fuego por la boca y ponzoña por los ojos, con las uñas crecidas más que dagas vizcaínas, y con una cola tan aguda y larga como un acicalado montante, con la cual todo cuanto encontrare echará por el suelo; pero matándole el dicho príncipe, ayudado de su favorable y benévolo sabio con invencibles socorros, se deshará a la postre todo este encantamiento; y entrando victorioso otra puerta más adentro, se hallará en un apacible jardín lleno de varias flores, poblado de amenísimos, fructíferos y aromáticos árboles, cuyas copas poblarán cisnes, calandrias, ruiseñores y mil otras diferencias de jucundísimas aves, fertilizándole mil arroyos, dificultosas de discernir sus aguas si son de cristal o leche; en medio del cual se le aparecerá una hermosísima ninfa vestida de una rozagante ropa sembrada de carbunclos, diamantes, esmeraldas, rubíes, topacios y amatistas; la cual, dándole con rostro benévolo con la una mano un manojo de llaves de oro, y poniéndole con la otra en la cabeza una guirnalda de agno casto y amaranto, desaparecerá tras una celestial música; y luego dicho príncipe con las llaves de oro llegará a abrir las mazmorras, dando libertad jucundísima a todos los presos y presas dellas, y a mí el postrero, pidiéndome por merced le arme por mis manos caballero andante y le admita por inseparable compañero: lo cual, concediéndoselo yo todo, obligado de su hermosura, discreción y esfuerzo, iremos por el Mundo después innumerables años juntos, dando fin y cima a cuantas aventuras se nos ofrecieren."

CAPÍTULO XXVII

DONDE SE PROSIGUEN LOS SUCESOS DE DON QUIJOTE CON LOS REPRESENTANTES

Admirados quedaron en sumo grado los comediantes de ver el extraño género de locura de don Quijote, y los disparates que ensartaba; pero Sancho, que había estado escuchando detrás del autor todo lo que su amo había dicho, le dijo: "Pues, señor Desamorado, ¿cómo va? Acá estamos todos por la gracia de Dios." "¡Oh Sancho!—dijo don Quijote—, ¿qué haces? ¿Hate hecho algún mal este nuestro enemigo?" "Ninguno—respondió Sancho—; si bien es verdad que me he visto ya casi con un asador en el rabo, en que quería este señor moro asarme para comerme; pero hame perdonado por ver me he tornado moro." "¿Qué dices, Sancho?—dijo don Quijote—: ¡moro te has tornado! ¿Es posible que tan gran necedad has hecho?" "Pues pesie a las barbas del sacristán de Argamesilla—respondió Sancho—, ¿no fuera peor que me comiera, y que después no pudiera ser moro ni cristiano? Calle; que yo me entiendo: escapemos una vez de aquí; que luego después verá lo que pasa." Entonces el autor, apiadándose de las congojas y trasudores en que veía a don Quijote, cansados ya de reír los estudiantes, Bárbara y toda la compañía, dijo: "Ahora sus, señor caballero, no es ya tiempo de más disimular ni de traer encubierto lo que es razón que se descubra; y así habéis de saber, señor don Quijote, que yo no soy el sabio vuestro contrario de ninguna manera; antes soy un grande y fiel amigo vuestro, y cual tal siempre y en todas partes he mirado y miro por vuestros negocios mejor que vos proprio, y agora por probar vuestra prudencia y sufrimiento he hecho todo lo que habéis visto: por tanto, déjenle todos luego, y huelgue y repose en este mi castillo todo el tiempo que le pareciere; que para tales príncipes y caballeros como él le tengo yo aparejado; y dadme, oh famosísimo caballero andante!, un abrazo; que aquí estoy para serviros, y para no haceros daño alguno, como pensastes; y advertid que el venir aquí vos y la gran reina Cenobia ha sido todo guiado por mi gran saber, porque os importa infinito a vos y a vuestros servidores lleguéis a la gran corte del rey Católico, en la cual os aguardan por momentos un millón de príncipes, y de do habéis de salir con grande aplauso y vitoria." Soltáronle en eso los mozos, y el autor le abrazó, y con él los compañeros hicieron lo mismo. Cuando don Quijote se vio suelto, asombrado de cómo él le tenía por nigromántico, y lo que le había dicho, teniéndolo todo por verdad, se levantó y, abiertos los brazos, se fue para él diciendo: "Ya yo me maravillaba, ¡oh sabio amigo!, que en tan grande trabajo y tribulación como en la que agora me había puesto, dejásedes de favorecerme con vuestra prudentísima persona y eficaces ardides: dadme esos brazos, y tomad los míos, desmembradores de robustos gigantes, y verdugos expertos de enemigos vuestros y míos." Con esto, todos le volvieron a abrazar con nuevas muestras de alegría, y llegándose la mujer del autor a ver el rostro de aquel loco, a quien todos abrazaban, le dijo, considerada su ridícula figura: "Señor caballero, yo soy hija de aqueste grande sabio su amigo: mire vuesa merced que si en algún tiempo hubiere menester su favor, o si algún gigante o mago me llevare encantada, que no deje de favorecerme en todo caso; que aquí mi padre se lo pagará." "Y aun —dijo otra de las representantes, que estaba aparte riendo—le dejará entrar de balde en la comedia, con sólo medio real que le ponga en la mano." Respondió don Quijote: "No es menester, soberana señora, encargarme a mí lo que a vuestro servicio toca, teniendo yo tantas obligaciones a vuestro sabio padre; pero creedme, que aunque todo el Universo se conjurase contra vuestra beldad, y todos cuantos sabios y magos nacen en Egipto viniesen a España para tocaros en un solo pelo de la cabeza, que yo solo, dejado aparte el gran poder de vuestro padre, bastaría, no sólo para defenderos y sacaros a pesar suyo de sus manos, sino para poner en las vuestras sus alevosas y falsas cabezas." En esto le llamó el autor, diciendo: "Señor caballero, ya la cena está aparejada y las mesas puestas; y así vuesa merced se sirva de venírnosla a honrar en compañía mía y destos señores, porque después tenemos que hacer un negocio de importancia." Esto dijo, porque pensaban ensayar en cenando una comedia que habían estudiado para Alcalá y la corte. Estaba Sancho maravillado de ver a su amo libre de aquella prisión, y tan alegre, que llegándose al autor le dijo: "¡Ah señor sabio!, esto de tornarme yo moro, ya que su merced nos ha dado a conocer su valor, ¿ha de pasar adelante?; porque en Dios y en mi conciencia me parece que no lo puedo ser de ninguna manera." Respondiole el autor, diciendo: "¿Pues por qué no lo podéis ser?" "Porque quebrantaré—dijo él—cada día la ley de Mahoma, que manda no comer tocino ni beber vino; soy tan bellaco guardador deso, que en viéndolo a mano, no dejaré de comer y beber dello si me aspan." A esto respondió un clérigo que acaso se halló en la venta. "Si vuesa merced, señor Sancho, ha prometido a este sabio mago volverse moro, no se le dé nada de la promesa, pues yo, en virtud de la bula de composición, le absuelvo así della como de lo hecho; y lo puedo hacer en su virtud, con sólo darle de penitencia que no coma ni beba en tres días enteros; y advierta que con sólo cumplir esta leve penitencia se quedará tan cristiano como antes se estaba." "Eso, señor licenciado, no me lo mande—respondió Sancho—, pues no digo tres días, pero aun tres horas no me atrevería a cumplir esa penitencia, aunque supiese que me habían de quemar, no haciéndolo: lo que vuesa merced me puede recetar, si le parece, es que no duerma con los ojos abiertos, ni beba con los dientes cerrados, ni traiga el sayo bajo la camisa, ni haga mis necesidades atacado. Estas cosas, aunque tienen su dificultad, yo le doy palabra de cumplillas, en Dios y mi conciencia." Llegaron tras estas razones a sentarse a cenar a la mesa; y antes de hacello, estando todos alrededor della en pie y quitados los sombreros, comenzó el clérigo a echar la bendición en latín, y comenzaron a cenar; y dijo el autor: "Sepan vuesas mercedes, señores, que la causa por que Sancho no se quitó la caperuza a la bendición, es porque aun le han quedado las reliquias de cuando era moro, si bien es verdad que aun está por retajar y circuncidar; pero he dilatado el hacello, porque, lleno de lágrimas, me rogó denantes que le retajase, si era forzoso hacello, de la caperuza, y no de la parte en que de ordinario se ejecuta la circuncisión, por ser ésa la de que su mujer estaba más celosa, y de quien le pedía más cuenta." Y tras esto fue contando todo lo que con él le había sucedido; y acabando de hacello con la cena, levantados ya los manteles, prosiguió volviéndose a don Quijote, y diciéndole cómo para hacerle fiesta en aquel su castillo había mandado hacer una comedia, en la cual entraba también él, y la que le dijo que era su hija. Don Quijote se lo agradeció con mucho comedimiento; y sentándose en el patio de la venta en compañía de Bárbara, del clérigo, de los dos estudiantes y de Sancho y de los de la posada, comenzaron a ensayar la grave comedia de *El testimonio vengado,* del insigne Lope de Vega Carpio, en la cual un hijo levanta un testimonio a la Reina su madre, en ausencia del Rey, de que comete adulterio con cierto criado, instigado del demonio y agraviado de que le negase un caballo cordobés en cierta ocasión de su gusto, guardando en negarle el orden expreso que el Rey su esposo le había dado. Llegando, pues, la comedia a este paso, cuando don Quijote vio a la mujer del autor, a quien él tenía por su hija, tan afligida, por hacer el personaje de la Reina, a quien se levantaba el testimonio, y por otra parte advirtió que no había quien defendiese su causa, se levantó con una repentina cólera, diciendo: "Esto es una grandísima maldad, traición y alevosía, que contra Dios y toda ley se hace a la inocentísima y castísima señora reina; y aquel caballero que tal testimonio le levanta es traidor, fementido y alevoso, y por tal le desafío y reto luego aquí a singular batalla, sin otras armas más de las con que ahora me hallo, que son sola espada." Y diciendo esto, metió mano con increíble furia, y comenzó a llamar al que levantaba el testimonio, que era un buen representante, el cual, riéndose con todos los demás de la necia cólera de don Quijote, se puso en medio con su espada desnuda, diciéndole que aceptaba la batalla para la corte delante de su majestad, con sólo veinte días de plazo; y mirando si hallaba alguna cosa por allí que dalle en gaje, vio arrimada a un poste de la venta un albarda, y sobre ella un ataharre, y tomándole medio riendo, se lo arrojó diciendo: "Alzad, caballero cobarde, esa mi rica y preciada liga, en gaje y señal de que sea nuestra batalla delante de su majestad para el tiempo que tengo dicho." Don Quijote se abajó y la tomó en la mano; y como vio que del hacello se reían todos, dijo: "No es de valientes caballeros ni de sabios y discretos príncipes reírse de que un traidor y alevoso como éste tenga ánimo para hacer batalla conmigo; antes habían de llorar, viendo a la señora reina tan afligida, aunque su ventura ha sido no poca en haberme hallado yo presente en tal trance, para que semejante traición no pase adelante." Y volviendo la cabeza, dijo a Sancho: "¡Oh mi fiel escudero!, toma esta preciada liga del hijo del Rey, y métela en nuestra maleta hasta de hoy en veinte días; que tengo de matar a este alevoso príncipe que tal testimonio ha levantado a mi señora la Reina." Sancho la tomó y dijo a su amo: "¿Para qué quiere vuesa merced que metamos este ataharre en la maleta entre la ropa blanca, estando tan sucio? Déle al diablo; que yo le ataré en la cincha del rucio, y allí irá hasta que topemos cuyo es." "¡Oh necio!— dijo don Quijote—, ¡y esto llamas ataharre!" "Pues ¿qué diablos — dijo Sancho — es, sino ataharre?" "¿No ves, animalazo—replicó don Quijote—, que es una riquísima liga del hijo del Rey, como lo dicen estos rapacejos de oro, de cada uno de los cuales cuelga una esmeralda o un rubí o un diamante?" "Lo que yo veo aquí—respondió Sancho—, si no estoy borracho, es una empleita de esparto con dos cordeles a los cabos, harto sucios, y sirve de ataharre de algún jumento." "¿Hay tal locura semejante—dijo don Quijote—como la de este escudero, que una liga de tafetán doble, encarnado, diga que es ataharre?" "Digo—respondió Sancho—una y docientas veces que es tan ataharre como mi agüelo: no tiene que porfiar." Maravilláronse todos de la porfía del amo y del criado sobre el ataharre; y llegando el autor, le tomó en la mano diciendo: "Señor Sancho, mire vuesa merced bien lo que dice y abra los ojos; que este ataharre, para lo deste mundo es liga, y de grandísimo valor; para lo del otro, no digo nada." "Ello será lo que yo digo—respondió Sancho—; que no soy ciego, y tengo gastados más ataharres destos que hay estrellas en el limbo." En esto salió un labrador de la caballeriza, cúya era la albarda y ataharre, y llegándose a Sancho le dijo: "Hermano, dad acá mi ataharre; que no está ahí para que vos os alcéis con él." Holgó Sancho infinito de oír esto; y volviéndose lleno de risa a, los circunstantes, les dijo: "¡Bendito sea Dios, señores, que estarán contentos! A fe que ahora, aunque les pese, han de confesar mi buen juicio, pues ven que acerté de la primera vez que éste era ataharre, cosa en que jamás supieron caer tantos y tan buenos entendimientos." Y diciendo esto, dio el ataharre al labrador, lo cual viéndolo don Quijote, se llegó a él, y tirando reciamente, se le quitó diciendo: "¡Ah, villano soez!, ¿y de cuándo acá fuiste tú digno de traer una tan preciada liga como ésta, ni todo tu zafio linaje?" Tras lo cual se le iba a meter en la faltriquera; pero impidióselo el labrador, que no sabía de burlas, asiéndole del brazo, y porfiando don Quijote que se lo contradecía. El labrador, en fin, como era hombre membrudo y de fuerza, y ésas le faltaban a don Quijote, por estar tan flaco, pudo darle un empellón tal en los pechos, que le hizo caer con él de espaldas, y saltándole encima, le quitó por fuerza el ataharre de la mano. Llegó Sancho en esto a ayudar a su amo, dando dos o tres crueles mojicones en la cabeza al labrador, el cual revolviendo hecho un león contra Sancho, le cinchó dos o tres veces el ataharre por la cara. La risa de los comediantes era notable, grande la prisa de los estudiantes en despartilles, notable la diligencia de Bárbara en ayudar a levantar a don Quijote, cuya cólera era infinita, y mayor el sufrimiento del pobre Sancho, el cual, puesta la mano sobre las narices, de las cuales le salía mucha sangre, por haberle alcanzado el labrador con el ataharre en ellas, comenzó a ir furioso tras él hacia la caballeriza diciendo: "Aguarda, aguarda, descomunal arriero, y verás si te hago confesar, mal que te pese, que eres mejor que yo, con ser un grandísimo bellaco, puto y hijo de otro tal." Don Quijote le dio voces diciendo: "Vuélvete, hijo Sancho, y déjale ir; que harto trabajo lleva consigo, pues como infame ha huido de la batalla sin osar atendernos; pero ¿qué ha de osar atender un sandio tal cual él es? Y ya te he dicho muchas veces que al enemigo que huye, la puente de plata; y si nos lleva la preciada liga, no hay que espantar dello; porque muchos ladrones, yo he leído en libros, que han robado a caballeros andantes no sólo sus preciados caballos, sino también sus ricas armas, ropa y joyas." "No me espanto del hurto—dijo Sancho—; que avezado está vuesa merced a que ladrones se le atrevan a hurtar joyas preciosas; que ya en Zaragoza otro me hurtó de las manos, con las uñas de las suyas, las reales agujetas del ave fétrix, o como se llama, que vuesa merced ganó por su buena lanza en la sortija." Encolerizose don Quijote desta nueva, diciendo: "Pues, ¿cómo, villano, si tal pasó, no me lo dijiste luego allí, para que hiciera añicos al ladrón atrevido?" "Por ahorrar de pesadumbre a vuestra merced—respondió Sancho—lo he callado, y por temor de que no le causase alguna pasacólera el enojo; pero baste el que he tenido por ello, y las lágrimas; que me han costado las negras agujetas." Y diciendo esto comenzó a llorar, repitiendo: "¡Ay, agujetas de mi ánima!, ¡desdichada de la madre que os parió, pues tal desgracia ha visto pasar por vosotras! No os olvidéis, os ruego, por las entrañas de Cristo, deste vuestro fiel y leal servidor, pues yo mientras viviere no me olvidaré de vosotras ni de vuestra bonísima condición. ¡Así mal provecho le hagan al ladrón vuestra dulzura y sabor!" Acallole don Quijote, dándose por pagado de sus lágrimas y del perdón que tras ellas le pidió por la pérdida; y saliendo de su asiento el autor, lleno de risa, le tomó por la mano y le dijo: "Vuesa merced, señor caballero, lo ha hecho muy bien en esta batalla, y así tras ella será razón nos vamos a acostar, por ser ya tarde y estar vuesa merced cansado; y quédese la comedia en este punto." Y llevándole con Sancho a un mal aposento que les había prevenido, no se quiso salir dél hasta que los dejó a ambos acostados y cerrados, temiendo no echasen sus mozos al pobre de Sancho una melecina de agua fría, como sabía lo tenían pensado. Llegada la mañana, se salió sin decirles nada, por consejo de los estudiantes, el autor con toda su compañía, de la venta, y se fue para Alcalá. Levantose algo tarde, por el cansancio de las pendencias pasadas, don Quijote, abriéndole la puerta el ventero; y la primer cosa que hizo en despertar fue preguntar a Sancho por la reina Cenobia, y si la habían dado cama y todo recado la noche pasada, con la decencia que su real persona merecía. "Yo, señor—respondió Sancho—, como estuve tan ocupado en la sangrienta batalla que tuvimos con aquel que nos hurtó el ataharre o liga, o como es su gracia, no me acordé della más que si no fuera reina; pero a lo que entendí, dos mozos de aquellos de los representantes la hicieron merced de llevalla consigo, con no poco gusto della, por no dar que decir a malas lenguas." Estando en esto, subió Bárbara con los estudiantes adonde estaba don Quijote y Sancho, diciendo: "Muy buenos días tenga la flor de los caballeros: ¿cómo le ha ido a vuesa merced esta noche?" "¡Oh señora reina!—respondió don Quijote—, la vuesa merced perdone el descuido que con su real persona esta noche se ha tenido, porque la culpa tiene el negligente Sancho, que, teniéndole mandado que ande siempre delante de vuesa merced para ver lo que se le antoja, mirándola a la cara, se ha descuidado, de puro molido de las batallas pasadas, según agora me acababa de decir." A esto respondió Sancho: "Yo, señor, harto la miro a la cara; pero como la tiene tan bellaca, todas las veces que la miro y la veo con aquel sepan cuantos en ella, me provoca a decirle: "cócale, marta", canción que decían los niños a una mona vieja que estos años atrás tenía en la puerta de su casa el cura de nuestro lugar."

"Malos días vivas—respondió Bárbara—y no llegues, bellaconazo, a los míos, ¡plegue a Cristo! Pero calla; que a fe no lo vayas a penar al otro mundo; que hartas pesadumbres sé yo dar de noche a otros más agudos que tú; y en manos está el pandero que le sabrán bien tañer." Los estudiantes dijeron a Sancho: "Señor Sancho, no moleste vuesa merced a la señora Reina, que sabe hacer lo que dice, mejor de obras que de palabras. ¿Para qué, diga, quiere verse alguna noche volando por las chimeneas entre vasares, platos y asadores, donde se vea y se desee, y llore el no haber querido obedecerla?" "Pues si ella—respondió Sancho—me hace volar por los vasares, yo me quejaré a quien por toda su vida le haga bogar en las galeras." "Pues ¿no ve vuesa merced—replicó el uno de los estudiantes— que las mujeres no reman?" "¿Y qué se me da a mí que no remen?—respondió Sancho—; basta que si ella no remare, a lo menos servirá de dar refresco a la chusma; que para eso yo sé que no le faltará gracia; y estando allí con más comodidad, podrá parecerse de veras en todo a las nubes, ya que por mujer en algo les haya de parecer." "¿Pues en qué—dijo el estudiante—les ha de parecer, o cómo les parece en todo?" Respondió Sancho: "En que cargará en la mar, como hacen las nubes, lo que después, a pura fuerza de truenos y relámpagos, descargará en lluvia sobre la tierra; que eso hará si se empreñare en el agua, pues a fuerza de gritos y suspiros, habrá después de vaciar su cargazón; que en lo demás, llano es que todas las mujeres se parecen a las nubes, de las cuales por experiencia sabemos dónde y cómo descargan, lo mismo que ignoramos dónde y cómo se entró en ellas." Rieron los estudiantes y la misma Bárbara de la astróloga aplicación de Sancho; pero don Quijote, que no tenía de risible más que la raíz y potencia remota, dijo con despego y zuño a Bárbara: "La vuesa merced no haga caso ya más de lo que dijere este necio, pues lo es tanto, que jamás dirá sino badajadas: lo que por agora importa es que tratemos de partir de aquí; porque hoy pretendo entrar en la corte, si no es que se me ofrezca en contrario alguna forzosa ocupación y peligrosa aventura que me detenga en Alcalá." Y llamando al huésped, remató con él las cuentas con sólo agradecerle el hospedaje, y fuele fácil salir de su venta él y sus compañeros con tan ligera paga, por haberla ya hecho cumplida por todos el autor de la dicha compañía, apiadado de la locura de don Quijote y simplicidad de su escudero, y dándose por pagado con los malos ratos que les había dado, y buenos y entretenidos que él y su compañía habían recebido. Subió don Quijote en *Rocinante*, armado como solía, Sancho en su rucio, y Bárbara en su mula, quedándose los estudiantes atrás, por estar ya tan cerca de Alcalá, do por su honra no quisieron entrar acompañados de compañía tan ocasionada para vayas y fisgas y matracas, como la de don Quijote, a quien dijo Bárbara en comenzando a caminar: "Señor caballero, vuesa merced me la ha hecho muy grande en haberme traído desde Sigüenza hasta aquí, y en haberme vestido, dado de comer y cabalgadura, como si fuera una hermana suya; pero si vuesa merced no me manda otra cosa, yo determino quedarme aquí en Alcalá, que es mi patria, do si en alguna cosa le pudiere servir, lo haré, mandándome con la voluntad que dirán las obras." "Señora reina Cenobia—respondió don Quijote—, mucho me maravillo de oír tal resolución a persona tan discreta, y que ha hecho tantos, tan grandes y peligrosos caminos por reinos incógnitos sólo por hallarme, obligada de la fama de mi valor y persona. ¡Cómo es posible que agora que tiene mi compañía, que tanto ha deseado y procurado, que la quiera así dejar, no reparando en lo mucho que he hecho y pienso hacer en su servicio, ni en las desgracias que se le pueden ofrecer, atreviéndosele sus enemigos y rebeldes vasallos, sin el respeto debido al gran valor de su persona, viéndola fuera de mi amparo y lado! Por evitar, pues, estos y otros mayores inconvenientes que se le pueden ofrecer, suplico a la vuesa merced, cuan encarecidamente puedo, se venga conmigo hasta la corte; que no pasaremos della en muchos días, atento que sabiendo los grandes mi llegada, es fuerza me detengan, regalándome a porfía por honrarse de mi lado y aprender cosas militares; y allí verá vuesa merced lo que en su servicio hago; y después que hubiere muerto al rey de Chipre, Bramidan de Tajayunque, con quien tengo aplazada la batalla, y al otro hijo del rey de Córdoba, que ayer levantó aquel grave falso testimonio a su madre, quedará a la elección de vuesa merced el irse a Chipre o quedarse en la corte de España; y así por amor de mí se ha de hacer lo que agora suplico." Sancho, que oyó lo que don Quijote había dicho a Bárbara, se llegó a él con mucha cólera diciendo: "Par diez, señor, que yo no sé para qué quiere que llevemos con nosotros a la señora Reina; mucho mejor será que se quede aquí en su lugar; que tanto nos ahorraremos. ¿Para qué queremos llevar con ella costa sin ningún provecho? ¡Gentil carga de basura para entrar cargados della en la corte! Déla a Lucifer y no la ruegue más; que el ruin, cuando le ruegan, luego se ensancha; y no nos faltará sin ella la misericordia de Dios. ¡Mirad qué cuerpo, non de Judas Escariote, con ella y con quien te parió y nos dio a conocer! Pues a fe que si se me suben las narices a la mostaza y comienzo a desbotricar, que no sea mucho, estándose en su tierra, que la haga echar por la boca y narices más mocos y gargajos que echa un ahorcado en el rollo. Estanle aquí haciendo a la muy cotorra mil regalos y servicios, llamándola reina y princesa, siendo lo que ella sabe, como aquellos estudiantes han dicho, ¡y agora se nos hace de pencas! Páguenos la saya y sayuelo colorado y la mula y lo que nos ha hecho de costa, y adiós, que me mudo; o, como dice Aristóteles, alón, que pinta la uva; y a fe que si yo fuera que mi señor, que se lo había de quitar todo a mojicones, pues no me conoce bien." "¡Oh villano!—dijo don Quijote—, y ¿quién te mete a ti con la señora reina? ¿Mereces tú, por ventura, descalzarle su pequeño zapato?" "¡Pequeño!— respondió Sancho—. En Sigüenza me dijo suplicase a vuesa merced la comprase un par de zapatos, y preguntándole yo cuántos puntos calzaba, me respondió que entre quince y diecinueve, poco más." "¿Pues no ves, insensato, que las amazonas son gente varonil, y como andan siempre en las lides, no son tan delicadas y hermosas de pies como las damas de la corte, que se están en sus estrados regaladas y ociosas, con que son más tiernas y femeniles que las valerosas amazonas?" Con no poca resolución replicó Bárbara a las malicias de Sancho, de que estaba ofendida, diciendo: "No pensaba, señor don Quijote, pasar de aquí; pero por saber que doy a vuesa merced contento y hago rabiar a este bellaco de Sancho, quiero llegar hasta Madrid, y allí servir a vuesa merced en cuanto me mandare, a pesar de este villano harto de ajos." "¿Villano?—respondió Sancho—. Villano sea yo delante de Dios, que para lo deste mundo importa poco serlo o dejarlo de ser; pero es grandísima mentira decir eso otro, de que estoy harto de ajos, pues no comí esta mañana en la venta sino cinco cabezas dellos que el ladrón del ventero me dio por un cuarto; ¡miren si me había de hartar con ellas! Mas, dejando esto aparte, dígame, por su vida, señora reina, ¿cuál es peor? ¿Haber estado ella esta noche con aquellos dos mozos de los comediantes, y almorzar con ellos esta mañana una gentil asadura frita, bebiéndose con ella dos azumbres de vino, como dijo el ventero que ha hecho su merced, o comer yo cinco cabezas de ajos crudos?" "Hermano— respondió Bárbara—, si estuve con ellos no fue por hacer mal a nadie; que libre soy como el cuclillo, y no tengo marido a quien dar cuenta, gracias a *Domino Dio: et vivit Domine;* que más lo hice porque hacía un poco de fresco que no por bellaquería, como vos sospecháis, que sois un grandísimo malicioso." "¿Malicioso me llamáis?— replicó Sancho—. A fe que no me lo osárades vos decir detrás como me lo decís delante; pero vaya, que más longanizas hay que días, y bien sabemos aquí mamarnos el dedo, aunque bobos."

CAPÍTULO XXVIII

DE CÓMO DON QUIJOTE Y SU COMPAÑÍA LLEGARON A ALCALÁ, DO FUE LIBRE DE LA MUERTE POR UN EXTRAÑO CASO, Y DEL PELIGRO EN QUE ALLÍ SE VIO POR QUERER PROBAR UNA PELIGROSA AVENTURA

Todo su cuidado ponía don Quijote en que la reina Bárbara le honrase en la entrada que pensaba hacer en la corte, y en que no hiciese caso de los atrevimientos de su escudero; y así le dijo: "Suplico a vuesa merced, altísima señora, no repare en cosa que le diga este animal, sino que disimule con él, como yo hago, dejándole para quien es, siquiera porque lo habemos menester por estos caminos, y pues ya estamos en Alcalá, paréceme marchemos por aquí poco a poco detrás destas murallas, sin pasar por medio del lugar, que es grande y poblado de gente de cuenta; y paréceme será acertado también que vuesa merced se cubra el rostro con ese precioso volante hasta que pasemos de la otra parte, por lo que es conocida de todos; que puestos en ella, nos podremos quedar, si nos pareciere, en algún mesón secretamente esta noche, y a la mañana entrarnos con la fresca en Madrid." Hízose así, y a la que comenzaron a rodear el muro, volviendo la cabeza Bárbara a Sancho, le dijo: "Ea, señor galán, seamos amigos, y no haya más enojos conmigo por su vida; que, yo le perdono todo lo pasado." "¿Amigos?—respondió Sancho—. Antes seré amigo de un diablo del infierno que della, aunque todo se es uno." "Pues por el siglo de mi madre—dijo Bárbara—que hemos de hacer las amistades antes que lleguemos a Madrid." "Pues por el siglo de mi rucio— replicó Sancho—que primero me vuelva Poncio Pilatos que sea su amigo." Bárbara le dijo: "¡Ea ya, león." Y Sancho le respondió: "¡Ea ya, sierpe!" Pero don Quijote que vio la enemistad que Sancho. y Bárbara tenían y los remoquetes que se iban echando por el camino, dijo: "Ahora sus, Sancho, tú, ¿no eres mi escudero, y no te tengo yo de pagar tu salario, como tenemos entre los dos concertado, sirviéndome en todo bien y puntualmente? Pues en virtud de dicho concierto quiero y es mi voluntad que agora, sin réplica ninguna, seas amigo de mi señora, la reina Cenobia; que yo tomo a mi cargo hacer esta noche un famoso convite a su merced y a ti, en señal y firmeza de las futuras y perpetuas amistades, pues no es bien que seamos tres y mal avenidos." "Por cierto, mi señor—replicó Sancho—, que cuando no sea por otra cosa más de por ese convite que vuesa merced dice, lo habré de hacer; aunque fuera razón que, guardando mi punto, aguardara se pusieran de por medio personas de cuenta a rogármelo, cual son media docena de canónigos de Toledo, o a lo menos unos cuantos cardenales; pero, vaya, pues vuesa merced lo manda. Ea, señora reina, arrójeme acá esas manos, si bien las quisiera más de vaca bien cocidas y con su perejil; que sobre mí que me hicieran harto más provecho." Diole Bárbara la mano riendo y al dársela le dijo: "Tomad, amores, esta mano de reina; que yo fío que más de dos príncipes escolásticos de los de la corte alcaladina, en que esta noche habemos de dormir, preciaran harto recebir este favor." Como don Quijote, les vio dadas las manos, se fue un poco adelante, imaginando en su fantasía lo que había de hacer en la corte con la reina Cenobia, y batallas del gigante y del hijo alevoso del rey de Córdoba, y cómo se había de dar a conocer a los reyes y grandes; lo cual le hacía ir tan absorto y fuera de sí, que no advertía en que a Sancho venía diciendo Bárbara: "De aquí adelante, amigo Sancho, nos hemos de querer con el extremo que dos buenos casados se aman, pues ha sido el padrino de nuestras paces el señor don Quijote; y en confirmación dellas, quiero que durmamos esta noche dambos en el mesón donde llegáremos; que el corazón me dice no dejará de correr fresco que me obligue a procurar cubrirme con gusto con. alguna manta, como la del pelo de vuesa merced, mi señor Sancho; verdad es que imagino será menester rogárselo poco, pues tiene más de bellaco que de bobo." No entendió Sancho a Bárbara de ninguna manera, y así, le respondió: "Lleguemos una vez con salud al mesón, y cenemos en señal de nuestras amistades, con el cumplimiento que mi amo nos tiene prometido; que en eso de la manta no faltarán dos y aun tres; que yo se las pediré al huésped para que las eche vuesa merced en su cama, cuanto y más, que no hace agora tanto frío que obligue a procurallas." Como Bárbara vio que no le había entendido, le dijo hablando más claro: "Pues, Sancho, si vuestro amo ha de alquilar dos camas, una para mí y otra para vos, ¿no será mejor que nos ahorremos el real de la una cama, para comprar con él un gentil plato de mondongo y un cuartal de pan, con que os pongáis hecho un trompo, y vaya el diablo para ruin?" "A fe que tiene razón—respondió Sancho—; ahorremos sin que mi amo lo sepa ese real de la una cama; que yo dormiré sobre un poyo del mesón; que para mí, tan bien me dormiré allí como acullá, a trueque de que nos demos, como dice, una buena panzada con ese real." Viendo Bárbara la rudeza de Sancho, no quiso tratarle más de aquella materia; y así alargaron el paso tras don Quijote hasta que le alcanzaron, el cual, en viéndolos junto a sí, les dijo: "Paréceme que es tarde para poder hoy llegar a Madrid, y que no será malo nos quedemos esta noche aquí en Alcalá, y mañana proseguiremos nuestro camino, que bien podrá vuesa merced, señora reina, estar encubierta, cerrada en un aposento, tapado el rostro cuando le sirvan a la mesa, por no ser conocida." Ella le dijo que hiciese lo que fuese servido; que en todo acudiría a lo que fuese de su gusto; y llegaron en esto a un mesón fuera de la puerta que llaman de Madrid, y entrando todos en él, dijo don Quijote a Sancho que llevase las cabalgaduras a la caballeriza y las diese recado, y al huésped pidió un aposento secreto y bien aderezado, do mandó acompañase luego a la reina Cenobia; y quedando él paseando por el patio sin desarmarse, oyó tocar a deshora con mucho concierto cuatro trompetas, y después dellas un ronco son de atabales; lo cual oído por nuestro buen caballero, le causó notable suspensión, con la cual estuvo atentísimamente escuchando, sin saber qué cosa fuese; y al cabo de rato, después de haber hecho en su fantasía un desvariado discurso, llamó a Sancho y le dijo: "¡Oh mi buen escudero Sancho! ¿Oyes, por ventura, aquella acordada música de trompetas y atabales? Pues has de saber que es señal de que hay sin duda en esta universidad algunas célebres justas o torneos para alegrar el festivo casamiento de alguna famosa infanta que se habrá casado aquí; a las cuales habrá acudido un caballero extranjero, cuyo nombre no es aún conocido, por ser mancebo novel; pero no obstante su poca edad, en el principio de sus famosas fazañas haya vencido a todos los caballeros desta ciudad y a los que de la corte han acudido a ella y a sus fiestas, si ya no ha venido a celebrarlas; y esto es lo más cierto; o algún bravo jayán que, habiendo vencido y derribado a todos los mantenedores y aventureros, se ha quedado por absoluto señor de todas las joyas de dichas justas, y no hay caballero ahora, por valiente que sea, que se atreva a entrar segunda vez con él en el palenque, de lo cual están los príncipes tan pesarosos que darían cuanto dar se puede porque Dios les deparase un tal y tan buen caballero que bajase la soberbia deste cruel pagano, con que dejase alegre toda la tierra, y las fiestas fuesen consumadamente perfectas. Por tanto, Sancho mío, ensíllame luego a *Rocinante;* que quiero ir allá y entrar con gallardía y gracia por la plaza, pues maravillados de mi presencia los que ocupan sus dorados balcones, altos miradores y entoldados andamios, levantarán entre sí un alegre murmullo, diciendo: "Ea, que Dios sin duda ha deparado venga este gallardo caballero extranjero a volver por la honra de los naturales, viendo que ninguno dellos ha podido resistir a los incomparables bríos deste fiero jayán." Tocarán en esto todas las trompetas, chirimías, sacabuches y atabales, al son de los cuales se comenzará mi bueno y esforzado caballo a engreir y relinchar, deseoso de entrar en la batalla; con que callarán todos, y yo, poco a poco, me iré llegando al cadahalso adonde están los jueces y caballeros; y haciendo hincar dos o tres veces de rodillas delante dellos a mi enseñado caballo, les haré una cumplida cortesía, haciéndole dar después terribles saltos y gallardos corvetes por la ancha plaza; llegándome luego a la parte donde estará el fiero jayán, el cual, reconocido por mí, me acercaré adonde estarán las astas de duro fresno, y tomando dellas la que mejor me pareciere, y llegándome cerca de dicho jayán, sin hacerle cortesía alguna le diré: "Caballero: si te parece, yo querría entrar contigo en batalla; pero con condición que fuese ella a todo trance, que, es decir, que uno de los dos haya de quedar por general vencedor de las justas, quitando al otro la cabeza, y presentándola a la dama que mejor le pareciere". Es cierto que como él es soberbio, ha de responder que sea así. Tras lo cual, volviendo yo luego las riendas a *Rocinante* para tomar la parte del sol que más me tocare, comenzarán a sonar las trompetas, al son de las cuales arrancaremos como el viento los dos valerosos guerreros; y él no errará el golpe; porque, dándome en medio de la adarga sin poderla pasar, me hará con la fuerza dél torcer un poco el cuerpo, volando las piezas de la lanza por el aire; pero yo, como más diestro, le daré por medio de la visera con tal fuerza, que, siéndole sacada dél la cabeza, caerá del atroz golpe en tierra por las ancas del caballo; si bien, como es ligero, se pondrá luego otra vez en pie y se vendrá para mí con la espada en la mano; y yo, por no hacer la batalla con ventaja, abajaré de mi caballo en el aire, no obstante que muchos lo juzgarán a locura; y metiendo mano a mi cortadora espada, comenzaremos entre los dos el porfiado combate; mas él, no pudiendo atender a mis golpes, me rogará que descansemos un poco por verse algo fatigado; aunque yo, sin atender a sus ruegos, tomaré la espada a dos manos y, levantándola con un heroico despecho, la dejaré caer con tal furia sobre su desarmada cabeza, que acertándole de lleno, se la abriré hasta los pechos, dando del cruel golpe tan horrenda caída en tierra, que hará estremecer toda la ancha plaza, y aun venir al suelo más de cuatro barreras y tablados. Los gritos de la gente serán muchos, la alegría de los jueces grande, el contento de todos los vencidos caballeros extremado, el aplauso del vulgo singular, e inaudita la música que sonará en exaltación de mi buen suceso; y desde entonces pasarán cosas por mí, que dé bien que hacer a los historiadores venideros el escribirlas y exagerarlas. Por tanto, Sancho, presto sácame a *Rocinante.*" Sancho, con harto dolor de su corazón, por ver se iba dilatando la deseada cena, fue a ensillarle, y entretanto que lo hacía, se llegó el mesonero a don Quijote, al cual había estado oyendo todo aquel largo y desvariado discurso, y le dijo: "Señor caballero, vuesa merced se podrá desarmar, que viene cansado; y dígame lo que quiere cenar, que este muchacho está aquí, que traerá buen recado." "¡Por Dios—dijo don Quijote—, que estáis bien en el caso! Veis lo que pasa en la plaza: la deshonra de vuestra patria y la afrenta de vuestros caballeros, y que yo voy a remediarlos, ¡y ahora me salís con cena! Digo que no quiero cenar, ni comer bocado hasta honrar con mi persona esta universidad, y matar todos aquellos que lo contradijeren; que es vergüenza, y muy grande, que un jayán solo rinda y sujete a una ciudad como ésta; por tanto, andad con Dios, y mirad si viene mi escudero con el caballo." El mesonero le dijo: "Perdone vuesa merced, que yo pensé que lo que contó denantes a su criado era algún cuento de Mari-Castaña o de los libros de caballerías de Amadís de Gaula: pero si vuesa merced quiere ir armado así como está a honrar al catedrático, se lo agradecerán mucho todos." "¡Qué catedrático o qué nonada!"—respondió don Quijote. Tres o cuatro que a la puerta se habían detenido, viendo aquel hombre armado, le dijeron: "Si vuesa merced ha de ir al paseo, bien puede; que ya es hora, pues llegará en ésta el catedrático al mercado; que aquí no hay justas ni jayanes de los que vuesa merced ha dicho, sino un paseo que hace la universidad a un doctor médico que ha llevado la cátedra de Medicina con más de cincuenta votos de exceso, y llevan delante dél, por más fiesta, un carro triunfal con las siete virtudes y una celestial música dentro, y tal, que si no fue la que se llevó el año pasado en el paseo del catedrático que llevó la cátedra de prima de teología, jamás se ha visto otra igual; y las trompetas y atabales que vuesa merced oye, es que van ya pasando por todas las calles principales, con más de dos mil estudiantes que con ramos en las manos van gritando: "Fulano víctor." "A pesar de todo el mundo, a pesar vuestro y de cuantos contradecir lo quisieren—replicó don Quijote—, es lo que tengo dicho." Sacó Sancho en esto el caballo, y subiendo don Quijote en él, estaba tal y tan cansado, que aun hiriéndole con el duro acicate, apenas se podía menear, y no dejaba casa en la cual no procurase entrarse. Sancho quedó con Bárbara en un aposento, la cual, como arriba dijimos, procuraba no ser conocida de persona alguna en Alcalá. Caminó nuestro caballero por aquellas calles poco a poco, yendo siempre hacia la parte que sentía el sonido de las trompetas, hasta tanto que encontró la bulla de la gente en medio de la calle Mayor; la cual, cuando vieron aquel hombre armado y con la figura dicha, pensaban que era algún estudiante que por alegrar la fiesta venía con aquella invención; y poniéndose él frontero del carro triunfal que delante del catedrático iba, viendo su gran máquina y que caminaba sin que le tirasen muías, caballos ni otros animales, se maravilló mucho, y se puso a escuchar despacio la dulce música que dentro sonaba. Iban delante de los músicos, en el mismo carro, dos estudiantes con máscaras, con vestidos y adorno de mujeres, representando el uno la Sabiduría, ricamente vestida, con una guirnalda de laurel sobre la cabeza, trayendo en la mano siniestra un libro, y en la derecha un alcázar o castillo pequeño, pero muy curioso, hecho de papelones, y unas letras góticas que decían:

Sapientia aedificavit sibi domum.

A los pies della estaba la Ignorancia, toda desnuda y llena de artificiosas cadenas hechas de hoja de lata, la cual tenía debajo de los pies dos o tres libros, con esta letra:

Qui ignorat, ignorabitur.

Al otro lado de la Sabiduría venía la Prudencia, vestida de un azul claro, con una sierpe en la mano, y esta letra:

Prudens sicut serpens.

Venía con la otra mano, como ahogando a una vieja ciega, de quien venía asido otro ciego, y entre los dos esta letra:

Ambo in foveam cadunt.

Púsose don Quijote delante de dicho carro y, haciendo en su fantasía uno de los más desvariados discursos que jamás había hecho, dijo en alta voz: "¡Oh tú, mago encantador, quienquiera que seas, que con tus malas y perversas artes guías aqueste encantado carro, llevando en él presas estas damas y las dos dueñas, la una con cadenas desnuda, y la otra sin ojos y con violencia de su esposo, que procura no dejarla de la mano, siendo sin duda ellas, como su beldad demuestra, hijas herederas de algunos grandes príncipes o señores de algunas islas, para meterlas en tus crueles prisiones!, déjalas luego aquí libres, sanas y salvas, restituyéndoles todas las joyas que les has robado; si no, suelta luego contra mí todo el poder del infierno; que a todos se las quitaré por fuerza de armas, pues que se sabe que los demonios, con quien los de tu profesión comunican, no pueden contra los caballeros griegos cristianos, cual yo soy." Pasara adelante don Quijote con su razonamiento; pero la gente de la cátedra, viendo que aquel hombre armado hacía detener el carro y estorbaba que no pasase adelante, hizo se llegasen a él cuatro o cinco del acompañamiento, pensando fuese estudiante que venía con aquella invención; los cuales le dijeron: "¡Ah señor licenciado!, hágase vuesa merced, por hacérnosla, a una parte, y deje pasar la gente; que es muy tarde." Pero respondioles don Quijote diciendo: "Sin duda seréis vosotros, ¡oh vil canalla!, criados deste perverso encantador que lleva presas aquesas hermosas infantas; y pues así es, aguardad; que, de los enemigos, los menos." Y metiendo en esto mano a su espada, arrojó a uno de aquellos estudiantes que venía en una mula una tan terrible cuchillada, que, si su cuerda prevención en hurtarle el cuerpo y la ligereza de la mula no le ayudaran, lo pasara harto mal: revolvió luego sobre otro que detrás dél venía; y de revés acertó con tanta fuerza en la cabeza de su mula, que la abrió una cuchillada de un jeme. Comenzaron al instante todos a gritar y alborotarse: cesó la música; y, corriendo, unos a pie, otros a caballo, hacia donde don Quijote estaba con la espada en la mano, viéndole tan furioso, apenas nadie se le osaba llegar, porque arrojaba tajos y reveses a diestro y a siniestro con tanto ímpetu, que si el caballo le ayudara algo más, no le sucediera la siguiente desgracia. Fue, pues, el caso que, como vieron todos que en realidad de verdad no se burlaba, como al principio pensaban, comenzaron a cercarle, unos a pie, otros a caballo más de cerca, tirándole unos piedras, otros palos, otros los ramos que llevaban en las manos, y aun desde las ventanas le dieron con dos o tres ladrillos sobre el morrión, de suerte que, a no llevarle puesto, no saliera vivo de la calle Mayor; y, aunque la gente era mucha, la grita excesiva y las piedras menudeaban, con todo, se le llegaron diez o doce de tropel y, asiéndole uno por los pies, otro por el freno de *Rocinante,* le echaron del caballo abajo, quitándole la adarga y espada de la mano; tras lo cual le cargaron de gentiles mojicones, y le ahogaran allí en efeto, si la fortuna no le tuviera guardado para mayores trances; pero debió su vida al autor de la compañía de comediantes con quien se encontró la noche pasada en la venta, el cual, a las voces y grita que tenía el pueblo, se llegó a él, yéndose acaso paseando por debajo los soportales de la calle Mayor; y viendo llevar aquel hombre armado entre seis o siete arrastrando, sospechó que era don Quijote, como realmente lo era, que a la sazón le habían metido en una grande casa, donde hacía toda la resistencia que podía, aunque todo era en vano; y, viéndole tal el autor y algunos de su compañía que con él iban, se apiadaron dél; y, haciendo salir a puros ruegos fuera de la casa a todos los estudiantes que le maltrataron, se quedaron solos con él, y, pasado el catedrático con su triunfante paseo adelante, y desocupada la calle de la gente que le seguía, se llegó el autor a don Quijote diciendo: "¿Qué es esto, señor Caballero Desamorado? ¿Qué aventura tan desgraciada ha sido ésta y qué nigromántico le ha puesto en tal aprieto? ¡Es posible se hayan hallado encantos contra su valor! Pero paciencia y buen ánimo, pues aquí está otro más sabio mago, su grande amigo, el cual, a no hacerle lado, hiciera contra la ley de buena amistad; pero hésela hecho tan grande que, a no acudir con mi mágico poder, sin duda acabara vuesa merced desta vez con las caballerías andantes. Álcese, ¡pecador de mí!, que tiene los dientes bañados en sangre, y está sin adarga, sin espada y sin caballo.; que todo se lo han llevado los estudiantes." Levantose don Quijote, y, cuando reconoció al autor, le dijo alegre: "Ya me maravillaba yo, ¡oh sabio Alquife, mi buen historiador y amigo!, que dejásedes de favorecerme en esta grande tribulación y trabajo en que me he visto por la gran pereza de mi caballo, que mala pascua le dé Dios: por tanto, ¡oh sabio fiel!, hacédmele tornar, o dadme otro, para que vaya tras aquellos alevosos y los rete a todos por traidores e hijos de otros tales, y tome dellos la venganza que su soberbia y viciosa vida merece." En oyéndole el autor, rogó a uno de sus compañeros que en todo caso fuese y trajese el caballo, adarga y espada de don Quijote, rescatándolo todo por cualquier dinero de dondequiera que estuviese. Fue el representante preguntando por ello; y, sacando el caballo de un mesón, la adarga y espada de una pastelería, donde ya todo estaba empeñado, lo volvió al autor, y él a don Quijote, que se lo agradeció infinito, atribuyéndolo todo al poder de su mágica sabiduría; y, preguntándole el mismo autor adónde estaban su escudero Sancho Panza y Bárbara, le respondió que fuera del lugar, en un mesón que está junto a la puerta de Madrid, los había dejado. "Pues vamos allá luego—dijo el autor—; que yo por agora mando, y vuesa merced debe obedecerme; que importa mucho." Don Quijote respondió que por todo lo del mundo no le dejaría de obedecer como a persona tan sabia y en cuyas manos tenía ya puestas, había dos días, todas sus cosas. Hizo llevar el autor delante con un mozo el caballo, lanza y adarga de don Quijote, y él le mandó que se fuese a pie en su compañía, mano a mano, hasta la posada, adonde le dejó encargado al mesonero, con orden que de ninguna manera le dejase salir a pie ni a caballo aquella tarde, y cumpliolo el huésped puntualísimamente. Cuando Sancho vio a su amo los dientes ensangrentados, le dijo: "¡Cuerpo de san Quintín, señor Desamorado! ¿No le he dicho yo cuatrocientas mil docenas de millones de veces que no nos metamos en lo que no nos va ni nos viene, y más con estos demonios de estudiantes? Apostemos que le han hinchido de gargajos, como a mí en Zaragoza: lávese, pecador soy a Dios, que tiene las narices llenas de sangre." "¡Oh Sancho, Sancho—respondió don Quijote—, y cómo aquellos follones que así me han parado se lo pueden agradecer al sabio Alquife, mi amigo! Que si por él no fuera, yo hiciera tal carnicería dellos, que sus viejos padres tuvieran bien que enterrar y sus mujeres que llorar todos los días de su vida; pero ya vendrá tiempo en que paguen por junto lo de antaño y lo de hogaño." Respondió el mesonero oyéndole: "Por su vida, señor caballero, que no se meta con estudiantes; porque hay en esta universidad pasados de cuatro mil, y tales, que cuando se mancomunan y ajuntan hacen temblar a todos los de la tierra; y dé gracias a Dios, pues le han dejado con la vida, que no ha sido poco." "¡Oh cobarde gallina—dijo don Quijote—y uno de los más viles caballeros que ciñen espada! ¿Y piensas tú que el valor de mi persona y las fuerzas de mi brazo y la ligereza de mis pies y, sobre todo, el vigor de mi corazón es tan pusilánime como el tuyo? Juro por vida de la reina Cenobia, que es la que hoy más precio, que, sólo por lo que has dicho, estoy por tornar a subir en mi caballo y entrar otra vez en la ciudad, y no dejar en ella persona viva, acabando hasta perros y gatos, hombres y mujeres, y cuantos vivientes racionales e irracionales le habitan, y después asolalla toda con fuego hasta que quede como otra Troya, escarmiento a todas las naciones del griego furor. Sancho, tráeme presto a *Rocinante;* que quiero que vea este caballero o mesonero, o lo que es, que sé poner por obra lo que digo, mejor que decillo de palabra." "Eso del caballo—respondió el mesonero—, señor caballero armado, no llevará vuesa merced esta vez, porque el autor de la compañía de comediantes que está aquí me ha dejado encargado infinitamente que no se le diese por ningún caso, y por eso tengo cerrada con llave la caballeriza." "¡Qué comediantes o qué nonada!—replicó don Quijote—: ¿puede haber en el Mundo persona que vaya contra mi gusto? Yo os prometo que lo podéis agradecer a aquel sabio mi amigo que aquí me trajo, cuyo mandamiento no es razón que yo quebrante por ningún caso; que, de otra suerte, hoy hiciera un hecho tal, que hubiera memoria dél para muchos siglos." "Sí hiciera—dijo el mesonero—; pero por agora vuesa merced se entre a cenar; que hace reír mucho a la gente que está en la puerta, y se nos va hinchendo la casa de muchachos, de suerte que ya no cabemos en ella." Y con esto le asió de la mano y le subió adonde Bárbara estaba, con la cual pasó graciosísimos coloquios, y no poco entremesados con las simplicidades de Sancho. Cenaron juntos bien y con gusto y, tras ello, se fueron todos a reposar, y más don Quijote, que lo había menester por los molimientos pasados en la venta y calle Mayor: sólo hubo que al acostarse estuvo porfiadísimo en querer volver a hacer el brebaje, o precioso bálsamo que él decía de Fierabrás, para curar las mortales heridas que sentía en los dientes; pero fuele imposible hacerlo, porque dio el mesonero, conociendo su locura, en decir no se hallaría en el pueblo cosa de cuantas pedía.

CAPÍTULO XXIX

CÓMO EL VALEROSO DON QUIJOTE LLEGÓ A MADRID CON SANCHO Y BÁRBARA Y DE LO QUE A LA ENTRADA LE SUCEDIÓ CON UN TITULAR

Levantose el valeroso don Quijote de la Mancha la mañana siguiente bien reposado, por haberlo hecho la noche; y llamando a Sancho, mandó aderezase a *Rocinante* y palafrén de la Reina con su rucio, echándoles de comer y ensillándoles mientras el huésped aprestaba el almuerzo que la noche antes habían concertado les aprestase. Hízose todo así; y almorzando bien de unos pasteles y pollos, rematadas las cuentas y pagadas, subió don Quijote en *Rocinante* como tenía de costumbre, y la reina Bárbara, tapada (con harto cuidado de los de la posada, que procuraban verle la cara, si bien les fue imposible), en su mula, ayudada para ello de Sancho, el cual, repantigándose en el rucio, salió tras su amo y la Reina de la posada y lugar con harta prisa; y fue tanta la que se dieron en el camino, que a las tres y media de la tarde llegaron junto a Madrid, a los caños que llaman de Alcalá, habiendo salido della a más de las nueve. Viendo don Quijote el calor que hacía, por consejo de Bárbara se determinó apear en el prado de San Hierónimo a reposar y gozar de la frescura de sus álamos, junto al caño Dorado, que llaman, do estuvieron todos hasta más de las seis, con descanso dellos y de las cabalgaduras, paciendo ellas, y durmiendo sus amos a ratos, y a ratos platicando; pero llegadas las seis, como sintiesen la gente que iba saliendo al ordinario paseo del Prado, determinaron subir a caballo y entrarse en la Corte; y a la que iban cruzando la calle, viendo don Quijote tanta gente, caballos y carrozas, caballeros y damas como allí suelen acudir, se paró un poco, y volviendo la rienda a *Rocinante,* dio en pasear el Prado sin decir nada a nadie, apesarados Bárbara y Sancho de su humor, y siguiéndole por ver si le podrían poner en razón, y dándose al diablo viendo que llevaban ya tras sí de la primer vuelta más de cincuenta personas, y que se les iban allegando muchos caballeros de los que por allí paseaban, admirados y llenos de risa de ver aquel hombre armado con lanza y adarga, y a leer las letras y ver las figuras que en ella traía, por no saber a qué propósito traía aquello. Iba don Quijote tanto más ufano cuantos más se le llegaban, e íbase parando adrede para que pudiesen leer (los motes que traía en la empresa, sin hablar palabra: otros le daban la vaya cuando le veían con aquella figura y acompañado de la simple presencia de Sancho y de aquella mujer tapada, vestida de colorado, atribuyéndolo todo a disfraz y a que venían de máscara. Sucedió, pues, que yendo adelante don Quijote con este paseo y acompañamiento, sin que bastasen a ponerle en razón sus consortes, vio venir una rica carroza tirada de cuatro famosos caballos blancos, a la cual acompañaban más de treinta caballeros a caballo y muchos lacayos y pajes a pie: detúvose don Quijote luego que la vio, en mitad del camino por donde había de pasar, puesto el cuento de la lanza en tierra, esperando con gentil continente. Los que venían con ella, cuando vieron tanta gente junta que tomaba media calle, y vieron juntamente aquel hombre armado de todas piezas y con su grande adarga, se llegaron al que dentro venía, que era un titular grave, que había salido a tomar el fresco y le dijeron: "Señor, allí abajo se ve una grande tropa de gente, y en medio della está un hombre armado con una adarga tan grande como una rueda de molino, y no sabemos, ni nadie sabe, quién es o a qué propósito viene de aquella suerte." Cuando esto oyó el caballero, sacó la cabeza fuera de la carroza, y como le vio ya cerca, dijo a un alguacil de corte que iba hablando con él le hiciese placer de ir a saber qué era aquello; fue a verlo, y apenas se apartó de la carroza, cuando llegó a ella un lacayo del mismo señor y le dijo: "Ha de saber vuesa señoría que aquel hombre armado que allí viene le vi yo en Zaragoza habrá un mes, cuando fui a llevar el recado del casamiento de vuesa señoría a mi señor don Carlos, en cuya casa comí con su escudero un día, después de una famosa sortija que allí hubo, en la cual fue convidado este armado, que es medio loco, o no sé cómo me lo diga; si bien decían que es rico y honrado hidalgo de no sé qué lugar de la Mancha; pero por haberse dado demasiado a leer los fabulosos libros de caballerías que andan impresos, teniéndolos por verdaderos, ha quedado desvanecido de manera que saliendo de su tierra se le ha antojado que es caballero andante y que anda por tierras ajenas de la suerte que se ve; y trae por escudero un pobre labrador de su mismo lugar, que es el que viene a su lado en un jumento, única pieza, y muy gracioso, y grandísimo comedor. Y tras esto le fue contando todo lo que don Quijote había hecho en Zaragoza con el azotado, y lo de la sortija, y cómo el secretario de don Carlos se había hecho el gigante de Bramidan de Tajayunque, y que sin duda venía ahora a buscarle a la Corte para hacer batalla con él; porque de todo tenía bastantísima noticia el lacayo por lo que los criados de don Carlos le habían referido. Maravillose mucho el caballero de lo que se le decía de aquel hombre, y propuso luego llevársele a su casa aquella noche con la compañía que traía, para divertirse con ellos. Estando en esto, volvió el alguacil a la carroza y dijo: "Es, señor, aquel hombre, una de las más raras figuras que vuesa señoría ha visto: llámase, según dice, Caballero Deesamorado, y trae en la adarga ciertas letras y pinturas ridículas; y juntamente viene con él una mujer vestida toda de colorado, la cual dice que es la gran Cenobia, reina de las

Amazonas." "Pues guíen hacia allá la carroza—dijo el señor—y veremos qué es lo que dice." Ya que llegaban cerca dél, tiró don Quijote de la rienda de *Rocinante,* y llegose a un lado de la carroza, y puesto en presencia del caballero, dijo con voz grave y arrogante, que lo oyesen los circunstantes: "Inclito y soberano príncipe Perianeo de Persia, cuyo valor y esfuerzo tuvo a costa suya bien experimentado el nunca vencido de Belianís de Grecia, vuestro mortal enemigo y competidor sobre los amores de la sin par Florisbella, hija del emperador de Babilonia, a quien en muchos y varios lugares distes bien que entender, haciendo con él singular batalla, sin hallarse entre los dos jamás ventaja alguna, asistiendo de vuestra parte el prudentísimo sabio Fristón, mi contrario: yo, como caballero andante, amigo de buscar las aventuras del mundo y probar las fuerzas de los bravos y valerosos jayanes y caballeros, he venido hoy a esta Corte del Rey Católico, do habiendo llegado a mis oídos el gran valor de vuestra persona, y siendo tal cual yo he muchas veces leído en aquel auténtico libro, me ha parecido me sería mal contado si dejase de probar mi ventura con vuestro invencible esfuerzo hoy aquí en aqueste Prado, delante de todos estos vuestros caballeros y de la demás gente que nos está mirando; y esto hago porque soy único y singular amigo y aficionado al príncipe don Belianís de Grecia por muchas razones: la primera, por ser él cristiano y hijo también de emperador cristiano, y vos pagano, de las casas y casta del emperador Otón, gran turco y soldán de Persia; y la segunda, por quitar de delante a aquel grande amigo mío un estorbo tan grande como vos sois, para que así, con mayor facilidad, pueda gozar de los sabrosos amores que con la infanta Florisbella tiene, pues se ve y sabe clarísimamente que la merece mucho mejor que vos, a quien no faltarán otras turcas hermosas con quien podáis casar, que no es posible deje de haber muchas en vuestra tierra, y dejar a Florisbella para don Belianís de Grecia, mi amigo; y si no salís luego de vuestra carroza y subís luego en vuestro preciado caballo, en poniéndoos vuestras encantadas armas, para pelear conmigo, mañana publicaré delante de toda esta Corte y de su rey vuestra cobardía y poco ánimo, después de haber muerto al gigante Bramidan de Tajayunque, rey de Chipre, y al hijo alevoso del rey de Córdoba; por tanto, respondedme luego con brevedad, y si no, daos por vencido, y yo me iré a buscar otras aventuras." Maravilláronse todos de los disparates que habían oído decir a don Quijote y comenzaron a hablar sobre ellos unos con otros, riendo dél y de su figura; pero Sancho, que había estado muy atento a lo que su amo había dicho, se llegó, caballero en su asno, junto a la carroza, diciendo: "Señor Perineo, vuesa merced no conoce bien a mi amo como yo le conozco; pues sepa que es hombre que ha hecho guerreación con otros mejores que vuesa merced, pues la ha hecho con vizcaínos, yangüeses, cabreros. meloneros, estudiantes, y ha conquistado el yelmo de Membrillo, y aun le conocen la reina Micomicona, Ginesillo de Pasamonte, y lo que más es, la señora reina de Segovia, que aquí asiste; y aun es hombre que en Zaragoza acometió a más de doscientos que llevaban un azotado, como ya sabrán por acá: por tanto, mire que tenemos mucho que hacer, y las cabalgaduras vienen cansadas; yo y la señora reina vamos con alguna poquilla de hambre: dese, pues, por las entrañas de Dios por vencido, como mi amo le suplica, y tan amigo como de antes, y no busque tres pies al gato, pues si los desta tierra son como los de la mía no tienen menos que cuatro: déjenos ir con Barrabás a nuestro mesón, y vuesa merced y estos herejes de Persia, su patria, quédense mucho de noramala." El caballero dijo al alguacil que con él iba, le respondiese de su parte, y se lo llevase aquella noche a su casa. El lo hizo, diciendo a don Quijote: "Señor Caballero Desamorado, en extremo holgamos todos los circunstantes de haber visto y conocido hoy en vuesa merced a uno de los mejores caballeros andantes que en el felice tiempo de Amadís y en el de Febo hallarse pudieron en Grecia; y doy gracias a los dioses, pues siendo paganos nosotros, como denantes dijo, habemos merecido ver en esta corte al que tanta fama y nombre tiene en el mundo, y excede a todos cuantos hasta hoy hayamos oído visten duras armas y suben en poderosos caballos: por tanto, excelso príncipe, aquí el señor Perianeo aceta de muy buena gana la batalla con vuesa merced; no porque della pretenda salir con vitoria, sino para poderse alabar dondequiera que se hallare (dejándole empero vuesa merced con la vida) de haber entrado en batalla con el mejor caballero del mundo, y de quien el ser vencido resultará infinita gloria suya y lustre de su linaje; pero la batalla, si a vuesa merced le parece, será el día que esta noche concertaremos en su casa, en el cual él y yo hemos de recebir merced que vuesa alteza y toda su compañía se vayan a alojar, donde los regalará y servirá con mucho cuidado, en particular a la señora reina Cenobia, a quien desea en extremo conocer; y así la ruega que, para que todos demos gracias a los dioses en ver su peregrina hermosura, sea servida de descubrir el rostro y quitar la nube que de aquesos sus dos bellos soles está puesta, para que su resplandor alumbre la redondez de la tierra, y haga detener al dorado Apolo en su luminosa esfera, admirado de ver tal belleza, bastante a darle nueva luz a él, pues es cierto vencerá la de su bella Dafne." Don Quijote se llegó a ella, diciendo que en todo caso descubriese el rostro delante del príncipe Perianeo de Persia; que importaba mucho. Rehusábalo ella, como discreta, cuanto podía; pero Sancho, que había estado repantigado en el asno, sin quitarse jamás la caperuza, se llegó al estribo de la carroza y dijo: "Señor pagano, yo y mi señor don Quijote de la Mancha, Caballero Desamorado por mar y tierra, decimos que besamos a vuesas mercedes las manos por el servicio que nos hace en convidarnos a cenar a su casa, como lo hizo en Zaragoza don Carlos, que buen siglo haya; y digo que iremos de muy buena gana todos tres en cuerpo y en alma, así como estamos; pero la señora reina Segovia desde allí donde está me hace del ojo, diciendo que no puede por agora descubrir la cara, hasta que se ponga la otra de las fiestas, que es muy mejor que la que agora tiene: por tanto vuesa merced perdone." En esto se llegó más cerca por el otro lado a la carroza don Quijote, tirando de la rienda a la mula de Bárbara, a la cual, mal de su grado, traía ya descubierta, la cara, más propia para hacer acallar niños por su mala cara, que para ser vista de gentes; a la cual como viesen todos los circunstantes tan fea y arrugada, y por otra parte con el chincharrón mal zurcido y peor apuntado, no pudieron detener la risa; y viendo Sancho que el caballero de la carroza se la estaba mirando despacio, y se santiguaba viendo su fealdad y la locura de don Quijote, dijo: "Bien hace vuesa merced de persinarse, porque no hay cosa en el mundo mejor, según dice el cura de mi lugar, para hacer huir a los demonios; que aunque la señora reina no lo es por agora, podría ser, si Dios le diese diez años de vida sobre los que tiene, faltarle poco para serlo." El caballero, disimulando cuanto pudo, dijo a Bárbara: "Por cierto, señora reina Cenobia, que ahora digo muy de veras que todo lo que el señor Caballero Desamorado nos ha dicho de vuesa merced es mucha verdad, y que él se puede tener por dichoso en llevar consigo tanta nobleza por el mundo, para afrentar y correr a todas las damas que hay en él, especialmente en esta corte: por tanto vuesa merced nos diga de dónde es, y adonde va con este valiente caballero, si es servida; porque esta noche vuesa merced y él y este buen hombre, que dice las verdades desnudas, han de ser mis huéspedes y convidados." Bárbara le respondió: "Señor, si vuesa merced es servido, yo no soy la reina Cenobia, como este caballero dice, sino una pobre mujer de Alcalá, que vivo del trabajo de mi honrado oficio de mondonguera; y por mi desgracia un bellaco de un estudiante me sacó, o por mejor decir, me sonsacó de mi casa; y llevándome a la de sus padres, con nombre de que se quería casar conmigo, me robó cuanto tenía en un pinar, dejándome atada a un pino en camisa; y pasando este caballero con cierta gente, me desataron y llevaron a Sigüenza; y el señor don Quijote, que es el que viene armado (andaba en esto don Quijote enseñando a unos y a otros las pinturas de su adarga, ufano de que tantos la mirasen), a quien falta tanto de juicio como le sobra de piedad, me hizo este vestido y me compró esta mula en que llegase a Alcalá, llamándome por todos los lugares, caminos y ventas la reina Cenobia, y sacándome algunas veces a las plazas para defender, como él dice, mi hermosura, siendo tal por mis pecados como vuesa señoría ve; y agora, queriéndome quedar en mi tierra, me ha persuadido a que venga a la corte, donde dice que ha de matar a un hijo del rey de Córdoba, y a un gigante, que es rey de Chipre, y que a mí me ha de hacer reina de aquel reino; y yo, por no ser desagradecida a las mercedes que me ha hecho, he venido con él, con intento de volver lo más presto que pudiere a mi tierra. Y mire vuesa señoría si manda otra cosa; que me quiero ir; que parece que estos señores que están presentes se ríen mucho, y podrían dar ocasión a don Quijote con su risa a que, como loco, hiciese alguna necedad." Volvió en esto la rienda a la mula, y fuese para donde don Quijote estaba; y Sancho dijo al titular: "Ya ve vuesa merced, señor mío, cómo la señora reina es una buena persona, a quien Dios eche en aquellas partes en que della se sirva; y perdónenos si ella no tiene tan buen hocico como mi amo ha dicho y vuesa merced merece; pues suya es la culpa, suya es la gran culpa, porque yo le he dicho muchas veces que por qué no procuraba que aquel *persignum crucis* que tiene en la cara se le dieran en otra parte, pues fuera mejor donde no se echara tanto de ver; y ella dice que a quien dan no escoge: por tanto, vuesa merced se venga luego; que ya se acerca la noche para cenar, y a fe que por la gracia de Dios no he menester yo agora más mostaza ni perejil para hacello famosamente, que el apetito que traigo." Con esto, sin más cortesía, comenzó a arrear su asno, y fuese para donde estaba Bárbara y don Quijote con toda aquella gente, a la cual tenía suspensa con un largo razonamiento de Rasura y Laín Calvo, diciendo que les había conocido, y que era gente muy honrada y para mucha; pero que ninguno dellos llegaba a su persona, porque él era Rodrigo de Vivar, llamado por otro nombre el bravo Cid Campeador. Oyole Sancho estas últimas razones, y dijo: "¡Oh, reniego de cuantos Cides hay en toda la cidería! ¡Venga, señor! ¡Pecador soy yo a Dios; que estas pobres cabalgaduras están de suerte que no pueden echar la palabra del cuerpo, según están de cansadas y muertas de hambre." "¡Qué mal, oh Sancho—respondió don Quijote—, conoces tú a este caballo! Yo te juro que si le preguntases, y él te supiese responder, cuál quiere más, estar escuchando lo que yo digo de guerras, batallas y noblezas de caballeros, o media hanega de cebada, que él diría que gusta sin comparación más de que hable de aquí al día del juicio, que no de comer ni beber; y es cierto se estaría días y noches escuchándome con mucha atención." Estando en esto, llegó un criado del titular diciendo a don Quijote: "Señor Caballero Desamorado, mi señor le suplica se venga conmigo a su casa, porque quiere que vuesa merced, la reina Cenobia y su fiel escudero sean sus huéspedes y convidados esta noche y en todos los demás días que a vuesa merced le pluguiere, hasta que se remate el desafío a que le tiene aplazado." "Señor caballero — respondió don Quijote —, con notable gusto iremos a servir al príncipe Perianeo: por tanto, no hay sino guiar hacia allá, que todos iremos siguiendo."

CAPÍTULO XXX

DE LA PELIGROSA Y DUDOSA BATALLA QUE NUESTRO CABALLERO TUVO CON UN PAJE DEL TITULAR Y UN ALGUACIL

El criado, don Quijote, Sancho y Bárbara comenzaron a caminar hacia casa del titular que les había convidado, con no poca admiración de cuantos los topaban por las calles, ni menor trabajo del criado en decir a unos y a otros el humor y nombre del armado, y calidad de la dama, y adonde y para qué fin los llevaba. Con esta molestia los entró en casa de su señor, y mandando dar recado a las cabalgaduras, los subió luego a los tres a un rico aposento, diciendo a don Quijote: "Aquí, señor caballero, puede vuesa merced reposar, quitarse las armas y asentarse en esta silla hasta que mi señor venga; que no puede tardar mucho." A lo cual respondió don Quijote que no estaba acostumbrado a desarmarse jamás por ningún caso, y menos en tierra de paganos donde no sabe el hombre de quién se ha de fiar ni lo que puede fácilmente suceder a los caballeros andantes, en deshonor del valor de sus personas. "Señor—respondió el criado—, aquí todos somos amigos, y deseamos servir a los caballeros de la calidad de vuesa merced, y así bien puede estar en esta casa sin cuidado ni recelo de contraria fortuna." Pero viendo que todavía porfiaba en no quererse desarmar, se fue diciendo hiciese su gusto y aguardase a que su señor viniese, dejándolos con un paje de guarda para mayor seguridad de que no saliesen de casa. Comenzose don Quijote a pasear por la sala, y viéndose Bárbara con buena ocasión y a solas para hablarle, lo hizo diciéndole: "Yo, señor don Quijote, he cumplido mi palabra en venir con vuesa merced hasta la corte; y pues ya estamos en ella, le suplico me despache lo más presto que pudiere, porque tengo de volverme a mi tierra a negocios que me importan; tras que temo, lo que Dios no quiera, que aquel alguacil que iba con el señor de la carroza, a quien vuesa merced llamaba príncipe de Persia, nos ha hecho traer a esta casa para saber quién es vuesa merced y quién soy yo; y es cierto que viendo cómo ando en compañía de vuesa merced, ha de pensar que estamos amancebados, y nos harán llevar a la cárcel pública, donde temo seremos rigurosamente castigados y afrentados; y vuesa merced créame, y guárdese no le pongan en ocasión de gastar en ella ese poco dinero que le queda; y después, cuando quiera, volviendo sobre sí, meterse en su tierra, no se vea forzado a haber de mendigar: por eso mire lo que en este negocio debemos hacer, pues en todo seguiré de bonísima gana su parecer." "Señora reina

Cenobia—dijo don Quijote—, yo sé claramente que el caballero que iba en la carroza es el príncipe Perianeo de Persia, y el que llama alguacil es un escudero honrado suyo: por tanto, pierda vuesa merced el miedo: estése conmigo, por me hacer placer, siquiera seis días en esta corte; que después yo proprio la volveré a su tierra con más honra que piensa." "Par Dios, señor don Quijote—dijo Sancho estando en estas razones—, que aquel que iba en la carroza, que nosotros llamamos pagano, oí decir a no sé cuántos que era un no sé quién, sí sé quién, hombre bonísimo y cristiano; y a fe que me lo parece, lo uno por su caridad, pues nos ha convidado a cenar y a comer con tanta liberalidad; lo otro porque si él fuera pagano, claro está que estuviera vestido como moro, de colorado, verde o amarillo, con su alfanje y turbante; pero él está, cual Dios lo hizo y su madre le parió y vuesa merced ha visto, todo vestido de negro, y todos cuantos le acompañaban iban de la misma suerte; y más, que ninguno hablaba en lengua paganuna, sino en romance, como nosotros." Porfió a esto don Quijote con cólera, diciendo: "Pues aunque tú y la reina digáis lo que quisiéredes, él es sin falta ninguna el que ya tengo dicho." Entonces Bárbara llamó al paje que estaba a la puerta, y le dijo: "Díganos, señor mancebo, aquel señor que iba en la carroza por el Prado, acompañado de tanta gente, a quien este caballero y yo hablamos, ¿quién es?" El paje le respondió quién era y su calidad, y cómo los había mandado expresamente traer a su casa. "¿Y qué nos quiere hacer?—replicó Sancho—; no nos veamos en otra tribulación como en la que yo me vi en la cárcel de Sigüeuza, tan cargado de piojos, que, aun de los que me quedan desde entonces, podría hinchar media docena de almohadas." "Ninguna cosa pretende mi señor— respondió el paje—, sino tener con vuesas mercedes algún buen rato de entretenimiento, y regalarles." "Venid acá, paje—dijo don Quijote—: ¿vuestro amo no se llama Perianeo de Persia, hijo del gran soldán de Persia y hermano de la infanta Imperia, competidor del nunca vencido don Belianís de Grecia?" Riose muy de propósito el paje cuando oyó tantos disparates, y respondiole: "Ni mi señor es príncipe de Persia, ni turco, ni en su vida estuvo allá ni vio a don Belianís de Grecia, cuyo libro mentiroso tengo yo en mi aposento." "¡Oh paje vil y de infame ralea!— dijo don Quijote—. ¡Y mentiroso llamas a uno de los mejores libros que los famosos griegos escribieron! Tú y el bárbaro turco de tu amo sois los mentirosos, y mañana se lo haré yo confesar a él, mal que le pese, delante del rey, con los filos desta espada." "Digo—respondió el paje— que mi señor es muy buen cristiano, caballero de lo bueno, y conocido en España; y quien lo contrario dijere, miente y es un bellaco." Don Quijote, que tal oyó, metió mano a su espada y se fue, hecho un rayo, para el paje. Él, en viéndolo, se bajó por la ancha escalera a la calle, y saliendo a su puerta, decía a voces: "Salga el bellaco que pone lengua en mi señor; que yo haré que le cueste caro." Y diciendo y haciendo tomó una piedra de la calle contra don Quijote, el cual salió también a ella armado como estaba; y con la espada en la mano y cubierto con su adarga, se fue contra el paje, el cual anticipándose en la ofensa, le tiró la piedra que tenía, con tal furia, que le dio con ella tal y tan desatinado golpe, que a no hallarle el pecho armado le pusiera la vida en contingencia. Al ruido y voces que todos daban se llegó mucha gente; y como vieron aquel hombre armado con la espada y adarga, amenazando y aun arremetiendo al paje del conocido titular, no sabían qué se decir. Llegaron dos alguaciles con sus corchetes luego al corrillo, y viendo lo que pasaba, se le acercó el uno, e intentando quitarle la espada, le dijo: "¿Qué hacéis, hombre de Barrabás? ¿Estáis loco? ¡En tal puesto y contra paje de persona de prendas tales, cual es el dueño dél y de esta casa, metéis mano! Venga la espada luego, y venios a la cárcel; que a fe que os acordaréis de la burla más de cuatro pares de días." No respondió palabra don Quijote, sino que echando un pie atrás y levantando la espada, dio al bueno del alguacil una gentil cuchillada en la cabeza, de la cual le comenzó a salir mucha sangre. Viendo esto el herido alguacil, comenzó a dar voces diciendo: "¡Favor a la justicia; que me ha muerto este hombre!" Llegáronse al ruido mil corchetes y alguaciles y otras personas, metiendo todos mano a sus espadas contra don Quijote, el cual con mucha alegría decía: "Salga Perianeo de Persia con todos sus aliados; que yo les daré a entender que él y cuantos en esta casa viven son perros enemigos de la ley de Jesucristo." Y con esto arrojaba a dos manos cuchilladas a todas partes. El pobre Sancho estaba a la puerta mirando lo que su amo hacía, y dijo en voz alta: "Eso sí, señor don Quijote, no se dé por vencido a esos bellacos de turcos, que le llevarán al Alcorán, y le circuncidarán mal que le pese, y después le pondrán a los pies unas trabas de hierro, como a mí en Sigüenza." En esto cargó tanta gente sobre nuestro buen hidalgo, que a pesar suyo le quitaron la espada, y agarrándole media docena de corchetes, le ataron las manos atrás. Acertó a pasar por allí, cuando andaba en esta refriega, que era al anochecer, un alcalde de corte en su caballo, el cual viendo tanta gente junta, preguntó qué era la causa de aquello, y uno de los circunstantes le dijo: "Señor, una grandísima desvergüenza; que un hombre armado de todas piezas ha entrado en esta casa, do vive, como vuesa merced sabe, tal titular, y ha querido matar en ella un paje suyo, y queriéndole prender ciertos alguaciles por ello y la resistencia que les hacía, temerariamente ha dado a uno de ellos una muy buena cuchillada." "¡Mal caso!", respondió el alcalde de corte; y llegando donde los corchetes tenían a don Quijote sin poderle llevar, según se resistía, mandó que le dejasen; y así le levantaron de tierra, y puesto en pie, atadas las manos atrás, le dijo el alcalde, maravillado de verle de aquella suerte y con tanta cólera: "Vení acá, hombre del diablo: ¿de dónde sois y cómo os llamáis, que tanto atrevimiento habéis tenido en casa de dueño de tan ilustres cualidades?" Don Quijote le respondió: "Y vos, hombre de Lucifer, que eso preguntáis, ¿quién sois? Lo que habéis de hacer es ir vuestro camino adelante mucho de noramala, y no meteros en lo que no os va ni os viene; que yo, quienquiera que fuere, soy cien veces mejor que vos y la vil puta que os parió, y os lo haré confesar aquí a voces, si subo en mi preciado caballo y tomo la lanza y adarga que aquesta soez y vil canalla me ha quitado; pero yo les daré el castigo que su loco atrevimiento merece, en matando al rey de Chipre Bramidan de Tajayunque, con quien tengo aplazada batalla delante del rey Católico; y juntamente tomaré venganza del príncipe Perianeo de Persia, cuyas son estas casas, si no castiga la descortesía que los de su real palacio me han hecho, siendo yo Fernán González, primer conde de Castilla." Maravillose el alcalde de corte de oír los disparates de aquel hombre; pero uno de los corchetes dijo: "Vuesa merced, señor, crea que este hombre es más bellaco que bobo, y ahora que ha hecho el disparate y lo conoce, se hace loco para que no le llevemos a la cárcel." "Ahora sus— dijo el alcalde de corte—, llévenle a ella, y pónganle a buen recaudo hasta mañana que salga a la audiencia y se vea su pleito." Con esto le comenzaron a asir los corchetes, resistiéndose él cuanto podía. Sucedió, pues, que a esta hora, que ya eran cerca de las nueve, llegó el titular a la puerta de su casa con mucho acompañamiento, y como vio tanta gente junta en su calle, preguntó la causa, y llegándose a él el alcalde de corte, le contó cuanto aquel hombre armado había hecho y dicho. En oyéndolo, se rió mucho el titular dello, y refiriendo al alcalde lo que don Quijote era, y cómo por su orden le habían traído a su casa, le suplicó le soltase, dándoselo como en fiado; que él se obligaba a entregársele siempre que le requiriese o constase que no era lo que contaba, obligándose juntamente a todos los daños y costas de la cura del alguacil y a satisfacerle bastantemente. Lo mismo le rogaron todos los circunstantes que le acompañaban, deseosos de pasar la noche con el entretenimiento que les prometía el humor del preso y de los que venían en su compañía. Viose obligado el alcalde, viendo los ruegos y seguridades que le daban gente tan principal, a condescender con su deseo, y así mandó a los corchetes le soltasen y entregasen al dicho titular, el cual viéndole libre, le dijo: "¿Qué es esto, señor Caballero Desamorado? ¿Qué aventura es esta que le ha sucedido?" Respondió don Quijote: "¡Oh mi señor Perianeo de Persia! No es nada; que como toda esta gente es gente bahuna, no he querido hacer batalla con ella, aunque creo que alguno ha llevado ya el pago de su locura." En esto llegó Sancho, el cual estaba de lejos mirando todo lo que su amo había padecido; y quitándose la caperuza, dijo: "¡Oh señor príncipe! Su merced sea bien venido para que libre a mi señor destos grandísimos bellacos de alcaldes, peores que el de mi tierra, pues se han atrevido a quererle llevar agarrado a la cárcel, cual si no fuera tan bueno como el rey y papa y el que no tiene capa; que he visto el negocio de suerte, que si no fuera por vuesa merced, creo que sin duda lo efectuaran, y aun yo, a no temerles, les diera dos mil mojicones." "Bien podéis creer, amigo—dijo el caballero—, que si no lo fuera yo tanto del alcalde de corte como lo soy, y el respeto que él, como tal, me tiene, que lo pasara mal el señor don Quijote:" A quien asiendo de la mano tras esto, dijo: "Venga vuesa merced, señor príncipe de Grecia, y entre en mi casa; que en ella todo se hará bien, y los bellacos de sus contrarios serán castigados como merecen." Y despidiéndose con mucho comedimiento de algunos de los que le acompañaban, como lo había hecho ya del alcalde, se subió arriba con don Quijote y con Sancho. Quedáronse los corchetes hechos unos matachines en la calle sin la presa, y pasmados de ver que el titular llevase aquel hombre a su lado llamándole príncipe.

CAPÍTULO XXXI

DE LO QUE SUCEDIÓ A NUESTRO INVENCIBLE CABALLERO EN CASA DEL TITULAR, Y DE LA LLEGADA QUE HIZO EN ELLA SU CUÑADO DON CARLOS EN COMPAÑÍA DE DON ÁLVARO TARFE

En subiendo arriba, dio orden el señor a su mayordomo llevase a cierto cuarto a don Quijote, Bárbara y a Sancho, y les diese bien y abundantemente de cenar; y habiéndolo ellos hecho, y lo mismo él, mandó al mismo mayordomo le sacase en su presencia a Bárbara, para dar principio al entretenimiento que pensaban tener él y los que habían cenado en su compañía, que eran algunos caballeros, con los dislates de don Quijote, confiando les daría cuenta de su principio y causa la dicha Bárbara. Bajó, pues, ella, no poco turbada y medrosa de verse llamar a solas; y puesta en presencia de los caballeros, la dijo el que la había hospedado: "Díganos la verdad desnuda, señora reina Cenobia, de su vida y de la deste galán y valeroso caballero andante que tanto la cela y defiende." "La mía, señores ilustrísimos, es la que tengo dicha en el Prado, breve y llena de altos y bajos, como tierra de Galicia. Bárbara de Villalobos me llamo, nombre heredado de una agüela que me crió, buen siglo haya, en Guadalajara: vieja soy, moza me vi, y siéndolo, tuve los encuentros que otras, no faltándome quien me rogase y alabase, ni a mí me faltaron los ordinarios desvanecimientos de las demás mujeres, creyendo aún más de lo que me decía de mi talle y gracia el poeta que me la celebraba, pues lo era el bellacón que a cargo tiene mi pudicicia: entreguésela, y entreguémele amándole, y mintiendo a las personas que me pedían de derecho cuenta de mis pasos. Supiéronse presto en Guadalajara los en que andaba; que no hay cosa más parlera que una mujer, perdido el recato, pues en lengua, manos, pies, ojos, meneos, traje y galas trae escrita su propia deshonra: sintió mi agüela la mía a par de muerte, y murió presto del sentimiento: túvele yo grande por ello, y más porque mi Escarramán me había ya dejado. Hube de heredarla: vendí los muebles e hice todo el dinero que pude dellos, con que me bajé a Alcalá, do he vivido más de veinte y seis años, ocupada en servir a todo el mundo, y más a gente de capa negra y hábito largo; que en efecto soy naturalmente inclinada a cosa de letras; si bien las mías no se extienden a más que a hacer y deshacer bien una cama, a aderezar bien un menudo, por grande que sea, y sobre todo, a dar su punto a una olla podrida, y abahar de pópulo bárbaro una escudilla de repollo, sopas y caldo. Lo demás de la desgracia última que me sacó de aquella vita bona, ya se lo tengo dicho a vuesa señoría en el Prado, y le he dado cuenta de cómo creí al socarrón del aragonés, que me dio a entender se casaría conmigo si, vendidos mis muebles, le seguía hasta su tierra; mejor le siga la desgracia, que él cumplió lo prometido: yo sí que fui tonta, y así es bien que quien tal hace que tal pague. Metiome en un pinar, y hurtome cuanto llevaba, dejándome aporreada y maniatada en camisa: pasó por allí este locazo mentecato de manchego con el tonto de Sancho Panza y otros que iban con ellos, y sintiendo mis lamentos, me desataron y ampararon, trayéndome consigo hasta Sigüenza, do me vistió don Quijote de la ropa que traigo, con que me veo obligada a acompañarle hasta que se canse de llamarme reina Cenobia, y de sufrir él y su escudero los porrazos e injurias que los he visto sufrir en Sigüenza y en la venta vecina de Alcalá, do el autor de tal compañía de comediantes les apuró de suerte, que por poco acabaran con sus desventuradas aventuras." Refirió tras esto cuanto en la venta y en Alcalá les había sucedido, hasta llegar al Prado, con tal desenfado y donaire que a todos les admiró y provocó a risa. Mandaron para cumplimiento de la farsa bajar a don Quijote y a Sancho; y puestos ambos en su presencia, el amo armado y el criado encaperuzado, dijo el titular a don Quijote: "Bien sea venido el nunca vencido Caballero Desamorado, defensor de gente menesterosa, desfacedor de tuertos y endilgador de justicias." Y asentándole junto a sí, y a Bárbara a su lado, que no se quiso asentar de otra suerte, prosiguió, estando la sala llena de la gente de casa, que perecía de risa: "¿Cómo le va a vuesa merced en esta corte desde que está en ella? Denos razón de lo que siente de su grandeza, y perdóneme el atrevimiento que he tenido en querer alojar en mi casa personas de tan singular valor, cual son vuesa merced y la señora reina de las Amazonas, recibiendo la voluntad con que le sirvo, pues ella suple la falta de las obras." "Ésa recibo—respondió don Quijote—, invicto príncipe Perianeo, y lo mismo hace la poderosa reina Cenobia, que aquí asiste honrando esta sala; y tiempo vendrá en que yo pague tan buenos servicios con ventaja, y será cuando yendo con el duque Alfirón persiano a la gran ciudad de Persépolis, le haga casar a vuesa merced a pesar de todo el mundo con su bella hermana, llamándome entonces yo, por la imagen que traeré en el escudo, el Caballero de la rica Figura, pues será la que llevaré pintada al vivo en él, de la infanta Florisbella de Babilonia." "Suplico a vuesa merced—dijo el titular, que era hombre de gallardo humor—no toque esa tecla de la infanta Florisbella, pues sabe que yo ando muerto por sus pedazos; y hágame merced de que se quede este negocio aquí; que presto se averiguará la justicia de mi pretensión en esta parte, entrando con vuesa merced en la batalla campal que tengo aplazada." "Su ejecución insto—replicó don Quijote—y barras derechas." Salió Sancho

Panza en oyendo esto, y dijo: "Par diez, señor pagano, que vuesa merced es tan hombre de bien como yo haya visto en toda la Paganía otro, dejando aparte que es mal cristiano, por ser, como todo el mundo sabe, turco; y así no querría pusiese la vida al tablero, entrando en batalla con mi señor; que sería mal caso viniese a morir a sus manos quien en su casa nos ha hecho servicio de darnos de cenar como a unos papagayos, tantos y tales guisados, que bastaban a tornar el cuerpo al alma de una piedra. ¿Sabe con quién querría yo que don Quijote mi señor hiciese pelea? Con estos demonios de alguaciles y porteros que nos hacen a cada paso terribles desaguisados, y tales cual es el en que nos acabamos de ver ahora, pues nos han puesto a amo y criado en el mayor aprieto que nos habemos visto desde que andamos por esos mundos a caza de aventuras; y si no fuera porque vino a buen tiempo vuesa merced, mi señor se viera como en Zaragoza, a medio azotar; pero yo le juro por vida de los tres reyes de Oriente y de cuantos hay en el Poniente, que si cojo alguno dellos en descampado y de suerte que pueda hacer dél a mi salvo, que me tengo de hartar de darle de mojicones, dándole mojicón por aquí y mojicón por allí, este por arriba y este otro por abajo." Decía esto Sancho con tal cólera, dando mojicones por el aire, como si verdaderamente se aporreara con el alguacil, dando mil vueltas al derredor, hasta que cayéndosele la caperuza en el suelo, la levantó diciendo: "A fe que lo puede agradecer a que se me cayó la caperuza; que a no ser esto, llevara su merecido el muy guitón, para que otra vez no se atreviera, u otro tal cual él, a tomarse con un escudero andante tan honrado como yo, y de tan valeroso dueño como mi señor don Quijote." Rieron cuantos en la sala estaban de ver la necia cólera de Sancho, al cual dijo el titular: "Yo, señor Sancho, no puedo dejar de salir en batalla con el señor Caballero Desamorado, de la cual saldré sin duda con vitoria, porque mi valor es conocido, y singular es el favor que cierto mago que tengo de mi parte me da siempre." "Eso se verá—replicó don Quijote—, a las obras a que me remito." Parecioles en esto a todos que era bien dar lugar a la noche, y levantándose de la silla el titular, dijo a don Quijote: "Mire vuesa merced, señor Desamorado, lo que emprende en emprender a pelear conmigo, y duerma sobre ello." "Sobre una muy buena cama dormirá mejor mi señor—respondió Sancho—; y yo y la señora reina, otro que tal." "No faltarán ésas", dijo el titular. Y mandando llevarlos a ellas, se fueron a acostar todos. Dos o tres días tuvieron los del palacio semejantes y mejores ratos de entretenimiento a todas horas con los tres huéspedes, que jamás los dejaron salir de esta casa, conociéndoles el humor y cuán ocasionados eran para alborotar la corte. Al cabo dellos quiso Dios que llegasen a ella don Carlos con su amigo don Álvaro, a quien por aguardar que convaleciese de una mala gana que le había sobrevenido en Zaragoza, no quiso dejar don Carlos, y ésta fue la causa de no haber llegado mucho antes. Alborotose y regocijose toda la casa con su venida; que la deseaban para celebrar y concluir el casamiento del dueño della todos; y al cabo de rato que estaban los huéspedes en ella, acaso les dijo el titular cómo les daría muy buenos ratos de entretenimiento con tres interlocutores que tenía de lindo humor para hacer ridículos entremeses de repente; y diciéndoles quién eran, y del modo que los había hallado y llevado a su casa, y lo que en ella con ellos les había sucedido, holgaron infinito don Carlos y don Álvaro de la nueva, porque venían igualmente deseosos y cuidadosos de don Quijote, a quien después de cena mandaron salir, como solían, a la sala con Sancho y Bárbara, de cuya vida ya había dado el título también noticia a don Carlos y a don Álvaro, como ellos se la habían dado a él de cuanto les había pasado en Zaragoza con él y su escudero Sancho, y en particular don Álvaro, que se la dio de los sucesos del Argamesilla. Determinaron los dos no dárseles a conocer al principio; y calándose los sombreros, sentados al lado del titular, a la que se entraron por la sala los tres, reina, amo y criado, empezó a hablar del tenor siguiente el fingido Perianeo: "Presto, valeroso manchego, mediré mi espada con la vuestra si perseveráis en vuestros trece de no rendírmeos, dejando de favorecer a don Belianís de Grecia; y es cierto quedaréis en la batalla infamemente vencido, pues tengo de mi parte aquí a mi lado el sabio Fristón, mi diligentísimo historiador y gran agente de mis partes." Y diciendo esto, señaló a don Álvaro, el cual cubriéndose lo mejor que pudo, se puso luego en pie entre don Quijote y Sancho (que Bárbara ya ocupaba su ordinario asiento), y dijo con voz hueca y arrogante: "Caballero Desamorado de la infanta Dulcinea del Toboso, a quien tanto un tiempo adoraste, serviste, escribiste y respetaste, y por cuyos desdenes hiciste tan áspera penitencia en Sierra Morena, como se cuenta en no sé qué anales que andan por ahí en humilde idioma escritos de mano por no sé qué Alquife: ¿eres tú por ventura don Quijote de la Mancha, cuya fama anda esparcida por las cuatro partes del mundo? Y si lo eres, ¿cómo estás aquí tan cobarde cuanto ocioso?" Don Quijote, oyendo esto, volvió la cabeza diciéndole: "Responde tú, Sancho, a este sabio Fristón, porque no merece el oír la respuesta que pretende de mi boca, pues no me tiro ni pongo con gente que no tiene más de palabras, cual estos encantadores y nigrománticos." Quedó Sancho muy alegre de oír lo que su amo le mandaba, y poniéndose frente a frente de don Álvaro, cruzados los brazos, le dijo con voz furiosa desta manera: "Soberbio y descumunal sabio, nosotros somos esos de las cuatro partes del mundo por quien preguntas, como tú eres hijo de tu madre y nieto de tus abuelos." "Pues esta noche— replicó don Álvaro—tengo de hacer un tan fuerte encantamiento en daño vuestro, que llevando por los aires a la reina Cenobia, la porné en un punto en los montes Pirineos, para comerla allí frita en tortilla, volviendo luego por ti y tu escudero Sancho Panza para hacer lo mesmo de ambos." "Por nosotros decimos—respondió Sancho—que no queremos ir allá ni nos pasa por la imaginación: si quiere llevar a la reina Segovia, hágalo muy en hora buena; que nos hará mucho placer en ello, y el diablo lleve a quien lo contradijere, pues no nos sirve de otra cosa por esos caminos más que de echarnos en costa, que ya habemos gastado con ella en mula y vestidos más de cuarenta ducados, sin lo que ha comido; y lo bueno es que quien después se lleva la mejor parte son los mozos de los comediantes: sólo le advierto, como amigo, que si ha de llevársela, mire bien cómo la come; porque es un poco vieja y estará dura como todos los diablos; y así lo que podrá hacer será echalla en una olla grande (si la tiene) con sus berzas, nabos, ajos, cebollas y tocino, y dejándola cocer tres o cuatro días, estará comedera algún tanto, y será lo mesmo comer della que comer de un pedazo de vaca, si bien no le tengo envidia a la comida." No pudo don Álvaro, oyendo esto, disimular más, viendo que todos se reían, y así se fue para don Quijote los brazos abiertos diciéndole: "¡Oh mi señor Caballero Desamorado!, deme esos brazos, y míreme bien a la cara, que ella le dirá cómo el que le habla y tiene delante es don Álvaro Tarfe, su huésped y gran amigo." Don Quijote le conoció luego, y abrazándole le dijo: "¡Oh mi señor don Álvaro! Vuesa merced sea bien venido: ya me espantaba yo que el sabio Fristón se desvergonzara tanto conmigo; pero no ha estado mala la burla que vuesa merced nos ha hecho a mí y a Sancho mi criado." Sancho, que oyó lo que su amo decía a don Álvaro, luego le conoció, hincándose de rodillas a sus pies, y puesta la caperuza en las manos, le dijo: "¡Oh mi señor don Tarfe! Vuesa merced sea tan bien venido como lo fuera agora por esa sala una olla cual la que yo acabo de guisar de la reina Segovia, y perdóneme la cólera; que como dijo que era aquel maldito sabio que nos quería llevar a los montes Pirineos, mil veces he estado tentado con estos aunque pecadores puños cerrados para cargalle de mojicones antes que saliera de la sala, confiado de que al primer repiquete de broquel me había de ayudar mi señor don Quijote." Don Álvaro le respondió: "Yo le agradezco mucho, señor Sancho, la buena obra que me quería hacer; pues a fe que no se las he hecho yo tan malas en Zaragoza en mi casa y en la del señor don Carlos, do les dábamos aquellos regalados platos que vuesa merced sabe." "¿Dónde—replicó Sancho—está el señor don Carlos?" "Aquí está para serviros", respondió el mismo, levantándose de su asiento a abrazar a don Quijote, como realmente lo hizo, con igual retorno dél y de su criado; y luego le dijo: "No llegara a esta corte, señor don Quijote, si no fuera por apadrinarle en la batalla que ha de hacer con el rey de Chipre Bramidan, sacándole del mundo, pues me dicen dél está en medio de la plaza Mayor desafiando cada día a cuantos caballeros la pasean, y venciéndolos a todos, sin haber quien le resista: cosa que tiene al rey y grandes del reino no poco corridos, y están por momentos aguardando a que Dios les depare un tal y tan buen caballero, que sea bastante a vencer y cortar la cabeza a tan infernal monstruo." Don Quijote le respondió: "Ya me parece, señor don Carlos, que los pecados y maldades del rey de Chipre, los cuales dan voces delante de Dios, han llegado a su último punto; y así esta, tarde sin falta se le dará el castigo que sus malas obras piden." "Haga cuenta vuesa merced—dijo Sancho—, señor don Carlos, que hoy acabamos con ese demonio de gigante que tan cansados nos tiene; pero porque entienda mi señor don Quijote que no he recibido en vano el orden de escuderería—dijo—, que yo también quiero hacer batalla delante de todo el mundo con aquel escudero negro que dicho gigante trae consigo, a quien yo vi en Zaragoza en casa del señor don Álvaro, porque me parece que no tiene espada ni otras armas ningunas, y que está de la manera que yo estoy; y así digo que se las quiero tener tiesas, y hacer con él una sanguinolenta pelea de coces, mojicones, pellizcos y bocados; que si es escudero él de un gigante pagano, yo lo soy de un caballero andante cristiano y manchego; y escudero por escudero, Valladolid en Castilla, y amo por amo, Lisboa en Portugal. ¡Mirad qué cuerpo non de Dios con él y con la negra de su madre! Pues guárdese de mí como del diablo, que si antes de entrar en la pelea me como media docena de cabezas de ajos crudos, y me espeto otras tantas veces del tinto de Villarrobledo, arrojaré el mojicón que derribe una peña. ¡Oh pobre escudero negro, y qué bellaca tarde se te apareja! Más te valiera haber quedado en Monicongo con los otros hermanos fanchicos que allá están, que no venir a morir a mojicones en las manos de Panza; vuesas mercedes se queden con Dios, que voy a efectuarlo." Detúvole don Carlos diciendo: "Aguardad, amigo, que aun no es hora de pelear; y descuidad, y dejad el negocio en mis manos." "Eso haré de bonísima gana—replicó Sancho—, y aun se las beso por la merced que me hace; que manos besa el hombre que las querría ver cortadas." "¡Oh Sancho!— dijo don Carlos—. ¡Tanto mal os he hecho yo que querríades verme cortadas las manos!" "No lo digo por eso—respondió él—, sino que me vino a la boca ese refrán, como se me vienen otros; y antes plegue a Dios vea yo manos tan honradas envueltas entre aquellos benditos platos de albondiguillas y pieles de manjar blanco, que estaban en Zaragoza, pues confío que me iría mal en ello." Volviose don Quijote, acabadas estas razones, al titular, diciendo: "Aquí tengo, príncipe Perianeo, la flor de mis amigos, y quien dará noticia bastante de mi valor y hazañas a vuesa merced, y le desengañarán de cuán temerario es en no rendírseme, desistiendo de la pretensión de la infanta Florisbella, en bien de don Belianís, mi íntimo familiar." "¿Pues pretende—respondió don Álvaro— este príncipe entrar con vuesa merced, señor don Quijote, en batalla?" "Es tan grande su atrevimiento—replicó él—que se quiere poner en cuentas conmigo, cosa que siento en el ánima, porque no querría verme obligado a ser verdugo de quien tan honrada y cumplidamente me ha hospedado; pero lo que podré hacer por él, será, para que tenga más largo el plazo para deliberar lo que más le conviniere, entrar primero en batalla con el rey Bramidan de Tajayunque, y luego con el alevoso hijo del rey de Córdoba, en defensa de la inocencia de su reina madre." "No es poca merced la que se nos hace a todos—le dijo don Carlos—en diferir esta batalla que, en efeto, a todos nos importa se ahorren pesadumbres entre dos príncipes tan poderosos como es Perianeo y vuesa merced, y con las largas confío componer sus pretensiones sin agravio de ninguna de las partes." "Las del señor príncipe pagano—respondió Sancho—son tales, que me obligan a desearle servir aun en la misma pelea; y haciéndolo desde aquí, le doy por consejo que no salga a ella si no es bien comido; que en fin la tarde es larga; y aun será acertado llevarse alguna cosa fiambre para mientras descansaren, por si acaso le diere gana de comer el cansancio; yo, desde aquí, le ofrezco llevarlo todo, si quisiere, sobre mi rucio, en unas alforjas grandes que tengo; y más, me ofrezco a mandar a mi amo cuando le haya vencido a su merced y le tenga derribado en tierra y esté para cortarle la cabeza, se la corte poco a poco, porque le haga menos mal." Agradeciole el príncipe Perianeo los buenos servicios que deseaba hacerle, y a su amo le acetó la dilación de la batalla, mostrando deseaba mucho su amistad, y que temía el haber de salir en campaña con él, supuesto el abono que de su valor daban don Carlos y don Álvaro, el cual dijo a todos: "Paréceme, señores, que estos negocios quedan en buen punto; y así razón será irnos a reposar; que harto tendremos que hacer mañana en dar aviso a toda la corte de la venida del señor don Quijote, y del fin que le trae a ella, que es el deseo grande que tiene de libertalla de las molestias del insolente rey Bramidan." Parecioles a todos bien la aguda traza de atajar la prolija conversación, y encaminándose cada uno para su cuarto, salieron todos de la sala. Apenas estuvo fuera della el pobre Sancho cuando le cogieron los criados de don Álvaro y de don Carlos, a quienes conocía él bien, y preguntando del cocinero cojo, y dándose la bienvenida entre sí, le dijo uno de ellos: "A fe, señor Sancho, que va vuesa merced medrando bravamente; no me desagrada que al cabo de sus días dé en rufián; por mi vida que no es mala la moza; rolliza la ha escogido, señal de buen gusto; pero guárdela de los gavilanes desta corte, y vuesa merced vaya sobre aviso, no le coja algún alcalde de corte con el hurto en las manos; que a fe que no le faltarán docientos y galeras; que liberalísimamente se dan esas prebendas en la corte." "No es mía la moza—respondió Sancho—, sino del diablo que nos la endilgó en camisa en medio de un bosque; y de ésa suerte y por el tanto la podrán tomar vuesas mercedes siempre que quisieren; que la ropa que trae nuestro dinero nos cuesta; y juro non de Dios que si por ella me diesen, no digo docientos azotes y galeras, sino cuatro mil obispados, que la diera a Barrabás a ella y a todo su linaje, y que hiciera que se acordara de mí mientras viviera." En esto se le subieron a dormir a sus aposentos, haciéndole decir dos mil dislates a barato de los relieves que de la cena les habían quedado.

CAPÍTULO XXXII

EN QUE SE PROSIGUEN LAS GRANDIOSAS DEMOSTRACIONES QUE NUESTRO HIDALGO DON QUIJOTE Y SU FIDELÍSIMO ESCUDERO SANCHO HICIERON DE SU VALOR EN LA CORTE

Parecioles al titular y a don Carlos que la primera cosa que habían de hacer, salidos de casa y oída misa, era besar las manos a su majestad y a algunos señores de calidad y del consejo, dándoles parte del estado del casamiento. Efectuáronlo, pues, así, saliendo acompañados de don Álvaro y de otros amigos que habían venido a visitar a don Carlos. Ya estaban levantados sus huéspedes don Quijote, Bárbara y Sancho a la que salían de casa; que no tuvieron poco en qué entender con ellos en hacerles quedar en ella; que no había remedio con don Quijote, sino que les había de honrar con su compañía, subido en *Rocinante*; y a puras promesas de que enviarían luego por él, dada razón de su venida a los grandes, le hicieron quedar, aunque no sin guardas, para que de ninguna suerte le dejasen a él ni a los de su compañía salir de casa. A la que los señores salían della, se asomó de prisa Sancho a una ventana, diciendo a voces: "Señor don Carlos, si acaso topare por ahí aquel escudero negro, mi contrario, dígale que le beso las manos, y que se apareje para esta tarde o mañana para acabar aquella batalla que sabe con uno de los mejores escuderos que tiene barbas en cinta; y más, que le desafíe, para después de la pelea, a quién segará mejor y más apriesa, y aun le daré dos o tres gavillas de ventaja, con tal condición, que comamos primero un gentil gazapo con su ajo; que yo lo sé hacer a las mil maravillas." Tirole en esto don Quijote del sayo con cólera, diciendo: "¿Es posible, Sancho, que no ha de haber para ti guerra, conversación ni pasatiempo que no sea de cosas de comer? Deja estar al escudero negro; que sobre mí que él te venga sobrado a las manos; y aun a fe que entiendo que habrás bien menester las tuyas para él." "No habré—replicó Sancho—porque pienso ir prevenido a la pelea, llevando en la mano zurda una gran bola de pez blanda de zapatero, para cuando el negro me vaya a dar algún gran mojicón en las narices, reparar el golpe en dicha bola, pues es cierto que dando él el golpe en ella con la furia que le dará, se le quedará la mano pegada de manera que no la pueda desasir; y así, viéndole yo con la mano derecha menos, y que no se puede aprovechar della, le daré a mi salvo tantos y tan fieros mojicones en las narices, que de negras se las volveré coloradas a pura sangre." Hicieron sus visitas el titular, don Carlos y don Álvaro, teniendo ventura en poder besar las manos de espacio a su majestad, y de poder tratar de sus negocios con él y con los demás señores a quienes tenían obligación de dar los primeros avisos del casamiento; y en la última visita que hicieron a un personaje de su calidad y muy familiar y amigo, casado con una dama de buen gusto, dieron cuenta de los huéspedes que tenían en casa y de los buenos ratos que pasaban con ellos, pues eran los mejores que señor podía pasar en el Mundo. Encarecieron tanto los humores dellos, que el marido y mujer les rogaron con notables veras se los llevasen a su casa aquella tarde para pasarla buena. Ofreciéronlo de hacer, con condición de que se había de fingir él gran archipámpano de Sevilla, y su mujer archipampanesa, diciendo que don Quijote era hombre que sólo se pagaba de príncipes de nombres campanudos, porque el tema de su locura era ser caballero andante, desfacedor de agravios y defensor de reinos, reyes y reinas; y que así se le había puesto en la cabeza que una feísima mondonguera de Alcalá, que traía por fuerza en su compañía, era la reina Cenobia, que no la había dejado menos perenal la vana y ordinaria lectura de libros de fabulosas caballerías, a la cual se había dado por el crédito que daba a todas las quimeras que en ellos se cuentan, teniéndolas por verdaderas. Con este concierto se volvieron a su casa a comer, dando de parte del grande Archipámpano un recado a don Quijote sobremesa, y diciéndole juntamente cómo todos habían de ir, caído el sol, a besarle las manos él y Sancho, metidos en coches, por ser muy de príncipes pasear la corte aquellos meses en carrozas, y no en caballos. Aceptó la ida don Quijote, y lo mismo hizo Sancho. En pareciéndoles a los señores hora, mandaron aprestar los coches, y metiéndose todos dentro con don Quijote, armado y embroquelado con su adarga, y con Sancho, caminaron hacia la casa del fingido Archipámpano, a quien dieron los pajes luego aviso de las visitas que llegaban. En sabiéndolo, se puso bajo un dosel en una gran sala a recebilles; y entrando el titular, don Carlos y don Álvaro en ella, le saludaron con notable cortesía y disimulación, y asentándose por su mandado junto a él, llena la sala de la gente que los acompañaba y de la de casa, y estando en otro cabo della, en un buen estrado, la mujer con algunas dueñas y criadas, se levantó don Álvaro, y tomando de la mano a don Quijote, le presentó con notable cortesía delante del Archipámpano, diciendo: "Aquí tiene vuesa alteza, señor de los flujos y reflujos del mar, y poderosísimo archipámpano de las Indias océanas y mediterráneas, del Helesponto y gran Arcadia, la nata y la flor de toda la caballería manchega, amigo de vuesa alteza y gran defensor de todos sus reinos, ínsulas y penínsulas." Dicho esto, se volvió a asentar, y quedando don Quijote puesto en mitad de la sala, mirando a todas partes con mucha gravedad, puesto el cuento de la lanza, que un criado le trajo, en tierra, estuvo callando hasta que vio que todos habían visto y leído las figuras y letras de su adarga; y cuando vio que callaban y estaban aguardando a que él hablase, con voz serena y grave comenzó a decir: "Magnánimo, poderoso y siempre augusto archipámpano de las Indias, decendiente de los Heliogábalos, Sardanápalos y demás emperadores antiguos: hoy ha venido a vuestra real presencia el Caballero Desamorado, si nunca le oístes decir, el cual, después de haber andando la mayor parte de nuestro hemisferio, y haber muerta y vencido en él un número infinito de jayanes y descomunales gigantes, desencantando castillos, libertando doncellas, tras haber deshecho tuertos, vengado reyes, vencido reinos, sujetado provincias, libertado imperios y traído la deseada paz a las más remotas ínsulas, mirando con los ojos de la consideración a todo lo restante del Mundo, he visto que no hay, en toda la redondez dél, rey ni emperador que más digno sea y mejor merezca mi amistad, conversación y trato que vuesa alteza, por el valor de su persona, lustre de sus progenitores, grandeza de su imperio y patrimonio, y principalmente por el esfuerzo que muestra su bella y robusta presencia: por tanto, yo he venido, magnánimo monarca, no a honrarme con vos, que asaz tengo de honra adquirida; ni a procurar vuestras riquezas ni reinos, que ahí tengo yo el imperio de Grecia, Babilonia y Trapisonda para cada y cuando que los quisiere; ni a deprender cortesías ni otras cualesquier gracias ni virtudes de vuestros caballeros, que mal puede aprender quien es conocido por todos los príncipes de buen gusto, por espejo y dechado de virtud, crianza y de todo prudencial y buen orden militar; sino a que desde este día me tengáis por verdadero amigo, pues dello os resultará no solamente honra y provecho, sino juntamente sumo contento y alegría; que llano es que todos los emperadores del Mundo, en viéndome de vuestra parte, os han de rendir, mal que les pese, vasallaje, enviar parias, multiplicar embajadores, a fin sólo de hacer con vos inviolables y perpetuas treguas mientras yo en vuestra casa estuviere, compelidos del temor que con el trueno de mi nombre y con la gloria de mis fazañas les entrará por los oídos hasta lo íntimo del corazón; y porque veáis que la fama que de mis obras habéis oído no es solamente voz que se la lleva el viento, sino valentías heroicas y conquistas célebres, acabadas con suma felicidad, y felicidad en gloria de orden de la caballería andantesca, quiero que luego en vuestra presencia venga conmigo a las manos aquel soberbio gigante Bramidan de Tajayunque, rey de Chipre, con quien ha más de un mes tengo aplazada batalla para delante de vos y de todos vuestros grandes, en cuya presencia le he de cortar la monstruosa cabeza, y ofrecerla a la gran Cenobia, reina hermosísima de las Amazonas, con cuyo lado me honro, y a quien pienso dar el dicho reino de Chipre entretanto que este brazo la restituye en el suyo, que el Gran Turco le tiene usurpado, quedándome atrás esta victoria; la que también espero alcanzar de cierto hijo del rey de Córdoba, tan alevoso, que en mi presencia levantó un falso testimonio a una reina, de quien es aliado; y por remate hacer desistir de la vida o de su pretensión al príncipe Perianeo de Persia en los amores de la infanta Florisbella, pues los solicita mi grande amigo Belianís de Grecia, y no cumpliría con lo que a quien soy debo si no le dejase sin pretendiente tan importante en tan grave pretensión. Vuesa alteza, pues, mande luego a los tres venir por orden a esta real sala; que de nuevo les reto, desafío y aplazo." Dicho esto, quedaron él callando y todos los demás de la sala tan suspensos de oír los concertados disparates de aquel hombre y la gravedad y visajes con que los decía, que no sabían quién ni cómo saliese a responderle. Pero al cabo de rato el mismo Archipámpano le dijo: "Infinito huelgo, invicto y gallardo manchego, de que hayáis querido hacer elección de mi corte y de los servicios que en ella os pienso hacer para bien suyo, gloria vuestra y aumento de mis estados, y más de que haya sido vuestra venida a ellos en tiempo que tan oprimidos me los tiene ese bárbaro príncipe de Tajayunque que decís; pero porque es ardua la empresa del duelo que con él tenéis aplazado, quiero, para deliberar sobre ello con más acuerdo, que se dilate hasta que lo consulte con mis grandes; que esotros desafíos de los príncipes Perianeo y de Córdoba son de menos consideración, y fácilmente se compondrán o rendirán ellos después, cuando vean triunféis del rey de Chipre. La dilación, pues, de su batalla, os pido consintáis en primer lugar, y en segundo os ruego os retiréis cuanto pudiéredes de las damas de mi casa y corte, pues estando vos en ella, y siendo el Caballero Desamorado, y tan galán, dispuesto, bien hablado y valiente, de fuerza han de estar todas ellas con grandísima vigilancia, y aun competencia, sobre cuál ha de ser la tan dichosa y bien afortunada que os merezca; y no es mi intención caséis con ninguna dellas, porque pretendo casaros con la infanta mi hija, que allí veis, luego que os vea coronado emperador de Grecia, Babilonia y Trapisonda, y de aquí adelante recibiré a merced de que, como yerno mío en espera, tengáis esta casa por propia, sirviéndoos della y de mis proprios caballeros y criados." Don Carlos llamó en esto por un lado de la silla a Sancho y le dijo: "Ahora es tiempo, amigo Sancho, de que el poderoso Archipámpano os conozca y vea vuestro buen entendimiento; y así no perdáis la ocasión que tenéis; antes decidle con mucha y buena retórica se sirva de mandaros a vos también licencia para hacer la batalla con aquel escudero negro que sabéis, pues, venciéndole, es cierto os dará el orden de caballería, quedando tan caballero y famoso para toda vuestra vida como lo es don Quijote." Apenas hubo oído Sancho tal consejo, cuando se puso en medio de la sala, delante de su amo, de rodillas, teniendo la caperuza en las manos, y diciéndole en voz alta: "Mi señor don Quijote de la Mancha, si alguna merced le he hecho en este mundo, le suplico, por los buenos servicios de *Rocinante,* que es la persona que más puede con vuesa merced, me dé, en pago della y dellos, licencia para hablar a este señor Arcadepámpanos media docena de palabras de grandísima importancia, pues, visto por él mi ingenio, sin duda verná, andando días y viniendo días, a darme el orden de caballería con los haces y enveses que vuesa merced le tiene." Don Quijote le dijo: "Sancho, yo te la doy; pero con condición que no hagas ni digas necedad alguna de las que sueles." "Para éso—dijo Sancho—, buen remedio; póngase vuesa merced tras mí, y en viendo que se me suelta alguna, que no podrá ser menos, tíreme de la halda del sayo, y verá cómo me desdigo de cuanto hubiere dicho." Llegose inmediatamente don Quijote al caballero que tenía por archipámpano, y díjole: "Para que vuesa alteza, señor mío, vea que como verdadero andante traigo conmigo escudero de calidad, y fidelísimo para llevar y traer recados a las princesas y caballeros con quien se me ofrece comunicar, suplícole oiga este que aquí le presento, llamado Sancho Panza, natural del Argamesilla de la Mancha, hombre de bonísimas partes y respetos; porque tiene que hablar con vuesa alteza un negocio de importancia; si para ello se le diere licencia." El Archipámpano le respondió que se la daba muy cumplida, pues había echado de ver en su talle, traje y fisonomía, que no podía ser menos discreto que su amo. Púsose Sancho luego en medio y, volviendo la cabeza, dijo a don Quijote: "Déme vuesa merced esa lanza, para que me ponga como vuesa merced estaba cuando hablaba al Arcapámpanos." Don Quijote le respondió: "¿Para qué diablos la quieres? ¿No ves que no estás armado como yo? Ya comienzas a hacer necedades." "Pues vaya vuesa merced contando—replicó Sancho—que ya tengo una." Y, poniendo las manos en arco, sin quitarse la caperuza, con no poca risa de los que le miraban, estuvo un buen rato sin hablar, hasta que, viéndolos callar, comenzó a decir, procurando empezar como su amo don Quijote, a cuyas razones había estado no poco atento: "Magnánimo, poderoso y siempre agosto harto de pámpanos..." Don Quijote le tiró del sayo, diciendo: "Di augusto archipámpano, y habla con tiento." Y él, volviendo la cabeza, dijo: "¿Qué más tiene augusto que agosto, y esotro de pámpanos? ¿Todo no se va allá?" Y prosiguió diciendo: "Habrá vuesa merced de saber, señor descendiente del emperador Eliogallos y Sarganápalos, que yo me llamo Sancho Panza el escudero, marido de Mari-Gutiérrez por delante y por detrás, si nunca le oístes decir, el cual por la gracia de Dios y de la santa sede apostólica soy cristiano, y no pagano como el príncipe Perianeo y aquel bellaco de escudero negro, y ha días que ando en mi rucio con mi señor por la mayor parte de este nuestro..." Y volviendo la cabeza a su amo le dijo: "¿Cómo diablos se llama aquél?" "¡Oh, maldito seas!— replicó don Quijote—: hemisferio, simple." "¿Pues qué quiere agora?— replicó Sancho—: haga cuenta que tengo dos necedades a un lado: ¿piensa que el hombre ha de tener tanta memoria como el misal? Dígame cómo se llama, y tenga paciencia; que ya se me ha tornado a desgarrar del caletre." "Ya te he dicho—respondió don Quijote—que se llama hemisferio." "Digo, pues—prosiguió Sancho—, que, tornando a mi cuento, señor rey de Hemisferio, yo no he hasta agora muerto ni despilfarrado aquellos gigantones que mi amo dice; antes huyo dellos como de la maldición, porque el que vi en Zaragoza en casa del señor don Carlos era tal, que ¡mal año para la torre de Babilonia que se le igualase! Y así no quiero nada con él; allá se las haya con mi señor: con quien quiero probar mis uñas es con el escudero negro que trae, que negra pascua le dé Dios; que en fin es mi mortal enemigo, y no tengo de parar hasta que me lave las manos en su negra sangre en esta sala, en presencia de todos vuesas mercedes; que haciéndolo, confío que vuesa altura me hará caballero; si bien es verdad que, puesto en mi rucio, tanto me lo soy como cualquiera: sólo advierto que en la pelea no me han de faltar del lado mi amo, el señor don Carlos y don Álvaro, por lo que pudiere ofrecerse; tras que no hemos de reñir con palos ni espadas, pues con ellas nos podríamos hacer algún daño sin querer, teniendo que curar después; sino que ha de ser a finos mojicones o cachetes, y el que se pudiere aprovechar de alguna coz o bocado, san Pedro se lo bendiga: bien es verdad que aun en esto tendrá no poca ventaja el bellaco del negro, porque ha más de dos años y medio que no he andado a mojicones con nadie, y esto, si no lo usan, se olvida fácilmente como el *Ave María*; pero el remedio está en la mano del señor don Álvaro. ¿A quién digo? Lléguese acá, pesia a mi sayo." "Diga, señor Sancho—respondió don Álvaro—; que bien le oigo, y haré todo lo que fuere de su gusto." "Pues lo que ha de hacer—prosiguió Sancho—es echármele unos antojos de caballo cuando salga a la pelea; porque no viéndome con ellos, errará los golpes y, llegando yo pasito, ya por este lado, ya por esotro, le daré mil porrazos, hasta que le haga ir a presentarse de rodillas delante de Mari-Gutiérrez, mi mujer, pidiéndole me ruegue le perdone. He aquí, señor rey Agosto, ya vencida la batalla y rendido el escudero negro; y así no hay sino armarme caballero; que no sufro burlas, y a perro viejo no hay cuz-cuz." "Por cierto que perecéis, Sancho—dijo el Archipámpano—, el orden que pedís de caballería; yo os le daré el día que se concluyere la batalla con el rey de Chipre, haciéndoos otras mercedes; pero contadme, por darme gusto, las hazañas del señor don Quijote y las aventuras con que se ha topado por esos hemisferios; que yo y la Archipampanesa, mi mujer, mi hija la infanta y todos estos caballeros holgaremos mucho de oíros." Apenas le dieron pie para hablar a Sancho, cuando tomó tan de veras la mano a su amo en referir cuanto les había sucedido, que jamás le dejó hacer baza, por más que con cólera le porfiaba, contradecía y desmentía; y así fue contando lo de Ateca, de ida y de vuelta, y cuanto les había pasado en Zaragoza, y con la reina Segovia en el bosque, Sigüenza, venta, Alcalá, y hasta la misma corte. Tratole mal su amo de palabras cuando acabó de decir, y pasaron lindos cuentos sobre la averiguación del de la ataharre, de que rieron de suerte los circunstantes, que se vio obligado don Quijote a decirles: "Por cierto, señores, que me maravillo mucho de que gente tan grave se ría tan ligeramente de las cosas que cada día acontecen o pueden acontecer a caballeros andantes: pues tan honrado era como yo el fuerte Amadís de Gaula, y con todo me acuerdo haber leído que, habiéndolo echado preso por engaño un encantador, y teniéndole metido en una oscura mazmorra, le echó invisiblemente una melecina de arena y agua fría, tal, que por poco muriera della." Levantose, acabadas estas razones, el Archipámpano de su asiento, temeroso de que tras ellas no descargase don Quijote algún diluvio de cuchilladas sobre todos (que se podía temer dél, según se iba poniendo en cólera); y llegándose a su mujer, le preguntó qué le parecía del valor de amo y criado; y celebrándolos ella por piezas de rey, le dijo don Carlos: "Pues lo mejor falta por ver a vuesa alteza, que es la reina Cenobia; y, si no, dígalo Sancho." El cual replicó, mirando a las damas circunstantes: "Par diez, señoras, que pueden vuesas mercedes ser lo que mandaren; pero en Dios y en mi conciencia le juro que las excede a todas en mil cosas la reina Segovia; porque, primeramente, tiene los cabellos blancos como un copo de nieve, y sus mercedes los tienen tan prietos como el escudero negro mi contrario: pues en la cara, ¡no se las deja atrás! Juro non de Dios que la tiene más grande que una rodela, más llena de arrugas que gregüescos de soldado, y más colorada que sangre de vaca; salvo que tiene medio jeme mayor la boca que vuesas mercedes, y más desembarazada, pues no tiene dentro della tantos huesos ni tropiezos para lo que pusiere en sus escondrijos; y puede ser conocida dentro de Babilonia, por la línea equinoccial que tiene en ella: las manos tiene anchas, cortas y llenas de verrugas; las tetas largas, como calabazas tiernas de verano. Pero ¿para qué me canso de pintar su hermosura, pues basta decir della, que tiene más en un pie que todas vuesas mercedes juntas en cuantos tienen? Y parece, en fin, a mi señor don Quijote pintipintada, y aun dice della, él, que es más hermosa que la estrella de Venus al tiempo que el sol se pone; si bien a mí no me parece tanto." Como medianoche era por hilo, los gallos querían cantar. Celebraron mucho todos el dibujo que Sancho había hecho de la reina Cenobia, y rogaron a don Carlos la trajese allí el día siguiente a la misma hora; y prometiéndolo él, y llamando al titular su cuñado, que estaba apartado a un lado apaciguando a don Quijote, les suplicaron a ambos les dejasen aquella noche en casa a Sancho. Condescendieron con los ruegos del Archipámpano, y en particular don Quijote, a quien el titular, don Álvaro y don Carlos dijeron no podía contradecir: tras lo cual, despidiéndose todos de sus altezas, se volvieron a su casa con el acompañamiento que habían venido, y con no poco consuelo de don Quijote, por ver empezaban ya a conocerle y temerle los de la corte.

CAPÍTULO XXXIII

EN QUE SE CONTINÚAN LAS HAZAÑAS DE NUESTRO DON QUIJOTE, Y LA BATALLA QUE SU ANIMOSO SANCHO TUVO CON EL ESCUDERO NEGRO DEL REY DE CHIPRE, Y JUNTAMENTE LA VISITA QUE BÁRBARA HIZO AL ARCHIPÁMPANO

Quedaron con Sancho contentísimos aquella noche el Archipámpano y su mujer, porque dijo donosas simplicidades; y no fue la menor decir, cuando vio subir la cena, y que le mandaban asentar en una mesilla pequeña, junto a la de los señores, en la cual estaba una niña muy hermosa, hija dellos: "Pues, ¡cuerpo non de Dios!, ¿por qué han de sentar a esa rapaza, tamaña como el puño, en esa mesa tan grande, y la ponen delante esos platos, mayores que la artesa de Mari-Gutiérrez, dejándome a mí en esta mesilla menor que un harnero, siendo yo tamaño como tarasca de Toledo, y teniendo tantas barbas como Adán y Eva? Pues si lo hacen por la paga, tan buenos son los dos reales y medio que tengo en la faltriquera para pagar lo que cenare, como cuantos tenga el rey, y los que dieron por Jesucristo los judíos a Judas; y, si no, mírenlos." Y diciendo esto, se levantó y sacó hasta tres reales de cuartos sucios y untados, y echólos sobre la servilleta de la señora; pero apenas lo hubo hecho, cuando, viendo que ella los iba a dar con la mano, pensando él que los quería tomar, los volvió a coger con furia, diciendo: "Por Dios, no les dará golpe su merced, que no haya yo muy bien cenado: a fe que le habían ya hinchido el ojo, como a la otra gordona moza gallega de la venta, a quien mi señor llamaba princesa; y si no fuera porque no traía ella tan buenos vestidos como vuesa merced, ni esa rueda de molino que trae al gaznate, jurara a Dios y a esta cruz que era vuesa merced ella propria." Solemnizaron mucho la letanía de simplicidades que había ensartado; y diciéndole el maestresala: "Callá, Sancho, que para que cenéis más a vuestro placer os hemos puesto esa mesa aparte." "Cuanto mayor fuere la que me tocare desos avechuchos—replicó Sancho—, más a mi placer cenaré." "Pues empezad por este plato dellos", le dijo luego, dándole un buen plato de palominos con sopa dorada: comió ése y los demás que le dieron, tan sin escrúpulo de conciencia, que era bendición de Dios y entretenimiento de los circunstantes; y, viendo acabada la cena, y que la señora aflojaba la gorguera o arandela, le dijo: "¿No me dirá, por vida de quien la malparió, a qué fin trae esas carlancas al cuello, que no parecen sino las que traen los mastines de los pastores de mi tierra? Pero tal deben de molestarla todos estos podencos de casa, para que no sea menester eso y más para defenderse dellos." Dicho esto, sacó otra vez el dinero, diciendo: "Tome vuesa merced ahora, y páguese lo que fuere la cena; que no quiero irme a acostar sin rematar cuentas; que así lo hacíamos siempre por el camino mi señor don Quijote y yo; que esto, me decía el Cura, mandan los mandamientos de la Iglesia, cuando mandan pagar diezmos y primicias." Tomolos el señor, diciendo: "Yo me doy por satisfecho con lo que hay aquí, de lo que debéis de cena y cama, y aun mañana os daré también de comer a mediodía por ello sin más paga." "Yo le beso las manos por la merced—respondió Sancho—; que para esas cosas con hilo de alambre me harán estar más quedo que una veleta de tejado y mire que le tomo la palabra; que aunque sé que hago harta falta a mi señor, yo me disculparé con él, diciendo que no acerté la casa: cuanto y más que, cuando el hombre lleve media docena de palos por una buena comida, no es tanta la costa que no le salga demasiado de barato, y otras veces nos los han dado a mí y a él de balde y sin comida alguna." Dieron orden en que le llevasen a acostar, haciendo lo mismo ellos, como también lo hicieron, después de bien cenados en su casa, el titular, don Carlos, don Álvaro, don Quijote y Bárbara; si bien sobremesa tuvieron su pedazo de pendencia, porque diciéndole a ella el titular se aprestase para ir a visitar el día siguiente al Archipámpano y Archipampanesa, que la aguardaban, respondió ella excusándose, no la mandasen salir en público delante de personas; que era correrla demasiado y darla mucha prisa; que bien se conocía y sabía era, como les había dicho, una triste mondonguera, Bárbara en nombre y en cosas de Policía; y que les suplicaba se diesen por satisfechos de la paciencia con que hasta allí había pasado con las pesadas burlas y fisgas que el señor don Quijote hacía, y quería hiciesen todos della. No hubo oído esto él, cuando le dijo: "Por cuanto puede suceder en el Mundo, no niegue vuesa majestad, le suplico, señora reina Cenobia, su grandeza, ni la encubra diciendo una blasfemia tan grande como la que agora ha dicho; que ya estoy cansado de oírsela repetir otras veces, y no tomemos en la boca eso de mondonguera; que aunque para mí sé yo claramente quién es y su valor, con todo, es necesario la conozca todo el mundo: vaya vuesa alteza a hablar con quien el señor príncipe Perianeo y estos caballeros la ruegan; que entre damas tales cual la Archipampanesa y la Infanta su hija, ha de campear su beldad, pues yo salgo fiador que, en viéndole, la estimen y respeten en lo que merece y todos deseamos." No se hizo, como cuerda, de rogar más, conociendo lo que debía a don Quijote, y que hasta entonces no le había ido sino bien en condescender con sus locuras, de que se llevaba por lo menos el pasar buena vida, y así ofreció el ir. Venida la mañana, el Archipámpano salió a misa, llevando consigo a Sancho, al cual preguntó por el camino si sabía ayudar a misa, y respondió diciendo: "Sí, señor; aunque es verdad que de unos días a esta parte, como andamos metidos en este demonio de aventuras, se me ha volado de la testa la confesión y todo lo demás, y sólo me ha quedado de memoria el encender las candelas y el escurrir las ampollas; y aun a fe que solía yo tañer invisiblemente los órganos por detrás en mi pueblo divinamente, y, en no estando yo en ellos, todo el pueblo me echaba menos." Riéronlo de gana y, acabada la misa, volvieron a casa a comer, y, después de haberlo hecho, no sin muy buenos ratos que pasaron con Sancho, le dijo el Archipámpano: "Yo, en resolución, quiero, señor Sancho, que de aquí adelante os quedéis en mi casa y me sirváis, ofreciéndome a daros más salario del que os da el Caballero Desamorado; que también yo soy caballero andante como él, y he menester servirme de un escudero tal cual vos, en las aventuras que se me ofrecieren; y así, para obligaros desde luego, os mando un buen vestido por principio de paga; pero decidme: ¿cuánto es lo que os da por año el señor don Quijote?" A esto respondió Sancho: "Señor, mi amo me da nueve reales cada mes, y de comer, y unos zapatos cada año, y fuera deso me tiene prometido todos los despojos de las guerras y batallas que venciéremos; aunque hasta agora, por bien sea, los despojos que habemos llevado no han sido otros que muy gentiles garrotazos, como nos los dieron los meloneros de Ateca; mas, con todo eso, aunque vuesa merced me añadiese un real más por mes, no dejaría al Caballero Desamorado, porque a fe que es muy valiente, a lo menos según le oigo decir cada día; y lo mejor que tiene es ser esforzado sin perjuicio ni daño de nadie, pues hasta agora no le he visto matar una mosca." Replicó el Archipámpano diciendo: "¿Es posible, Sancho, que si yo os regalase más que vuestro amo, y os diese cada mes un vestido y un par de zapatos, y juntamente un ducado de salario, no me serviríades?" Respondiole él: "No es eso malo; pero, con todo, no le serviría sino con condición que me comprase un gentil rudo para ir por esos caminos; que sepa que soy muy mal caminante de a pie, y más, que habíamos de llevar muy buena maleta con dineros, porque no nos viésemos en los desafortunios que agora un año nos vimos por aquellas ventas de la Mancha; tras que juntamente vuesa merced me había de jurar y prometer hacerme por sus tiempos rey o almirante de alguna ínsula o península, como mi señor don Quijote me tiene prometido desde el primer día que le sirvo; que aunque no tenga muy buen expediente para gobernar, todavía sabríamos Mari-Gutiérrez y yo juntos deslindar los desaforismos que en aquellas islas se hiciesen: verdad es que ella también es un poco ruda; pero creo que, desde que ando por acá, no dejará de saber algo más." "Pues, Sancho—dijo el fingido Archipámpano—, yo me obligo a cumpliros todas esas condiciones con que quedéis en mi casa, y traigáis a ella juntamente vuestra mujer para que sirva a la gran Archipampanesa, que me dicen sabe lindamente ensartar aljófar." "Ensartar azumbres, dijera vuesa merced mejor; que a fe que los enhila tan bien como la reina Segovia que no lo puedo más encarecer." Pusieron en esto los señores fin a la plática por sestear un rato, habiendo dado aviso a algunos señores amigos para que acudiesen aquella tarde a gozar del entretenimiento que se les esperaba, con el caballero andante, su dama y su escudero. La misma prevención hicieron don Carlos, el titular, su cuñado y don Álvaro. Llegada, pues, la hora y aprestados los coches, se metieron en ellos con Bárbara, a la cual quiso llevar don Quijote a su lado; y con este entremés y no poca risa de los que los vían en el coche, llegaron a casa del Archipámpano; y subidos a ella y ocupando los ordinarios asientos los caballeros y las damas, entró por la sala don Quijote, armado de todas piezas, trayendo con gentil continente a la reina Cenobia de la mano. En viéndolos entrar, don Álvaro Tarfe se levantó y, postrado delante del Archipámpano, le dijo: "El Caballero Desamorado, poderoso señor, y la sin par reina Cenobia vienen a visitar a vuesa alteza." Apenas oyó Sancho el nombre de su amo, cuando se levantó del suelo, en que estaba asentado, y corriendo para su amo, arrodillándose delante dél, le dijo: "Sea mi señor muy bien venido, y gracias a Dios que acá estamos todos; mas, dígame vuesa merced, ¿acordóse de echar de comer al rucio la noche pasada?; que estará el pobre del asno con gran pena por no haberme visto de ayer acá; y así le suplico le diga de mi parte cuando le vea, que les beso las manos muchas veces a él y a mi buen amigo *Rocinante,* y que por haber sido esta noche convidado a cenar y dormir, y hoy a comer, por solos dos reales y medio, ahorcado sea tal barato, ¡plegue a la madre de Dios!, del señor Arcapámpanos, no los he ido a ver; pero que aquí en el seno les tengo guardadas para cuando vaya un par de piernas de ciertos mochuelos reales." No hizo caso don Quijote destos disparates, sino que fue caminando con gravedad, de la suerte que había entrado, con la reina Cenobia, hasta ponerse en presencia del Archipámpano, do, presentado, dijo: "Poderoso señor y temido monarca: aquí en vuestra presencia está el Caballero Desamorado, con la excelentísima reina Cenobia, cuya virtudes, gracias y hermosura, con vuestra buena licencia, tengo de defender desde mañana a la tarde en pública plaza contra todos los caballeros, por rara y sin par." Con esto la soltó de la mano y, mientras los circunstantes, admirados entre sí, celebraban unos con otros la locura dél y fealdad della, se volvió el amo al escudero a preguntarle cómo le había ido aquella noche con el Archipámpano, y qué le había dicho de su buen brío, fortaleza y postura. En esto llegó Bárbara, llamada adonde los caballeros y damas estaban, do, puesta de rodillas, callaba vergonzosísima, aguardando a ver lo que le dirían; los cuales tenían tanto que hacer en admirarse de la fealdad que en ella miraban, y más viéndola vestida de colorado, que no acertaban a hablarla palabra de pura risa; con todo, mortificándola cuanto pudo, le dijo el Archipámpano: "Levantaos, señora reina Cenobia; que agora echo de ver el buen gusto del Caballero Desamorado que os trae, porque siendo él desamorado, y aborreciendo tanto a las mujeres, como me dicen que las aborrece, con razón os trae a vos consigo, para que, mirándoos a la cara, con mayor facilidad consiga su pretensión, si bien se podría decir por él el refrán de que *qui amat ranam, credit se amare Dianam*; pero con todo, estoy en opinión de que si fueran cual vos todas las mujeres del Mundo, todos los caballeros dél aborrecerían su amor en sumo grado." El que estaba más cerca de su esposa le preguntó qué le parecía de la señora reina Cenobia, que el Caballero Desamorado traía consigo por dechado de hermosura. "Yo aseguro—respondió ella—que le den pocas ocasiones de pendencias los competidores de su beldad." En esto prosiguió Archipámpano la conversación con la Reina, preguntándole de su vida; y enterado de su boca de cómo se llamaba Bárbara y de lo demás tocante a su estado y su oficio, y de la ocasión por que seguía al loco de don Quijote, le dijo él si se atrevería a quedar por camarera de su mujer, que necesitaba de quien le acallase una niña que le criaban, oficio que le parecía que ninguno le haría mejor que ella; la cual, excusándose con su poca capacidad y experiencia en cosas de palacio, tuvo luego al lado por abogado a Sancho, el cual salió a la causa diciendo: "No tiene, señor, vuesa merced que pescudarla; que no saldrá el diablo de la Reina del camino carretero de aderezar un vientre de carnero y cocer unas manecillas de vaca, pues no sabe otra cosa." Y llegándose a ella, y tirándola de la saya colorada, que le venía más de palmo y medio corta, dijo: "Abaje, señora Segovia, esa saya con todos los Satanases, que se le parecen las piernas hasta cerca de las rodillas. ¿Cómo, dígame, quiere que la tengan por reina tan hermosa si descubre esas piernas y zancajos, con las calzas coloradas llenas de lodo?" Y volviéndose al Archipámpano, le dijo: "¿Por qué piensa vuesa merced que mi amo ha mandado a la reina Segovia que traiga las sayas altas y descubra los pies? Ha de saber que lo hace porque, como ve que tiene tan mala catadura, y por otra parte aquel borrón en el rostro, que la toma todo el mostacho derecho, quiere con esa invención hacer un *no verint universi* que declare a cuantos le miraren a la cara cómo no es diablo, pues no tiene pies de gallo, sino de persona, de que se podrán desengañar mirándola los pies, pues por la bondad de Dios los trae harto a la vergüenza, y aun con todo, Dios y ayuda." Don Quijote le dijo: "Yo apostaré, Sancho, que tienes bien llena la barriga y cargado el estómago, según hablas; guarda no se me suba la mostaza a las narices y te cargue otro tanto a las espaldas, por igualar la sangre." Respondió Sancho: "Si tengo lleno el estómago buenos dos reales y medio me cuesta." Llegó a la que estaban en estos dares y tomares don Álvaro, y haciendo apartar a Sancho y a don Quijote a un lado, dijo al Archipámpano, haciéndole un gran acatamiento a la puerta de la real sala: "Aquí está, excelso monarca, un escudero negro, criado del rey de Chipre Bramidan de Tajayunque, el cual trae una embajada a vuesa alteza, y viene a hacer no sé qué desafío con el escudero del Caballero Desamorado." En oyéndolo respondió aprisa Sancho, perdido el color: "Pues dígale luego, por las entrañas de Jesucristo, que no estoy aquí y que no me hallo agora para hacer pelea... Pero, ¡cuerpo del ánima de Antecristo!, vayan y díganle que entre; que aquí estoy aguardándole, y que venga mucho de noramala él y la puta negra de su madre; que yo, si me ayudan mi amo y el señor don Carlos, que me quieren del alma, me atrevo a hacerle que se acuerde de mí y del día en que el negro de su padre le engendró, mientras viva." Hase de advertir aquí que don Álvaro y don Carlos habían dado orden a su secretario se tiznase el rostro, como lo hizo en Zaragoza, y entrase en la sala a presentarse a Sancho de la suerte que allá se le presentó a él y a su amo, continuando el embuste del desafío. Entró, pues, dicho secretario, tiznada la cara y las manos, y vestido una larga ropa de terciopelo negro, con una grande cadena de oro en el cuello, trayendo juntamente muchos anillos en los dedos y gruesos zarcillos atados a las orejas. En viéndole Sancho, como ya le conocía de Zaragoza, le dijo: "Seáis muy bien venido, monte de humo; ¿qué es lo que queréis?, que aquí estamos mi señor y yo; y guardaos del diablo, y mirad cómo habláis; que por vida de mi rucio que no parecéis sino uno de los montes de pez que hay en el Toboso para empegar las tinajas." El secretario se puso en medio de la sala, y sin hacer cortesía a nadie, volviéndose a don Quijote, después de haber estado un rato callando, dijo desta manera: "Caballero Desamorado, el gigante Bramidan de Tajayunque, rey de Chipre y señor mío, me manda venir a ti para que le digas cuándo quieres acabar la batalla que con él tienes aplazada en esta corte, porque él acaba de llegar ahora de Valladolid, de dar cima a una peligrosa aventura, en que ha muerto él solo más de docientos caballeros sin más armas que una maza que trae de acero colado; por tanto, mandadme dar luego la respuesta, para que vuelva con ella al gigante, mi señor. Antes que don Quijote respondiese, se llegó don Carlos a su negro y disfrazado secretario, diciéndole: "Señor escudero, con licencia del señor don Quijote, os quiero responder como persona a quien también toca ser vengado de las soberbias palabras de vuestro amo; y así, digo por ambos, que la batalla se haga el domingo en la tarde, en el puesto que sus altezas señalen, en cuya presencia se ha de hacer, y sea de la suerte y con las armas que vinieren a él más a propósito; y con esto os podéis ir con Dios, si otra cosa no se os ofrece." El secretario respondió diciendo: "Pues antes que me vaya quiero tomar luego en esta sala venganza de un soberbio y descomunal escudero del Caballero Desamorado, llamado Sancho Panza, el cual se ha dejado decir que es mejor y más valiente que yo; por tanto, si está entre vosotros salga aquí, para que, haciéndole con los dientes menudísimas tajadas, le eche a las aves de rapiña para que se lo coman." Todos callaron, y viendo Sancho tan general silencio, dijo: "¿No hay un diablo que, ahora que es menester, hable por mí, en agradecimiento y pago de lo mucho que yo otras veces hablo por todos?" Y llegándose al secretario, le dijo: "Señor escudero negro, Sancho Panza, que soy yo, no está aquí por agora; pero hallarle heis a la puerta del Sol, en casa de un pastelero, do está dando cabo y cima a una grande y peligrosa aventura de una hornada de pasteles; ir, por tanto, a decille de mi parte que digo yo que venga luego a la hora a hacer batalla con vos." "¿Pues cómo—replicó el secretario—siendo vos Sancho Panza, mi contrario, decís que no está aquí? Vos sois una gran gallina." "Y vos un gran gallo—respondió Sancho—, porque queréis que yo esté aquí a pesar mío, no queriendo estar, por más que sea Sancho Panza, escudero del Caballero Desamorado y marido de Mari-Gutiérrez; y si niego lo que soy, más honrado era San Pedro y negó a Jesucristo, que era mejor que vos y la puta que os parió, mal que os pese; y si no, decid al contrario." No pudieron detener la risa los circunstantes, del disparate, y cobrando nuevo ánimo prosiguió: "Y sabed, si no lo sabéis, que estoy aguardando poco a poco a que me venga la cólera para reñir con vos; y creed bien y caramente que si deseáis con esa cara de cocinero del infierno hacerme menudísimas tajadas con los dientes para echarme a los gorriones, que yo, con la mía de pascua, deseo haceros entre estas uñas rebanadas de melón, para daros a los puercos a que os coman; por tanto, manos a la labor; pero ¿de qué manera queréis que se haga la pelea?" "¿De qué manera se ha de hacer—replicó el secretario—, sino con nuestras cortadoras espadas?" "¡Oxte, puto!—dijo Sancho—; eso no, porque el diablo es sutil, y donde no se piensa, puede suceder fácilmente una desgracia, y podría ser darnos con la punta de alguna espada en el ojo, sin quererlo hacer, y tener qué curar para muchos días. Lo que se podrá hacer, si os parece, será hacer nuestra pelea a puros caperuzazos, vos con ese colorado bonete que traéis en la cabeza, y yo con mi caperuza, que al fin son cosas blandas, y cuando un hombre la tire y dé al otro no le puede hacer mucho daño; y si no, hagamos la batalla a mojicones; y si no, aguardemos al invierno que haya nieve, y a puras pelladas nos podemos combatir hasta tente bonete, desde tiro de mosquete." "Soy contento—dijo el secretario—de que se haga la batalla en esta sala a mojicones, como me decís." "Pues aguardaos un poco—respondio Sancho—, que sois demasiado de súpito, y aun no estoy del todo determinado de reñir con vos." Enfadose don Quijote, y díjole: "Por cierto, Sancho, que me parece tienes sobrado temor a ese negro, y así entiendo es imposible salgas bien desta hecha." "¡Oh, malhaya quien me parió—replicó Sancho— y aun quien me mete en guerreaciones con nadie! ¿Vuesa merced no sabe que yo no vengo en su compañía para hacer batallas con hombres ni mujeres, sino sólo para servirle y echar de comer a *Rocinante* y a mi asno, por lo cual me da el salario que tenemos concertado? Tanto me hará, que dé a Judas las peleas, y aun a quien acá me trajo. ¡Mirad qué cuerpo non de tal con vuesa merced! Estase ahí el señor Arcapámpanos y su mujer con todo su abolorio, y el príncipe Perianeo, y el señor don Carlos y don Álvaro con los demás, desquijarándose de risa, y vuesa merced, armado como un San Jorge, contemplándose a su reina Segovia; y no quiere que tenga temor estando delante de mi enemigo, con la candela en la mano, como dicen. Igual fuera que se pusieran de por medio todos y nos compusieran, pues saben fuera hacer las siete obras de misericordia." "Bien dices, Sancho—dijo don Álvaro—; y así, por mi respeto, señor escudero, habéis de hacer paces con él y desistir de vuestra pretensión y desafío, pues basta el que tiene hecho vuestro amo con el suyo, para que, en virtud dél, quede por vencido el escudero del señor que lo fuere de su contrario." "A mí se me hace— respondió el secretario—muy grande merced en eso; porque si va a decir verdad, ya me bamboleaba el ánima dentro las carnes, de miedo del valeroso Sancho; y—replicó el secretario — no terné las treguas por firmes si juntamente no nos damos los pies." "Los pies—dijo Sancho—y cuanto tengo os daré a trueque de no veros de mis ojos." Y diciendo esto levantó el pie para dársele; pero apenas lo hubo hecho, cuando lo tuvo asido el secretario dél, de suerte que le hizo dar una gran caída. Rieron todos, y saliose corriendo el secretario, tras lo cual se llegó don Quijote a levantar a Sancho, diciéndole: "Mucho siento tu desgracia, Sancho; pero puédeste alabar de que quedas vencedor, y de que a traición y sobre treguas, y lo que peor es, huyendo, ha hecho tu contrario esta alevosía; pero si quieres te le traigan aquí para que te vengues, dilo; que iré por él hecho un rayo." "No, ¡cuerpo de tal!—dijo Sancho—, pues peor librara si peleáramos mano a mano; y como vuesa merced dice, al enemigo que huye, la puente de plata." Avisaron tras esto que ya era hora de la cena, porque se les había pasado el tiempo sin sentir en oír y ver estos y otra infinidad de disparates, y obligando el Archipámpano a todos que se quedasen a cenar con él, lo hicieron con mucho gusto, pasando graciosísimos chistes en la cena; tras la cual se fueron todos a reposar, unos a sus cuartos y otros a sus casas; sólo Sancho, que se hubo de quedar en la del Archipámpano, medio mal de su grado.

CAPÍTULO XXXIV

DEL FIN QUE TUVO LA BATALLA APLAZADA ENTRE DON QUIJOTE Y BRAMIDAN DE TAJAYUNQUE, REY DE CHIPRE, Y DE CÓMO BÁRBARA FUE RECOGIDA EN LAS ARREPENTIDAS

Muchos y buenos días tuvieron, no sólo aquellos señores, con don Quijote, Sancho y Bárbara, sino otros muchos a quien dieron parte de sus buenos humores y de los dislates del uno y simplicidades del otro; y llegó el negocio a término que ya eran universal entretenimiento de la corte. El Archipámpano, para mayor recreación, hizo hacer un gracioso vestido a Sancho, con unas calzas atacadas, que él llamaba zaragüelles de las Indias, con que parecía extremadamente de bien, y más, puesto con espada al lado y caperuza nueva; siendo menester, para persuadirle se la ciñese, decirle le armaban caballero andante una tarde, por la victoria que había alcanzado del escudero negro, dándole el orden de caballería con mucho regocijo y fiesta; pero iba empeorando tan por la posta don Quijote con el aplauso que vía celebrar sus hazañas a gente noble, y más des que vio armado caballero a su escudero, que, movidos de escrúpulo, se vieron obligados el Archipámpano y príncipe Perianeo a cesar de darle prisa, y a dar orden en que se curase de propósito, apartándole de la compañía de Bárbara y de conversaciones públicas; que Sancho, aunque simple, no peligraba en el juicio. Comunicaron esta determinación con don Álvaro, y pareciéndole bien su resolución, les dijo que él se encargaba, con industria del secretario de don Carlos, cuando dentro de ocho días se volviese a Córdoba, donde ya sus compañeros estarían, por haberse ido allá por Valencia, de llevársele en su compañía hasta Toledo, y dejar muy encargada y pagada allí en casa del Nuncio su cura, pues no le faltaban amigos en aquella ciudad a quien encomendarle. Añadió que se obligaba a ello por lo que tenía escrúpulo de haber sido causa de que saliese del Argamesilla para Zaragoza, por haberle dado parte de las justas que allí se hacían, y haberle dejado sus armas y alabado su valentía; pero que era de parecer no se le tratase nada sin dejarle salir a la batalla de Tajayunque, porque, según tenía en la cabeza, le parecía imposible persuadirle nueva aventura, no rematada aquella que tan desvanecido le traía; y que lo que se podía hacer era dar orden en que se aplazase y fuese el día siguiente, y para más aplauso, en la casa del Campo, donde se podría cenar para más recreación, convidando muchos amigos, pues tenía por cierto sería graciosísimo el remate de la aventura, que no esperaba menos del ingenio del secretario. Agradoles a todos el voto de don Álvaro, y más al Archipámpano, el cual tomó a su cargo el proveer la cena y prevenir el puesto; sólo rogó a don Carlos le hiciese placer de procurar persuadir a Sancho se quedase en su casa y de traer juntamente a Mari-Gutiérrez; que él se encargaba de ampararles y valerles mientras viviesen, porque gustaba mucho él y su mujer del natural de Sancho, y estaban certificados que no era de menos gusto el de Mari-Gutiérrez, y porque ninguno de los valedores de don Quijote y su compañía quedasen sin cargo en orden a procurar su bien, le dio al príncipe Perianeo de que procurase con Bárbara aceptase el recogimiento que le quería procurar en una casa de mujeres recogidas, pues él también se obligaba a darle la dote y renta necesaria para vivir honradamente en ella. Encargados, pues, todos y cada uno de por sí de hacer cuanto pudiese en el personaje que se le encomendaba, llegado el plazo señalado para la batalla de Bramidan, se fueron los dichos señores con otros muchos de su propia calidad a la casa del Campo, do estaban ya otros haciendo estrado a las damas que con la mujer del Archipámpano habían ido a tomar puesto. Lleváronse los señores consigo a don Quijote, armado de todas piezas, y más de coraje, y con él a la reina Cenobia y a Sancho, llevando un lacayo del diestro a *Rocinante,* que con el ocio y buen recado estaba más lucio, y un paje llevaba la lanza. Estaba ya prevenido el secretario de don Carlos de uno de los gigantes que el día del Sacramento se sacan en la procesión en la corte, para continuar la quimera de Bramidan. Llegados al teatro de la burla, y ocupados los asientos (tras un buen rato de conversación y paseo por la huerta) que dentro la casa estaba prevenidos, y puesto don Quijote en el suyo, se le llegó Sancho diciendo: "¿Qué es, señor Caballero Desamorado? ¿Cómo va? ¿Están buenos el honrado *Rocinante* y mi discreto rucio? ¿No le han dicho nada que me dijese? Yo aseguro que no les ha dado mis recados; que no dejaran de responderme; pero yo sé el remedio, y es desocuparme de los negocios de palacio, y buscar tinta y papel, y escribilles media docena de renglones; que no faltará un paje o pájaro, o como los llaman, que se los lleve." Don Quijote le respondió: "*Rocinante* está bueno, y ahí le verás presto hacer maravillas, luego que enfronte con el caballo indómito que trajere Bramidan; del rucio no te digo nada, hijo, sino que gusta mucho de la corte por lo poco que en ella trabaja y por lo bien que le va." A eso replicó Sancho: "Por ahí echo de ver que somos medio parientes, pues tenemos una misma condición; porque le juro, mi señor, que en mi vida he comido mejor ni tenido mejor tiempo que desde que estoy con el Arcapámpanos; porque a él no se le da más de gastar ocho y nueve reales cada día en comer, que a mí de comérmelos; y hame dado una cama en que duermo, que juro non de Dios no la tienen mejor las ánimas del limbo, por más que sean hijas de reyes; sólo hay malo que con tanto regalo se me olvidan los negocios de aventuras y peleas. Pero ¿qué me dice destos zaragüelles de las Indias? La más mala cosa son que se puede pensar, porque por una parte, si no les ponéis treinta agujetas, se os caen por los lados; y por otra, si les ponéis todas las que ellos piden, no se comedirán a caerse en una necesidad si no las desatáis de una en una, aunque se lo supliquéis con el bonete en la mano, por más que os vean con el alma en los dientes traseros, tras que no se puede un hombre con ellos rebullir, ni abajar a coger del suelo las narices, por más que se le caigan de mocos. ¡Oh hi de puta, y qué bellaca cosa son para segar! No me atrevería ya a segar con ellos doce hazas al día por todo el mundo; yo no sé cómo pueden los indios segar con ellos ni remecerse sin dar de ojos a cada paso; yo creo que los pajes del Arcapámpanos deben de nacer allá en las Indias de Sevilla con estos diablos de pedorreras, según saltan y brincan con ellas; yo no sé los caballeros andantes si las traían en aquellos tiempos; lo que sé decir de mí es que todas las veces que he de mear, he menester quitar una agujeta de delante, y aun después, con todo eso, por más que haga, se me cae lo medio adentro; linda cosa son zaragüelles de mi tierra, pues si os da, trayendolos, alguna correnza, apenas habéis desatado una lazada cuando ya están abajo. Mil veces le he rogado al Arcapámpanos se haga unos para él, como los míos, tan abiertos abajo como arriba, de buen paño de llorí, pues cuando mucho, no le costará más de veinte reales, y con ellos andará hecho persona; y diciéndome que lo hará, nunca veo que lo efectúa." Estando en estas razones, sintieron un grande rumor de los pajes que estaban a la puerta, y sosegándoles a todos don Álvaro, mandó asentar a Sancho en el suelo, a los pies del Archipámpano, tras lo cual entró por la sala el secretario de don Carlos, metido dentro del gigante, el cual traía una espada de palo entintada, de tres varas de largo y un palmo de ancho. Apenas le vio Sancho asomar, cuando dijo a voces: "Ven aquí, señores, una de las más desaforadas bestias que en toda la bestiería se puede hallar: éste es el demonio de Tajayunque, que sólo para perseguir a mi amo ha más de cuatro meses que ha venido del cabo del mundo; y son tan endiabladas sus armas, que sólo para que se las traigan ha menester diez pares de bueyes; y si no, mírenle la espada, con que dicen que suele cortar un ayunque de herrero por medio. Miren, pues, ¡qué hará del pobre mi señor don Quijote! Por las llagas de Dios, mande a todos me hagan placer de echarle de aquí con Barrabás, a que vaya a tener guerreación allá con la muy puerca de su madre; y no piensen nos va poco en ello, pues así partirá de un revés a diez o doce de nosotros, como yo con un papirote partiría el ánima de Judas si delante de mí viniese." Mandole don Quijote callar hasta ver qué era lo que quería, pues conforme a ello se le daría la respuesta. Puesto en medio el crecido gigante, dijo con mucha pausa, después de haber obligado a todos a que le diesen silencio con volver buen rato la cabeza a todas partes: "Bien habrás echado de ver, Caballero Desamorado don Quijote de la Mancha, en mi presencia, cómo he cumplido la palabra que te di en Zaragoza de venir a la corte del rey Católico a acabar delante de sus grandes la singular batalla que de tu persona a la mía tenemos aplazada. Hoy, pues, es el día en que los de tu vida han de acabar a los filos desta mi temida espada, porque hoy tengo de triunfar de ti y hacerme señor de todas tus vitorias, cortándote la cabeza y llevándola conmigo a mi reino de Chipre, do la pienso fijar en la puerta de mi casa con un letrero que diga: "La flor manchega murió a manos de Bramidan". Hoy es el día en que, quitándote a ti del mundo, me coronaré pacíficamente por rey de todo él, pues no habrá fuerzas que me lo impidan; y hoy, finalmente, es el día en que me llevaré todas las damas que en esta sala y corte están, a Chipre, para que haga dellas a mi gusto en mi rico y grande reino, pues hoy comenzará Bramidan, y acabará don Quijote de la Mancha; por tanto, si eres caballero, y tan valeroso como todo el orbe dice, vente luego para mí, que no traigo otras armas ofensivas ni defensivas más que esta sola espada, hecha en la fragua de Vulcano, herrero del infierno, a quien yo adoro y reverencio por dios, juntamente con Neptuno, Marte, Júpiter, Mercurio, Palas y Prcserpina." Dicho esto calló; pero no Sancho, que se levantó diciendo: "Pues a fe, don Gigantazo, que si os burláis en llamar dioses a todos esos borrachos que decís, y lo sabe la Santa Inquisición, que en hora mala venisteis a España." Mas don Quijote, lleno de saña y pundonor, se puso de pies en su presencia, y empuñada la espada, con mucha pausa y gravedad comenzó a decirle: "No pienses, ¡oh soberbio gigante!, que las arrogantes palabras con que sueles espantar a los caballeros de poco vigor y esfuerzo han de ser bastantes a poner un pelo de temor en mi indómito corazón, siendo yo el que todo el mundo sabe y tú has oído decir por todos los reinos y provincias que has pasado; y echaraslo de ver en que he venido a esta corte solamente a buscarte, con fin de darte en ella el castigo que hace tantos años que tus malas obras tienen tan merecido; pero ya me parece no es tiempo de palabras, sino de manos, pues ellas suelen ser testigo y prueba de la fineza de los corazones y del valor de los caballeros. Mas, porque no te alabes de que entré contigo en batalla con ventaja, estando armado de todas piezas, y tú de sola tu espada, quiero, para mayor demostración de cuán poco te estimo, desarmarme, y pelear contigo en cuerpo y sólo también, con espada; que aunque la tuya, como se ve, es más grande y ancha que la mía, por eso es ésta regida y gobernada de mejor y más valerosa mano que la tuya." Volviose a Sancho tras esto, diciéndole: "Levántate, mi fiel escudero, y ayúdame a desarmar; que presto verás la destruición que de este gigante, tu enemigo y mío, hago." Levantose Sancho, respondiéndole: "¿No sería, señor, mejor que todos los que en esta sala estamos, que somos más de docientos, le arremetiésemos juntos, y unos le asiesen de los arrapiezos, otros de las piernas, otros de la cabeza y otros de los brazos, hasta hacelle dar en el suelo una gran gigantada, y después le metiésemos por las tripas todas cuantas espadas tenemos, cortándole la cabeza, después los brazos y tras esto las piernas? Que le aseguro que, si después me dejan a mí con él, le daré más coces que podrán coger en sus faltriqueras, y me lavaré las manos en su alevosa sangre." "Haz lo que te digo, Sancho—replicó don Quijote—; que no ha de ser el negocio como tú piensas." En fin, Sancho le desarmó, quedando el buen hidalgo en cuerpo y feísimo, porque como era alto y seco y estaba tan flaco, el traer de las armas todos los días, y aun algunas noches, le tenían consumido y arruinado, de suerte que no parecía sino una muerte hecha de la armazón de huesos que suelen poner en los cimenterios que están en las entradas de los hospitales. Tenía sobre el sayo negro señalados el peto, espaldar y gola, y la demás ropa, como jubón y camisa, medio pudrida de sudor; que no era posible, menos de quien tan tarde se desnudaba. Cuando Sancho vio a su amo de aquella suerte, y que todos se maravillaban de ver su figura y flaqueza, le dijo: "Por mi ánima le juro, señor Caballero Desamorado, que me parece cuando le miro, según está de flaco y largo, pintiparado un rocinazo viejo de los que echan a morir al prado." Con esto don Quijote se volvió para el gigante, diciendo: "Ea, tirano y arrogante rey de Chipre, echa mano a tu espada, y prueba a qué saben los agudos filos de la mía." Hízose, dichas estas razones, dos pasos atrás, y sacando la espada medio mohosa, se fue poco a poco acercando al gigante, el cual, viéndole venir, fue prontísimo en sacudir de sus hombros la aparente máquina de papelón que sobre sí traía, en medio de la sala, y quedó el secretario que la sustentaba vestido riquísimamente de mujer; porque era mancebo y de buen rostro, y en fin, tal, que cualquiera que no le conociera se podía engañar fácilmente. Espantáronse todos los que el caso no sabían; pero don Quijote, sin hacer movimiento alguno, se estuvo quedo, puesta la punta de la espada en tierra, aguardando lo que aquella doncella, que él pensaba ser gigante, decía; la cual, reconocidos los circunstantes, dijo a don Quijote sin moverse: "Valeroso Caballero Desamorado, honra y prez de la nación manchega, maravillado estarás, sin duda, de ver vuelto hoy a un tan terrible gigante en una tan tierna y hermosa doncella cual yo soy; pero no tienes que asombrarte, que has de entender que yo soy la infanta Burlerina, si nunca la oíste decir, hija del desdichado rey de Toledo, el cual, siendo perseguido y cercado del alevoso príncipe de Córdoba, levantador de falsos testimonios a su propia madrastra, le ha enviado a decir muchas veces estos días que sólo alzaría el cerco y le restituiría todas las tierras que su padre della había ganado, cuyo campo dicho príncipe como general regía, si le enviaba luego a su hija Burlerina, que soy yo, para servirse de mí en lo que fuese de su gusto, con condición de que había de ir acompañada de doce doncellas, las más hermosas del reino, y juntamente de doce millones de oro fino, el más fino que la Arabia cría, para ayuda de los gastos que en la guerra y cerco había hecho, jurando, si no lo cumplía, por los dioses inmortales, de no dejar en Toledo persona viva ni piedra sobre piedra. Viéndose reducido el afligido de mi padre a tanta necesidad, y que no podían sus fuerzas resistir a las del contrario, sino que le era forzoso morir él y todos sus vasallos en las crueles manos de tan poderoso enemigo, o condecender con su única condición, le envió a decir le diese cuarenta días de plazo para buscar en ellos las doce doncellas que pedía y aquella gran suma de dinero, y que si pasado dicho término no acudía con dicha cantidad, ejecutase en su reino el rigor con que la amenazaba. Constándole, pues, ¡oh invicto manchego!, a un tío mío, grande encantador y nigromántico, notable aficionado tuyo, llamado el sabio Alquife, el gran peligro en que mi padre, su hermano y yo su sobrina estábamos, hizo un fortísimo encantamiento, metiéndome en este aparente gigante que aquí está tendido, y enviándome encubierta en él, por asegurar así mi honestidad, a buscarte a ti por todo el Mundo, sin dejar reino, ínsula o provincia en que no te haya buscado; y fue tanta mi ventura, que hallándote en Zaragoza, no hallé mejor medio para sacarte de allí y traerte a esta corte, que sólo dista doce leguas de Toledo, que fingir el aplazado desafío: por tanto, oh magnánimo príncipe, si hay en ti algún rastro de piedad y sombra del infinito amor que a la ingrata infanta Dulcinea del Toboso tuviste, aunque ya eres el Caballero Desamorado, por las leyes de amistad que a mi tío Alquife debes, y por lo que las esperanzas que en ti he puesto merecen, te suplico que, dejadas aparte todas las aventuras que en esta corte se te pueden ofrecer, y todas las honras que en ella sus príncipes te hacen, acudas luego conmigo a la defensa y amparo de aquel afligido reino, para que, entrando en singular batalla con el maldito príncipe de Córdoba, le venzas, y dejes libre de su tiranía a mi venerable padre, pues te juro y prometo por el dios Marte de ser yo mesma el premio de tus trabajos." Calló, dichas estas razones, aguardando las que don Quijote le daría de respuesta; pero Sancho, que estaba totalmente maravillado, antes que su amo respondiese, dijo: "Señora reina de Toledo, no tiene vuesa merced que jurar por el dios Martes ni Miércoles; que mi amo irá sin falta a matar a ese bellaconazo del príncipe de Córdoba, y yo sin falta iré con él: por el tanto, váyase un poco delante, y dígale al señor su padre cómo ya vamos, que nos tenga bien de cenar, y que a ese principillo nos le tenga para cuando lleguemos, muy bien atado a un poste, en cueros; que yo le aseguro, si lo hace, de hacerle con esta pretina que se acuerde mientras viva del nombre suyo, y aun de los de su padre y madre." Dio a todos notable gusto la disparatada respuesta de Sancho; pero suplió su simplicidad el peso de la que dio don Quijote, diciendo a la dama: "Por cierto, señora infanta Burlerina, que no os ama ni estima quien así os hace andar, en lo que yo, por más que sea mi grande amigo el sabio Alquife vuestro tío, pues con menos prevenciones las hiciera yo para defender el reino de su hermano vuestro padre, rey de Toledo, obligado de lo que le debo; pero ya que se interpone el peligro de la libertad de vuestra noble y hermosísima persona, mayores serán las obligaciones que me moverán a acudir con gusto al remedio de la referida necesidad: por tanto, respondo que iré en persona a dar favor y socorro a vuestro padre. Lo que queda que hacer es que veáis cuándo y cómo queréis que partamos; que pronto y dispuesto estoy yo de mi parte para ir luego con vos, para haceros vengada de ese tirano príncipe que decís; que ya nos conocemos los dos, y aun deseo esta ocasión para que vea a qué saben mis manos; que desafiado le tengo; pero cual cobarde ha huído dellas." El príncipe Perianeo, viendo la nueva aventura que se le había ofrecido a don Quijote, y lo presto y bien que don Álvaro había entablado con el secretario de don Carlos el modo con que se podía facilitar el llevar a la casa del Nuncio de Toledo a don Quijote, le dijo: "Desde aquí desisto, señor Caballero Desamorado, de la pretensión de la infanta Florisbella de Grecia, sin querer entrar en batalla con quien puede dar seguridad de vitoria a reinos enteros, estando aun ausente; y así, en público me doy por vencido dese valor, con no poca gloria de vuesa merced, corrimiento mío y contento del príncipe don Belianís de Grecia." Holgó mucho don Quijote destas razones, y agradecióselas, dándosele por amigo, y lo mismo Sancho, que deseaba se excusase esta pendencia; el cual por mandado del Archipámpano se levantó y fue con mucho respeto por la infanta Burlerina, trayéndosela por la mano, de cuya vista rieron los caballeros y damas en extremo, conociendo era el secretario de don Carlos, y no mujer, como pensaban don Quijote y su escudero, que viendo la risa de todos, no pudiendo sufrirla, dijo: "¿De qué se ríen ellos y ellas, cuerpo non de quien las parió? ¡Nunca han visto a una hija de un rey puesta en trabajo! Pues sepan que cada día nos topamos yo y mi amo con ellas por esos caminos, y, si no, dígalo la gran reina Segovia. Lo que vuesas mercedes, señoras, han de hacer, es tenerse por dicho que ha de dormir esta infanta con una de vuesas mercedes esta noche; si no, ahí está mi cama a su servicio, que le beso las manos." Levantáronse todos tras estas razones a cenar, desapareciendo el secretario. Hubo gran cena, y mucha continuación en ella de los disparates de don Quijote y de Sancho; pero alabaron todos el parecer del Archipámpano cuando supieron trataba de enviar a Toledo a curar en la casa del Nuncio a don Quijote; y volviéndose a sus casas en los coches, como habían venido, se quedó en la del Archipámpano, Sancho, como solía, y Bárbara y don Quijote se fueron con don Carlos y don

Álvaro a la del príncipe Perianeo, el cual, apenas estuvo en ella, cuando tomó tan a pechos el persuadir a Bárbara se recogiese en una casa de mujeres de su calidad, supuesto le estaba tan bien y era gusto del Archipámpano, que salía a pagar la entrada y a darle suficiente renta con que pasar la vida todo lo que le durase, que ella, convencida de sus buenas razones, y conociendo cuán mal le estaba volver a Alcalá, do ya todos sabían su trato, tras verse sin tener que comer ni partes para ganarlo con ellas, dio con no poca alegría el sí de hacer lo que se le pedía y perseverar dondequiera que la pusiesen, con que se efetuó su recogimiento dentro de dos días, sin que don Quijote pudiese entendello; y cuando la hallaron menos sus diligencias, le persuadieron que las de sus vasallos habían podido sacarla encubierta secretamente de la corte y volverla a su reino.

CAPÍTULO XXXV

DE LAS RAZONES QUE ENTRE DON CARLOS Y SANCHO PANZA CORRIERON ACERCA DE QUE ÉL SE QUERÍA VOLVER A SU TIERRA O ESCRIBIR UNA CARTA A SU MUJER

Estaba ya don Carlos en vigilia de celebrar las bodas de su hermana con el titular, y quería por gusto del Archipámpano y mayor solemnidad dellas, tener de asiento en Madrid a Sancho; y así, para obligarle a que, trayendo allí su mujer, no pensase más en su tierra, le dijo un día que se halló con él en casa del Archipámpano: "Ya sabéis, mi buen Sancho, el deseo que de vuestro bien he tenido desde que os vi en Zaragoza, y el cuidado con que os regalé de mi mano en la mesa la primer noche que entrastes en mi casa, y cuánta merced os han hecho siempre en ella mis criados, particularmente el cocinero cojo: pues habéis de saber que lo que me ha movido siempre a esto ha sido el veros tan hombre de bien y de buenas entrañas, teniendo lástima de que una persona de vuestra edad y buenas partes padeciese, y más en compañía de un loco tal cual es don Quijote, en la cual, por serlo tanto, no podíades dejar de dar en mil desgracias, porque sus locuras, desatinos y arrojamientos no pueden prometer buen suceso a él ni a quien le acompañare; y no digo cosa de que ya no tengáis experiencia vos desde el año pasado; y, si no, decidme: ¿qué sacastes de las antiguas aventuras, sino muchos palos, garrotazos, malas noches y peores días, tras mucha hambre, sed y cansancio, tras veros manteado de cuatro villanos, con tantas barbas como tenéis? ¡Pues monta, que es menos lo que habéis padecido en esta última salida!; en la cual las ínsulas, penínsulas, provincias y gobernaciones que habéis conquistado vos y vuestro amo, son haber sido terrero de desgracias en Ateca, blanco de desdichas en Zaragoza, recreación de pícaros en la cárcel de Sigüenza, irrisión de Alcalá, y últimamente mofa y escarnio de esta corte. Pero, pues ha querido Dios que entraseis en ella al fin de vuestra peregrinación, agradecédselo; que sin duda lo ha permitido para que se rematasen aquí vuestros trabajos, como lo han hecho los de Bárbara, que, recogida en una casa de virtuosas y arrepentidas mujeres, está ya apartada de don Quijote, y pasa la vida con descanso y sin necesidad, con la limosna que le ha hecho de piedad el Archipámpano, la cual es tan grande, que no contentándose de ampararla a ella, trata de hacer lo mesmo con vuestro amo; y así le perderéis presto, mal que os pese, porque dentro de cuatro días lo envía a Toledo con orden de que le curen con cuidado en la casa del Nuncio, hospital consignado para los que enferman del juicio, cual él; y no contenta su grandeza en amparar a los dichos, trata con más veras y mayor amor de ampararos a vos más de cerca, y de las puertas adentro de su casa, en la cual os tiene con el regalo, abundancia y comodidad que experimentáis ha tantos días: lo que queda que hacer es que vos de vuestra parte procuréis conservaros en la privanza que estáis, que es notable, como lo es lo que él, su mujer y casa os aman, de la cual no saldréis vos y vuestra mujer Mari-Gutiérrez mientras viváis, a quien de mi consejo habéis de traer a ella, enviándola a buscar; que yo daré mensajero seguro y pagaré los gastos, pues gustará dello y de teneros en este palacio el Archipámpano, dándoos en él a ambos un cuarto y salario y muy honrada ración todos los días de vuestra vida, con que la pasaréis alegre y descansadamente en uno de los mejores lugares del Mundo: por tanto, lo que habéis de hacer es condecender con lo que os pido, y darme en breve la respuesta cual merece el celo que de vuestro bien tengo." Calló don Carlos dichas estas razones, y después de haber estado Sancho suspenso un buen rato de oírlas, le respondió a ellas: "Muy grande es, por cierto, señor don Carlos, el servicio que vuesa merced y el Arcadepámpanos me ha hecho estos días, si bien les pido perdón dello, por si acaso no ha sido tanto como yo merezco; que eso ya me lo veo, y no me lo podrán pagar con cuanta moneda tienen todos los ropavejeros desta tierra; pero, con todo, se lo agradezco, y ahí están para hacelles merced en la Argamesilla veinte y seis cabezas de ganado que tengo, dos bueyes y un puerco tan grande como los de por acá, el cual habemos de matar, si Dios quiere, para el día de san Martín, para el cual estará hecho una vaca: así que digo que para respondelle me dé, si le parece, algunos meses de término; que no son cosas estas de mudar de tierra que se hayan de hacer de repente: lo que yo haré será ir a comunicallo con mi Mari-Gutiérrez o, cuando mucho, le escribiré cuanto vuesa merced me dice; y, si ella dice con una mano que sí, yo diré lo mesmo con ambas de bonísima gana: busque, pues, vuesa merced tinta y papel, si le parece, y escribámosla luego al punto una carta, en que se le diga como el Ave María todo eso; y digo escribamos, porque harto hace quien hace hacer; que yo por mis pecados no sé escribir más que un muerto, aunque tuve un tío que escribía lindamente; pero yo salí tan grandísimo bellaco, que cuando siendo muchacho me enviaban a la escuela, me iba a las higueras y viñas a hartarme de uvas y higos, y así salí mejor comedor dellos que no escribanador." Quedó contento de la respuesta don Carlos, y difirieron el escribir la carta hasta después de comer; y habiéndolo hecho con el Archipámpano, le dijo sobremesa don Carlos cómo ya tenía el sí de Sancho en lo que era traer a la corte su mujer, si a ella le parecía, y que sólo faltaba el escribírselo, y que así, trajesen tinta y papel para que allí fuese secretario de la carta que le había de dictar Sancho. Trájose todo al punto, y apenas había empezado don Carlos a doblar el pliego, cuando le dijo Sancho: "¿Saben, señores, lo que me parece? Que a fe mía que sería harto mejor y más acertado volverme yo a mi casa y quitarme de aquestos cuentos, pues ha que salí della cerca de seis meses, andándome hecho un haragán tras de mi señor don Quijote por unos tristes nueve reales de salario cada mes; si bien hasta agora no me ha dado blanca, lo uno porque dice dará el rucio en cuenta, y lo otro porque harto me pagará, pues me ha de dar la gobernación de la primera ínsula o península, reino o provincia que ganare; pero, pues a él le llevan vuesas mercedes, como ha dicho don Carlos, a ser nuncio de Toledo, y yo no puedo ser de iglesia, desde agora renuncio todos los derechos y pertinencias que en cuanto conquistare me pueden pertenecer por herencia o tema de juicio, y me determino volver a mi tierra agora que viene la sementera, en que puedo ganar en mi lugar cada día dos reales y medio y comida, sin andarme a caza de gangas: por tanto, burlas aparte. Vuesa merced, señor Arcapámpanos, me mande volver luego mis zaragüelles pardos, y tome allá estos suyos de las Indias (¡quemados ellos sean!), y denme juntamente mi sayo y la otra caperuza, y adiós, que me mudo; que yo sé que mi Mari-Gutiérrez y todos los de mi lugar me estarán aguardando; que me quieren como la lumbre de sus ojos. ¿Quién me mete a mí con pajes, que no me dejan en todo el día, sin otros demonios de caballeros, que no hacen sino molerme con Sancho acá, Sancho acullá? Y aunque aquí se come lindamente, si no siempre con la boca, a lo menos siempre con los ojos, todavía lo que son salarios se paga muy mal, y muchas veces veo que se fingen culpas en los criados para negárselos o quitarles la ración o despedillos mal pagados; y cuando no suceda en salud, es cierto que en enfermedad no hay señor que mande ni mayordomo que ejecute obra de caridad con los pobres criados: en fin, bien dicen los pícaros de la cocina que la vida de palacio es vida bestial, do se vive de esperanzas y se muere en algún hospital: ello es hecho, señor don Carlos; no hay que replicar; que mañana, en resolución, pienso tomar las de Villadiego: verdad es que si el señor Arcapámpanos me asegurase un ducado cada mes y dos o tres pares de zapatos por un año, con cédula de que no me lo había de poner después en pleito, y vuesa merced saliese por fianza o, sin duda ternía mozo en mí para muchos días: por eso, si lo determina hacer, no hay sino efetuarlo, y encomendarme su par de muías, y decirme cada noche lo que tengo de hacer a la mañana, y adonde tengo de ir a arar o a dar tal vuelta a tal o tal rastrojo, y de lo demás déjeme el cargo a mí, que no se descontentará de mi labor: verdad es que tengo dos faltas; la una es que soy un poco comedor, y la otra que para despertarme a las mañanas, algunas veces es menester que el amo se llegue a la cama y me dé con algún zapato; que con eso despierto luego como un gamo, y echado de comer a mi vientre y a las muías, voy a la fragua a sacar la reja, alzo los fuelles mientras el herrero la machaca, vuélvome a casa una hora antes que amanezca, cantando por el camino siete u ocho siguidillas que sé lindísimas, do por refrigerar el aliento pongo a asar cuatro cabezas de ajos, tomándolas con dos o tres veces de la bota que tengo de llevar a la labranza; y a la que alborea, subo, hecha esta prevención, en la mula castaña, que está más gorda..." Y de allí iba a proseguir; pero atajole don Carlos, maravillado de su simple discurso, y díjole: "Ello se ha de hacer puntualmente lo que os tengo aconsejado, pues se os cumplirán todas las condiciones que pedís." "A fe que lo dudo —replicó Sancho—de quien no tuvo vergüenza de tomar de un escudero como yo dos reales y medio por la primer cena que me dio, y así no quiero nada con él, sino que Dios le eche a aquellas partes en que más dél se sirva." Díjole el Archipámpano, viendo que decía las dichas razones por él: "Estad cierto, Sancho, que cumpliré cuanto en mi nombre os ha prometido el señor don Carlos, mejor de lo que vos lo sabréis desear, y estad cierto de que no os faltará en mi casa la gracia de Dios." "La gracia de Dios —dijo Sancho—es en mi tierra una gentil tortilla de huevos y torreznos, que la sé yo hacer a las mil maravillas, y aun de los primeros dineros que Dios me depare, he de hacer una para mí y el señor don Carlos, que nos comamos las manos tras ella." "Mucho gustaré de comella —respondió don Carlos—; pero ha de ser con condición de que por amor de mí os pongáis sombrero, como lo usamos en la corte, y dejéis la caperuza." "En todos los días de mi vida—replicó Sancho—no he gustado de sombreros, ni sé a qué saben, porque se me asienta la caperuza en la cabeza que es bendición de Dios, porque en fin es bonísimo potaje, pues, si hace frío, se la mete el hombre hasta las orejas y, si aire, se cubre con su vuelta el rostro, cual si llevara un papahigo, yendo tan seguro de que se le caiga, como lo está la rueda de un molino de moverse, y no se bambalea a todas partes, como lo hacen los sombreros, que si les da un torbellino ruedan por esos campos cual si les tomara la maldición; y más que cuestan doblado una docena dellos que media de caperuzas, pues no pasa cada una dellas de dos reales y medio con hechura y todo." "Bien parece, Sancho—le dijo el Archipámpano— que conocéis la necesidad que tengo de vos, y que no tengo de reparar en cosa a trueque de que quedéis en mi casa, pues pedís tantas gullorías; pero para que conozcáis mi liberalidad, mañana os mandaré pagar dos años de salario adelantados a vos y a vuestra mujer, y en llegando ella os vestiré a ambos muy de pascua." "Beso a vuesa merced las manos—le respondió Sancho—por ese buen servicio. Agora sólo resta saber si las tierras de vuesa merced que tengo de sembrar este otoño están lejos; tras que, como no las sé, será menester ir a ellas el domingo que viene, y también conocer las muías y saber qué resabios tienen, y si tienen buenas coyundas y todo el demás aparejo; porque no quiero diga después de mí vuesa merced que soy descuidado." "Todo está, Sancho—le replicó don Carlos—, de la manera que deseáis: lo que se ha de hacer es que escribamos la carta a vuestra mujer." "Escribamos por cierto—respondió él—, con la bendición de Dios; pero vuesa merced advierta que ella es un poco sorda, y será menester que la escribamos un poco recio para que la oiga. Haga la cruz y diga: "Carta para Mari-Gutiérrez mi mijer, "en el Argamesilla de la Mancha, junto al Toboso." Ahora bien, dígale que con esto ceso, y no de rogar por su ánima." "¡Qué es lo que decís, Sancho!—le dijo don Carlos— aun no le habernos dicho cosa, ¡y ya decís: Con esto ceso!" "Calle— respondió él—; que no lo entiende: ¿quiere saber mejor que yo lo que tengo de decir? El diablo me lleve si no me ha hecho quebrar el hilo que llevaba, con la más linda astrología que se podía pensar; pero diga, que ya me acuerdo. "Habéis de saber que desde que yo salí del Argamesilla hasta agora, no nos hemos visto: mi salud dicen todos que es muy buena; sólo me duelen los ojos de puro ver cosas del otro mundo, plegue a Dios que tal sea de los vuestros. Avisadme de cómo os va del beber, y si hay harto vino en la Mancha para remediaros la sed que mi presencia os causa, y mirad por vida vuestra escardéis bien el huertecillo, de las malas hierbas que le suelen afligir. Enviadme los zaragüelles viejos de paño pardo que están sobre el gallinero, porque acá me ha dado el Arcapámpanos unos zaragüelles de las Indias, que no me puedo remecer con ellos: guardarlos he para vos, que quizás se os asentarán mejor, y más que sin mucho trabajo traeréis guardado el hornillo de vidrio, pues tienen por delante una puerta que se cierra y abre con una sola agujeta. Si queréis venir, ya os tengo dicho lo que nos dará el Arcapámpanos cada mes de salario; y así, os mando que antes que esta carta salga de aquí, os vengáis a servir a la Arcapampanesa, trayendo todos los bienes muebles y raíces con vos, que ahí están, sin dejar un palmo de tierra ni una sola hoja del huerto; y no me seáis repostona, que me canso ya de vuestras impertinencias, y tanto será lo de más como lo de menos; y no os haya de decir, como acostumbro, con el palo en la mano: "Jo, que te estriego, burra de mi suegro." Volviose, escritas estas razones, a don Carlos, diciéndole: "Sepa vuesa merced, señor, que las mujeres de hogaño son diablos, y en no dándoles en el caletre, no harán cosa buena si las queman. Pues a fe que lo ha de hacer, o sobre eso oxte, morena." Esto dijo quitándose el cinto, y tomándole en la mano con mucha cólera, añadiendo que él sabía de la suerte que se había de tratar Mari-Gutiérrez, mejor que el papa. Maravillado estaba el Archipámpano y cuantos en la sala asistían, de ver tan natural simpleza, y aun aguardaban a cuando había de dar con el cinto a don Carlos; pero sin hacerlo prosiguió diciendo: "Escriba: Ya os digo, Mari-Gutiérrez, que estaremos aquí lindamente; que aunque vos seáis enemiga de estar en casa de estos hidalgotes, todavía el Arcapámpanos está tan hombre de bien, que me ha jurado que en estando vos aquí, nos vestirá a ambos y nos dará el salario de dos años adelantado, que es un ducado por bestia cada mes, el uno a mí y el otro a vos: mirad, pues, si por lo menos vivimos mil meses, si ternemos harto dinero. Del señor don Quijote sólo os digo que está más valiente que nunca, y le han hecho nuncio de Toledo: si le habéis menester, en dichas casas le hallaréis, y no poco acompañado, cuando paséis por allí: la Arcapampanesa, vuestra ama, con quien habéis de estar, os besa las manos y tiene más deseo de escribiros que de veros: es mujer muy honrada, según dice su marido, si bien a mí no me lo parece, por lo que la veo holganza, pues desde que estoy aquí jamás le he visto la rueca en la cinta. *Rocinante* me dicen está bueno y que se ha vuelto muy persona y cortesano: no creo lo sea tanto el rucio, o a lo menos no lo muestran sus pocas razones, si ya no es que calla, enfadado de estar tanto tiempo en la corte". Paréceme que no hay más que escribir, pues aquí se le dice cuanto le importa, tan bien como se lo podría decir el mejor boticario del mundo, y yo trasudo de puro sacar letras del caletre." "Ved vos, Sancho —dijo don Carlos—, si queréis decille otra cosa; que aquí estoy yo para escribirlo, pues hay harto papel, gloria a Dios." "Ciérrela —respondió Sancho—, y horro Mahoma." "Mal se puede cérrar —replicó don Carlos— carta sin firma, y así decid de qué suerte soléis firmar." "¡Buen recado se tiene! —respondió Sancho—: sepa que no es Mari-Gutiérrez amiga de tantas retóricas: no hay que firmar para ella, que cree bien firme y verdaderamente todo lo que tiene y cree la santa madre Iglesia de Roma; y así, no necesita ella de firma ni firmo." Leyose la carta, hecho esto, en voz alta, con increíble risa de los circunstantes y atención del mismo Sancho, a quien dijo el Archipámpano luego: "¿Cómo llevará don Quijote el quedaros, Sancho, vos en mi casa?; que no querría se enojase, y viniese después a ella desafiándome a singular batalla, con que mal de mi grado me obligase a haceros volver con él." "No tenga vuesa merced miedo —respondió Sancho—; que yo le hablaré claro antes que vaya a Toledo, y le volveré su rucio, la maleta y juntamente el desaforado guante del gigante Bramidan, que puse guardado en ella la noche que él se arrojó desafilándole en casa del señor don Carlos, para que le vuelva a la infanta Burlerina, o le dé en presente al arzobispo cuando entre por nuncio en Toledo; que yo no quiero nada de nadie; y más que le diré se vaya con Dios, pues desde aquí al día del juicio reniego de las peleas, sin querer más cosa con ellas, pues tan pelado y apaleado salgo de sus uñas, cual saben mis pobres espaldas; y libré tan mal habrá dos meses en una venta, que por poco me hicieran volver moro unos comediantes, y aun me circuncidaran, si no les rogara con vivas lágrimas no tocasen en aquellos arrabales, pues sería tocar a las niñas de los ojos de Mari-Gutiérrez; y después me costó muy gentiles golpes la defensa de un ataharre que mi amo llamaba preciosa liga; y aunque él me quiere tanto, que entiendo me dará lo que me tiene prometido, que es la gobernación de algún reino, provincia, ínsula o península, todavía diré mañana cómo no puedo ir allá con él, por estar ya concertado con vuesa merced, y que lo que podrá hacer será enviármela, que tan hombre seré para gobernarla acá como allá. ¿Pero sabe vuesa merced qué me parece? Que pues para de aquí al Argamesilla no se hallará mensajero cierto, será acertado que yo, que sé el camino, lleve la carta, pues le aseguro que no haré más de darle fielmente en manos de mi mujer, y volverme luego." "Pues para eso, Sancho—dijo el Archipámpano—, ¿qué era menester escribirla, si vos habíais de ir allá en persona? No cuidéis della; que yo buscaré quien la lleve con brevedad, y traiga luego respuesta, aunque dudo sea ella tan elegante como vuestra carta, en que mostráis haber estudiado en Salamanca toda la sciencia escribal que allí se profesa, según la habéis enriquecido de sentencias." "No he estudiado—respondió Sancho—en Salamanca; pero tengo un tío en el Toboso, que hogaño es ya segunda vez mayordomo del Rosario, el cual escribe tan bien como el barbero, como dice el cura; y como yo he ido muchas veces a su casa, todavía me he aprovechado algo de su buena habilidad; porque, como dicen, ¿quién es tu enemigo?: el de tu oficio; en la arca abierta siempre el malo peca; y finalmente, quien hurta al ladrón harto digno es de perdón; y así dél sé escribir cartas; y si le he hurtado algo de lo que él sabe desto, como se ve en ese papel, no importa; que bien me lo debía, pues día y medio anduve a segar con él, y lleve el diablo otra blanca me dio sino un real de a cuatro; y a mi mujer, que fue a escardar doce días en su heredad el mes de marzo, no le dio sino un real amarillo que no sabemos cuánto vale: por eso estoy yo mejor con los cuartos y ochavos, que son moneda que corre, y los han de tomar hasta el mismo rey y papa, aunque les pese." Levantáronse en esto de la mesa para salir a pasearse, dejando el Archipámpano orden al secretario de que enviasen él y el mayordomo luego dos criados con aquella carta al Argamesilla, con mandato de que no viniesen sin la mujer de Sancho en ningún caso, procurando traerla regalada y con brevedad. Hízose así. Llegó Mari Gutiérrez a la corte con ellos dentro de quince días, do la recibió Sancho con donosos favores, y el Archipámpano fue el señor más bien entretenido que había en la corte aquellos días, y no sólo él, sino muchos della, con toda su casa, tuvieron alegrísimos ratos de conversación y pasatiempo muchos meses con Sancho y su Mari-Gutiérrez, que no era menos simple que él. Los sucesos de estos buenos y cándidos casados remito a la historia que dellos se hará andando el tiempo, pues son tales, que piden de por sí un copioso libro.

CAPÍTULO XXXVI Y ÚLTIMO

DE CÓMO NUESTRO BUEN CABALLERO DON QUIJOTE DE LA MANCHA FUE LLEVADO A TOLEDO POR DON ÁLVARO TARFE, Y PUESTO ALLÍ EN PRISIONES EN LA CASA DEL NUNCIO, PARA QUE SE PROCURASE SU CURA

Cuando tuvo aprestada su vuelta para Córdoba don Álvaro, y estuvo despedido de todos los señores de quienes tenía obligación hacello en la corte, trazó la noche antes de la partida que para arrancar della a don Quijote entrase un criado del Archipámpano en casa cuando acabasen de cenar, vestido de camino y con galas, como que venía de Toledo en nombre de la infanta Burlerina a buscarle, para que fuese en su compañía luego con toda diligencia a decercar la ciudad, y librarla de las molestias que le hacía el alevoso príncipe de Córdoba. Túvole tan bien instruido, así de lo que había de hacer y decir a don Quijote cuando le diese el recado como por el camino y en Toledo (donde por orden del Archipámpano le había de acompañar, para mayor encubrir el engaño, y traerle nuevas deél y del modo que quedaba), que llegando la señalada noche y hora, a la que acababan de cenar en casa del príncipe Perianeo con él en su mesa don Carlos, don Quijote y don Álvaro, apenas él hubo dado aviso a don Quijote de cómo se partía el día siguiente para Córdoba, diciéndole si mandaba algo para Toledo, donde había de pasar, cuando entró por la sala el dicho paje del Archipámpano, gallardamente aderezado, el cual, después de haber saludado cortésmente a todos los circunstantes, se volvió a don Quijote y le dijo: "Caballero Desamorado, la infanta Burlerina de Toledo, cuyo paje soy, te besa las manos humildemente y suplica cuan encarecidamente puede que te sirvas de partir mañana sin falta conmigo, a la ligera y sin ruido, a la gran ciudad de Toledo, donde ella y su afligido padre y lo mejor y más lucido del reino te están por momentos aguardando, pues no faltan más de tres días para cumplirse los cuarenta que el enemigo príncipe de Córdoba les tiene dado de plazo para deliberar o la entrega de la ciudad o el rendimiento de las inhumanas parias que les tiene pedido; y si tú con tu valeroso brazo no los socorres, sin duda serán miserablemente todos muertos, la ciudad saqueada, quemados los templos, y los cimientos de torres y las almenas ocuparán las alegres calles, sirviéndole sus piedras de calzada y empedrado. La Infanta mi señora, y el Rey, por cierto postigo que el enemigo no sabe, te están esperando con todos los mejores caballeros de su corte, para que otro día antes que amanezca, tocando de repente el arma, con la voz y favor de Santiago les demos, cogiéndolos descuidados, un asalto tal que quede el enemigo, como sin duda lo quedará, vencido, y tú vencedor; tras lo cual serás, si te pareciere, aunque sea corto premio de tus inauditas grandezas, casado con la hermosísima infanta Burlerina, la cual ha desechado a otros muchos hijos de reyes y príncipes, sólo por casar contigo: por tanto, valeroso caballero, vete luego a reposar para que, tomando la mañana, lleguemos a buena hora a la imperial ciudad de Toledo, que espera tu favor por momentos." Don Quijote, con mucha pausa le respondió diciendo: "A muy buen tiempo habéis llegado, venturoso paje, pues podré ir en esta ocasión acompañando al señor don Álvaro, que me acaba de decir que también por la mañana ha de partir para Toledo: por tanto, no hay sino que aderecéis todo lo necesario para que en amaneciendo partamos juntos, y pueda yo llegar con tan honrada compañía a socorrer al Rey vuestro señor y a la infanta Burlerina, sobrina del sabio Alquife, mi buen amigo. Verdad es que no soy de parecer de que se me trate de eso que decís, de casarme con dicha infanta después de vencido y muerto el alevoso príncipe de Córdoba, su contrario, y saqueado su campo; que en efecto, siendo conocido en el Mundo por Caballero Desamorado, no será razón que ande en amores hasta pasar primero algunas docenas de años, pues podría suceder, como ha sucedido muchas veces a otros caballeros andantes, que andando yo por tanta y tan varia multitud de reinos y provincias, me encontrase y aun enamorase de alguna infanta de Babilonia, Transilvania, Trapisonda, Tolomaida, Grecia o Constantinopla; y si esto me sucede, cual confío, desde aquel día me tengo de llamar el Caballero del Amor, pues pasaré notables trabajos, peligros y dificultades por el que a dicha infanta tendré, hasta que, después de haber librado su reino o imperio del fortísimo enemigo que le tendrá cercado, le descubriré mi amor a dicha infanta en su mismo aposento, do entraré bien armado con atentados pasos por un jardín, guiado por una sabia camarera suya, una noche obscura; y si bien al principio, por ser pagana, se azorará de oírme soy cristiano, todavía, prendada de mis partes y obligada de las razones con que le persuadiré la verdad de nuestra santa religión, se casará conmigo con públicas fiestas, bautizada ella y todo su reino; pero sucederme han tales y tan notables guerras por ciertos motines de envidiosos vasallos, que darán bien que contar a los historiadores venideros." Viendo don Álvaro que ya comenzaba a disparatar, se levantó diciendo: "Vámonos a reposar, señor don Quijote, porque hemos de madrugar mucho para llegar con tiempo a Toledo, por lo que hay de peligro en la tardanza." Y dicho esto, se volvió al paje diciéndole: "Y vos, discreto embajador de la noble infanta Burlerina, idos luego a cenar, y después a acostar en la cama que el mayordomo os señalare." Saliose el paje de la sala, y con él los demás, yéndose todos a sus camas sin reparar don Quijote más en Sancho que si nunca le hubiera visto, que fue particular permisión de Dios: verdad es que la mañana, en levantándose, a la que ensillaban los criados de don Álvaro y paje del Archipámpano, preguntó por el escudero; mas divirtióle el humor don Álvaro diciéndole que no cuidase dél, porque ya se aprestaba para seguirles, y que poco a poco se vernía detrás, como otras veces solía. Tras esto y tras almorzar bien y despedirse del príncipe Perianeo y de don Carlos, se salieron de la corte y caminaron para Toledo, ofreciéndoseles por el camino graciosísimas ocasiones de reír, particularmente en Getafe e Illescas. Llegados a la vista de Toledo, dijo don Quijote al paje de la infanta Burlerina: "Paréceme, amigo, que sería bien antes de entrar en la ciudad dar una gentil rociada al campo del enemigo, pues vengo yo bien armado, y él muestra estar descuidado del azote que tan cerca tienen sobre sí sus arrogancias en mi esfuerzo, pues sería empezar a hacerle bajar la cresta, que tan engreída tiene." El paje le respondió: "El orden, señor, que del Rey e Infanta traigo es que sin rumor alguno vamos adonde nos están esperando." "Discretísimo es ese orden—añadió don Álvaro—, pues no hay duda sino que sería poner en contingencia la vitoria, si les diese vuesa merced la menor ocasión del mundo para prevenirse, y tendrían la grande de hacello con el rumor que haríamos, pues es cierto que en sintiéndonos darían aviso las despiertas centinelas de que hay enemigos." "Digo—dijo don Quijote—que quiero seguir ese parecer como más acertado, pues por lo menos me asegura de que los cogeré de repente; y así, vos, paje de la infanta Burlerina, guiad por donde habemos de entrar sin ser sentidos; pero id prevenido de que si solos somos, tengo de hacer antes que entre en la ciudad una sanguinolenta riza destos andaluces paganos que se han atrevido a llegar a los sacros muros de Toledo." El paje fue caminando un poco adelante, guiando derecho hacia la puerta que llaman del Cambrón, dejando a la mano izquierda la de Bisagra. Mas como don Quijote no viese rumor de gente de guerra alrededor de la ciudad, y viese por otra parte entrar y salir libremente por la puerta de Bisagra todos cuantos querían, dijo maravillado al paje: "Decidme, amigo, el príncipe de Córdoba, ¿dónde tiene asentado su campo, que no veo por aquí ningún aparato de guerra?" "Señor—respondió él—, es astuto el enemigo, y así se ha alojado a la otra parte del río, adonde nuestra artillería no le puede hacer mal ni ofender." "Por cierto —dijo don Quijote—, que él sabe poco del arte militar, pues no echa de ver el necio que, dejando estas dos puertas libres y desembarazadas, pueden los de adentro meter fácilmente los socorros y provisiones que les parecieren, como en efeto lo meten todo hoy con sola mi entrada; pero, en fin, no todos saben todas las cosas." Entraron por la puerta del Cambrón, como digo, y don Quijote iba por las calles mirando a todas partes cuándo y por dónde le saldrían a recibir el

Rey, Infanta y grandes de la corte. Don Álvaro fingió a la entrada del lugar que se quería quedar a aguardar a Sancho, por poderse entrar libremente y sin el acompañamiento de muchachos que don Quijote llevaba, en la posada do había de aposentarse, como en efeto lo hizo, enviando dos o tres criados suyos en compañía del paje del Archipámpano y de don Quijote, con los cuales, y con una multitud increíble de niños que le seguían viéndole armado, llegó el triste sin pensar a las puertas de la casa del Nuncio, y quedándose en ellas para su guarda los criados de don Álvaro, se entró sólo con él y un mozo de mulas que le tuvo a *Rocinante*. El paje del Archipámpano, en apeándose, dijo a don Quijote: "Vuesa merced, señor caballero, se esté aquí mientras subo arriba a dar cuenta a la señora Infanta de su secreta y deseada venida." Y subiéndose una escalera arriba, se quedó solo en medio del patio don Quijote, y mirando a una parte y a otra, vio cuatro o seis aposentos con rejas de hierro, y dentro dellos muchos hombres, de los cuales unos tenían cadenas, otros grillos y otros esposas, y dellos cantaban unos, lloraban otros, reían muchos y predicaban no pocos, y estaba, en fin, allí cada loco con su tema. Maravillado don Quijote de verlos, preguntó al mozo de muías: "Amigo, ¿qué casa es ésta? O dime: ¿por qué están aquí estos hombres presos, y algunos con tanta alegría?" El mozo de mulas, a quien ya habían instruido don Álvaro y el paje del Archipámpano de cómo se había de haber con él, le respondió: "Señor caballero, vuesa merced ha de saber que todos estos que están aquí son espías del enemigo, a los cuales habemos cogido de noche dentro de la ciudad, y los tenemos presos para castigarlos cuando nos diere gusto." Prosiguió don Quijote preguntándole: "¿Pues cómo están tan alegres?" Respondiole el mozo: "Estánlo tanto, porque les han dicho que de aquí a tres días se entrega la ciudad al enemigo, y así la esperada vitoria y libertad les hace no sentir los trabajos presentes." Estando en esto, salió de un aposento, con un caldero en la mano, un mozo, el cual era de los locos que iban ya cobrando un poco de juicio, y cuando oyó lo que el mozo de muías había dicho a don Quijote dio una grandísima risada, diciendo: "Señor armado, este mozo le engaña, y sepa que esta casa es la de los locos, que llaman del Nuncio, y todos los que están en ella están tan faltos de juicio como vuesa merced; y, si no, aguárdese un poco, y verá cómo bien presto le meten con ellos; que su figura y talle y el venir armado no prometen otra cosa sino que le traen engañado estos ladrones de guardianes, para echalle una muy buena cadena y darle muy gentiles tundas hasta que tenga seso, aunque le pese, pues lo mismo han hecho conmigo." El mozo le dijo que callase, que era un borracho y que mentía. "En buena fe—replicó el loco—, que si vos no creéis que yo digo la verdad, también apostaré que venís a lo mesmo que este pobre armado." Con esto, don Quijote se apartó dél riendo, y se llegó bien a una de aquellas rejas, y mirando con atención quién estaba dentro, vio a un hombre puesto en tierra en cuclillas, vestido de negro, con un bonete lleno de mugre en la cabeza, el cual tenía una gruesa cadena al pie, y en las dos manos unos sutiles grillos que le servían de esposas: estaba mirando de hito en hito al suelo, tan sin pestañear, que parecía estaba en una profundísima imaginación, al cual como viese don Quijote, dijo: "¡Ah, buen hombre!, ¿qué hacéis aquí?" Y levantando el encarcelado con gran pausa la cabeza, y viendo a don Quijote armado de todos piezas, se fue poco a poco llegando a la reja, y arrimado a ella se estaba sin hablar palabra mirándole atentísimamente de lo cual el buen caballero estaba maravillado, y más viendo que, a más de veinte preguntas que le hizo, a ninguna respondía, ni hacía otra cosa más que miralle de arriba abajo; pero al cabo de un gran rato se puso en seco a reír con muestras de grande gusto, y luego comenzó a llorar amarguísimamente, diciendo: "¡Ah, señor caballero, y si supieseis quién soy! Sin duda os movería a grandísima lástima, porque habéis de saber que en profesión soy teólogo, en órdenes sacerdote, en filosofía Aristóteles, en medicina Galeno, en cánones Ezpilcueta, en astrología Ptolomeo, en leyes Curcio, en retórica Tulio, en poesía Homero, en música Enfión; finalmente, en sangre noble, en valor único, en amores raro, en armas sin segundo, y en todo el primero; soy principio de desdichados y fin de venturosos. Los médicos me persiguen porque les digo con Mantuano:

His etsi tenebras palpent, est data potestas
Excrutiandi aegros hominesque impune necandi.

Los poderosos me atormentan porque con Casaneo les digo:

Omnia sunt hominum, tenui pendentia filo,
Et subito casu quae valuere ruunt.

Los temerosos, odiosos y avaros, me querrían ver abrasado porque siempre traigo en la boca:

Quatuor ista, timar, odium, dilectio, sensus,
Saepe solent hominum, rectos pervertiri sensus.

Los detractores no me dejan vivir porque les digo ha de restituir la fama cualquier que dice cosa que la tizna:

Imponens, augens, manifestans, in malum vertens
Qui negat aut minuit, tacuit, laudetve remisse.

Los poetas me tienen por hereje porque les digo, del afecto con que leen sus versos, lo de Horacio:

Indoctum, doctumque fugat recitator acerbus,
Quem vero arripuit tenet, occiditque legendo,
Non missura cutem nisi plena cruoris hirudo.

Y con ellos me aborrecen los historiadores porque les digo:

Exit in immensum fecunda licentia vatum,
Obligat historica nec sua verba fide.

Los soldados no pueden llevar que les anteponga las letras y les diga lo de Alciato:

Caedant arma togae, et quamvis durissima corda
Eloquio pollens ad sua vota trahit.

Los letrados no pueden tolerar les dé en rostro, viéndolos hablar en cosas de leyes tan sin guardar la de Dios, con el recato de sus predecesores sabios, que decían:

Erubescimus dum sine lege loquimur.

Las damas me arman mil zancadillas porque publico dellas:

Sidera non tot habet caelum, nec flumina pisces
Quot scelerata gerit faemina mente dolos.

Las casadas reniegan de que haya quien diga de ellas:

Pessima res uxor, poterit tamen utilis esse
Si propere moriens det tibi quidquid habet.

Las niñas no toleran oír:

Verba puellarum foliis leviora caducis
Irritaque ut visum et ventus, et aura ferunt;

Y también:

Ut corpus teneris, sic mens infirma puellis.

Las hermosas fisgan de oír que:

Formosis levitas semper amica fuit,

con ser verdad que de todas se puede decir:

Quid sinet inausum faeminae praeceps furor?

Los ociosos amantes querrían se desterrase del mundo mi lengua: que les repite:

Otio si tollas periere cupidinis artes,
Contemplaeque jacet, et sine luce faces.

Los sacerdotes se avergüenzan de que les repita lo que dijo Judit a los de su vieja ley: *Et nunc, fratres, quoniam vos estis presbiteri in populo Dei, et ex vobis pendet anima illorum ad eloquium vestrum, corda eorum erigite.* La real potencia que, como el amor, no admite compañía,

Non bene cum sociis regna venusque manet,

es tal, que se verifica bien de ella lo que dijo Ovidio en cierta epístola respondió una reina recostada a su galán:

Sic meus hinc vir abest ut me custodiat absens,
An nescis longas regibus esse manus.

Esas, pues, ¡oh valerosísimo príncipe!, son las que me tienen aquí, porque reprendo la razón de Estado, fundada en conservación de bienes de fortuna, a los cuales llama el Apóstol estiércol con quebrantamiento de la ley de Dios, como si guardándola, de humildes principios no hubiera subido a ser David poderoso rey, y capitán invicto el gran Macabeo Judas, o como si no supiéramos que todos los reinos, naciones y provincias que con prudencia de carne y de hijos deste siglo han tratado de ensanchar los estados los han destruído miserablemente." Proseguía el loco su tema con tan grande asombro de don Quijote, que viendo no le dejaba hablar, le dijo a gritos: "Amigo sabio, yo no os conozco ni he visto en mi vida; pero hame dado tanta pena la prisión de persona tan docta, que no pienso salir de aquí hasta daros la preciosa libertad, aunque sea contra la voluntad del rey y de la infanta Burlerina su hija, que este real palacio ocupan: por tanto, traedme vos, que estáis con ese caldero en la mano, las llaves luego aquí deste aposento, y dejad salir libre, sano y salvo dél a este gran sabio, porque así es mi voluntad." Luego que esto oyó el loco del caldero, comenzó a decir riendo: "Ea, que ciertos son los toros: a fe que habéis venido a purgar vuestros pecados en buena parte: en mala hora acá entrasteis." Y dichas estas razones, se subió la escalera arriba, y el loco clérigo dijo a don Quijote: "No crea, señor, a persona desta casa; porque no hay más verdad en ninguno della que en impresión de Ginebra; pero si quiere que le diga la buena ventura en pago de la buena obra que me ha de hacer con darme la libertad que me ofrece, déme la mano por esta reja; que le diré cuanto le ha sucedido y le ha de suceder, porque sé mucho de quiromancia." Quitose don Quijote la manopla, creyéndole sencillamente, y metió la mano por entre la reja; pero apenas lo hubo hecho, cuando sobreviniéndole al loco una repentina furia, le dio tres o cuatro bocados crueles en ella, asiéndole a la postre el dedo pulgar con los dientes, de suerte que faltó poco para cortárselo a cercén. Comenzó con el dolor a dar voces, a las cuales acudieron el mozo de muías y otros tres o cuatro de la casa, y tiraron del tan recio, que hicieron que el loco le soltase, quedándose riendo muy a su placer en la gavia. Don Quijote, en sentirse herido y suelto, se hizo un poco afuera, y metiendo mano a su espada dijo: "Yo te juro, ¡oh falso encantador!, que si no fuera porque es mengua mía poner manos en semejante gente cual vosotros sois, que tomara bien presto venganza de tamaño atrevimiento y locura." A esta sazón bajaron con el paje del Archipámpano cinco o seis de los que tenían cuenta de la casa; y como vieron a don Quijote con la espada en la mano, y que le corría mucha sangre della, sospechando lo que podía ser, se llegaron a él diciéndole: "No muera más gente, señor caballero armado." Tras lo cual uno le asió de la espada, y otros de los brazos, y los demás comenzaron a desarmarle, haciendo él toda la resistencia que podía; pero aprovechole poco: conque en breve rato le metieron en uno de aquellos aposentos muy bien atado, do había una limpia cama con su servicio; y estando algo sosegado, después de haberle encomendado el paje del Archipámpano a los mayordomos de la casa con notables veras, y dícholes su especie de locura, y las calidades de su persona, y de dónde y quién era, habiéndoles dado para más obligarles alguna cantidad de reales, le dijo a don Quijote: "Señor Martín Quijada, en parte está vuesa merced adonde mirarán por su salud y persona con el cuidado y caridad posible; y advierta que a esta casa llegan otros tan buenos como vuesa merced, y tan enfermos de su proprio mal, y quiere Dios que en breves días salgan curados y con el juicio entero que al entrar les faltaba: lo mismo confío será de vuesa merced, como vuelva sobre sí y olvide las lecturas y quimeras de los vanos libros de caballerías que a tal extremo le han reducido; mire por su alma, y reconozca la merced que Dios le ha hecho en no permitir muriese por esos caminos a manos de las desastradas ocasiones en que sus locuras le han puesto tantas veces." Dicho esto, se salió, y fue con los criados de don Álvaro a la posada en que estaba, a quien dio cuenta de todo, como hizo al Archipámpano, vuelto a la corte. Detúvose don Álvaro algunos días en Toledo, y aún visitó y regaló a don Quijote, y le procuró sosegar cuanto le fue posible, y obligó con no pocas dádivas a que hiciesen lo mismo a los sobrestantes de la casa, y encomendó cuanto le fue posible a los amigos graves que tenía en Toledo el mirar por aquel enfermo, pues en ello harían grandísimo servicio a Dios, y a él particularísima merced; tras lo cual dio la vuelta felizmente a su patria y casa.

Estas relaciones se han podido sólo recoger, con no poco trabajo, de los archivos manchegos, acerca de la tercera salida de don Quijote; tan verdades ellas, como las que recogió el autor de las primeras partes que andan impresas. Lo que toca al fin de esta prisión y de su vida, y de los trabajos que hasta que llegó a él tuvo, no se sabe de cierto; pero barruntos hay, y tradiciones de viejísimos manchegos, de que sanó y salió de dicha casa del Nuncio; y pasando por la corte, vio a Sancho, el cual, como estaba en prosperidad, le dio algunos dineros para que se volviese a su tierra, viéndole ya al parecer asentado; y lo mismo hicieron el Archipámpano y el príncipe Perianeo, para que mercase alguna cabalgadura, con el fin de que se fuese con más comodidad; porque *Rocinante* dejolo don Álvaro en la casa del Nuncio, en servicio de la cual acabó sus honrados días, por más que otros digan lo contrario. Pero como tarde la locura se cura, dicen que en saliendo de la corte, volvió a su tema, y que comprando otro mejor caballo, se fue la vuelta de Castilla la Vieja, en la cual le sucedieron estupendas y jamás oídas aventuras, llevando por escudero a una moza de soldada que halló junto a Torre de Lodones, vestida de hombre, la cual iba huyendo de su amo porque en su casa se hizo o la hicieron preñada sin pensarlo ella, si bien no sin dar cumplida causa para ello; y con el temor se iba por el mundo. Llevola el buen caballero sin saber que fuese mujer, hasta que vino a parir en medio de un camino, en presencia suya, dejándole sumamente maravillado el parto, y haciendo grandísimas quimeras sobre él: la encomendó, hasta que volviese, a un mesonero de Valdestillas; y él sin escudero pasó por Salamanca, Ávila y Valladolid, llamándose el Caballero de los Trabajos, los cuales no faltará mejor pluma que los celebre.

FIN DEL INGENIOSO HIDALGO DON QUIJOTE
DE LA MANCHA, POR AVELLANEDA

EL CRÍTICO y EDITOR - JUAN BAUTISTA BERGUA

Juan Bautista Bergua nació en España en 1892. Ya desde joven sobresalió por su capacidad para el estudio y su determinación para el trabajo. A los 16 años empezó la universidad y obtuvo el título de abogado en tan sólo dos años. Fascinado por los idiomas, en especial los clásicos, latín y griego, llegó a convertirse en un célebre crítico literario, traductor de una gran colección de obras de la literatura clásica y en un especialista en filosofía y religiones del mundo. A lo largo de su extraordinaria vida tradujo por primera vez al español las más importantes obras de la antigüedad, además de ser autor de numerosos títulos propios.

SU LIBRERÍA, LA EDITORIAL Y LA "GENERACIÓN DEL 27"

Juan B. Bergua fundó la Librería-Editorial Bergua en 1927, luego Ediciones Ibéricas y Clásicos Bergua. Quiso que la lectura de España dejara de ser una afición elitista. Publicó títulos importantes a precios asequibles a todos, entre otros, los diálogos de Platón, las obras de Darwin, Sócrates, Pitágoras, Séneca, Descartes, Voltaire, Erasmo de Rotterdam, Nietzsche, Kant y los poemas épicos de La Ilíada, La Odisea y La Eneida. Se atrevió con colecciones de las grandes obras eróticas, filosóficas, políticas, y la literatura y poesía castellana. Su librería fue un epicentro cultural para los aficionados a literatura, y sus compañeros fueron conocidos autores y poetas como Valle-Inclán, Machado y los de la Generación del 27.

EL PARTIDO COMUNISTA LIBRE ESPAÑOL Y LAS AMENAZAS DE LA IZQUIERDA

Poco antes de la Guerra Civil Española, en los años 30, Juan B. Bergua publicó varios títulos sobre el comunismo. El éxito, mucho mayor de lo esperado, le llevó a fundar el Partido Comunista Libre Español que llegaría a tener mas de 12.000 afiliados, superando en número al Partido Comunista prosoviético oficial existente. Su carrera política no duró mucho después que estos últimos le amenazaran de muerte viéndose obligado a esconderse en Getafe.

LA CENSURA, QUEMA DE LIBROS Y SENTENCIA DE MUERTE DE LA DERECHA

Juan B. Bergua ofreció a la sociedad española la oportunidad de conocer otras culturas, la literatura universal y las religiones del mundo, algo peligrosamente progresivo durante esta época en España.

En el 1936 el ejército nacionalista del General Franco llegó hasta Getafe, donde Bergua tenía los almacenes de la editorial. Fue capturado, encarcelado y sentenciado a muerte por los Falangistas, la extrema derecha.

Mientras estuvo en la cárcel temiendo su fusilamiento, fueron quemados miles de sus libros por encontrarlos contradictorios a la Censura, todas las existencias de las colecciones de la Historia de Las Religiones y la Mitología Universal, los libros sagrados de los muertos de los Egipcios y Tibetanos, las traducciones de El Corán, El Avesta de Zoroastrismo, Los Vedas (hinduismo), las enseñanzas de Confucio y El Mito de Jesús de Georg Brandes, entre otros.

Aparte de los libros religiosos y políticos, se perdieron otras colecciones como Los Grandes Hitos Del Pensamiento. Ardieron 40.000 ejemplares de La Crítica de la Razón Pura de Kant, y miles de libros más de la filosofía y la literatura clásica universal. La pérdida de su negocio fue un golpe tremendo, el fin de tantos esfuerzos y el sustento para él y su familia…fue una gran pérdida también para el pueblo español.

PROTEGIDO POR GENERAL MOLA Y EXILIADO A FRANCIA

Cuando General Emilio Mola, jefe del Ejército del Norte nacionalista y gran amigo de Bergua, recibe el telegrama de su detención en Getafe intercede inmediatamente para evitar su fusilamiento. Le fue alternando en cárceles según el peligro en cada momento.

–El General y "El Rojo"–Su amistad venía de cuando Mola había sido Director General de Seguridad antes de la guerra civil. En 1931, tras la proclamación de la Segunda República, Mola se refugió durante casi tres meses en casa de Bergua y para solventar sus dificultades económicas Bergua publicó sus memorias. Mola fue encarcelado, pero en 1934 regresó al ejército nacionalista y en 1936 encabezó el golpe de estado contra la República que dio origen a la Guerra Civil Española. Mola fue nombrado jefe del Ejército del Norte de España, mientras Franco controlaba el Sur.

Tras la muerte de Mola en 1937, su coronel ayudante dio a Bergua un salvoconducto con el que pudo escapar a Francia. Allí siguió traduciendo y escribiendo sus libros y comentarios. En 1959, después de 22 años de exilio, el escritor regresó a España y a sus 65 años comenzó a publicar de nuevo hasta su fallecimiento en 1991. Juan Bautista Bergua llegó a su fin casi centenario.

Escritor, traductor y maestro de la literatura clásica, todas sus traducciones están acompañadas de extensas y exhaustivas anotaciones referentes a la obra original. Gracias a su dedicado esfuerzo y su cuidado en los detalles, nos sumerge con su prosa clara y su perspicaz sentido del humor en las grandes obras de la literatura universal con prólogos y notas fundamentales para su entendimiento y disfrute.

Cultura unde abiit, libertas nunquam redit.
Donde no hay cultura, la libertad no existe.

LA CRÍTICA LITERARIA
WWW.LaCriticaLiteraria.com

Todo sobre literatura clásica, religión, mitología, poesía, filosofía...

La Crítica Literaria es la librería y distribuidor oficial de Ediciones Ibéricas, Clásicos Bergua y la Librería-Editorial Bergua fundada en 1927 por Juan Bautista Bergua, crítico literario y célebre autor de una gran colección de obras de la literatura clásica.

Nuestra página web, LaCriticaLiteraria.com, es el portal al mundo de la literatura clásica, la religión, la mitología, la poesía y la filosofía. Ofrecemos al lector libros de calidad de las editoriales más competentes.

Leer los libros gratis online
www.LaCriticaLiteraria.com

La Crítica Literaria no sólo está dedicada a la venta de libros nacional e internacional, también permite al lector la oportunidad de leer la colección de Ediciones Ibéricas gratis online, acceso gratuito a más que 100.000 páginas de estas obras literarias.

LaCriticaLiteraria.com ofrece al lector un importante fondo cultural y un mayor conocimiento de la literatura clásica universal con experto análisis y crítica. También permite leer y conocer nuestros libros antes de la adquisición, y tener la facilidad de compra online en forma de libros tradicionales y libros digitales (ebooks).

Colección La Crítica Literaria

Nuestra nueva **"Colección La Crítica Literaria"** ofrece lo mejor de los clásicos y análisis de la literatura universal con traducciones, prólogos, resúmenes y anotaciones originales, fundamentales para el entendimiento de las obras más importantes de la antigüedad.

Disfrute de su experiencia con nosotros.

www.LaCriticaLiteraria.com

www.ingramcontent.com/pod-product-compliance
Lightning Source LLC
LaVergne TN
LVHW051110080426
835510LV00018B/1979